编 委 会

中外文化文学经典系列 馆配版

红楼梦（上）

导读与赏析

主　编　常汝吉

本册编者　葛小峰　李小燕

现代教育出版社
Modern Education Press

图书在版编目（CIP）数据

《红楼梦》导读与赏析：全2册/葛小峰编.--北京：现代教育出版社，2017.10

（中外文化文学经典系列/常汝吉，李小燕主编）

ISBN 978-7-5106-5843-3

Ⅰ.①红… Ⅱ.①葛… Ⅲ.①阅读课－高中－课外读物 Ⅳ.① G634.333

中国版本图书馆 CIP 数据核字（2017）第 256077 号

《红楼梦》导读与赏析（全2册）

主　　编	常汝吉　李小燕
出 品 人	陈　琦
选题策划	王春霞
本册编者	葛小峰
责任编辑	魏　星
装帧设计	管　斌
出版发行	现代教育出版社
地　　址	北京市朝阳区安华里504号E座
邮　　编	100011
电　　话	（010）64251036（编辑部）
	（010）64256130（发行部）
经　　销	全国新华书店
印　　刷	北京领先印刷有限公司
开　　本	710mm×1000mm　1/16
印　　张	21.75
字　　数	450千字
版　　次	2017年10月第1版
印　　次	2017年10月第1次印刷
书　　号	ISBN 978-7-5106-5843-3
定　　价	59.80元

把灵魂滋养成晶莹剔透的水晶

——《中外文化文学经典系列》总序

每日里繁忙的学习工作、生活琐事，仿佛让我们心灵蒙上了一层厚厚的积垢，压得人喘不过气来。只有夜深人静之时，在桌前摊开一卷引人入胜的好书，心随书中的主人公一起，遨游在另一个世界中，才得以享受片刻的安宁。趁着这静谧的夜，我们的灵魂从容地沐浴着文学的菁华，慢慢地浸染、陶冶，终将滋养成一块晶莹剔透的水晶。

这就是经典名著的魅力——润物无声，如静水流深，温柔而有力量。

一、何谓经典

《现代汉语词典》上说，"经典"就是"传统的具有权威性的著作"。所谓传统，就是经过了历史的大浪淘沙，从千万著作中脱颖而出。经典作品往往通过作家个人独特的世界观和不可重复的创造，凸显出丰厚的文化积淀和人性内涵，提出一些人类精神生活的根本性问题。它们与特定历史时期鲜活的时代感以及当下意识交融在一起，富有原创性和持久的震撼力，从而形成重要的思想文化传统。

经典的文学作品一般具备以下四个特征：

首先，作品关注的是人类的终极问题，主题直击人性。就像《呐喊》直击民族性格的劣根性，《巴黎圣母院》用四个主人公来探讨外在美与心灵美的四种不同组合……经典的文学作品因其主题的跨时空性，而深受不同时期、不同民族的读者的喜爱，在时间的淘洗下历久弥新。

其次，经典作品的人物形象大多塑造得鲜活丰满，立体而有层次感。《三国演义》中的曹操，虽性情奸诈，但他一统天下、造福百姓的理想和抱负，又令人不得不钦佩。他既有礼贤下士的胸怀，又有借刀杀人的果决，还不乏对酒当歌的豪迈。他的性格多元化，是一个有血有肉、立体丰满的"典型"。

第三，经典作品的情节大都起伏跌宕、扣人心弦。《红楼梦》叙事宏大而巧妙，四大家族的命运、几百个人物的生活经历，以草灰蛇线、伏脉千里的形式，若隐若现，却又清晰可循。

第四，经典作品的笔触细腻，即便是环境描写，也无一处是闲笔。《雷雨》中暴风雨前压抑的气氛，为繁漪面对周朴园时的痛苦、与周萍的感情纠葛营造了绝佳的呈现背景。

二、为什么要读经典

经典文学名著虽然有诸多优秀基因，然而在资讯发达的今天，微信、微博、文化快餐比比皆是，连纸媒的生存都举步维艰，还有多少人能静下心来，读这些大部头的作品呢？甚至，有不少人质疑，今天读经典名著的意义何在？

愚以为，读经典可以让我们在这个喧嚣浮躁的时代，回归安静的思考。当今信息的碎片化，导致读者往往急于了解故事情节，缺乏深度思考，甚至简单片面地看待问题，妄下定论。而潜心品读经典文学作品，细细揣摩作品人物所承载的人性的真善美和假恶丑，会让我们看人、看问题更加全面深入，也让我们自己的灵魂丰盈、闪闪发光。

三、如何阅读经典

经典是在阐释者与被阐释文本之间互动的结果。正所谓"一千个读者心中有一千个哈姆莱特"，各个时代不同读者的解读，共同构成了经典作品独特而丰富的内涵。有些甚至形成了一种专门的学问，就如中国有"红学研究会"，英国有"莎士比亚研究会"一样。中学生阅读经典文学作品，除了自己用心揣摩原文之外，还应该多了解前代读者共性化、多元化的解读。只有这样，才能对作品有更全面的、多角度的理解。这也是我们编选这套丛书的目的——帮助初读经典的中学生们迅速入门。编者在选编文章时有意识地收录同一问题的各家之言，形成争鸣，让学生直观地感受到对于经典的一般认知和个性化解读共存。

让我们在前人的引领下，冲出迷雾，走入辉煌的文学殿堂，感受大师的风采，细品精美的文字所蕴含的丰厚内涵。

王富

捧读经典，打开启迪心智之门

中学时代，是一个人一生中重要的成长阶段。

成长需要阳光雨露、需要呵护与培育，因此，中学时代除了要完成学校课堂作业以外，课外阅读无疑是"雨露滋润"不可或缺的。课外阅读，不仅能让中学生启迪心智、开阔视野、积累知识，而且还是加强人文修养、提高综合素质的重要途径。

习近平总书记可以说是博览群书的楷模。他对读书有自己的独到见解，他说过：我年轻时读了不少文学作品，涉猎了当时能找到的各种书籍，不仅其中许多精彩章节、隽永文字至今记忆犹新，而且从中悟出了不少生活真谛。

读书固然重要，但读什么书更是关键。在浩如烟海的书籍中，中外经典名著无疑是书海中的璀璨明珠，是人类智慧的结晶。因此，读书就要读经典名著。从大量中外名人的成长经历中，我们知道阅读经典名著对他们所起到的重要作用。经典名著可以说是架起青少年与人类代代相传美好传统的心灵桥梁，通过对经典名著的感悟从而形成良好的语言与文字直觉，对提高青少年的表达理解能力更是大有裨益。

习近平总书记指出："文艺深深融入人民生活，事业和生活、顺境和逆境、梦想和期望、爱和恨、存在和死亡，人类生活的一切方面，都可以在文艺作品中找到启迪。文艺对年轻人吸引力最大，影响也最大。"

现代教育出版社根据中央关于"推广群众阅读活动"的精神，结合中学生的成长特点，经过与专家学者的反复研究及听取一线教学老师的建议，精心选编了这套《中外文化文学经典系列》丛书。

这套丛书所选取的名著，不仅仅是经过岁月的洗礼流传下来的文学精粹，也是国家教育部颁布的全国中高考语文《考试说明》中要求中学生必读和必考的书目。

　　打开这套书，读者会走近一个个文学巨匠、走进一篇篇文学名著，真切地感受经典。从《红楼梦》到《边城》，从《红岩》到《平凡的世界》，你会得到许许多多的人生感悟；会懂得许许多多做事和做人的道理；你会领悟到面对困境，要勇于拼搏、奋斗的精神……

　　跟其他文学经典选读本不同的是，这套丛书具有贴近中学生身心成长的实用性，它着眼于对中学生心灵的净化和思想品质的培养。这种文学名著的陶冶，能使世界观正在形成期的中学生，在文学的浸润中，得到正能量的潜移默化。所以说，此书的编者力求以多层面、多视角来培养学生用发散的思维理解这些经典名著。

　　读书的真谛是什么，只有在捧读经典中才能感悟。相信每个阅读这套丛书的读者，会在阅读中拉近跟名家的距离，从中得到许多历史文化知识，感知生活的真善美。一个人在成长的道路上，也许会对"心灵鸡汤"感到厌烦，但经典文学名著会打开另一扇启迪心灵之门，让你在寒冬里感受到春风，在黑暗中看到光明，在迷茫中发现希望。这种阅读的妙趣，也只有通过阅读才能体会到。

　　开卷有益。相信您会喜欢这套丛书的。

前　言

　　打开一本书，就如同打开了一个世界，也许看到了一位沧桑的老人、一艘破旧的小船、一条干枯的大鱼；也许听得到古战场厮杀的刀剑声、深宅红楼内的嘤嘤呜咽声、旧中国知识分子胸腔里吼出的呐喊声；也许嗅出《海底两万里》尼摩船长灵与肉的焦灼、宇宙外空间传回的神秘讯息、异域国度中父与子骨髓里散出的铜臭味。多读经典名著，提升领悟要义的本领，为终身发展打下良好的精神底子，势在必行！

　　读万卷书，听万家言，行万里路，助推人格魅力形成，一群有梦想的编者们聚在一起，不仅打开一卷卷书，还把一位位大家点评、阅读融会起来，帮助读者走进书中的故事，揣摩语言的魅力，感受作品的深意，逐步形成个体的言语经验，在具体的语言情境中正确有效地理解、运用祖国文字进行交流与沟通。广泛地阅读，应该能获得对语言和文学形象的直觉体验，多维度地听取不同人的阅读心得，能够更加丰富文学形象的立体感，能够在辨识、比较、分析与归纳中，锻炼逻辑思维和批判性思维能力，从而使得"行万里"更加具有深刻性、灵活性、敏捷性、批判性与独创性。

　　功利一点说，2017年发布的全国高考语文《考试说明》增加了基础运用和阅读类样题，明确提出要对经典名著阅读进行考查，北京卷语文学科《考试说明》中也增加了对阅读经典的要求，"附录"在保持原有"古诗文背诵篇目"不变的同时，增加"经典阅读篇目例举"；在现代文阅读和古诗文阅读中，提出"对中外文学经典""对中国古代文化和文学经典"的"理解、感悟和评价"。对经典阅读的考查内容进一步细化，主要包括：对作品基本内容、主旨或观点的整体把握；

结合作品，对人物形象、思想内涵和艺术特色或表现手法的理解、分析；基于知识积累和生活经验，对作品价值、时代意义的感悟和评价；对古代文化经典的积累、理解和运用。这些都凸显了培养中小学生阅读能力和阅读素养在当下语文教学中的重要性。

为了提高中学生阅读经典的能力和文化素养，我们组织了北京的部分语文高级教师，从已经发表在核心期刊上的与此次所选篇目相对应的文献进行了认真、细致的挑选，秉着名师名家、名校名作；主题明确、观点鲜明；紧扣考点，通俗易懂；分析透彻、视角独特的原则，选编了这套《中外文化文学经典系列》丛书。

从高考语文未来考查形式而言，这些经典书籍的题目呈现方式多样、灵活，既可以表现在阅读类题目中，也可能是写作题目中。对于授课老师而言，就要引导考生由"浅阅读"向"深阅读"的阅读习惯转变。所以我们在《中外文化文学经典系列》丛书的选编过程中，以全新的形式，独特的视角，用现代人的眼光和科学方法解读这些经典著作，本着客观、公允、多方位的精神，使学生受益，从而拉近经典著作和学生的距离，使他们能从多角度了解这些经典著作，引导和培育学生发散性和多层面的理解经典著作，使学生提高文学素养和阅读兴趣，让他们了解中外文化文学经典著作的深刻精髓，终身受益。

本书编写组

2017 年元月

◉ 经典回放·作品简介

◉ 第一章 知人论世·作家印象

◉ 第二章 包罗万象·红楼百科

◉ 第三章　美轮美奂·大观园

◉ 第四章　奇文共赏·比较阅读

经典回放·作品简介

红楼梦

《红楼梦》，章回小说，清曹雪芹著，一百二十回。后四十回一般认为清高鹗续。叙金陵贾家宁、荣二府，先世宁国公贾演、荣国公贾源有功于先朝，子孙世受其泽。宁府贾敬好道，由子珍袭爵。荣府史太君健在，长子贾赦袭爵，由其子贾琏妻王熙凤理家；次子贾政任工部员外郎，娶妻王氏所生长子珠早卒，遗寡媳李纨，长女元春入选宫中，次子宝玉衔玉而生，庶出女探春、幼子环。史太君又有女贾敏，嫁扬州盐运司林如海为妻，生女黛玉，多愁善感。贾敏死，如海将黛玉送入荣府，以依外家。宝玉、黛玉从小意气相投，及长情意更深。时王夫人之妹金陵薛氏亦暂寓荣府，有女宝钗，阖府爱之。值元春被选为妃，归家省亲，特费巨资建大观园以居。元妃回京后，众姊妹及宝玉分居大观园各处，极尽欢娱。宝玉渐长，日周旋于众姊妹及诸侍女如袭人、晴雯、紫鹃之间，性厌世俗，尤薄科举，虽遭其父责打，绝不悔改，唯黛玉引为知己。时荣府盛极而衰，颓运日至，变故渐多：金钏投井，尤三姐自刎，二姐吞金，晴雯被遣而死，悲凉之气已笼贾府。后四十回叙贾家气运日衰，大故迭起，宝玉失玉后状类疯癫，贾政将赴外任，拟之娶妇，因黛玉羸弱，由熙凤定移花接木计之娶宝钗，黛玉闻之呕血而亡。元妃薨，贾府失势，贾赦、贾珍以交通外官，倚势凌弱，革职查抄。荣、宁二府家资所剩无几，又遭盗劫，值史太君病逝，王熙凤遂失势，旋即郁郁而终。时有一僧送玉还宝玉，宝玉重梦太虚幻境，尽悟前因，于乡试中式时撒手离去。贾政于葬母返京日，见一人光头赤足向之而拜，审视乃宝玉，登岸追之不及，二僧一道作歌而去，望之唯见茫茫雪原。全书思想深刻、内容宏富，通过描写一个封建大家族盛衰兴亡的过程揭示出整个封建社会走向衰败的内在原因和必然规律，具有高度的概括意义。又以较多的篇幅叙述了贾宝玉与林黛玉的爱情悲剧，深入细腻地展示了他们之间的感情发展过程及无法抗拒的悲剧命运。塑造了贾宝玉、林黛玉、薛宝钗、王熙凤等众多的人物形象，描绘了一批不同气质性格、不同身份地位、不同遭际命运的青年女性，无不生动丰满、个性鲜明。其内容又涉及封建贵族大家庭生活的方方面面，"可谓包罗万象，囊括无遗，岂别部小说所能望其项背"（王希廉《红楼梦总评》）。其艺术手法既有传统风格、民族特色又有大胆创新精神。全书结构宏大精妙，描写细腻入微，语言出神入化，代表了中国古代小说的最高成就。对后世产生深远影响，不仅被人改编为戏曲，对其评点研究又形成"红学"。此书在作者生前即以手抄本形式在其亲朋好友中流传，又因迭经修改，故今传版本较复杂。但大致可分为两个系统：一为《脂砚斋重评石头记》抄本，主要有己卯本（存四十三回又两个半回）、庚辰本（存七十八回）、甲戌本（存十六回）、甲辰本（存八十回，题名《红楼梦》）等；一为乾隆五十六年（1791）萃文书屋用木活字排印一百二十回本，题名《新镌全部绣像红楼梦》，前有程伟元序，世称"程甲本"，次年春程伟元、高鹗又对此本进行修订后再版，世称"程乙本"，以上两本又合称"程高本"。今有1957年人民文学出版社据程乙本排印本，曾多次重印。另有1958年人民文学出版社出版俞平伯校订之《红楼梦八十回校本》，以庚辰本为底本，参校脂评系统重要抄本，并以程乙本后四十回作为附录。1982年人民文学出版社出版中国艺术研究院红楼梦研究所校点注释本，该本以庚辰本为前八十回底本，以程甲本为后四十回底本并参校他本而成，为今最佳本。1988年上海古籍出版社又出版王希廉、姚燮、张新之三家评本。

知识来源：钱仲联、傅璇琮、王运熙等总主编：《中国文学大辞典》，上海辞书出版社，1997年，第1442—1443页。

第一章

知人论世·作家印象

曹雪芹和《红楼梦》

冯其庸

导　读

　　曹雪芹是中国文学史上最伟大的作家之一，《红楼梦》也是中国文学史上最最伟大的作品之一。当然，曹雪芹和他的《红楼梦》，也早已被列入全世界最最伟大的作家和最最伟大的作品之列。这一点，是早就为世界学者们所公认的。曹雪芹和他的《红楼梦》的出现，绝不是历史的偶然，相反，曹雪芹这样伟大的作家，毫无疑问，是我国伟大历史和伟大文化传统所孕育的结晶。

　　曹雪芹，是伟大小说《红楼梦》的作者，他的名字，已并列于世界伟大作家之林。

　　曹雪芹，名霑，字梦阮，号雪芹，又号芹溪、芹圃。祖籍今辽宁省辽阳市。①

　　他的上世有可靠史料证明的是六世祖曹世选和五世祖曹振彦。世选又名锡远，单名"宝"。汉族。他们原是明朝驻防辽东的军官，曾任沈阳中卫指挥使。约在后金天命六年（明天启元年，公元 1621 年）努尔哈赤攻破沈阳、辽阳时归附后金。后入满洲正白旗包衣，于天聪八年（明崇祯七年，1634 年）任佐领。

　　曹振彦于顺治元年四月（明崇祯十七年，1644 年）随多尔衮经山海关之战破李自成进北京。后又随多尔衮平山西大同姜瓖之乱，任平阳府吉州知州，阳和府知府，升两浙都转运盐使司盐法道。从此开始由武职改为文职。

---

　　① 冯其庸著：《曹雪芹家世新考》（增订本），文化艺术出版社，1997 年 8 月。

曹振彦生二子：曹玺和曹尔正。曹玺生二子：曹寅和曹宣。

曹寅生子颙，早卒。据有的红学家研究认为曹雪芹即曹颙的遗腹子；但有的红学家则认为雪芹是曹寅嗣子曹頫之子，两说尚不能定。

曹家自高祖曹振彦从辽阳随多尔衮入关后，即因功升迁。曹玺的妻子孙氏又当了康熙帝的保姆。康熙即位后，康熙二年，特简曹玺任江宁织造。织造一职，属内务府，是专为皇帝驻京外办差的。除江宁织造外，还有苏州织造、杭州织造等。

康熙二十三年曹玺死，其子曹寅继任江宁织造，后复兼两淮巡盐御史，为康熙帝之亲信。曹寅才干出众，诗文词曲书画并擅，为一时之人望。曹家于曹振彦后，复经曹玺、曹寅两代数十年之经营，已为东南巨宦，文酒风流，极一时之盛，天下名士，多与唱游。康熙六次南巡，有四次由曹寅于江宁承办接驾大典，并驻驿于江宁织造署，可见康熙对曹寅之荣宠。而曹家亦因此落下巨额亏空，沦入困境。①

康熙五十一年（1712年），曹寅死。子继任三年，又死，康熙特命曹寅之弟曹宣之第四子曹頫过继接任，以维护曹家。康熙六十一年（1722年），康熙帝死，曹家失去了靠山。雍正五年末（1727年），曹頫即因骚扰驿站案、织造亏空案被革职抄家枷号。六年初，曹家回北京，住崇文门外蒜市口，时雪芹约虚岁十四岁。

曹家回北京时，曹頫仍在枷号中，雍正七年（1729年）尚未宽释，直至乾隆元年始得宽免。曹家此后的情况就再无消息。

曹家虽然在江宁六十余年，但他们在北京原有家业，曹在奏折里说："所有遗存产业，惟京中住房二所，外城鲜鱼口空房一所，通州典地六百亩，张家湾当铺一所。"②这些财产在抄家时例应抄没，但无明载。然在抄家以后雍正七年的"刑部移会"里说："京城崇文门外蒜市口地方房十七间半，家仆三对，给与曹寅之妻孀妇度命。"③这是很确切的记载；另外，曹家在京郊有祖坟，所以曹玺、曹玺之妻孙氏、曹寅三人在南方去世后，

---

①②③　冯其庸著：《曹雪芹家世新考》（增订本），文化艺术出版社，1997年8月。

均北归葬于京郊的祖坟。曹颙是在北京去世的，故李煦在奏折里说："于本月内择日将曹灵柩出城，暂厝祖茔之侧。"①则可见曹家的祖茔确在京郊。

曹雪芹自北归以后，曾一度在右翼宗学任"瑟夫"（教习），因而结交宗室敦敏、敦诚。后雪芹移居西郊，与张宜泉交，此三人皆留有赠雪芹的诗篇。

曹雪芹约于乾隆九年（1744年）前后开始写作《石头记》，据我们所知，纪年最早的《石头记》稿本，是乾隆十九年（1754年）的甲戌本，现有此本的过录本传世。可知此时《石头记》八十回已基本完成。后来雪芹贫病交迫，乾隆二十七年（1762年）壬午又殇子，禁不起丧子之痛，此年除夕（1763年2月12日）雪芹病逝，终年虚岁48岁。

1992年7月，北京郊区通县张家湾农民李景柱，献出了在1968年"文革"中平地时发现的"曹雪芹墓石"，上刻"曹公讳霑墓"五个大字，左下端刻"壬午"二字，经国家文物鉴定委员会的专家鉴定，认为墓石是可靠的，从而确证雪芹卒于"壬午"，与脂砚斋批"壬午除夕，芹为泪尽而逝"合，且确知其祖坟在张家湾②。雪芹逝后，留有"新妇"，不知所终。

曹雪芹生于荣华，中经巨变，历尽沧桑，于世态所味甚深，而又博学通识，才华富赡，胸多波澜，笔无滞碍，才得成此绝世之作。

曹雪芹的《红楼梦》，是以自己和亲戚家庭的败落为创作素材的，因此带有一定的回忆性质；但他创作的《红楼梦》是小说而不是自传，不能把《红楼梦》作为曹雪芹的自传看待。《红楼梦》总的主题思想是反封建主义，在这个总主题下，作者通过贾宝玉、林黛玉两个典型人物，对当时现存正统的封建社会秩序都表示反对，因而这两个典型就成为封建社会的叛逆形象。

在曹雪芹的笔下，象征着封建社会的荣国府和宁国府，就是腐败不堪的两个封建贵族大家庭，作者借用柳湘莲的话说："你们东府里，除了那两个石头狮子干净，只怕连猫儿、狗儿都不干净。"这是作者对这个封建大家庭的总抹一笔，是最尖锐深刻的揭露和批判。读者可以看到，这两个封

---

① 《关于江宁织造曹家档案史料》第127页《苏州织造李煦奏支排曹后事折》，中华书局，1975年。

② 冯其庸：《曹雪芹墓石目见记》，《漱石集》，岳麓书社，1993年版，第116页。

建官僚家庭里的大大小小的主子们，除了享乐，除了做那些见不得人的肮脏事外，没有一件正经的事干，而且他们勾结官府，草菅人命。在曹雪芹的笔下，连当时的封建朝廷都不过是"见不得人的去处"。贾妃回府，只是"满眼垂泪"，"呜咽对泣"，其他的人也都是"垂泪无言"。作者笔下的这幅省亲图，除了虚有其表的空排场外，动到真情实感的就是这一幅哭泣的场面。作者通过贾宝玉，反对"文死谏、武死战"，说"有昏君方有死谏之臣"。骂那些官僚是"国贼禄鬼"。说孔孟的经典之作，也不过是"杜撰"的。作者还通过探春之口，说："登利禄之场，处运筹之界者，窃尧舜之词，背孔孟之道。"说理学大师朱熹的话，也不过是"虚比浮词，那里都真有的？"大家知道孔孟之道的程朱理学，在清代是封建法规的准绳，是治国之大纲，人人违反不得的，而曹雪芹却用这些亦庄亦谐的话，来加以轻蔑和否定。

贾宝玉特别反对"仕途经济"，即让他去走读书做官的道路。这"仕途经济"，是历来封建政权得以世世延续的根本制度，也即是众所周知的科举制度。曹雪芹通过贾宝玉反对"仕途经济"，无异是将动摇封建政权的基础。

《红楼梦》里作者着力描写的是贾宝玉与林黛玉的爱情及其悲剧。这个爱情故事具有深刻的内涵，与以往所有的爱情故事都有所不同。首先，贾宝玉、林黛玉的爱情不是一见倾心式的爱情而是在长期相处共同生活中产生的爱情，这样，这个爱情也就有了生活和思想的基础。其次，他们的爱情是以共同的生活理想和社会理想为基础的，这就是共同的反封建的思想，这是他们爱情牢固的基础，薛宝钗就是因为缺少这一点，贾宝玉终于选择了林黛玉。第三是他们的个性气质相投，贾宝玉崇尚自然天真，喜欢自由，摆脱封建思想和封建礼法的束缚，摆脱世间一切俗套，追求个性的自由和解放，这恰好符合林黛玉的个性和脾气。而这正好说明他俩所共同追求的是个性解放！

在中国的婚姻史上，以以上三个原则作为婚姻选择标准的，这在古代是绝无可能的。实际上曹雪芹在这里已经提出了一个现代婚姻的原则。而这一原则到今天在全世界也没有真正能实现。因为这一原则是具有超前性的，是对人类自身的文明和发展的一个进步。

以往我们研究《红楼梦》，较多地注重《红楼梦》对封建社会的批判和揭露，很少注意创建新的社会理想和生活理想，现在看来这未免有点片面。曹雪芹对封建社会的批判无疑是深刻的，但他同时就提出了新的生活的理想，在曹雪芹笔下贾宝玉、林黛玉的爱情描写，实际上就是曹雪芹的新的社会理想和生活理想的反映和追求。曹雪芹的批判是属于他自己的现实社会的，而他的理想却是属于未来社会的。

曹雪芹通过贾宝玉还提出了反对封建的等级制度，主张自由和平等等等。特别是曹雪芹通过贾宝玉提出了重女轻男的主张，甚至说："男人是泥做的骨肉"，见了男人"浊臭逼人"。孤立地看这句话，似乎不可理解，但从历史的角度看，中国的封建社会，一直是男权社会，男尊女卑是天经地义。贾宝玉的这句话，无疑是对男权社会的一个否定，是男女平等的一种矫枉过正的呼吁。

贾宝玉的这种反封建思想，究竟是什么性质呢？有人认为是封建的民主思想，我认为这是不符合事实的。封建的民主思想是对封建统治有利的思想，贾宝玉的思想是对封建社会的叛逆，是与贾政所代表的思想对立的，所以贾政说贾宝玉弄到后来要"弑君杀父"，因而要趁早打死他。这一情节，把贾宝玉和贾政所代表的两种思想的对抗性交待得十分明确，何况在乾隆时代，中国从明代开始发展起来的资本主义萌芽性质的经济，已经有较大的进展了，自觉或不自觉地反映这种新的生产关系的思想家在明代后期已经出现，这就是激进的初期民主主义思想家李卓吾。而《红楼梦》的思想显然是受他的影响的。所以从《红楼梦》所反映的反封建的内容来看；从贾宝玉、林黛玉的爱情内涵来看；从贾宝玉与贾政的思想冲突的实质来看；再从《红楼梦》的思想渊源来看，我认为《红楼梦》的民主思想，已是具有资本主义萌芽性质的民主思想，这种思想是与封建正统思想对立的，是具有历史的进步性的。只不过，它是借用一个特殊的典型形象并用特殊的语言方式来表现的，与哲学语言的直观性不同罢了。

《红楼梦》共写了七百多个人物，其中称得上典型的也有数十人。如贾宝玉、林黛玉、薛宝钗、王熙凤、晴雯、袭人、史湘云、妙玉、贾母、刘姥姥等都是家喻户晓的人物。

小说是凭借它所创造的典型形象以传世的，《红楼梦》拥有这么多的栩栩如生的典型形象，这在中外的古典小说中，也是非常突出的。

曹雪芹留下来的《红楼梦》只有八十回的抄本，八十回以后也写了一些，但一直未流传下来。今传的后四十回是高鹗和程伟元在乾隆五十六年辛亥用木活字排印《红楼梦》时加上去的，其稿本的来源据程伟元的序言里说是从"鼓担"上买来的，也有人说是高鹗续写的，但以前一说较为可信。

乾隆末年到嘉庆年间，《红楼梦》的续书很多，但仍以程高印续的较好，故程高续本能流传至今，然与雪芹原作比较，其差距还是很大的。

《红楼梦》的思想内涵和文化内涵是非常丰富和深邃的，所以研究《红楼梦》的学问被称为"红学"。

《红楼梦》在世界现实主义小说史上，是居领先地位的，它比欧洲最早的现实主义大师法国的司汤达（1783—1842）、福楼拜（1821—1880）要早出整整一个来世纪；比巴尔扎克（1799—1850）早出80多年；比俄国的现实主义大师果戈理（1809—1852）和列夫·托尔斯泰（1817—1875）也要早出将近一个世纪或更多一点。因此，在世界文学史上，由作家创作的现实主义小说的强烈光芒，是由曹雪芹的《红楼梦》首先放射出来的。

曹雪芹的《红楼梦》既是现实主义的又是理想主义的。他对十八世纪中国封建社会的批判是现实主义的，而他对宝黛爱情深刻动人的描写，他们至死不渝的追求和对美好的自由幸福生活的渴望，则既是现实主义又是理想主义的，而这种对理想生活的渴望和追求，正是曹雪芹对未来世纪的奉献！

1998 年 11 月 12 日夜 1 时于京东

且住草堂，11 月 28 日改定

‖作品来源‖

发表于《红楼梦学刊》1999 年第 3 辑。

论曹雪芹的音乐修养及其对《红楼梦》创作的影响

孟凡玉

导　读

　　《红楼梦》的作者曹雪芹是一个中国传统文化的集大成者，他的《红楼梦》可以称得上是中国传统文化的"百科全书"：诗词歌赋、书法美术、园林建筑、典章制度、管理教育、医药卫生、饮食烹饪等等，无不达到很高的境界。那么曹雪芹的音乐修养如何呢？又对《红楼梦》的创作产生了怎样的影响呢？本文主要就与此有关的问题展开讨论。

　　中国文化被很多人称为"乐感文化"，我想原因之一就是和音乐文化修养从古至今在中国人的文化修养中都占有很重要的一席之地有关系。从周公制礼作乐而一举奠定中国礼乐文化的基础，到孔圣人教学的"六艺"——礼、乐、射、御、书、数，到整个封建社会文人的"琴棋书画"修养，到"士无故不撤琴瑟"（《礼记·曲礼》），音乐始终是文化人的一门必修的重要功课。

　　《红楼梦》的作者曹雪芹是一个中国传统文化的集大成者，他的《红楼梦》可以称得上是中国传统文化的"百科全书"：诗词歌赋、书法美术、园林建筑、典章制度、管理教育、医药卫生、饮食烹饪等等，无不达到很高的境界。那么曹雪芹的音乐修养如何呢？又对《红楼梦》的创作产生了怎样的影响呢？本文主要就与此有关的问题展开讨论。

一、曹雪芹的音乐修养

　　曹雪芹有很高的音乐修养，这在《红楼梦》书内、书外都可以找到很多证据。

（一）《红楼梦》书内的音乐活动资料

《红楼梦》书内随处可见有关音乐活动的描写，是曹雪芹具有很高音乐修养的有力证明。比如，第 54 回女先儿鼓独奏：

> 或紧或慢，或如残漏之滴，或如逆豆之疾，或如惊马之乱驰，或如疾电之光而忽暗。

作者信手写来，音乐速度的快慢、力度的强弱、音色的明暗、音量的大小都描绘得变幻莫测，丰富多彩，极具艺术表现力，直把鼓乐写得酣畅淋漓，慑人心魄。我看与今天舞台上的高水平表演相比一点也不逊色。再比如，76 回有一大段贾母鉴赏音乐的文字：[①]

> 贾母因见月至中天，比先越发精彩可爱，因说："如此好月，不可不闻笛。"因命人将十番上女孩子传来。贾母道："音乐多了，反失雅致，只用吹笛的远远的吹起来就够了。"……只听那壁厢桂花树下，呜呜咽咽，悠悠扬扬，吹出笛声来。趁着这明月清风，天空地净，真令人烦心顿解，万虑齐除，都肃然危坐，默默相赏。听约两盏茶时，方才止住，大家称赞不已。于是遂又斟上暖酒来。贾母笑道："果然可听么？"众人笑道："实在可听。我们也想不到这样。须得老太太带领着，我们也得开些心胸。"贾母道："这还不大好，须得拣那曲谱越慢的吹来越好。"……

"如此好月，不可不闻笛""音乐多了，反失雅致，只用吹笛的远远的吹起来就够了""越慢的吹来越好"，是够得上"鉴赏家"水准的音乐批评。中国音乐历来有重视"神韵"的特点，要求音乐要具有"中和""淡和"之美，要具有"清微淡远"的高雅气质。从老子的"大音希声"，到陶渊明的"但识琴中趣，何劳弦上声"，无声之韵也成为中国音乐审美中的一种超越形式的高级精神追求。贾母的这几句话，正是中国传统音乐审美范畴的具体体现，"音乐多了，反失雅致"，就是"清微淡远"的具体化表述。

---

① 孟凡玉：《"音乐多了反失雅致"——论贾母的音乐审美》，《中国音乐》2003 年第 4 期。

曹雪芹能够创作"自度曲"，用今天的话说就是会作词作曲。关于这一点，中国当代散曲学的开创者和奠基人任二北先生曾经从《红楼梦》里找到一些例证，任老认为"曹雪芹是精通曲学的作家，所制散曲极为清新……那五支散曲（指《红楼梦》二十八回的五支曲子——笔者注）虽未标举曲牌名称，实为南曲小令之变体，是曹雪芹为刻画人物形象而创造的自度曲。'滴不尽相思血泪抛红豆'是仙吕宫〔解三酲〕的变体，'你是个可人'脱胎于〔集贤宾〕，'可喜你天生成百媚娇'脱胎于〔剔银灯〕，甚至于云儿唱的'豆蔻花开三月三'，也属于曹氏小令的创格。任老在《曲谐》中对'滴不尽'一曲推崇备至，称赏不已。他评论说：……'盖皆为曲苑新裁，艺林雅制，而必不可废者也。'"①这可以看到曹雪芹音乐修养的又一侧面。

曹雪芹在《红楼梦》中写到的音乐活动随处可见，②提到的乐器有琴、箫、笙、管、笛、鼓、律管等三十多种；写到的音乐活动有戏曲表演、歌舞表演、器乐独奏、器乐合奏等等多种形式；贾宝玉、林黛玉、妙玉、贾母、蒋玉菡、柳湘莲、芳官、龄官、云儿、女先儿等许多重要人物均与音乐表演和音乐欣赏有着十分密切的关系。

曹雪芹在创作中对音乐材料的使用，可以说是左右逢源、得心应手。而这一切的实现，都是建立在作者曹雪芹高度的音乐修养基础之上的，是曹雪芹具有很高音乐修养的很好证明，如果没有较高的音乐修养，无法写得如此丝丝入扣、生动迷人。

（二）曹雪芹交往中的音乐活动资料

曹雪芹具有较高的音乐修养，他热爱音乐，能唱歌，会弹琴，能够创作"自度曲"，且有较高造诣，这在他和朋友唱和的诗词中也可以找到一些例证。

曹雪芹和敦诚、敦敏、张宜泉等好友的交往留下了一些文字资料，是

---

① 吴新雷：《〈抛红豆〉诸曲的红学公案》，《红楼梦学刊》1993 年第 1 辑，第 235 页。
② 孟凡玉：《〈红楼梦〉中的音乐史料》，《中国音乐学》2004 年第 2 期。

今天研究曹雪芹的宝贵资料。从他们唱和的诗文中可以找到一些与音乐活动有关的内容，兹举例如下：

其一：伤芹溪居士

张宜泉

谢草池边晓露香，怀人不见泪成行。

《北风图》冷魂难返，《白雪歌》残梦正长。

琴裹坏囊声漠漠，剑横破匣影钚钚！

多情再问藏修地，翠叠空山晚照凉。

原诗见《春柳堂诗稿》叶四十七。对于这首诗的创作情况，周汝昌先生解释说："及雪芹亡后，（张）宜泉重访故居，怀人不见，痛泪成行，叹息雪芹的诗、画、琴、剑诸般才艺，都成绝响"，①由此看来曹雪芹弹琴、歌唱均有值得怀念、令人追忆的地方。

其二：题敦诚《琵琶行传奇》

曹雪芹

唾壶崩剥慨当慷，月荻江枫满画堂。

红粉真堪传栩栩，渌樽那靳感茫茫。

西轩歌板心犹壮，北浦琵琶韵未荒。

白傅诗灵应喜甚，定教蛮素鬼排场。

据吴世昌先生考证，本诗是曹雪芹为敦诚根据白居易的长诗《琵琶行》所作的传奇一折《琵琶行》作的题诗。最后一联见于敦诚的《四松堂集》卷五、《鹡鸰庵笔麈》第258页。整诗在"文化大革命"时期发现。除最后一联外，真伪尚有争论。②从这首诗中可以看出曹雪芹经常参加朋友家中的音乐、歌舞、戏曲活动，并兴致盎然地与朋友诗文唱和"西轩歌板心犹壮，北浦琵琶韵未荒"。

① 周汝昌：《曹雪芹小传》，华艺出版社，1998年7月第1版，第148页。
② 吴世昌：《〈红楼梦〉探源外编》，上海古籍出版社，1980年12月第1版，第328页。

其三：佩刀质酒歌①

敦诚

··········

未若一斗复一斗，令此肝胆生角芒。

曹子大笑称快哉！击石作歌声琅琅。

其四：题敦诚《琵琶行传奇》

敦敏

西园歌舞久荒凉，小部梨园作散场。

漫谱新声谁识得？商音别调断人肠。

红牙翠管写离愁，商妇琵琶溢浦秋。

读罢乐章频怅怅，青衫不独湿江州。

敦诚、敦敏是弟兄，敦家世代养着优伶，承继祖父定庵公"昼则行围（打猎），夜则征歌（听戏）"，"家有梨园，日征歌舞"。敦诚的《感怀》十首之一自注说："记戊辰己巳间（1748—1749），余年十五六，每归自宗黉，伯父便来召家优歌舞，使预末座。"敦诚自己也养着歌童，有时填了词自己训练他们演唱。《鹪鹩庵笔麈》第二十九则，说到他自制的《劝酒词》五章，"预教小童习之，每当晚樽之际，令其歌吟于侧"。和他来往的戚友家中也有歌妓。②

从曹雪芹和他的这些好友唱和的诗词来看，他们一起观看戏剧演出、诗文唱和是很多的，同时，他们的音乐修养也是很高的。不仅如此，曹雪芹和他的好友、亲戚还亲自粉墨登场，客串演戏。据红学家徐恭时先生研究，"江宁、苏州织造府里都有家庭戏班，经常演戏。雪芹耳濡目染，从小就爱看戏剧。这与后来记及他'优伶中，时演剧以为乐'之事有关。他舅祖李煦之子，还亲自扮演过《长生殿》剧中的李三郎。"③

---

① 蔡义江：《〈红楼梦〉诗词曲赋鉴赏》，中华书局，2001年10月第1版，第492页。
② 吴世昌：《〈红楼梦〉探源外编》，上海古籍出版社，1980年12月第1版，第367页。
③ 巴金等：《我读〈红楼梦〉》，天津人民出版社，1982年1月第1版，第190页。

二、曹雪芹音乐修养形成的文化环境

　　曹雪芹生活在一个戏曲音乐非常繁荣的时代。清代，中国的器乐、戏曲、曲艺等音乐艺术，都在前代的基础上获得进一步的发展，特别是戏曲艺术出现了非常繁荣的局面。康熙、雍正、乾隆时期"剧作家的队伍里诞生了孙郁、蒲松龄、洪昇、裘琏、孔尚任、边汝元、唐英、吴震生、杨潮观、蒋士铨、爱新觉罗·永恩、桂馥、沈起凤、钱维乔、王筠（女）等一大批剧坛新秀，他们创作的作品数量大、质量高，对后世的戏曲创作产生过巨大的影响；一方面上自宫廷、王公贵族，下至地方官员、'油水衙门'及富商大贾，不仅每到逢年过节和喜庆日子吃酒唱戏，延请职业戏班，而且自蓄优伶，自备戏班，成为一时风尚"。①清代是我国戏曲艺术发展的一个高峰时期，在宋、元、明三代的戏曲的基础上，我国戏曲艺术在清代达到鼎盛，不仅戏曲作家人数众多，涌现出大量优秀作品，而且各种声腔日趋成熟，影响巨大。"作家人数之众，问世作品之多，都达到了惊人的地步。不但昆曲的兴盛出现了顶峰，各省古老的地方剧种也各有其不同程度的进展。还有很多新兴剧种，像雨后春笋般地产生出来。"②当时的一条谚语"家家收拾起，户户不提防"，可以让我们了解当时社会音乐状况之一斑。"收拾起""不提防"分别是《千忠录·惨睹》和《长生殿·弹词》的开头三个字，这条谚语说的是当时人们爱好演唱戏曲唱段的普遍情况，达到"家家""户户"争相传唱的地步。特别是《长生殿》，凝聚了洪昇一生的才智和心血，五十出戏所用曲牌没有重复的，又都为大家所熟悉，文字与音乐配合极为谐调，达到了高度的艺术成就，一脱稿就曾"酒社歌楼非此曲不奏"。对当时的这种情况，李渔也曾说："《琵琶》《西厢》《荆》《刘》《拜》《杀》等曲，家弦户颂已久，童叟男妇，皆能备悉情由。"③在当时的这种音乐传承语境之中，人们想不会唱几段传统戏曲都不可能。传统戏曲唱段是当时的

---

①　胡文彬：《红楼放眼录》，华艺出版社，1995年6月第1版，第22页。
②　周妙中：《清代戏曲史》，中州古籍出版社，1987年12月第1版，第1页。
③　[清]李渔：《闲情偶记》，时代出版社，2001年第1版，第85页。

"流行歌曲"。这些情况体现在《红楼梦》中，就是《红楼梦》中涉及的戏曲有《长生殿》《西厢记》《牡丹亭》《琵琶记》《续琵琶》《满床笏》《西游记》等四十余种，涉及戏曲种类有昆曲、弋阳腔、梆子腔、宋元杂剧、南戏等等，反映出当时戏曲的繁荣景象。《红楼梦》中众多人物的乐感与当时浓厚的戏曲音乐氛围有密切的关系。

曹雪芹时代的器乐也非常繁荣，新出现了四胡、京胡、板胡等乐器，各地的器乐合奏形式有很多，如"陕西鼓乐"（流行于陕西何家营、西安等地。今存可信的年代最早的工尺谱本为雍正九年——1731 年抄本）、"北京寺院管乐"（以北京智化寺为传授中心，拥有一百几十个曲调，经常用七八个以至十几个组成套曲）、"山西八大套""冀中管乐""十番鼓""十番锣鼓""弦索十三套"等。①

曹雪芹家中的音乐氛围也是十分浓厚的。曹雪芹的父、祖几辈人在南京任江宁织造 60 年，祖父曹寅有很高的文学修养，主持编撰过许多诗集、文集，在江南文坛享有盛誉。"在繁盛的清代诗坛上，曹寅的诗有一定的地位。曹寅对自己文学作品的总评是：'曲第一，词次之，诗又次之。'认为自己的词曲成就在诗之上，最得意的是作为通俗文学的曲。曹寅是位精通音律并组织有家庭小戏班的剧作家。现今知道，他所作的剧本有《北红拂记》《续琵琶记》《太平乐事》《虎口馀生》四种。《续琵琶记》是演蔡文姬的故事，其中把曹操塑造成有智谋、有魄力、思贤爱才的正面形象。这是中国戏曲小说中第一个正面的曹操形象，也是对文学艺术中把曹操当作'奸雄'的正统观念的真正突破。《太平乐事》是表演京师上元灯节盛况的长达十折的杂剧。"②从这里可以看到曹寅不仅很有文学才能，而且还是一位很有创见的戏剧作家。

曹寅还和当时的著名剧作家洪昇有相当密切的交往，洪昇曾数次带着自己的戏班子到曹寅家中搬演自己的剧作。"康熙四十二年，曹寅的剧本《太平乐事》脱稿，又请洪昇为作序文，刊于卷首。康熙四十三年，曹寅邀请

---

① 杨荫浏:《中国古代音乐史稿》,人民音乐出版社,1981 年 2 月第 1 版,第 987—998 页。
② 冯其庸、李广柏:《〈红楼梦〉概论》,北京图书馆出版社,2002 年 10 月第 1 版,第 11 页。

洪昇到江宁，集南北名流演《长生殿》，一时传为盛事。"①

曹雪芹生活在如此深厚的传统音乐文化氛围之中，诗文书画俱佳的同时对音乐非常热爱，并具有很高的音乐修养，那是再自然不过的了。

三、音乐在《红楼梦》中的作用

曹雪芹所具备的较高的音乐修养对创作《红楼梦》有很大的影响。贾宝玉、林黛玉、妙玉、贾母、蒋玉菡、柳湘莲、芳官等人的音乐感觉，表达了曹雪芹音乐趣味的不同侧面。良好的"乐感"，是这些人物的一个很突出的共性特点，这也是引起曹雪芹感情共鸣的一个契合点。探讨曹雪芹的音乐修养以及音乐对他的文学创作的影响，对深刻理解《红楼梦》所展现的丰富文化内涵，具有非常重要的意义。

由于不同形式的音乐活动具有一定的特殊性，作用也有所不同，全面了解音乐活动在《红楼梦》中的作用，对深刻理解它的精神内涵具有重要意义。戏曲描写在《红楼梦》故事情节发展上具有十分重要的作用，前辈学者已多有论及，本文不再赘述。抛开戏曲、歌舞活动，就纯音乐来讲，作用也是非常巨大的。以器乐活动为例，器乐曲的综合性不如戏曲和歌唱，属于所谓的"纯音乐"范畴，它的作用似乎不如戏曲在《红楼梦》中的作用那么引人注目，但它的作用也是不容忽视的，归纳起来，器乐活动在《红楼梦》中的作用至少有以下几点：

1. 丰富《红楼梦》的艺术表现手段，提高艺术表现力。由于有很多迷人的音乐描写，大大丰富了《红楼梦》的艺术表现力，增强了《红楼梦》的艺术感染力。例如第 76 回对笛子独奏的描写：

只听那壁厢桂花树下，呜呜咽咽，悠悠扬扬，吹出笛声来。趁着这明月清风，天空地净，真令人烦心顿解，万虑齐除……

以及第 5 回十二舞女表演大型歌舞套曲《红楼梦》曲时"轻敲檀板，款按银筝"

① 冯其庸、李广柏：《〈红楼梦〉概论》，北京图书馆出版社，2002 年 10 月第 1 版，第 14 页。

等等鲜明、生动的音乐描写，极大地丰富了作品的艺术表现手段，增强了作品的艺术感染力。

2. 展现当时的乐器及器乐活动的真实情况和发展水平。《红楼梦》中使用的乐器，如琴、笛、箫以及"黑漆铜钉的花腔令鼓"等，是在中国历史上流传久远、在清代有广泛应用、有较成熟的演奏技艺的乐器，比如《红楼梦》第54回中有一段"女先儿"精彩的鼓独奏描写：

> 或紧或慢，或如残漏之滴，或如迸豆之疾，或如惊马之乱驰，或如疾电之光而忽暗。

这一段鼓乐独奏描写得十分精彩：快速的乐段犹如"迸豆之疾"，令人紧张、窒息；慢速的乐段犹如"残漏之滴"，缓慢、松弛，令人倍感轻松惬意；气势宏大的乐段犹如"惊马之乱驰"，像是大草原上万马奔腾，气势磅礴；音色变幻莫测的乐段犹如"疾电之光而忽暗"，像耀眼的闪电在一瞬间消失在茫茫的夜空……速度、力度、音色变化多端，丰富多彩，表现出了鼓乐演奏的高超技巧。其他如琴乐、笛乐等，均是当时器乐状况的真实摹写。

3. 渲染气氛，为整个故事的叙述做情感铺垫。例如第76回贾母与众人赏月、品乐："只听桂花阴里，呜呜咽咽，袅袅悠悠，又发出一缕笛音来，果真比先越发凄凉。大家都寂然而坐。夜静月明，且笛声悲怨，贾母年老带酒之人，听此声音，不免有触于心，禁不住堕下泪来。众人彼此都不禁有凄凉寂寞之意"，这一段音乐描写不仅很好地为本回林黛玉、史湘云听乐有感而联诗，并赋出"寒塘渡鹤影，冷月葬花魂"这妙绝但"太颓废"（湘云评语）的诗句做了很好的情绪铺垫，而且为紧接着的第77回晴雯之死，芳官、蕊官等被迫出家以及后来的抄家，做了情绪上的铺垫和准备。

4. 通过人物对音乐的态度、音乐欣赏趣味，塑造人物形象。例如：第86、87回黛玉和宝钗的诗，弹琴、谱曲，"也赋四章，翻入琴谱，可弹可歌"，"又将琴谱翻出，借他《猗兰》《思贤》两操，合成音韵"，"将自己带来的短琴拿出，调上弦，又操演了指法抚了一番，夜已深了"。宝玉、妙玉听黛玉弹琴、唱歌，"听得叮咚之声"，"甚觉音调清切"，黛玉低吟琴歌四叠："侵"字韵第一叠，"阳"字韵第二叠。黛玉"忽作变徵之声"，"音韵可裂金石"。妙玉认为"君弦太高","与无射律不配","太过""恐不能持久"。这里的林黛玉演抚琴，妙玉听琴"知音"，就表现了她们高雅的音乐情趣、与众不同的品格和丰富的内心世界，对人物塑造起到很好的作用。

5. 传递语言无法传递的信息，为情节发展、结局提前做某种暗示。第76 回夜静月明、桂花荫下发出的"呜呜咽咽，袅袅悠悠"的一缕"凄凉"笛音，营造出一种无法用语言传递的悲凉气氛，预示着一连串不幸事件的到来；第 87 回林黛玉演奏古琴时"忽作变徵之声""音韵可裂金石"，用音乐表达出内心激荡的情感，传递出无法用语言传递的内心郁结和愤懑之情；而琴弦崩断，则隐隐暗示林黛玉寿命不永；一般认为 54 回以后不幸事件接踵而至，是《红楼梦》一个很大的转折，笔者认为 54 回"女先儿"击鼓的"或紧或慢，或如残漏之滴，或如迸豆之疾，或如惊马之乱驰，或如疾电之光而忽暗"，展示"女先儿"高超演奏技艺的同时，与世事纷乱复杂、变幻无常，甚至后来抄家之后的树倒猢狲散局面，有某种契合关系，亦有某种暗示作用。这些朦胧隐约的信息，用本身就比较含蓄的音乐若隐若现地传递给读者，造成似有还无的含蓄效果，那是再合适不过的了。由此亦可见曹雪芹文学创作的巧妙匠心。

音乐活动在《红楼梦》中随处可见，对情节发展、人物塑造、氛围营造均有重要的作用，是《红楼梦》故事素材的重要组成部分之一，占有举足轻重的地位。可以断言，离开了音乐活动的材料，《红楼梦》这部中国文学史上的巅峰之作就会大为失色，甚至故事也是无法顺利展开的。由此我们可以看出，之所以能够产生《红楼梦》这样的杰出著作，是与曹雪芹全面的中国传统文化修养、深厚的历史文化积淀密切相关的，这里当然包括音乐方面的素质修养。我们今天提倡素质教育，是因为我们认识到造就杰出的优秀人才，全面的文化修养是一个很重要的基础条件。曹雪芹的创作实践告诉我们，音乐应当能够在其中发挥更大的作用，这是毋庸置疑的。

‖ 作品来源 ‖

发表于《红楼梦学刊》1999 年第 1 辑。

第二章

包罗万象·红楼百科

漫谈《红楼梦》节庆文化

刘 芳

导 读

　　传统节日的形成是一个民族或国家的历史文化长期积淀凝聚的过程，中国的传统节日沉淀着中华文明的哲学思想、审美意识和道德伦理。曹雪芹在《红楼梦》这一文学经典中当然也不会忽视传统的节日生活。

　　节日的起源和发展是一个逐渐形成，潜移默化地完善，慢慢渗入到社会生活的过程。我国古代的大部分节日在先秦时期就已初露端倪，到汉代，主要的传统节日已经定型，节日发展到唐代，已经从原始祭拜、禁忌神秘的气氛中解放出来，转为娱乐礼仪型，成为真正的佳节良辰。中国的传统节日主要有：春节、元宵节、清明节、端午节、七夕节、中秋节、重阳节等。历代的文人雅士、诗人墨客，为节日谱写了许多千古名篇，这些诗文使我国的传统节日渗透出深厚的文化底蕴。

　　《红楼梦》这一文学经典当然也不会忽视传统节日生活的描写。下面就让我们来看看，曹雪芹是如何用他的生花妙笔给读者展现他那个时代丰富多彩的节日的。

一、春 节

　　春节，也叫过年，是农历的岁首。春节起源于原始社会末期的"腊祭"。每逢腊尽春来，先民便杀猪宰羊，祭祀神鬼与祖灵，祈求新的一年风调雨顺，免去灾祸。

《红楼梦》专门描写贾府过年的场景集中在五十三回的"宁国府除夕祭宗祠，荣国府元宵开夜宴"。"当下已是腊月，离年日近，王夫人和凤姐治办年事。"这是《红楼梦》中写年的开头。过了腊月初八，积极进入年事的准备阶段，接着是除尘。这在《红楼梦》中写得很简略。腊月二十三或二十四祭灶。在《红楼梦》中也提到"那晚各处佛堂、灶王前焚香上供"。腊月二十九日，宁荣二府年事准备就绪。书中说"两府中都换了门神、联对、挂牌、新油了桃符，焕然一新"。

在贾府，过年最大的礼仪是祭祖，时间在年三十。这一天，贾母有诰封，须先进宫朝贺，然后来到宗祠祭拜。祭祀开始，有乐队奏乐，共献爵三次，然后次第焚帛奠酒，然后所有祭祀者一起行礼。祭罢宗祠，大队人马再到正堂向祖宗遗像礼拜。书中说，如此一跪不打紧，竟"将五间大厅、三间抱厦、内外廊檐、阶上阶下、两丹墀内，花团锦簇，塞得无一隙空地"。祭拜过祖先之后，一干人等还要到荣国府给贾母行礼。"礼毕，散押岁钱、荷包、金银锞，摆上合欢宴来。男东女西归坐，献屠苏酒、合欢汤、吉祥果、如意糕毕，贾母起身进内间更衣，众人方各散出。"等受礼散钱之后，开始全家的合欢宴。当晚还有给各处的佛堂、灶王焚香上供的节目。整个除夕之夜，两府内外，荣宁街上，统统都是灯火高挑，爆竹齐鸣。除夕夜祭过祖宗，全家上下不管守岁与否，都是热闹非凡。第二天便是大年初一，《红楼梦》中写道：

> 至次日五鼓，贾母等又按品大妆，摆全副执事进宫朝贺，兼祝元春千秋。领宴回来，又至宁府祭过列祖，方回来受礼毕，便换衣歇息。所有贺节来的亲友一概不会，只和薛姨妈李婶二人说话取便，或者同宝玉、宝琴、宝钗、黛玉等姊妹赶围棋抹牌作戏。

旧历风俗中过年时以正月初一作为分水岭，年前将近一个月都以"准备年事"为主，年后的半个多月却是以"拜年""走亲戚""吃春酒""游玩"等为主。初一至初五拜年、饭宴都有一定的顺序的，一般来说，元旦是本家近支；初二本家远支，五服内外互拜；初三回亲戚、同年、同寅、世交等；初六女眷出门、女儿归宁，春酒欢宴，络绎不绝。如《红楼梦》中描写道：

王夫人和凤姐天天忙着请人吃年酒，那边厅上和院内皆是戏酒，亲友络绎不绝，一连忙了七八天，才完了，早又元宵将近，宁荣二府皆张灯结彩。

十一日是贾赦请贾母等，次日贾珍又请贾母。王夫人和凤姐也连日被人请去吃年酒，不能胜记。

元宵之后，十七的祀祖很是重要，连贾赦亦要祀祖之后，才好"仍出城去修养"。大年三十是祭祖的起始，十七是祭祖的收煞。"十七日一早，又过宁府行礼，伺候掩了宗祠，收过影像，方回来。此日便是薛姨妈家请吃年酒。十八日便是赖大家，十九日便是宁府赖升家，二十日便是林之孝家，二十一日便是单大良家，二十二日便是吴新登家。"这还不算诸亲友的宴请。

到五十五回"将年事忙过"这中间已经隔了一个半月的时间，曹雪芹用了洋洋洒洒将近两万字来描写，画面与场景可谓是花团锦绣、如火如荼。

二、元宵节

元宵节是第一个月圆之夜。元宵节通常彻夜不眠，人们用又香又甜的原料做成圆圆的食品充饥。圆形是吉利的象征，同时暗喻团团圆圆，这样汤圆就慢慢成型了。《红楼梦》中用了重彩来描绘元宵的气氛。书中说"早又元宵将近，宁荣二府皆张灯结彩……至十五这一晚上，贾母便在大花厅上命摆几席酒，定一班小戏，满挂各色花灯，带领宁荣二府各子侄孙男孙媳等家宴……"元宵的风俗首先重在灯，重在烟火，重在热闹。所以《红楼梦》中又细写贾母家宴的花厅上灯云："两边大梁上，挂着一对联三聚五玻璃芙蓉彩穗灯。每一席前竖一柄漆干倒垂荷叶，叶上有烛信插着彩烛。这荷叶乃是錾珐琅的，活信可以扭转，如今皆将荷叶扭转向外，将灯影逼住全向外照，看戏分外真切。窗格门户一齐摘下，全挂彩穗各种宫灯。廊檐内外及两边游廊罩棚，将各色羊角、玻璃、戳纱、料丝，或绣、或画、或堆、或抠、或绢、或纸诸灯挂满。"这细腻的描写中，足见当时富贵豪门之家华灯辉煌的富气派。

《红楼梦》元宵节这天，贵妃贾元春被皇上恩准回娘家省亲。贾府是大动干戈，又造省亲别墅，又题对额。更有甚者，全家凡有爵之人，皆按品服大妆，早早地做好了迎接的准备。贵妃元春本来是回自己的娘家，而这等事情如果是在普通的家庭则是全家齐聚一堂，皇亲国戚就不能这样随便了，有很多的礼俗要遵守。与自己的父亲见面也要隔帘以君臣相称，于是贵妃垂泪道："田舍之家，虽齑盐布帛，终能叙天伦之乐；今虽富贵已极，然骨肉各方，终无意趣！"

三、清明节

祭祀扫墓是清明节主要活动。伴随着扫墓，人们还要进行郊游踏青、荡秋千、放风筝、插柳等活动。清明节的大多习俗，在《红楼梦》中都有所反映。第五十八回，有两段文字描写清明祭祀，一段写的是祭祀宗亲："可巧这日乃是清明之日，贾琏已备下年例祭祀，带领贾环、贾琮、贾兰三人去往铁槛寺祭枢烧纸。宁府贾蓉也同族中几人各办祭祀前往。因宝玉未大愈，故不曾去得。"贾府聚族而居，祖茔远在金陵，铁槛寺是都中暂寄灵枢之处，所以清明节要去铁槛寺祭枢烧纸，祭祀先祖。另一段写的是小戏子藕官悼念亡友药官：宝玉"正自胡思间，忽见一股火光从山石那边发出，将雀儿惊飞。宝玉吃一大惊，又听外边有人喊道：'藕官，你要死！怎么弄些纸钱进来烧？我回奶奶们去，仔细你的肉！'宝玉听了，益发疑惑起来，忙转过山石看时，只见藕官满面泪痕，蹲在那里，手内还拿着火，守着些纸钱灰作悲。宝玉忙问道：'你给谁烧纸钱？快别在这里烧！你或是为父母兄弟，你告诉我姓儿，外头去叫小厮们打了包袱写上名姓去烧。'"文中提到的"烧包袱"，是满族沿袭成俗的一种祭奠亡灵的特殊古礼。

除了描写清明祭祀，《红楼梦》中还记录了采百草、放风筝、荡秋千等游戏，其中提得最多的是放风筝。其实曹雪芹本人就是一位风筝高手，他曾撰有《南鹞北鸢考工志》，内有几十种风筝的制作方法。据说曹雪芹在乾隆二十三年还曾在北京太平湖边做过精彩的放风筝表演。曹雪芹将其这段真实的生活经历折射在小说中，在第七十回，用了很长的一段文字去描述贾宝玉、林黛玉等人在大观园放风筝的场面。"黛玉见风力紧了，过去将籰子一松，只听呼啦啦一阵响，登时线尽，风筝随风去了。黛玉因让众人来放。众人都说：'林姑娘的病根儿都放了去了，咱们大家都放了罢。'于是丫头们拿过一把剪子来，铰断了线。那风筝都飘飘摇摇随风而去，一时只有鸡蛋大，一展眼只剩下一点黑星儿，一会儿就不见了。众人仰面说道：'有趣，有趣！'"

四、端午节

五月初五端午节。《红楼梦》中的端午节相当隆重。第二十四回提到，贾府总管王熙凤为了庆祝端午节开始做准备工作，第三十一回，真正的端午节才开始。书中说"这日正是端午节，蒲艾簪门，虎符系臂"。意思是说在门上挂上艾叶、悬了菖蒲来驱疫，剪了虎符系在臂上避邪。在这些描写里，虽然提到了挂艾叶、悬菖蒲、系虎符、吃粽子等习俗，但用的都是简笔。贾府的端午节怎么会过得这样冷清？二十四回，王熙凤就开始收集贾芸的麝香、冰片；二十八回元春又恩赐贾府大小老少一干端午节的礼品；为把节日气氛推向高潮，还特地安排从五月初一开始接连三天在清虚观打醮，实际就是热闹热闹。想来到了端午节这天，不知贾府要热闹到什么程度啊！什么除夕夜、元宵节、中秋节哪一次不是热闹非凡，又是唱戏，又是喝酒说笑听书的。然而为何独独这个端午节，前期都搞得那样热闹，反而到了正期却如此的冷淡？

其实这冷淡的玄机与奥秘，就是在端午节前，发生了很多事情。其中最关键的一事，就是元春赐端午节礼物时，单独把宝玉和宝钗的礼物赐成一样，而黛玉的礼物却和三春的一样，给人的感觉就像是为宝玉宝钗赐婚。这就引起了贾府内相关人的极大震动。当然王夫人和薛姨妈两姊妹肯定是欣喜若狂，宝钗"羞笼"着红麝串四处招摇显摆也不忙去说她，黛玉、凤姐的酸苦麻辣也暂且不表，只说这当中就惹恼了一个关键人物，这人是谁？就是贾府的最高统治者贾母！所以，贾府端午节这天不见了一向爱热闹的贾母。

这就是曹雪芹的高明之处，写节日，该详的详，该略的略，一切为了刻画人物形象与描摹思想服务。

五、七夕节

七夕节是我国传统节日中最具浪漫色彩的一个节日，也是姑娘们最为重视的日子。在这一天晚上，妇女们穿针乞巧，祈祷福禄寿活动，礼拜七姐，仪式虔诚而隆重。2006年5月20日，七夕节被国务院列入第一批国家非物质文化遗产名录。现又被认为是"中国情人节"。《红楼梦》中，多个回目里有七夕、牛郎与织女的描写，例如第四十回贾母在大观园的酒宴上行酒令时，薛姨妈的酒令中就说到"织女牛郎会七夕"。第六十四回，"宝玉细想到：'大约必是七月，因为瓜果之节，大家都上秋祭的坟，林妹妹有感于心，所以在私室自己奠祭。'"

六、中秋节

"中秋"一词，最早见于《周礼》。根据我国古代历法，农历八月十五，在八月中旬，故称"中秋"。中秋节是仅次于春节的第二大传统节日。传统习俗有祭月、拜月、赏月、吃月饼、举家团圆等。《红楼梦》第一回就提到了中秋节，这天离群索居的甄士隐家宴已毕，又在自己的书房另备了一桌酒席，乘着月光来到不远的庙中邀请贾雨村一同宴饮、赏月，不料两人一拍即合，随即甄士隐赠予贾雨村银两以供科考。第七十五回集中写中秋，开始于八月十三的宁府男人帮鬼混，过场是八月十四的宁府小宴。"就在会芳园丛绿堂中，屏开孔雀，褥设芙蓉"，贾珍"带领妻子姬妾，先饭后酒，开怀赏月作乐"。

拜月。贾母"扶着宝玉的肩，带领众人齐往园中来。园之正门俱已大开，吊着羊角大灯。嘉荫堂前月台上，焚着斗香，秉着凤烛，陈献着瓜、饼、各色果品。贾母盥手上香拜毕，于是大家皆拜过"。为了庆祝中秋还专门请了一个做月饼的高手当厨子。此外，贾母吃的月饼可不是一般的月饼，而是皇宫中赐出的内造瓜仁油松穰月饼。看来月饼可真有一番讲究的。

桂花令。"贾母便命折一枝桂花来，命一媳妇在屏后击鼓传花。若花到谁手中，饮酒一杯，罚说笑话一个。于是先从贾母起，次贾赦，一一接过。鼓声两转，恰恰在贾政手中住了。"平时一脸严肃的贾政为了博得贾母的开心，也讲了一个笑话。

月下笛声。"贾母因见月至中天，比先越发精彩可爱，因说：'如此好月，不可不闻笛。'因命人将十番上女孩子传来。贾母道：'音乐多了，反失雅致，只用吹笛的远远的吹起来就够了。'""正说着闲话，只听那壁厢桂花树下，悠悠扬扬，吹出笛声来。趁着这明月清风，天空地静，真令人烦心顿解，万虑齐除，都肃然危坐，默默相赏。"

凹晶馆联诗。"湘云笑道：'这山上赏月虽好，终不及近水赏月更妙。你知道这山坡底下就是池沿，山坳里近水一个所在就是凹晶馆。'……二人遂在两个湘妃竹墩上坐下。只见天上一轮皓月，池中一轮水月，上下争辉，如置身于晶宫鲛室之内。微风一过，粼粼然池面皱碧铺纹，真令人神清气净……黛玉因念道：'三五中秋夕……'"

七、重阳节

重阳节，又称"老人节"。因为《易经》中把"九"定为阳数，九月九日，两九相重，故而叫重阳，也叫重九。重阳这天所有亲人都要一起登高"避灾"，插茱萸、赏菊花。《红楼梦》第三十七回中写到重阳节前，袭人让宋嬷嬷给史湘云送去两个小掐丝盒子，一个装的是两样鲜果，另一个装的是一碟子桂花糖蒸新栗粉糕。这说明重阳节有吃糕点的习俗。赏菊是重阳节的一项重要内容。《红楼梦》第三十八回"林潇湘魁夺菊花诗，薛蘅芜讽和螃蟹咏"写的就是重阳节赏菊、写菊花诗的情景。

《红楼梦》里的重阳菊花诗不仅情景交融，而且诗中有诗，以弦外之音和言外之意抒发了个人情怀，也预示了各自的人生命运。先看看薛宝钗写的《忆菊》："怅望西风抱闷思，蓼红苇白断肠时。空篱旧圃秋无迹，瘦月清霜梦有知。念念心随归雁远，寥寥坐听晚砧痴。谁怜我为黄花病，慰语重阳会有期。"对薛宝钗的这首诗，探春的评价是："到底要算蘅芜君沉着，'秋无迹''梦有知'，把个忆字烘染出来了。"薛宝钗的《忆菊》是把菊花拟人化了。忆菊，其实是忆人。薛宝钗这首诗预示了她未来独居时的"闷思"和"断肠"的凄凉境况。

贾宝玉写了《访菊》和《种菊》两首，《访菊》是这样写的："闲趁霜晴试一游，酒杯药盏莫淹留。霜前月下谁家种，槛外篱边何处愁。蜡屐远来情得得，冷吟不尽兴悠悠。黄花若解怜诗客，休负今朝挂杖头。"这是说贾宝玉尊重女子、关心女子、保护女子，无论是千金小姐还是小家碧玉，不论是奴婢还是戏子，他都把她们当作和自己一样的人平等对待。如果以花来喻女孩，那么贾宝玉写的菊花诗正好表现了他对女孩的态度。

林黛玉写的是《咏菊》《问菊》和《菊梦》。"无赖诗魔昏晓侵，绕篱欹石自沉音。毫端蕴秀临霜写，口齿噙香对月吟。满纸自怜题素怨，片言谁解诉秋心。一从陶令平章后，千古高风说到今。"林黛玉的三首咏菊诗是十二首咏菊诗中的前三名。《咏菊》是三首之冠，这首诗写得人美、花美、景美、情美、诗美，构思新颖，句子巧妙，韵味无穷。

重阳节还有头戴菊花的习俗，称之为"簪菊"。《红楼梦》中贾探春就写了一首《簪菊》诗，还另写了一首《残菊》："露凝霜重渐倾敧，宴赏才过小雪时。蒂有余香金淡泊，枝无全叶翠离披。半床落月蛩声病，万里寒云雁阵迟。明岁秋风知再会，暂时分手莫相思。"这是《红楼梦》里十二首菊花诗的最后一首，薛宝钗说："……末卷便以《残菊》总收前题之盛。"这就是说，"盛"要以"残"作结。《红楼梦》有十二钗，菊花诗也恰好是十二首，这不是偶然的巧合，而是曹雪芹有意安排的。十二首咏菊诗是在咏十二钗的命运，最后是残花飘零，万艳同悲。

在《红楼梦》里，一花就是一个世界。一次看似平常的重阳节吟诗活动，却蕴涵着《红楼梦》里那些人物的未来命运，其中滋味，不知有多少人能真正懂得。

‖作品来源‖

发表于《长春教育学院学报》2011年第5期。

《红楼梦》饮食文化中的礼仪研究
——透析饮食文化背后蕴藏的礼仪

李成旋 吴 珊 袁 瑶

导 读

　　《红楼梦》作为中国文学史上一部十分重要的作品，文本本身涵盖了各种传统文化与礼仪，二者相互交织、渗透。作品中有多处关于饮食文化方面的细致描写，但我们却忽视了文化背后的礼仪，因此，我们把饮食文化与礼相结合，并借鉴《周礼》的礼仪思想，通过在餐桌上的行为表现、待客之道、长幼尊卑等方面透析文化背后蕴藏的礼仪，倡导大学生弘扬中国传统文化和礼仪。

　　《红楼梦》作为中国文学史上一部十分重要的作品，其本身蕴含着极为丰富的文化气息。各种文化在作品中相互交织、渗透，给《红楼梦》增添了绚烂的色彩，其中，《红楼梦》中的饮食文化是文本的一大特色，作品共描写了菜肴和西点就有 186 种，还有饮酒共 603 处，但我们却忽视了其文化背后的礼仪，因此，我们要把饮食文化与礼仪相结合，透析饮食文化背后蕴藏的礼仪。

　　在中国饮食文化中，吃饭是一种集体行为，也是一种聚会的仪式。每个人都要聚集在一个固定的地方举行吃饭这种仪式。《红楼梦》的饮食场景由人物群体构成，反映了中国传统文化在家庭上重视集体礼仪文化意识。在整个饮食中必然会有许多礼仪潜移默化地存在着，通过饮食场景交代故事背景，揭示贾府复杂的家族关系和人际关系，暴露贾府隐藏的文化亏空。贾府中主子们的养生之道和奢侈的生活方式通过饮食恰到好处地彰显出来，其中饮食秩序和饮食礼仪井然有序，这揭示了中国文化的长幼尊卑的美德和封建等级观念。同时，《红楼梦》中具有一个潜在的完整而系统的饮食文化体系，通过对贾府的日常饮食、宴饮活动的描绘，反映了故事中的主人公们清朝豪门贵族的饮食生活与饮食礼节的真实写照。

《红楼梦》所讲述的是"钟鸣鼎食"之家、"诗礼簪缨"之族和"富贵百年望族"的大家庭。其中所写到的饮食文化饱含着一股独有的"富贵气"，每每"闻"到，顿时"沁人心脾"，这是同时期作品所不能及的。如《三国演义》中的饮食文化就很单一，充满着一种邪恶的"阴谋气"，带着某种利害关系在里面，令人胆战心惊，像在"煮酒论英雄"这一章节里就体现了这一点；《水浒传》中的饮食文化展现的是一抹"绿林气"，作品中的英雄好汉大碗喝酒、大口吃肉，煮酒论英雄；而《西游记》中所体现的则是一通"神气"，只知吃斋念佛，不食人间烟火。

早在我国古代就开始注重饮食方面的礼仪，即便是吃瓜都有严格的等级划分，"为天子切瓜，先剖成四瓣，再横切为八，用细葛布覆盖；为诸侯切瓜，中剖为二，再横切为四，用粗葛布覆盖；为大夫切瓜，亦如君王，但是不用葛布；为士人切瓜，横断两半，去掉瓜蒂；庶人食瓜，只能啃着吃"。也许大家以现在的眼光来评判可能会觉得这样的饮食礼制规范十分可笑，在实践中也未必能够办到，那你就大错特错了。饮食中有很大的学问，吃什么、怎么吃，都是短时期行为，随意性大，很难进行监督和考察，但是在古代的的确确是上了礼制的，成为了经典的明文。《周礼》受到孔子的称赞，孔子曾以《周官》及《礼仪》这两部周代经典教授学生。"食礼"作为《周礼》的核心内容之一。一部《论语》有关饮食的说教就有四十一处之多。之后孔子与他的儒家学派继承者孟子、荀子，继续对"食礼"加以规范，补充进仁、义、礼、法等内涵。这些"食礼"在这之后的宾客宴请、家庭晚宴、大堂、殿下不断得到完善，并在古代宣传文明社会发挥过重要作用。"食礼"在长期的流传过程中日益被大众所接受，流传下来成为了中华民族传统文化之一。其中有一部分对当今社会依旧产生着深刻的影响，成为文明时代的重要行为规范。

一、主仆间的礼仪

第十六回"说话时贾琏已进来，凤姐便命摆上酒馔来，夫妻对坐。凤姐虽善饮，却不敢任兴，只陪侍着贾琏。一时贾琏的乳母赵嬷嬷走来，贾琏凤姐忙让吃酒，令其上炕去。赵嬷嬷执意不肯。平儿等早于炕沿下设下一杌，又有一小脚踏，赵嬷嬷在脚踏上坐了。贾琏向桌上拣两盘肴馔与他放在杌上自吃。凤姐又道：'妈妈很嚼不动那个，倒没的了他的牙。'因向平儿道：'早起我说那一碗火腿炖肘子很烂，正好给妈妈吃，你怎么不拿了去赶着叫他们热来？'又道：'妈妈，你尝一尝你儿子带来的惠泉酒。'赵嬷嬷道：'我喝呢，奶奶也喝一盅，怕什么？只不要过多了就是了。我这会子跑了来，倒也不为饮酒，倒有一件正经事，奶奶好歹记在心里，疼顾我些罢。'"从这一段不难看出，地位高的人坐在炕上，而且是相对而坐，而像赵嬷嬷这样的人只能坐在脚踏上，贾琏因看是乳母，就拣桌上的来给她吃，可凤姐却说这些东西嬷嬷嚼不动，而让她吃早上的火腿炖肘子，虽说赵嬷嬷是乳母，但也明白主仆之间也是有礼教的，所以只坐在了平儿给她拿的小脚踏上。王熙凤因担心贾琏拣给赵嬷嬷的东西嚼不动，命平儿拿早上炖得烂烂的肘子。她还让赵嬷嬷尝尝贾琏从南方带回来的惠泉酒。从此处看出了贾府中的人十分懂得饮食方面的礼仪，在饮食活动中也极尊重长辈，遵守孝道，这一点对今天传承孝道仍有借鉴意义。

二、餐桌上的礼仪

第三回"贾珠之妻李氏捧饭，熙凤安箸，王夫人进羹。贾母正面榻上独坐，两边四张空椅，熙凤忙拉了黛玉在左边第一张椅上坐了，黛玉十分推让。贾母笑道：'你舅母你嫂子们不在这里吃饭。你是客，原应如此坐的。'黛玉方告了座，坐了。贾母命王夫人坐了。迎春姊妹三个告了座方上来。迎春便坐右手第一，探春左第二，惜春右第二。旁边丫鬟执着拂尘、漱盂、巾帕。李、凤二人立于案旁布让。外间伺候之媳妇丫鬟虽多，却连一声咳嗽不闻。寂然饭毕，各有丫鬟用小茶盘捧上茶来。当日林如海教女以惜福养身，云饭后务待饭粒咽尽，过一时再吃茶，方不伤脾胃。今黛玉见了这里许多事情不合家中之式，不得不随的，少不得一一改过来，因而接了茶。早见人又捧过漱盂来，黛玉也照样漱了口。盥手毕，又捧上茶来，这方是吃的茶。"这一回是林黛玉进贾府的片段，从中看出了贾府的等级制度森严，府中人吃饭的座次反映了在贾府中的地位，而且在贾府十分重视礼节，黛玉作为客人坐在左边第一张椅子上，同时，也体现出黛玉能有这样的待遇，也是因为她是贾母嫡亲的外孙女，而且黛玉的母亲是贾母唯一的女儿，可以看出贾母对黛玉十分疼爱。在桌上的礼仪，黛玉事事留心，处处在意，她初进贾府，生怕自己出错，因此言行谨慎，可见她心思缜密。再譬如：饭后用茶水漱口就是贾府一特有的"茶规茶矩"，先用茶水漱口，漱口后才吃茶。从林黛玉进贾府吃的第一顿饭的过程中，我们不难看出贾府规矩之大，饮用之讲究，哪怕是漱口用茶这样的平常之事也是有规有矩的。林黛玉会处处留心也自是在情理之中。

三、长幼辈间的礼仪

第三十五回"少顷饭至，众人调放了桌子。凤姐儿用手巾裹着一把牙箸站在地下，笑道：'老祖宗和姑妈不用让，还听我说就是了。'贾母笑向薛姨妈道：'我们就是这样。'薛姨妈笑着应了。于是凤姐放了四双：上面两双是贾母、薛姨妈，两边是薛宝钗、史湘云的。王夫人李宫裁等都站在地下看着放菜。凤姐先忙着要干净家伙来，替宝玉拣菜。"由于辈分不同，筷子所摆放的位置也就不同。由于凤姐是掌管贾府上上下下几百口人的衣食住行，所以对待礼仪这方面十分谨慎，也表明凤姐办事很精明麻利。

宁国府的贾敬过生日时，请荣国府的主子们过去，那么不难看出荣国府的邢夫人、王夫人、凤姐和宝玉都是客了，但尤氏让邢夫人、王夫人以及他的母亲都为上坐，他与凤姐儿、宝玉侧席而坐。这说明了封建制度下的长辈在家中有不容置疑的地位。尤母虽然身为尤氏的继母，身份并不高贵，但是她毕竟是长辈，所以她和邢夫人和王夫人都坐上座。凤姐和宝玉虽然也是客人，但凤姐、宝玉和尤氏是一个辈分的，所以他们只是一起侧席而坐。从封建大家庭中的长幼辈分间的礼仪也就证明了在封建社会中礼仪对于人们生活是极其重要的，时至今日我们的生活中还存在这样的礼仪。

四、主仆如朋友间的礼仪

第七十五回"贾母笑道：'鸳鸯、琥珀来趁势也吃些，又作了陪客。'尤氏笑道：'好，好，好，我正要说呢。'贾母笑道：'看着多多的人吃饭，最有趣的。'又指银蝶道：'这孩子也好，也来同你主子一块来吃，等你们离了我，再立规矩去。'尤氏道：'快过来，不必装假。'贾母负手看着取乐。因见伺候添饭的人手内捧着一碗下人的米饭，尤氏吃的仍是白粳米饭，贾母问道：'你怎么昏了，盛这个饭来给你奶奶。'"从句中体现出了当时是夜宴，暂时摒弃了原有的规矩，大家像朋友一样相处，但是说话时还是要客气，不能完全打破主仆间的地位高低的准则。

五、对待客人的礼仪

（一）以茶待客

有客人来必备的就是敬茶，这是中国古代流传至今的最为重要的待客之道，据史书上记载，早在东晋就有以茶待客的礼节。"以茶待客"，作为一种对客人表示尊敬的礼节，是主人与客人联络情感的一种纽带，在喝茶谈话之间就能增进人与人之间的友谊。我国古代人讲究品茶，注重茶道及茶文化，因此说，"以茶待客"之道在我国古代乃至现今都是极其重要的。如《红楼梦》中客人来了都要先上一盏茶以表示主人的重情好客：林黛玉初进贾府时，王熙凤亲自捧茶；宁国府邀请贾母等人赏梅，先喝茶后喝酒；又如贾母八十岁寿宴时，也是先请客人入大观园，喝完茶更衣后才能入席。

如果是特别尊贵的客人，还要献多道茶。如贾元春省亲，到达贾府省亲别院正殿时，贾家人首先就是献了三道茶……贾府的一个有意思的规矩就是饭后也要献茶，共献两道，一道漱口，一道为喝的茶。献茶之式，颇得讲究，绵延至今我国的茶文化已经誉满海外，因此，作为当代的我们应该传承这种古老的文化与礼节，让这种文化与礼仪一直绵延下去。

（二）进餐之礼

《清稗类钞》中称："旗俗，家庭之间，礼节最繁重；而未字小姑，其尊亚于姑，宴居会食，翁姑上坐，小姑侧坐，媳妇则侍立于旁，进盘匜，奉巾栉惟谨，如仆媪焉。"

尽管《红楼梦》的作者曹雪芹有意模糊书中人物的时代特征，但是在衣食住行等生活细微处我们还是可以看出其写作的时代背景：小说中妇姑不同席就是旗人的风俗。王熙凤作为贾府的主事，深受贾老太君的喜爱，但是在王夫人、邢夫人面前还是要有媳妇的规矩的，从未与王夫人、邢夫人一桌吃饭。大观园的饮食习惯是日常膳食各房吃各房的，王熙凤只有亲自照顾贾母吃晚饭后才能回自己屋里吃。王夫人、邢夫人一般不会和贾母一桌吃饭，只有贾母命令才会一起。如林黛玉初进贾府，贾老太太设家宴招待时：贾珠之妻李氏捧饭，熙凤安箸，王夫人进羹。后来，贾母命王夫人也坐下，但不是同桌吃饭，而仅仅是陪贾母而已。在第三十五回中，宝玉挨打后，要吃莲叶羹，王熙凤就顺便叫人多做点供众人尝尝。王熙凤在摆饭时放了四双：上面两双是贾母、薛姨妈，两边是薛宝钗、史湘云的。而王夫人、李纨等都站在地下看着放菜。

（三）客人上座

薛姨妈是现任京营节度使王子腾之妹，是荣国府贾政的夫人王氏一母所生的胞妹，更是四大家族之一薛家的主母，身份已是薛家的最高代表，因此虽与贾家关系匪浅，但在贾家人看来，薛姨妈是一个与贾家关系亲近的客人，不管多亲近的关系也都还是客人，因此礼数是不可免的。

第三十八回,史湘云宴请螃蟹宴,众人的座次是这样的:上面一桌,贾母、薛姨妈、宝钗、黛玉、宝玉;东边一桌,史湘云、王夫人、迎、探、惜;西边靠门一桌,李纨和凤姐的,虚设座位,二人皆不敢坐,只在贾母、王夫人两桌上伺候。

薛姨妈和王夫人是同辈,但是在贾府由于她是客人,就与贾母坐一桌,而宝钗、黛玉和宝玉因着贾母的特别宠爱而一起坐。而且,王熙凤剥蟹肉不是首先递给贾府的老太君,而是先让薛姨妈。当薛姨妈说自己剥着吃香后,凤姐才给贾母,第二次的给宝玉。

"客人上座"是贾府的同时也是中国封建社会的待客礼仪,当然在这种待客之道中体现出了中国人天生的热情好客,于是这种风俗礼仪也作为中国传统文化的精华一直保留着。

┃作品来源┃

发表于《青年文学家》2013 年第 8 期。

《红楼梦》中的酒文化

俞润生　刘宏起

导 读

　　《红楼梦》以酒为契机，生动而细致地描绘了社会人物的众生相；以酒为话题，广泛而深入地展示了酒文化的丰富内容；以酒为灵感，巧妙而曲折地显现了作家的思想境界与高超的艺术修养；酒文化丰富了《红楼梦》的社会和历史文化的空间，《红楼梦》拓展了酒文化的艺术天地。

　　我国从上古时期就有了酒，并且把酒运用于社会生活的许多方面，因此，酒文化的历史可谓源远流长。《诗·小雅·宾之初筵》有"酒既和旨，饮酒孔偕"的记载；《诗·小雅·瓠叶》有"君子有酒，酌言献之"，"酌言酢之"，"酌言酬之"的分别；《诗·大雅·既醉》《诗·大雅·荡》和《诗·颂·有驰》等都有咏酒的诗句。这些是我国酒文化最早的文献资料。随着社会生产力的发展，我国酿酒技术的提高，酒文化几乎融合于社会生活的各个领域。我国古代说部中就有相当精致的表现，如《西游记》中孙悟空醉后大闹天宫；《三国演义》中曹操煮酒论英雄、关云长温酒斩华雄，等等；《水浒传》中鲁智深醉打山门、武松在上景阳冈之前喝了十八碗酒，后来又醉打蒋门神，等等，真可谓琳琅满目，美不胜收。但是，酒文化呈现最全面、最精彩的古代小说，无疑是中国文学的无上珍品《红楼梦》。

　　据粗略统计，《红楼梦》中写到酒事的地方大约有五十多处。本文拟就《红楼梦》与酒文化的关系作一些研究。

一、以酒为契机，生动而细致地描绘了社会人物的众生相

《红楼梦》处处散发着酒的浓郁的芬馥香馨，第一回就有甄士隐与贾雨村的对饮。细细品味《红楼梦》中所写的饮酒形式，大体上有三种。第一种是独酌，比如焦大饮酒，他大概不会邀三朋四友来畅饮的，只是借酒消气而已，当然也就没有李白那样"花间一壶酒，独酌无相亲"的雅味了。第二种是对饮，甄士隐与贾雨村、第二回冷子兴与贾雨村，都是对饮，酒逢知己千杯少，话不投机半句多。第三种形式是群饮，许多人在一起饮酒作乐，这在《红楼梦》中描写得最多。不论哪种形式的饮酒，《红楼梦》都是以酒为契机，生动而细致地描绘社会人物的众生相。这里略举四例：

（一）焦大骂娘

第七回写焦大恃贾珍不在家，借着酒兴大骂。所骂的话客观上揭露了贾府的肮脏，是对贾蓉即贾府第四代主子的作威作福的一种反抗和蔑视。

张燮南以七绝评述了焦大的醉骂，诗云："马溺如今美酒酬，老奴何必觅闲愁。口填厩粪休嫌臭，炮烙剜心在后头！"首句拈出导致这一场闹剧发生的媒介——酒。

（二）贾宝玉大醉绛芸轩

第八回薛姨妈留贾宝玉吃晚饭，薛姨妈把自家糟的鹅掌鸭信取给他尝，不想贾宝玉提出"这个须得就酒才好"，就这样他吃起酒来。情节一直发展到他吃醉了。回到绛芸轩，竟然大发雷霆，要把乳母撵走。贵族公子哥儿的脾气让人在他酒醉后领教了三分。脂砚斋批道："真真大醉了""实实大醉也，难辞醉闹，非薛蟠纨绔辈可比。"

（三）刘姥姥醉卧怡红院

一个山野村妇竟然能坦然地睡在大观园里具有显赫地位的贾宝玉的卧

室里，这在正常情况下是绝对不可能发生的事情，但在酒醉的情况下，"越
轨"的事情就会奇迹般地出现。这是天才作家曹雪芹的艺术构思的非凡之
处。作家王蒙的评点道出了其中的奥秘。他说："关上门自己吹捧自己实在
没有意思，所以很需要这样一位刘姥姥前来大惊小怪，洋相百出，赞不绝口，
歌盛颂德，使贾府的主子们更体会到自己的优越，更加确认自己生活在天
堂里。"刘姥姥喝醉了酒，误入怡红院。怡红院精美的装饰在这个山野村
妇面前出现了：满面含笑的姑娘，竟是一幅画；葱绿撒花的软窗帘；碧绿凿
花的地砖；四面墙壁玲珑剔透，琴剑瓶炉皆贴在墙上，左一架书，右一架屏，
看得她眼花缭乱。忽然她看到亲家母也来了，用手一摸，原来是一个巨大
的穿衣镜。接着，她摸动弹簧手柄，通向贾宝玉卧室的门开了。她发现了
一副最精致的床帐，就这样"带了七八分醉，又走乏了，便一屁股坐在床上，
只说歇歇，不承望身不由己，前仰后合的，朦胧着两眼，一歪身就睡熟在
床上"。护花主人对这一段描绘极为叹服，他评点说："愈出愈奇，愈转愈妙，
江文通生花之笔于斯观止矣！""醉眼迷离，那能辨得清楚，以'最精致'
三字括之，已觉斑斓五色如在目前。"他进一步评论说："若无黄杨大套杯，
刘姥姥何至醉卧宝玉床；若非刘姥姥腹泻，何由走入怡红院，一路叙来，
有情有景，竹根黄松杨木，俱是陪衬黄杨杯，却先后错综写出，无一笔重复。
宝玉等听曲饮酒，是刘姥姥醉后馀波。"刘姥姥之醉，引出了一大段花团
锦簇的文字。

饶有意味的是，刘姥姥醉卧怡红院和第六十二回史湘云醉眠芍药裀形
成了有趣的对比和呼应。第六十二回宝玉生日，姑娘们尽兴，史湘云喝醉了，
走出室外，在青石板凳上睡着了，"芍药花飞了一身，满头脸衣襟上皆是
红香散乱"，她在睡梦里还自言自语说酒令。护花主人评曰："绝妙一幅周
昉女图。"大家闺秀也酒醉如此！以酒为媒，曹雪芹的一支生花妙笔极尽
腾挪跌宕之能事。

"群芳开夜宴"之后，宝玉枕了红香枕，身子一歪就睡着了，袭人把芳
官扶在宝玉之侧，自己在对面榻上倒下，到次日才发现主奴同榻而眠。酒
醉使人们忘掉了身份和地位。

（四）王熙凤醉后醋意大发

第四十四回为庆贺王熙凤的生日，贾府举行了一次特殊的宴会，王熙凤喝醉了，回房休息撞上贾琏与鲍二媳妇胡混浪语，于是，王熙凤大闹起来，即所谓"醋意大发"。通过这件事，贾府的群丑毕现，几乎人人都表演了一番，充分暴露了贾府中的人生活糜烂和心灵肮脏。

《红楼梦》以酒为契机展示了社会人物的众生相，既有以酒浇愁的，又有以酒助兴的；既有以酒酣耳热的，又有酒海肉林的；醉里乾坤表现出常态生活下不容易见到的人生画面。《红楼梦》所展示的"酒味人生"在我国古典小说中是极其少见的。

二、以酒为话题，广泛而深入地展示了酒文化的丰富内容

如果以为《红楼梦》中所展示的酒文化仅仅展示了不同艺术形象的内心秘密，那就显得很皮相了。曹雪芹的高超之处在于，他在小说所规定的情景内，以酒为话题，广泛而深入地展示了酒文化的丰富内容。

（一）酒的品种多种多样

第十六回、六十二回中，提及惠泉酒（按，惠泉酒是一种南酒）。惠泉，亦作"慧泉"，在江苏无锡惠山西第一峰下，唐陆羽以为天下第二泉。泉有上中下三池，水清味醇，用以酿酒，称惠泉酒，也叫"三白"。《古今图书集成·职方典》引《常州府志》："慧泉酒，名曰三白，以岁腊月酿成。……其酒以色白味清而洌者为上，山中卖者比舍皆是。"第十八回林黛玉诗中有"香融金谷酒"之句。金谷，地名，在今河南洛阳市西北。有水流经此，谓之金谷水。晋太康中，石崇筑园于此，常与宾客游宴其中，命名赋诗，"不能者，罚酒三斗"（见《金谷诗序》）。又，李白《春夜宴桃李园序》："不有佳作，何伸雅怀？如诗不成，罚依金谷酒数。"林黛玉此诗指大观园合家团聚，兄弟姊妹开筵赋诗，也有"春夜宴桃李园"的景况。第

三十八回吃螃蟹，贾宝玉要奴婢撤去黄酒，换上合欢花浸的烧酒来。庚辰本、己卯本《石头记》于此处有脂砚斋批语："伤哉，作者犹记矮顿舫前以合欢花酿酒乎，屈指二十年矣！"可见合欢花浸酒，可能是当日曹家实事。第六十回有西洋葡萄酒的描写。"见芳官拿下一个五寸来高的小玻璃瓶来，迎亮照着，里面有半瓶胭脂一般的汁子，还当是宝玉吃的西洋葡萄酒。"芳官拿的不是葡萄酒，而是玫瑰露。但这里表明当时洋酒已经冲进了中国的市场，贾宝玉这个公子哥儿已经常饮用。

　　第六十三回有绍兴酒。贾宝玉过生日，群芳开夜宴，饮用的就是绍兴酒。绍兴酒，通称"黄酒"，因产于浙江绍兴，故名。

　　总之，《红楼梦》中所写酒的品种之丰富，在其它文学作品中是很少见到的。至于吃酒的名堂，如年酒、端午酒等等，更具有较多的人文色彩，比如第五十三回正月初一，荣宁二府男女欢聚在一起，摆上合欢宴，男东女西归坐，"献屠苏酒、合欢汤、吉祥果、如意糕等"。（按，屠苏酒，一作"酴酥酒"，古代风俗农历正月初一饮屠苏酒，可以"避邪"。）

（二）酒令雅俗共赏，多种多样

　　《红楼梦》中对酒令的描写可谓绝妙之至，令人目不暇接。在第七十六回中，林黛玉与史湘云联句中就有这样的句子："分曹尊一令，射覆听三宣。骰彩红成点，传花鼓滥喧。"这是写行酒令活动的盛况。

　　《红楼梦》中写酒令共有六处：第二十八回在冯紫英家中，宝玉提议行酒令；第四十回在大观园中有刘姥姥在场行酒令；第六十二回行拈阄酒令；第六十三回宝玉生日"群芳开夜宴"上行酒令；第一〇八回薛宝钗生日行酒令；第一一七回贾蔷、贾环、王仁等在外书房喝酒行酒令。通过这几场行酒令活动，我们可以知道：酒令是饮酒时助兴取乐的游戏。游戏有一定的规则：推一人为令官，其余的人听令轮流说诗词，或做其他游戏，违令或负者罚饮。第二十八回中宝玉就充当了令官的角色。第四十回中鸳鸯更是神气活现，她吃了一盅酒，笑道："酒令大如军令，不论尊卑，惟我是主，违了我的话，是要受罚的。"大家闺秀在酒令游戏中也活跃起来。第六十二回写道：探春说"我吃一杯，我是令官，也不用宣，只听我分派"。她命取了令骰令盆来。原来酒令游戏还有玩具，探春用的是骰子，鸳鸯用的是骨牌。酒令游戏具有雅俗共赏的特点，文化素养高的人可以参与，文化水平低的人也可参加，这正像刘姥姥说的："我们庄家人闲了，也常会几个人弄这个，但不如说的这么好听。"

在酒令游戏中，不同思想境界的人的表现是很不一样的。薛蟠有"哼哼调"，贾宝玉有悲愁喜乐，林黛玉突然冒出"良辰美景奈何天""纱窗也没有红娘报"的句子，后来引起心有灵犀的薛宝钗的审问，并且教训她，林黛玉只得垂头洗耳恭听。这都是因酒令游戏而产生的余波。总之，《红楼梦》通过酒令游戏丰富了艺术形象的生活空间，酒令游戏又得到艺术的展示。

（三）酒与诗密不可分，故事多多

"李白斗酒诗百篇"，《红楼梦》也把酒和诗联系在一起，并且得到了许多充满着酒的醇香的诗句，这里，我们不妨编缀在一起展览一下：

泉香而酒冽，玉盛来琥珀光，直饮到梅梢月上，醉扶归，却为宜会亲友。（这是六十二回史湘云在醉梦中说的酒令，我们不妨看作是大观园中群芳颂酒的诗序）

闲趁霜晴试一游，酒杯药盏莫淹留。（第三十八回，贾宝玉《访菊》句）

冷吟秋色诗千首，醉酹寒香酒一杯。（第三十八回，贾宝玉《种菊》句）

弹琴酌酒喜堪俦，几案婷婷点缀幽。（第三十八回，史湘云《供菊》句）

长安公子因花癖，彭泽先生是酒狂。（第三十八回，探春《簪菊》句）

珍重暗香休踏碎，凭谁醉眼认朦胧。（第三十八回，史湘云《菊影》句）

饕餮王孙应有酒，横行公子却无肠。（第三十八回，贾宝玉句）

多肉更怜卿八足，助情谁劝我千觞。（第三十八回，林黛玉句）

桂霭桐阴坐举觞，长安涎口盼重阳。（第三十八回，薛宝钗句）

酒未敌腥还用菊，性防积冷定须姜。（第三十八回，贾宝玉句）

绿尊添妆融宝炬，缟仙扶醉跨残红。（第五十回，邢岫烟《咏红梅花》句）

酒尽情犹在，（第七十六回，林黛玉句）

更残乐已谖，渐闻语笑寂（第七十六回，史湘云句）

空剩雪霜痕。（第七十六回，林黛玉句）

不必再编缀了，我们从诗中看到《红楼梦》中的花天酒地，也看到了人们酒后的喜愁哀乐，一直到宴席散了的空寂，真是酒文化画廊中的一幅长卷。饶有意思的是一幅长卷中还有一出《鲁智深醉闹五台山》（见第二十二回），这就把酒文化的艺术气氛渲染得更加浓郁了。

三、以酒为灵感，巧妙而曲折地显现了作家的思想境界与高超的艺术修养

第二回冷子兴与贾雨村"闲谈漫饮"。这两个人的对白很有些像电影中的旁白，与整个故事情节的发展若即若离，却又推动了故事情节的发展。贾雨村是"饮酒闲谈"之人，也是"高官显爵"之人，这是曹雪芹故意在《红楼梦》中安排的一个特殊人物。脂本第二回前有诗一首，"欲知目下兴衰兆，须问旁观冷眼人"，饮酒是热乎乎的，态度却是冷静的，《红楼梦》故事的帷幕正是在"饮酒闲谈"中拉开的。作家王蒙评述说："贾雨村与冷子兴的这次饮酒对谈，是为作家的交待轮廓服务的，两个人的话其实更多的是作家的话。拿人物当传声筒，本是现实主义所忌，但小说又毕竟是小说，小说听命于作者不是秘密。好在主要人物主要关节都是活生生的，令人信服的。"

德国哲学家尼采说：酒神状态（醉）是"整个情绪系统激动亢奋"，是"情绪的总激发和总释放"，是"力的提高和充溢之感"，是为了追求一种解除束缚、复归原始自然的体验。屈原高呼："举世皆浊我独清，众人皆醉我独醒，是以见放！"正是他自己在激动亢奋的情况下吐露的真情。陶渊明、李白等诗人也是这样。《红楼梦》的作者，不论是原创作者曹雪芹，还是后四十回的续书者高鹗，他们对于酒都有一种特殊的感情，都能从酒神那里寻找到"力的提高和充溢之感"。

曹雪芹除了《红楼梦》以外，只为后人留下了一首诗的残句"白傅诗灵应喜甚，定教蛮素鬼排场"。这两句诗还是他的好朋友敦诚在《鹪鹩庵笔麈》中记录下来的，敦诚和他的哥哥敦敏在诗中记载过他们与曹雪芹把盏畅饮的情况。敦诚、敦敏的诗集中有12首与曹雪芹有关，12首中又有8首和饮酒有关。如敦诚有诗句："残杯冷炙有德色，不如著书黄叶村。"（《寄怀曹雪芹》）"满径蓬蒿老不华，举家食粥酒常赊。"（《赠曹雪芹》）"秋晓遇雪芹于槐园，风雨淋涔，朝寒袭袂。时主人未出，雪芹酒渴如狂。余因解佩刀沽酒而饮之。雪芹欢甚，作长歌以谢余，余作此答之。"（《佩刀质酒歌·序》）敦敏有诗句："秦淮旧梦人犹在，燕市悲歌酒易醨。"（芹圃曹君别来已一载余矣。……）"新愁旧恨知多少，一醉白眼斜。"（《赠芹圃》）曹雪芹有这样酒后出性灵的体验，无怪乎他能在《红楼梦》中写出酒后人生的千姿百态。

后四十回的续书者高鹗对酒也有特殊的感情和体验。高鹗《兰墅砚香词》中，就有许多关于酒的词句，如"风似剪，雨如油，撩拨闲人费酒筹。"（《捣练子》）"泥小饮，戒高歌，凭将酒圣降诗魔。"（《鹧鸪天》）"一色莲花三万朵。酒熟茶香，旋到花边坐。"（《蝶恋花》）"酒为情深情似酒，瀜瀜漾漾漪漪。"（《临江仙》）"又酒阑人散，归来弄笛。"（《百字令》）等等。有这样的体验，所以，《红楼梦》后四十回中仍有14处写到酒，特别是第一〇八回在贾府抄家以后，贾母出钱为薛宝钗做生日，这是苦中作乐，在贾府衰败的形势下要制造愉快的气氛，真是难为续书者高鹗了，高鹗居然写得很成功。第一一七回写贾蔷当令官，栩栩如生，饮酒的场面也还热闹异常。但是，不能不指出，后四十回在人物性格的把握上是不准确的，如第一一七回写贾蔷行酒令，"咱们'月'字流觞罢"，他喝了一杯令酒，便说"飞羽觞而醉月"。（按"飞羽觞而醉月"，出于李白《春夜宴桃李园序》。）贾蔷这个不学无术、成天和丫鬟厮混的人是说不出这样的话来的。接他酒令的是贾环。这等一个形貌猥琐，举止顽劣，经常逃学的人，怎么能说出"冷露无声湿桂花"（唐代诗人王建《十五夜望月》诗句）、"天外云飘香"（唐代诗人宋之问《灵隐寺》诗句）的诗句呢？这显然与前八十回描写是脱节的。或许高鹗看到了这一点，他借小说中的人物邢大舅的话予以点穿："没趣！没趣！你又懂得什么字了，也假斯文起来！"这真是一语中的。但不论怎么说，后四十回所写的酒令还是成功的，在所有的《红楼梦》续书中属佼佼者。

前八十回和后四十回能保持酒文化的一致性，其原因是曹雪芹和高鹗对酒都有一种特殊的感情，都有"酒熟茶香，旋到花边坐"的生活经历，程度不同地有一种醉眼看世界，黑白俱分明的人生领悟。这是非常难得的。

检阅了《红楼梦》中关于酒文化的描写，我们可以得出如下结论：《红楼梦》以酒为契机，生动而细致地描绘了社会人物的众生相；以酒为话题，广泛而深入地展示了酒文化的丰富内容；以酒为灵感，巧妙而曲折地显现了作家的思想境界与高超的艺术修养；酒文化丰富了《红楼梦》的社会和历史文化的空间，《红楼梦》拓展了酒文化的艺术天地。

《红楼梦》以宏伟的叙事结构，通过诸多丰满的艺术形象，揭示了封建家族"好一似食尽鸟投林，落了片白茫茫大地真干净"的惨淡结局。这些话都是醉中所言，都是真话，即所谓酒后吐真言也。

脂砚斋对《红楼梦》第七回焦大醉狂痛骂一节用红笔评云："一段借醉奴口角，闲闲补出宁荣往事、近故，特为天下世家一笑！"护花主人评曰："览者方在狐疑，竟被焦大醉中直喊出来，信墙茨之不可扫也！"可见酒文化拓展了《红楼梦》的艺术天地，其艺术效果是十分值得重视的。

║ **作品来源** ║

发表于《扬州教育学院学报》2002 年第 4 期。

《红楼梦》与中国清代茶文化

闫文亭　周跃斌

导　读

通过阐述《红楼梦》中的茶具、茶品和泡茶用水来展现清代茶文化的文化内涵、历史意义、生活情趣、学术价值等。

1. 清代茶文化的主要特征

中国的茶文化萌芽于魏晋六朝，成于唐中叶，盛于宋代。清代是中国历史上第二个由少数民族统治的朝代，与上一个少数民族统治朝代不同的是清代的统治者普遍重视并且精通汉文化，对于汉文化的精髓——茶道，更是深得其中三昧，不仅皇帝本人爱茶、好茶，甚至还号召宫廷与群臣品茗论道。在这种上行下效的历史背景下，清代的茶业，尤其是茶工业达到了历史上又一个高峰，我们迄今所传承的六大茶类，到了清代已有了成熟的工艺及品鉴规范。清代疆域辽阔，除了中原受重视的绿茶、花茶、普洱茶等清饮品种之外，在一些少数民族地区，还发展出别具特色的、具有民俗特征的调饮茶。

在清代，中国传统茶文化进一步从文人茶文化向平民饮茶文化转变，并最终成为茶文化的主流。饮茶成本的降低和饮茶程序的简化，为茶向民间的普及开辟了道路。茶在民间的普及，与寻常日用结合，并成为民间礼俗的一部分。清朝是中国封建社会末期，这个时期的茶文化不仅具有封建社会的特征，也具有近代化的气息。此时，随着商品经济的发展和社会生产力的提高，茶叶的栽培和制造业得到了空前发展，而且在清代前期的茶业经济中就已经出现了资本主义生产关系的萌芽，大大提高了茶业国际化程度。清朝晚期，政府腐败无能，国势日衰，列强纷纷入侵，战祸连绵，民不聊生，茶文化的发展失去了最基本的条件。这一时期茶文化发展极其缓慢，但是作为茶文化传播的重要窗口之一的茶馆在全国城镇仍普遍存在，这对于保存和延续中国传统的茶文化发挥了十分重要的作用。

2.《红楼梦》中的茶文化

2.1 茶具

2.1.1 青瓷茶具

在第四十一回"品茶栊翠庵"中，"只见妙玉亲自捧了一个海棠式雕漆填金云龙献寿的小茶盘，里面放了一个成窑五彩小盖钟，捧与贾母……然后众人都是一色官窑脱胎填白盖碗。"这里的"海棠式雕漆填金云龙献寿的小茶盘"中"海棠式"是指该茶盘的形状，"雕漆"是指在胎体上层层上漆，然后在漆上雕刻花纹；"云龙献寿"是指漆器的花纹，为云纹和龙纹衬托着寿字。"成窑"指明代成化年间烧制瓷器的景德镇官窑，富有秀丽清雅的艺术特色，装饰性强，花纹多图案化，制作精致。"脱胎填白"之"脱胎"，指明永乐时期的瓷器佳作，胎薄如纸，釉层之内似乎已脱去胎层，器壁光照见影，可以透见指纹，"填白"是指其釉色"甜白"，呈色"白如凝脂，素犹积雪"。而小茶盘、成窑五彩小盖钟及脱胎填白盖碗都是明代成化年间官窑所产的青瓷茶具。

2.1.2 绿玉斗茶具

同样，在第四十一回"品茶栊翠庵""又见妙玉另拿出两只杯来。一个旁边有一耳，杯上镌着'瓟瓠斝'三个隶字，后有一行小真字是'晋王恺珍玩'，又有'宋元丰年四月眉山苏轼见于秘府'一行小字。妙玉便斟了一斝，递与宝钗。那一只形似钵而小，也有三个垂珠篆字，镌着'点犀盉'。妙玉斟了一盉与黛玉。仍将前番自己常日吃茶的那只绿玉斗来斟与宝玉……"

这段描述中所讲到的绿玉斗为造型上大下小的方形，单侧或双侧有把手的碧玉饮器，"点犀盉"是以犀牛角所制茶杯，皆为古器珍玩，用这漫溢着丰富文化意蕴的茶具饮茶，饮的实是一片翩然古意。这亦是极其符合妙玉那高洁脱俗不凡的秉性。

2.1.3 小洋漆茶盘、成窑瓷杯

第五十三回荣国府元宵开夜宴，贾母花厅上摆了十来席，几上设有炉瓶三事，焚着百合宫香，"又有小洋漆茶盘，内放着旧窑茶杯并十锦小茶吊，里面泡着上等名茶"。洋漆茶盘的精致、成窑茶杯的古朴、十锦茶杯的秀丽、上等名茶的高贵，使贾母爱热闹的脾气、讲排场的习性及富贵身份，通过茶栩栩如生地展现在读者面前。《红楼梦》中的一茶一具，无一不是细小而又精致的道具，点染着贾府令人目眩的生活。

2.2 茶品

2.2.1 七碗清风自六安

栊翠庵品茶，当妙玉捧茶给贾母时，贾母初以为是"六安茶"而不吃，当被告知为"老君眉"后方才吃。在明代屠隆《考槃余事》中记载："六安茶品亦精，入药最效，但不善炒，不能发香，而味苦，茶之本性实佳。"在《中国茶经》里也有记载："六安茶产于寿州盛唐，其中'小岘春'最为出名。""六安瓜片"则创自二十世纪初，其形似瓜子壳，色泽银绿光润带霜，汤色明绿清澈，香气清高馥郁，滋味醇和鲜爽，泡开后状若金色莲瓣，故声誉鹊起，迄今仍被视为珍品。

2.2.2 从来佳茗似"女儿"

第六十三回中提到了两种茶"女儿茶"和"普洱茶"。林之孝家的查夜查到怡红院，宝玉回答："今儿因吃了面，怕停食，所以多玩一回。"林之孝家的又向袭人说："该闷些普洱茶喝。"袭人、晴雯忙笑说："沏了一盏女儿茶。"女儿茶，是普洱茶的一种，产于云南。关于女儿茶的来源，有两个传说。一说是在云南茶区，勤劳的各族妇女从古至今都是茶叶生产劳作的主力军，她们常常迎朝露、顶烈日、冒风雨、踏夕阳，早出晚归，采茶

制茶。茶叶融入了她们的情感，寄托了她们的希望，采制的茶叶常被称为"女儿茶"。另有一说是相传乾隆皇帝到泰山封禅，要品当地名茶。因泰安并无茶树，于是官吏们选来美丽的少女，到泰山深处采来青桐芽，以泰山泉水浸泡，用体温暖热，献给皇帝品尝，名曰女儿茶。女儿茶茶色清沏剔透、碧绿娇嫩，饮之回味醇美，沁人心脾，留香悠长，素有"茶中精品"之美称。

2.2.3 贾母偏爱老君眉

在上述讲到妙玉给贾母奉的茶是"老君眉"，贾母不吃六安茶，妙玉说："这是老君眉。"贾母才吃。小说中有所提示，"贾母道：'我们才都吃了酒肉。'""吃了酒肉"之后油腻太重，倘若饮了绿茶容易停食、闹肚子。所以，精于茶道的妙玉在旁说："知道。这是老君眉。"意思是告诉贾母"这不是绿茶"。这是清代颇为时兴的茶叶，人又称此茶为"寿眉"。关于这种茶的来源，一般有两种解释，一种认为其是湖南洞庭湖君山所产的白毫银针茶；另一种解释认为其是福建武夷山的名丛。而根据最新的研究认为这种茶就是武夷山的名丛，该茶的汤色深色鲜亮，香馥味浓，其消食解腻的特点符合《红楼梦》中描述的特征。

2.2.4 嫩芽龙井细拨挑

第八十三回中宝玉到潇湘馆看黛玉，黛玉叫紫鹃"把我的龙井茶给二爷沏一碗"。宝玉下学就先到潇湘馆看妹妹，可见妹妹在他心目中的重要，自然妹妹也心领其意，用自己的"龙井茶"招待宝哥哥，从中亦可知宝哥哥在林妹妹心中的位置。作者正是在这种"节骨眼"上大做文章，既表现了宝黛之间的友情，又告诉读者这位生于江南苏州的林妹妹的饮茶习惯。龙井茶，色泽翠绿，香气浓郁，甘醇爽口，形如雀舌。曹雪芹在江南生活过，又生于官宦之家，对龙井茶的珍贵当然知之甚详。《红楼梦》中写的是"国公爷"的后代，所以小说中写到龙井茶是很自然的事。

2.2.5 "枫露"缘来是清愁

《红楼梦》第八回，贾宝玉在薛姨妈处吃了晚饭后回到自己房中，茜雪端上茶来，宝玉吃了半盏，忽然想起早上的茶来，便问："早起沏了碗枫露茶，我说过那茶是三四次后才出色，这会子怎么斟上这个茶来？"关于枫露茶，在清代顾仲《养小录·诸花露》有所记载："仿烧酒锡甑、木桶减小样，制一具，蒸诸香露。凡诸花及诸叶香者，俱可蒸露，入汤代茶，种种益人，入酒增味，调汁制饵，无所不宜……"将枫露点入茶汤中，即成枫露茶。小说第五回写贾宝玉梦游太虚境，仙姑以"千红一窟"茶款待他，并介绍道："此茶采自放春山遣香洞，又以仙花灵叶上所带的宿露烹之，名曰千红一窟。""枫露茶"与"千红一窟"遥映。枫叶色红，秋露着之，点点滴滴皆成血泪。以呼应日后宝玉祭晴雯时，提到的"枫露之茗"，用来再示血泪之悲。

2.3 泡茶用水

2.3.1 旧年雨水以煎茶

曹雪芹在《红楼梦》的"栊翠庵茶品梅花雪"一节中就对茶有一段绝妙的描述。妙玉向贾母献茶后，但是讲究烹茶的贾母觉得好茶还不太放心，又问"泡茶用的是什么水"，妙玉笑答"是旧年蠲的雨水"。贾母便吃了半盏，笑着递与姥姥说"你尝尝这个茶"。刘姥姥便一口吃尽，笑道："好是好，就是淡些，再熬浓些更好了。"用"雨水煎茶"还见于第一百一十一回，妙玉带了道婆到惜春处叙些闲话，惜春诚邀妙玉伴她一宵，书中写道："打发道婆回去取了她的茶具衣褥，命侍儿送了过来，大家坐谈一夜。惜春欣幸异常，便命彩屏去开上年蠲的雨水……"作为一个修行人，妙玉烹茶所用的是旧年蠲的雨水，并且对茶叶、茶具比一般人更为讲究，让人好不艳羡，无怪乎人称"天国茶仙"。

2.3.2 梅花雪水作烹茶

第四十一回："……妙玉执壶，只向海内斟了约一杯。宝玉细细吃了，果觉轻浮无比……黛玉因问：'这也是旧年蠲的雨水？'妙玉冷笑道：'你这么个人，竟是大俗人，连水也尝不出来。这是五年前我在玄墓蟠香寺住着，收的梅花上的雪，共得了那一鬼脸青的花瓮一瓮，总舍不得吃，埋在地下，今年夏天才开了，我只吃过一回，这是第二回了。你怎么尝不出来？隔年蠲的雨水那有这样轻浮，如何吃得。'"在清朝时期乾隆皇帝品茶所用的水都是用专车从玉泉山上拉来的，由此可见从清朝开始品茶应该用什么水冲泡就已经成为了一种讲究。

妙玉泡茶用的水是旧年蠲的雨水和梅花上的雪水，其实，这并不是曹雪芹故弄玄虚。古时，工业不发达，天空大气没受到污染，所以雨水、雪水要比现在洁净得多。因此食用雨水、雪水是常见的现象，故古人称雨水、雪水为"天水"。现代科学证明，自然界的水只有雨水、雪水为软水，而用软水泡出的茶，汤色清明、香气高雅、滋味鲜爽。古人视"雨水""雪水"为"天泉"，胜于山岩涌出的"地泉"，是有科学道理的。

3. 《红楼梦》与清代茶文化

3.1《红楼梦》中清代茶文化的文学意蕴

曹雪芹通过《红楼梦》生动形象地传播了茶文化，而茶文化又丰富了他的小说情节，深化了小说中的人物性格。其中，有很多诗歌辞赋就是以茶为题材，如："宝鼎茶闲烟尚绿，幽窗棋罢指犹凉。""倦绣佳人幽梦长，金笼鹦鹉唤茶汤。""沏旦休云倦，烹茶更细论。""夜静不眠因酒渴，沉烟重拨索烹茶。""却喜侍儿知试茗，扫将新雪及时烹。""烹茶水渐沸，煮酒叶难烧。"等等。以茶入诗取的是茶的清新脱俗，才子佳人口中所吟、心中所求的就是要忘俗飘逸。茶以它的清香、润彩和醇美，而被赋予了清高趣雅的品质，人们对更高层次的精神追求影射在一杯一盏中。

3.2《红楼梦》中清代茶文化的历史意义

《红楼梦》对茶文化的影响是深远的，这部小说记载了清代饮茶习俗，体现了清代茶文化的原貌，这是对传统文化的继承，两百年来《红楼梦》中的名茶深享盛誉，在我国各兄弟民族大交融中发挥出越来越重要的作用，它一方面使传统的茶文化得以继承和发展，另一方面为系统地建立中国茶文化的理论体系做出了重要贡献。今天我们研究《红楼梦》中的茶文化，不仅可以更好地理解《红楼梦》这部世界名著的深刻内涵，也可以使我们进一步了解清代社会经济、文化、政治状况，为继承发展我国饮茶的优良传统，改善人民的生活，增进人民的健康，提高审美情趣，做出贡献。

3.3《红楼梦》中清代茶意生活情趣

中国的文人面对挫折总能坚忍着，这是有庄、禅思想和茶与田园山水的慰藉。而在当代，人们生存竞争越来越激烈，中国传统茶文化远比在古代更重要。在闲暇之时，如果能远离喧嚣纷扰的人群，到空灵的山水或超然物外的环境中品茗，去感受山水之美和茶艺之美，可以缓解生活压力，提高审美情趣，消除一些庸俗心理，在美的山水中真正领会茶文化的精神实质。

4.　结束语

茶自被发现和利用以来，已逐渐渗透到人们生活的各个方面，《红楼梦》作为中国古典文学作品中一颗璀璨的明珠，不仅是中华民族优秀文化的结晶，更是中国清代茶文化的经典浓缩，为研究中国茶文化的发展历史留下宝贵的财富。

‖作品来源‖

发表于《茶叶通讯》2014 年第 2 期。

意象叙事——《红楼梦》中的风筝描写

王人恩

导 读

　　博大精深的《红楼梦》是一部百科全书，同时也是一部"使闺阁昭传"的叙事小说。《红楼梦》中的意象叙事手法众多，这一手法的运用对于深化主题、刻画人物、烘托环境、推进情节发展都有其不可或缺的作用。本文对《红楼梦》中的风筝意象进行解析，看曹雪芹如何艺术性地显示出风筝的潜在意义和独特功能。

一

　　意象乃是指赋有某种特殊含义和文学意味的具体形象，意象的根本特质在于它除了向人们提供听觉、视觉和感觉等艺术效果之外，更显示其潜在的意义和功能。作为中国诗学的一个重要概念，意象是中国古代美学的核心范畴，《易·系辞上》曰："圣人立象以尽意。"即视"象"为"意"的载体，"意"可以借助"象"来表达其意义，因此，"象"就具有了象征意义。刘勰《文心雕龙·神思》篇云："独照之匠，窥意象而运斤。"这是中国美学史上第一次将"意""象"二字并称，然而刘勰所谓的"意象"并不是中国文论史后期所说的"意象"，或西方所说的"image"含义，很多学人不学不察，一直认为现代所谓的"意象"是刘勰正式提出、司空图继之。对此，钱锺书先生早有驳论，他认为"刘勰用'意象'二字，为行文故，即是'意'的偶词，不比我们所谓'image'广义得多"，"盖古文人借承《易经》用语，而非哲学家之精思析理，所谓'意象'每即是'意'，明人方以'意象'为'意'+'象'"。明乎此，我们即可知道明清文学的主流小说、戏曲中何以会出现大量的意象叙事。

就风筝描写来看，明清小说、戏曲中的例子亦复不少。如明代冯梦龙编纂的《醒世恒言》第二十一卷《吕洞宾飞剑斩黄龙》,《古今小说》第二十卷《陈从善梅岭失浑家》,明代苏复之传奇《金印记》卷二第十二出，明代阮大铖传奇《春灯谜》第十二出都写到了风筝或断线的风筝等，但是，它们所蕴含的意象显得比较单薄，基本上是借风筝比喻人物的一去不返，或借指对已逝人、事、物的深情怀念。清初著名戏曲家李渔的《风筝误》则是将意象化入戏曲的优秀之作，其剧名即以"风筝"命名，冠以"误"字，意在传达错点鸳鸯之意。《风筝误》中"风筝"出现了 79 次，全剧实由"风筝"起，通过"题诗风筝""线断误落""和诗风筝"，使得"风筝"这一意象作为韩、詹二人传情达意的工具。可以认为，"风筝"是李渔贯穿始终、结构全剧情节的重要线索和具象，可以看作是李渔对"风筝"意象的独特创造。

现代以风筝描写作为意象叙事的作品亦复不少，著名的如鲁迅写于 1925 年的散文《风筝》，因为具有比较丰富的"风筝"意象而早在 1929 年就被收入《新中华教科书国语与国文》，近几十年来一直收入中学语文教材。用英文写作的阿富汗作家卡勒德·胡赛尼的小说《追风筝的人》中的"风筝"也是小说的一个线索，具有文化隐喻性的意象，追寻"风筝"，也就是追求美好的生活。

二

意象就是寓"意"之"象"。我们知道，作为具象的风筝要飞上天必须具备两个必要条件：一是要在有风的天气下，风筝才能放飞；二是风筝都需要有提线的牵引，断线的风筝在短暂的飘远之后必定会掉落下来。正是由于风筝具有这些"象"，高明的艺术家才有可能将"意"嵌入其中，使得风筝装载着艺术家所要传达而又颇为含蓄、朦胧却又不易言明的思想意义。这就需要欣赏者具有一定的认识象外之象、意外之意乃至味外之味的鉴赏能力，才有可能不辜负艺术家的苦心孤诣，才有可能挖掘出作品的审美价值。曹雪芹替小说中的人物作诗是"按头制帽"，他安排人物放风筝也是根据人物的个性不同而各不相同。

《红楼梦》一书写到风筝者有 17 处之多，单是第七十回中，作者就用了 1600 多字写众人放风筝的情况。书写正当黛玉、宝玉、宝钗、宝琴、探春、湘云、李纨等人写诗填词处于高潮时，"只听窗外竹子上一声响，恰似窗屉子倒了一般，众人唬了一跳。丫鬟们出去瞧时，帘外丫鬟嚷道：'一个大蝴蝶风筝挂在竹梢上了。'"下文写道：

> 众丫鬟笑道："好一个齐整风筝！不知是谁家放断了绳，拿下他来。"……
> 宝玉笑道："我认得这风筝，这是大老爷那院里娇红姑娘放的，拿下来给她送过去罢。"

不难看出，丫鬟们只顾高兴，就要把那别人的大蝴蝶风筝拿来玩儿。宝玉却认为应该送还给人家，不应据为己有。对此，紫鹃笑道："难道天下没有一样的风筝，单她有这个不成？我不管，我且拿起来。"紫鹃的爽直口快以及与主子宝二爷之间较少尊卑高下、不无和谐平等的情况跃然纸上——风筝意象叙事显示人物个性的功能就凸显了出来。孰料又杀出来个贾探春和林黛玉：

> 探春道："紫鹃也学小气了。你们一般的也有，这会子拾人走了的，也不怕忌讳。"黛玉笑道："可是呢，知道是谁放晦气的，快掉出去罢。把咱们的拿出来，咱们也放晦气。"

这段话告诉我们，捡拾人家放走的风筝是忌讳的，放风筝也含有放晦气的用意在内。"态生两靥之愁，娇袭一身之病"的林黛玉认为放风筝就是放晦气，无非是希望自己身体好起来。下文也多次写到了放风筝就是放晦气。这虽然是一种封建迷信意识，不足为训，但它真实地反映出了雍正、乾隆时放风筝的风俗习惯和世人心理，作者正是借风筝描写扩大了小说的艺术容量。

小说还写黛玉放走了风筝，宝玉"别有一番滋味在心头"，他说：

> 可惜不知落在那里去了。若落在有人烟处，被小孩子得了还好；若落在

荒郊野外无人烟处,我替他寂寞。想起来把我这个放走,教他两个作伴儿罢。

宝玉对黛玉孤独寂寞的关怀,对黛玉的痴情,岂非昭然?前人如此评说:"咏柳絮,已有漂泊之象;放风筝,更敷星散之机。伤哉!"这样的叙事正好写出了爱在内闱厮混的宝玉钟情"美人"的个性特点,含蓄而巧妙地点出他爱护女儿的惯常心态,担心黛玉的风筝无人陪伴而孤单寂寞,就让他的风筝去追随黛玉的,这除了暗示了他对黛玉的深厚情谊之外,是否还隐喻宝黛二人爱情即将如风筝一样飘零无期、没有着落呢?其实,黛玉先是丧母,继而失父而寄身贾府,不正是一只断线的风筝飘零他方吗?

三

值得指出的是,曹雪芹在风筝这一意象叙事之中,能够委婉而巧妙地隐喻人物的性格和命运。宝钗的风筝是"一连七个大雁",七是奇数,寓落单之义,隐喻她婚后独守空房,最后结局只能是寡居终身,有如她的独雁风筝一样凄苦无依。雁属鸟类多为一夫一妻制,甚至是终身一侣,配偶一死另一不再寻找伴侣,所以古代纳采议婚即用雁。《红楼梦》写宝钗的风筝"一连七个大雁",是否还有象征宝钗在宝玉出家之后立誓守节、终身如孤雁一般的意蕴呢?联系判词"金簪雪里埋"来考察,我们这样判断大约不是臆测。

曹雪芹写作《红楼梦》惜墨如金,但是,他在塑造重要人物探春的形象方面却是浓墨重彩,他第一次使用"风筝"一词就给予了探春。第五回写探春的配画和判词是:

后面又画着两人放风筝,一片大海,一只大船,船中有一女子,掩面泣涕之状。

也有四句写云:才自精明志自高,生于末世运偏消。清明涕送江边望,千里东风一梦遥。

这实际是暗示探春的结局要漂洋过海，像风筝断线一样游荡漂泊，远离家乡故人。为什么是两人放风筝呢？这也大有深意。我们知道，探春虽是贾府三小姐，但不是嫡出，即不是王夫人所生，而是庶出，即赵姨娘所生。探春对自己的出身十分气愤而又无奈，她连亲娘赵姨娘也不叫，对舅舅赵国基十分反感，而当众宣称自己的亲娘是王夫人。对探春而言，操纵她命运的实际上是王夫人和赵姨娘二人，因此，画上就画着两人放风筝。尴尬的身份使得她不能主宰自己的命运，犹如风筝起飞必须借助风的帮助一样。"清明涕送江边望"，正是暗示她在清明的那一天被嫁到海外去了。第二十二回"制灯谜贾政悲谶语"写探春作的谜面是："阶下儿童仰面时，清明妆点最堪宜。游丝一断浑无力，莫向东风怨别离。"其谜底是风筝，此谜是以断线风筝暗示"才自精明志自高"的探春远嫁不归，这与判词、配画的隐喻完全一致。第七十回写道：

> 探春正要剪自己的凤凰，见天上也有一个凤凰，因道："这也不知是谁家的。"众人皆笑说："且别剪你的，看他倒像要来绞的样儿。"说着，只见那凤凰渐逼近来，遂与这凤凰绞在一处。众人方要往下收线，那一家也要收线，正不开交，又见一个门扇大的玲珑喜字带响鞭，在半天如钟鸣一般，也逼近来。众人笑道："这一个也来绞了。且别收，让他三个绞在一处倒有趣呢。"说着，那喜字果然与这两个凤凰绞在一处。三下齐收乱顿，谁知线都断了，那三个风筝飘飘摇摇都去了。

断线的风筝，其实就是探春命运的象征。探春的风筝是凤凰，结局是海外王妃，"飘飘摇摇"的风筝正是"游丝一断浑无力""千里东风一梦遥"的具象化。《红楼梦》多使用"草蛇灰线，伏脉千里"之法，从第五回的判词配画到第二十二回的灯谜再到第七十回的放风筝，胸有成竹的曹雪芹借风筝描写最大限度地深化了小说的叙事技巧，补充了单一叙事的不足，使得探春的悲剧命运一步步推进，形象越来越丰满和立体化，风筝构成了探春命运的象征系统。

风筝意象正是《红楼梦》中的众多意象之一。笔者非常同意台湾著名红学家李辰冬先生的如下判断："一部《红楼梦》从头到尾，每句言辞所引起我们的，都是一种意象或情感，绝无意念；即令作者的思想表现，也使我们不觉其为意念，而是一种意象。"

【作品来源】

　　发表于《语文建设》2015 年第 19 期。

论《红楼梦》中人物的服饰与地位

司真真

导 读

中国传统文化模式以等级分配制度为核心，服饰是突出一例。《红楼梦》中，几乎所有服饰描写都体现了"贵贱之别，望而知之"的社会模式。由于服饰的构成要素是色、质、饰、画和形，本文即拟从这五个方面分析《红楼梦》中人物服饰与社会地位的关系。

"中国传统文化模式是礼俗文化，这种文化模式是以等级分配制度为核心的，它渗透在中国人精神生活和物质生活的各个领域。"[①]作为人类物质生活衣食住行之首的服饰即是突出一例。森严的等级制度深入到穿衣戴帽，在华夏文明中形成了"衣分三色，食分九等"的传统，历朝历代史书中的《舆服制》便清楚地记载了有关服饰文化制度的标准。

"灯火阑珊衣冠群，青衫罗裙披玉身。"[②]传统服饰文化制度在《红楼梦》中有着完美的体现，它以对红楼人物服饰大量精彩的描绘，赫然构筑了一方辉煌耀眼的"服饰大观园"。在《红楼梦》中服饰作为一种特殊的文化词汇，凭借时代赋予它的文化信息，它的作用变得多元化起来：既是身份的标志，也是地位的象征。由于服饰的构成要素是色（颜色）、质（材料）、饰（佩带的饰物）、画（图案）和形（款式），本文就拟从这五方面来分析《红楼梦》中人物服饰与社会地位的关系。

---

① 刘志琴：《礼——中国文化传统模式探析》，《天津社会科学》1987 年 6 月。
② 崔荣荣：《〈红楼梦〉服饰色彩纵横谈》，《武汉科技学院学报》2005 年 7 期。

一

色彩是大自然的馈赠，上古时期，人们"衣毛而冒皮，未有制度"①。但随着时代的发展、变迁，在阶级社会中，色彩被赋予了社会文化信息和象征意义，成为服饰文化中的重要内容：常常作为人物身份的一个外在标志，在礼仪制度中传达出人们的尊卑，即不同的服饰色彩代表着不同的等级地位和权力。

对服色等级影响最大的要数阴阳五行说。"根据五行说，正色（黄、红、青、白、黑）是由事物相生、相互促进产生的，而间色（如青和白之间的碧色）则是由事物相克、相互排斥产生的。这一观念使色彩及其相应的色彩词产生了尊卑贵贱、正统和非正统的象征意义。"②《红楼梦》所描绘的时代，统治者对服饰的色彩有着严格的规定。如源于对地神的崇拜，作为地之色的黄色被历代帝王所推崇和垄断，被称为"帝王颜色"。《红楼梦》第十八回宝钗和宝玉笑道："谁是你姐姐？那上面穿黄袍的才是你姐姐，你又认我这姐姐来了。"元春贵为贤德妃，服黄即是她身份最好的体现。

《红楼梦》中贾府主子小姐们的服色除不能选用黄色外，衣"红"成为他们首要的选择，也成为他们服饰的一大特征。这是因为红色在中国也具有非常重要的地位与含义，中国人以红色为贵，源于古代的日神崇拜。汉代刘熙在《释名》第四部中指出"红色为赤，太阳之色"。此外，红色在古代也与许多官府相关的事物和用品有着密切的关系，如过去皇帝用朱砂红圈阅奏章、政府机关的图案、红契等。因此，红色逐渐被赋予了庄重的社会文化内涵。在《红楼梦》中，曹雪芹敏锐地把握住了这一色彩，名目繁多，达到三十多种，如大红、桃红、水红、靠红、银红、海棠红等。大红是传统所谓的"正色"，因此穿或使用上就有了等级限制。《红楼梦》所描绘的人物服饰，我们看到更多是主子奶奶小姐穿戴红色。其中，曹雪芹

① ［宋］范晔：《后汉书·舆服志》，岳麓书社，1997年1月。
② 骆峰：《汉语色彩词的文化审视》，上海辞书出版社，2004年1月。

对宝玉"衣红"的描写最多，单前八十回就有十处之多，这绝对不是偶然的。贾宝玉作为荣国府的贵公子，贾母的心头肉，在他身上寄托了贾府上下几百口人对他继承家业、光宗耀祖的殷切希望。因此，衣红使他的形象更加突出，他在贾府的地位也便观而知之了。如第三回贾宝玉第一次出场便"头上戴着束发嵌宝紫金冠，齐眉勒着二龙抢珠金抹额，穿件二色金百蝶穿花大红箭袖，束着五彩丝攒花结长穗宫绦"。

而在大观园，丫鬟们虽也穿红着绿，但那红却只是水红、银红、海棠红、石榴红等。即使取得半个主子地位的袭人回家探亲时也只敢穿了一件"桃红百字刻丝银鼠袄子"，更不用提那些地位卑微的小丫鬟了。如二十四回鸳鸯穿着"水红绫子袄儿，青缎子背心，束着白绸汗巾"。五十八回芳官也只穿着"海棠红的大棉袄，底下绿绸洒花夹裤"。

此外，在古代，官服的服色亦可以作为一种特殊的文化符号，来表明穿服者的身份地位。清朝文五品朝服"色用石青，片金缘，通身云缎，前后方衣襕行蟒各一……而六品服色朝冠，顶镂花金座，饰小蓝宝石"。①《红楼梦》四十二回的描写"贾母见他（王太医）穿六品服色，便知是御医了，也便含笑问：'供奉好？'"便是绝妙的一例。

二

在古代社会，"服以为礼"是服饰文化的重要特点。统治者为了巩固政权，除了在服饰色彩上严格划分等级，在服饰材料上亦做了许多硬性规定，如"取彼狐狸，为公子裘"（《豳风·七月》），裘作为一种贵族阶级专用的高贵"官衣"，与庶民阶层的着"布衣"明显而又自然地成为了两个不同群体的代表。《红楼梦》中贾府的男女主子们的冬服大多都是皮衣和裘衣，几乎每一位主子小姐们都有以动物毛皮制成的衣服，其中又以贾宝玉为最多。如四十九回贾宝玉芦雪庭赏雪时穿的是"一件茄色哆罗呢狐狸皮袄"，

---

① 郭若愚：《〈红楼梦〉中人物的服饰研究（下）》，《红楼梦集刊》第十一辑，上海古籍出版社。

五十回袭人遣人送了一件"半旧的狐腋褂"来等。由此可见，宝玉平时所穿皮衣主要是由狐皮制成。狐皮其实是很名贵的皮料，雍正重臣鄂尔泰曾孙西清在介绍狐皮时说："狐有元（玄）狐、青狐、火狐、沙狐数种，元（玄）狐最为上品。"[①]如九十四回众人怡红院赏海棠花时宝玉穿的是"一件狐腋箭袖，罩一件玄狐腿外褂"。"狐腋箭袖""玄狐腿外褂"即都是狐皮中的上品，非一般家庭可以置办起的。除了穿狐皮外，宝玉也常穿貂皮衣，如五十一回麝月冬夜伺候宝玉吃茶时，回手披了一件宝玉的"貂颏满襟暖袄"，这件"貂颏满襟暖袄"虽可能不是完全的貂皮袄，但至少衣襟是用貂皮做的，而貂颏本身就很值钱，所以"貂颏满襟暖袄"绝不是寻常之物。在五十二回贾母将仅有的一件进贡的金碧辉煌的雀金呢给了宝玉，面料之奇以致宝玉不小心将它烧了一个洞时竟无能工巧匠敢揽手。这更说明了宝玉所穿服饰材料的稀有，而材料稀有是与服饰的华贵及穿服者的地位连在一起的。

曹雪芹除了细致描绘宝玉的服饰外，也描写了王熙凤等贾府女主子们的服饰。如六回"那凤姐儿家常带着秋板貂鼠昭君套，围着攒珠勒子，穿着桃红撒花袄，石青刻丝灰鼠披风，大红洋绉银鼠皮裙"。此外，仅家常衣服就接连有"貂鼠、灰鼠、银鼠"等昂贵的面料，真可谓风光之极，不愧为贾府的当家人。四十九回曹雪芹更不厌其烦地依次描写了黛玉、宝钗、湘云等所着的价值不菲的衣服。如黛玉"换上掐金挖云红香羊皮小靴，罩了一件大红羽纱面白狐狸里的鹤氅，束一条青金闪绿双环四合如意绦，头上罩了雪帽"。薛宝钗"穿一件莲青斗纹锦上添花洋线番羓丝的鹤氅"，史湘云"穿着贾母与他的一件貂鼠脑袋面子大毛黑灰鼠里子里外发烧大褂子，头上带着一顶挖云鹅黄片金里大红猩猩毡昭君套，又围着大貂鼠风领"，而独邢岫烟"仍是家常旧衣，并无避雪之衣"。这些描写鲜明地道出了邢岫烟在贾府的投靠依附的卑微地位。

在《红楼梦》中，作者对另一个投靠贾府的人的服饰也作了寓意深刻的描写。如九十三回"忽见有一人（包勇）头上戴着毡帽，身上穿着一身

---

①　王齐洲、余兰兰、李晓辉：《绛珠还泪:〈红楼梦〉与民俗文化》，黑龙江人民出版社，2003 年 5 月。

青布衣裳，脚下穿着一双撒鞋"。以戴毡帽、穿青布衣裳来表明他的身份地位，这是极为贴切的。

三

服装的饰物，是服饰的附属，多起装饰作用，但在漫长的社会发展中，它却被赋予了相对独立的意义，成为暗示佩戴者等级、尊卑的一种常用手段，从而成为体现等级制度的约定俗成的符号，充当着社会关系的意指作用。一般情况下，贵族之间的等级区别主要表现在其所佩带的饰物是否华贵，饰物是否稀有上；饰物越华贵、稀有，也就证明他的等级地位越高。

《红楼梦》中，曹雪芹以缜密的构思，巧妙地把握住这点，从而使其精心构筑的"服饰大观园"更加完善，更觉碧彩闪烁、金翠辉煌。第八回宝玉"项上挂着长命锁、记名符，另外有一块落草时衔下来的宝玉"。这个"宝玉"大如雀卵，灿若明霞，莹润如酥，而且另有玉色花纹缠护，可谓举世无双，是贾宝玉以及贾府众人的命根子。这其实也就暗含了贾宝玉是贾府的命根子之意。此外，红楼人物也多有戴璎珞项圈的。"璎珞，通常是以一个金属项圈为主干，在项圈周围挂上各种宝石珠玉，在靠近胸前部位有时挂一个类似长命锁的饰物。"①宝钗所戴的就属于这一种，如八回宝钗"从里面大红袄儿上将那珠宝晶莹、黄金灿烂的璎珞摘下来"。一个衔玉一个戴璎珞，饰物不仅暗示了宝玉和宝钗的地位，也成就了他们的姻缘，而无罕物的黛玉便名正言顺地败下阵来。项圈指的是"佩挂在颈项的金属做成的一个圆圈，富贵人家用金，普通人家用银或铜，还有在金项圈上镶嵌各种珠宝的"。②如七十二回凤姐让平儿拿的金项圈"一个是金累丝攒珠的，那珍珠都有莲子大小；一个是点翠嵌宝石的，两个都与宫中之物不离上下"。可见凤姐小时也戴项圈，并且所戴的项圈都是十分昂贵的，这就突显了她贵族小姐的身份。

---

①② 王齐洲、余兰兰、李晓辉：《绛珠还泪:〈红楼梦〉与民俗文化》，黑龙江人民出版社，2003 年 5 月。

　　曹雪芹在《红楼梦》中对人物所服腰带的描绘也多姿多彩。如三回贾宝玉"束着五彩丝攒花结长穗宫绦"，八回贾宝玉"系着五色蝴蝶鸾绦"，"宫绦"谓宫廷所造，是较讲究的①。而且宝玉的鸾绦，具有五色蝴蝶的纹样，其精美可知。四十九回黛玉"系一条青金闪绿双环四合如意绦"。三回王熙凤"裙边系着豆绿色宫绦，双衡比目玫瑰佩"。从这些描写中，我们不难发现佩带者都是高高在上的主子小姐们，而地位卑微的丫鬟们即使再爱美也是不敢佩带，而且佩带不起的。因为这些饰物大多都是当时女工中的极精致之物，因此数量很少，一般人是不易获得的。

　　用腰带来表示官员的身份与地位，《红楼梦》中亦有所体现。如十五回北静王水溶"系着碧玉红带"，即是恰切一例。清代对腰带饰牌的规定有"一品官用镂金衔玉方版四块，各玉版饰红宝石一颗；二品官用镂金圆版四块，也各饰红宝石一颗；三品用镂金圆版四块，不用红宝石……"②从记载中我们可窥出他的显赫地位（当在二品以上）。

四

　　服饰图案亦是随着社会的进步和人们观念的提高而不断发展的。清代的服饰是我国服饰发展的顶峰，服饰图案在这时的装饰作用已经达到了登峰造极的程度，可谓繁杂堆砌，各种服饰配件的完善、图案的繁琐及等级观念在图案上的反映更加森严明确。具体地说，就是在服饰的装饰纹样上，其图案的表现方式不同，蕴涵的伦理规范、尊卑等级也就不同。

　　《红楼梦》中人物地位越是显贵的，其服饰上的图案越是千姿百态、新奇多样，并且越是显得金碧辉煌、满眼光彩。如贾府当家人凤姐所着服饰上出现的图案有缕金、百蝶穿花、五彩刻丝、翡翠撒花、石青刻丝、大红洋绉、桃红撒花、盘金镶花等，色调饱和度非常强，造成了鲜明的对比，

① 郭若愚：《〈红楼梦〉中人物的服饰研究（下）》，《红楼梦集刊》第十一辑，上海古籍出版社。
② 林永匡，袁立泽：《中国风俗通史·清代卷》，上海文艺出版社，2001 年 11 月。

令人眼花缭乱，集中显示了王熙凤不但艳丽而且傲视群芳的高贵气度。宝玉服饰的图案有：二色金、百蝶穿花、五彩丝攒花、石青起花八团倭缎、累丝、秋香色立蟒、五色蝴蝶、大红金蟒、银红撒花、松花绿撒花、锦边弹墨、油绿绸撒花、掐金满绣、蝴蝶落花、盘金彩绣、金蟒。黛玉服饰上的图案有：掐金挖云、双环四合如意、月白绣花。宝钗服饰的图案有：莲青斗纹、锦上添花、玫瑰紫二色金。湘云服饰的图案有：靠色三镶、盘金五色绣龙、蝴蝶结子、长穗五色宫绦、挖云鹅黄片金。贾府主子们的服饰图案众多，但绝不重复，真可谓是万紫千红、争奇斗艳，令人眼花缭乱、目不暇接。

而处于受压迫地位的丫鬟们却是一律的"红绫袄儿，青缎子背心，下面再系一条颜色不一的各式裙子"，从而在整齐中透出别致，从差异中显出统一。这统一即是向世人昭示他们共同的卑微地位。在众多的丫鬟中，袭人是个独特的例外。如五十一回对她服饰的描写就背离了其原本的身份与地位，她的服饰上出现了"桃红百子刻丝、盘金彩绣"等图案，而且凤姐又命平儿送给她一件"石青刻丝八团天马皮褂子"，这里曹雪芹对她服饰仔细突出的描写，是值得人玩味的：这些多彩的服饰图案恰切地体现了袭人已经从丫鬟队伍中款款走出，开始迈进贾府主子们的行列（虽然才只争取到半个主子的地位）。

此外，值得一提的是，对北静王水溶服饰的描写虽说很少，但曹雪芹亦能利用简单的服饰纹样来深刻地体现其所处的地位。如十五回水溶"头上戴着洁白簪缨银翅王帽，穿着江牙海水五爪坐龙白蟒袍，系着碧玉红鞓带"。蟒袍"一名花衣，明制也，为群臣百官的礼服"[①]。在清代有关服饰制度的规定中，只有地位非常高的官员才可以穿"五爪之蟒"的。这里曹雪芹仅用"江牙海水五爪坐龙"八个字便形神俱备地勾勒出水溶高贵的出身地位。

---

① 徐珂：《清稗类钞》，中华书局，1984年。

五

　　在中国传统文化中，服饰款式作为一种特殊的文化美学符号，充当了反映社会关系的隐形手段。在《红楼梦》中，曹雪芹对这一方面进行了大量精彩的描绘，力图以小见大，不露痕迹地把各种政治社会关系投影在多样的服饰款式上。

　　总的说来，曹雪芹在《红楼梦》中向我们展示了这样几种款式：披风、氅、褂子、斗篷等。如二十回黛玉嗔宝玉曰："你只怨人行动嗔怪了你，你再不知道你自己怄人难受。就拿今日天气比，分明今儿冷的这样，你怎么倒反把个青肷披风脱了呢？"这里"青肷披风"指的是青狐皮毛制成的披风①。六回写"那凤姐儿家常带着秋板貂鼠昭君套，围着攒珠勒子，穿着桃红撒花袄，石青刻丝灰鼠披风"。氅即"氅"，徐灏《说文解字注笺》："以鸷毛为衣，谓之鹤氅者，美其名耳。"②如四十九回黛玉"换上掐金挖云红香羊皮小靴，罩了一件大红羽纱面白狐狸里的鹤氅"。薛宝钗"穿一件莲青斗纹锦上添花洋线番耙丝的鹤氅"。褂指"外衣也。礼服之加于袍外者，谓之外褂。男女皆同此名称，惟制式不同耳"③。《红楼梦》中，曹雪芹向我们展示的褂子主要有：贾母的"羊皮褂子"，王熙凤的"紫羯褂""银鼠褂"，宝玉的"排穗褂""鹰膀褂""元狐腿外褂"，薛宝钗的"金银鼠比肩褂"，黛玉的"对衿褂子"和史湘云的"里外发烧大褂子"。"斗篷"如五十二回宝玉"一时又拿一件灰鼠斗篷替他（晴雯）披在背上"。六回写"那凤姐儿家常带着秋板貂鼠昭君套，围着攒珠勒子"。"昭君套"是一种斗篷式的外套，清代妇女礼服的外衣。因为汉代昭君所服，故名。④四十九回宝琴"披着凫靥裘站在山坡上遥等，身后一个丫鬟抱着一瓶红梅"。"凫靥裘"即是斗篷，但这件斗篷不是寻常之物，而是"金翠辉煌，不知何物"，因此从

---

①②④　郭若愚：《〈红楼梦〉中人物的服饰研究（下）》，《红楼梦集刊》第十一辑，上海古籍出版社。

③　徐珂：《清稗类钞》，中华书局，1984 年。

没见过这等稀罕物的香菱便误当作是用孔雀毛织的了。从以上的分析举例，我们可以看出无论是披风、氅，抑或是褂子、斗篷，服用者皆是贾府的主子小姐们，而那些地位低下的奴才、丫鬟们是没有这些多姿多样的服饰款式的。

服饰无声，但它道出了一切。《红楼梦》中所有服饰描写都体现了"贵贱之别，望而知之"的社会模式。服饰作为一种"分尊卑、别贵贱、辨亲疏"的特殊工具，已然成为一面镜子，折射出时代与社会的文化制度结构，充当时代等级制度的载体。人物的身份地位在服饰上悄无声息地做了恰切投影，达到了"见其服而知贵贱，望其章而知势位"①的艺术效果。

‖ **作品来源** ‖

发表于《名作欣赏》2009 年第 9 期。

---

① ［汉］贾谊:《新书·服疑》,于智荣:《贾谊新书译析》,黑龙江人民出版社,2003 年 1 月。

论《红楼梦》中戏曲的作用

梁晶晶

导 读

《红楼梦》是中国四大名著之一，其中出现大量的戏曲，这些戏曲在塑造人物性格、暗示人物命运及推动情节发展方面做出了巨大的贡献。本文以《红楼梦》中的戏曲为出发点，探讨其在整部文学作品中的巨大意义及对后世的影响。

《红楼梦》中出现了大量的戏曲作品，下面笔者将对其一一列举。第五回中曹雪芹自度的《红楼梦》曲词；第十一回中贾敬寿宴上凤姐所点的《还魂》《弹词》《双官诰》；第十六回中贾政生日时唱戏；第十八回中出现的《家宴》《乞巧》《仙缘》《离魂》《游梦》《惊魂》《相约》《相骂》；第十九回中出现的《丁郎认父》《黄伯央（杨）大摆阴魂阵》《孙行者大闹天宫》《姜太公斩将封神》；第二十二回中出现的《西游记》《刘二当家》《山门》《北点绛唇》《寄生草》《妆疯》；第二十三回中出现的《西厢记》《会真记》；第二十九回中出现的《白蛇记》《满床笏》《南柯梦》；第三十回中出现的《负荆请罪》；第四十三回中出现的《荆钗记》；第四十九回中出现的《西厢记》；第五十一回中出现的《西厢记》《牡丹亭》；第五十三回中出现的《西楼·楼会》；第五十四回中出现的《八义·观灯》《混元盒》《凤求鸾》《瓣谎记》《将军令》《寻梦》《惠明下书》《西楼·楚江晴》、《西厢记》的《听琴》、《玉簪记》的《琴挑》、《续琵琶》的《胡笳十八拍》《灯月圆》；第六十二回中出现的《牡丹亭》《琵琶记》；第六十三回中出现的《赏花时》；第八十五回中出现的《蕊珠记》的《冥升》《吃糠》；第九十三回中出现的《占花魁》。综上我们可以看出曹雪芹在创作《红楼梦》中凡是荣宁二府的重大节日、豪门盛宴必有戏剧演出，这些戏曲在寿辰的庆祝、年节的娱乐祈福、红白喜事以及突出主人公的个性上，发挥了巨大的作用。

康乾时期，古典小说和古典戏曲的发展达到高峰，这一时期盛大的戏曲演出给曹雪芹的创作带来灵感，曹雪芹巧妙地把二者合二为一，同时《红楼梦》中的大量戏文也反映出戏曲的发展脉络。曹雪芹写这些戏曲的目的实为写人，通过《红楼梦》中人对戏曲的态度以及点戏、看戏、评戏等来揭示人物的性格特点，通过戏曲曲词暗示人物命运。

一、暗示人物性格

《西厢记》和《牡丹亭》在《红楼梦》中出现多次，通过对这些作品的注入，从侧面启迪着宝玉、黛玉对人生、爱情真谛的领悟，同时借宝钗对《牡丹亭》《西厢记》的看法揭示其不同于宝、黛的性格特点。

当茗烟从书坊把《西厢记》《牡丹亭》连同其他古今小说"孝顺"给宝玉时，宝玉如获珍宝，《西厢记》《牡丹亭》被宝玉带进了贾府内院。宝玉曾对黛玉说《西厢记》"真是好文章！你要看了，连饭也不想吃呢！"另外，宝玉在向黛玉表示爱情时也两次以张生自比。从中可见宝玉对这两部书的喜爱之深，体现出宝玉反对封建礼教、追求思想解放的性格特点，为他以后突破传统的士大夫生活进而悟道做出铺垫。

向来孤芳自赏的黛玉也被《西厢记》和《牡丹亭》叩开芳心，第二十三回中写黛玉对《西厢记》的初步感知是："只觉得词藻警人，余香满口"，听到"梨香院内笛韵悠扬，歌声婉转……偶尔两句吹到耳朵内，明明白白一字不落道：'原来是姹紫嫣红开遍，似这般，都付与颓井残垣'，便开始感慨缠绵，当听到'良辰美景奈何天，伤心乐事谁家院'时，点头自叹，心下自思'原来戏上也有好文章，只可惜世人只知看戏，未必能领略其中的趣味'"。对这些"杂书"，黛玉是推崇和喜爱的，她是这些书的忠实拥戴者。

通过宝、黛对《西厢记》和《牡丹亭》的态度，暗示了他们的心灵相惜，他们都反对封建礼教，渴望自由。《西厢记》与《牡丹亭》是他们心灵印证的一个契机，他们能够真切地感受到儿女情长与生死悲欢，为宝玉选择木石前缘而不是金玉良缘埋下伏笔。

至于宝钗对这些"杂书"的看法可通过第四十二回中看出："你当我是谁？我也是个淘气的。……你我只该做些针黹纺织的事才是，偏又认得了字；既认得了字，不过那正经的看也罢了，最怕见了些杂书，移了性情，就不可救了！"洋洋洒洒的一篇劝诫黛玉的文章却被黛玉一个"是"字所敷衍了事。宝钗的初衷是规劝黛玉谨记闺训，切勿离经叛道，坚持女子无才便是德。从中我们也可以看出她从一个永远"童心"的自由者变成一个维护封建秩序的淑女。在宝钗眼里这些"移了性情"的戏文大可置之不理，要以"贞静为主"，她是遵从三从四德的封建典范，这也就注定了宝玉对宝钗只有姐弟之情而无男女之爱。

《红楼梦》中戏曲描写的作用无疑是巨大的，在情节发展、揭示人物性格、预示人物命运等方面有着不可替代的作用。《红楼梦》中充斥着大量的点戏、看戏、评戏。在大观园里点戏是一门学问，从人物点的戏文可以看出人物的性格特点以及爱好。比如在第二十三回，贾母为宝钗过生日时，宝钗先点出《西游记》，宝钗点这出戏的原因书中有明确交代，即"原来宝钗深知贾母年老之人，喜热闹戏文，便总依往日素喜者说了出来"。"贾母自是欢喜"说明宝钗善于揣摩贾母的心思，刻意迎合贾母，又点出《鲁智深醉闹五台山》，这同样是一出热闹的戏；另外，介绍了一套《北点绛唇》中的一支曲子《寄生草》，显示出宝钗的博学。相对于宝钗对贾母的逢迎，王熙凤对贾母的讨好则更胜一筹，王熙凤点了一出《刘二当衣》，这是一出纯粹的闹剧，因为贾母喜欢热闹，更喜欢插科打诨，"贾母果真更又喜欢"。通过点戏这一环节，可以看出宝钗和王熙凤都是善于逢迎之辈，只不过宝钗的讨好更加含蓄委婉，而王熙凤的逢迎则偏于通俗，这与二人的成长环境有密切关系——宝钗熟读诗书，王熙凤则没读过太多书，这更能体现作品的真实性。在宝钗推荐《寄生草》后，宝玉喜得拍掌称赞，黛玉却说："安静看戏吧，还没唱《山门》，你倒《妆疯》了。"黛玉巧借《妆疯》的字面意思来讽刺宝玉的得意忘形，借戏名取笑，这不仅表现了黛玉的聪慧，更巧妙地点出黛玉对宝玉称赞宝钗的醋意，体现出黛玉尖酸的性格特点。

二、暗示人物命运

最能体现曹雪芹在戏曲方面功力的是"贾宝玉神游太虚境，警幻仙曲演红楼梦"中曹雪芹自度的《红楼梦》曲词，用曲的方式将金陵十二钗的命运做出了暗示，警幻仙姑在演出前就对宝玉做出了说明："此曲不比尘世中所填传奇之曲……若非个中人，不知其中之妙。"实是"此曲只应天上有，人间哪得几度闻！"在思想内容方面，这首曲词在全书的开头部分对书中主要女性形象的悲惨命运做出了暗示，也奠定了全书悲凉的感情基调。另外，在艺术手法上，照应十二钗的十二支曲子加上前面的"引子"和后面的"收尾"，形成了套曲结构，但并不是散曲的曲牌，而是曹雪芹的自度"曲"，是作者在戏曲基础上的创新和突破。

在《红楼梦》中对荣宁二府的盛衰和宝、黛命运起到重要预示作用的就是元妃省亲时所点的四出戏，分别是《豪宴》《乞巧》《仙缘》《离魂》。

《豪宴》是《一捧雪》传奇的第五折，《乞巧》即《长生殿》的第二十二折，《离魂》为《牡丹亭》的第二十折，《仙缘》即《邯郸记》的第三十折。脂批指出：一捧雪中伏贾家之败（第一出《豪宴》），长生殿中伏元妃之死（第二出《乞巧》），邯郸梦中伏甄宝玉送玉（第三出《仙缘》），牡丹亭中伏黛玉死（第四出《离魂》）。这句以后的脂批即为："所点之戏剧伏四事，乃通部书之大过节大关键。"《一捧雪》写莫怀古遭害，关键是被忘恩负义的小人所赐；在《红楼梦》中映射贾府和贾雨村的关系，贾雨村本被贾府庇护，但在贾府落败之时，贾雨村却落井下石。

《乞巧》写唐明皇和杨贵妃至死不渝的爱情誓言，以此暗示贾元春恃宠而骄，必然夭折的命运。《邯郸记》中卢生随吕洞宾游仙，暗示贾宝玉经历了富贵荣华，最终看破红尘的经历。《牡丹亭》中杜丽娘经历了青春之歌，最终郁郁而亡，暗示林黛玉的不得善终。另外，清虚观看戏，张道士提亲，引起下文宝黛"两假相逢，必有一真"的摔玉风波；由柳湘莲串戏才引出薛蟠挨打；因薛蟠出门避羞，香菱才能入住大观园；香菱学诗，李纹等一干"诗人"使诗社空前繁荣……这些情节的发展，"戏"都是重要契机。

《红楼梦》情节曲折，故事完整而自然，这其中离不开"戏"的纽带作用。主人公对戏曲的态度，点戏、看戏、评戏、演戏中的种种事件，因戏生事，都在塑造人物性格、暗示人物命运、推动故事发展、引领全书走向高潮方面发挥重要作用，戏曲成为《红楼梦》文化内涵的重要组成部分。

‖作品来源‖

发表于《名作欣赏》2016 年第 29 期。

《红楼梦》中的文字游戏及其文化意蕴

樊庆彦

导　读

《红楼梦》中有多处地方描写到以智能性、猜射性为主的文字游戏活动，折射和反映出古代上层社会贵族家庭的日常休闲娱乐生活和时代社会风俗，但由于游戏中融入了人的主观精神和价值取向，因而具有重要的文化意蕴。而且这些文字游戏大都与小说的主题思想、故事情节、人物性格命运紧密相关，同全书所写的世族之家的盛衰发展相一致，寄托着作者的思想情感，暗寓某种深意，成为小说表现的一种独特手段。

游戏是一种与人类关系非常密切的文化现象，虽是供人们休闲消遣的娱乐活动，但人在从事游戏活动的时候，往往把自己的主观精神和价值取向融入了游戏之中，因而具有着重要的文化意蕴。游戏的形式很多，但是受社会地位、文化修养、风俗习惯及地域环境等诸多因素的影响，不同民族、不同阶层、不同地区的人们有着不同的游戏爱好。《红楼梦》作为一部中国传统文化"百科全书"式的古典名著，就在多处描写到反映古代上层社会贵族家庭在日常生活中休闲娱乐时的游戏活动，由于书中人物大多具有较为优厚的文学素养和生活环境，娱乐注重情趣，因而游戏以智能性、猜射性为主，多与文字有关，主要有饮酒行令、观灯猜谜、咏题联句等形式。而且这些文字游戏大都与小说的主题思想、故事情节、人物性格命运紧密相关，同全书所写的世族之家的盛衰发展相一致，寄托着作者的思想情感，暗寓某种深意，成为小说表现的一种独特手段。

一

同一部作品中多次描写同一种对象，记述同一类事件，稍有不慎就容易相犯。但是《红楼梦》的作者却能巧施妙笔，将各种文字游戏的描写几乎毫无遗漏地以具体生动的形态尽现于作品之中，而又描绘得繁富绵密，多姿多彩，各有情趣。

《红楼梦》中的酒令很多，作者对每一处都写得十分细致。小说第28回写贾宝玉、冯紫英、蒋玉菡、薛蟠等人在冯紫英家酒席上行令，宝玉作为令官，交待这次行令的办法说："如今要说悲、愁、喜、乐四字，却要说出女儿来，还要注明这四字的原故。说完了，饮门杯。酒面要唱一个新鲜时样曲子；酒底要席上生风一样东西，或古诗、旧对、《四书》《五经》成语。"①第40回写到了贾母等人在缀锦阁吃酒行令的情景，人员众多，年龄有别，身分各异，修养不同，可以说是一番"雅俗文化"的交融和比拼。第62回大观园里众姐妹为宝玉、宝琴、岫烟、平儿四人庆贺生日，"筵开玳瑁，褥设芙蓉"，众才女席上行的是古酒令"射覆"。第63回写宝玉生日时，怡红院众丫头开夜宴则行起了"占花名令"。种种酒令，真好似满天星斗乱银河，飞红万点花如海，不仅拓展了小说的生活畛域与审美内涵，也为作品增添了盎然的情趣。

对于观灯猜谜活动的描绘，作者同样表现出其高超的写作技巧。《红楼梦》中先后写到四次元宵节，其中两次着重描写的贾府的元宵节中都提到了制猜灯谜这一娱乐活动。《红楼梦》第22回写到了贾府第一次元宵节观灯制猜谜语的活动，场面非常热闹："忽然人报，娘娘差人送来一个灯谜儿，命你们大家去猜，猜着了每人也作一个送进去。""只见一个小太监，拿了一盏四角平头白纱灯，专为灯谜而制，上面已有了一个，众人都争看乱猜。"而在制作灯谜时众人也是各施其才，兴致盎然，映衬出元宵节的欢快气氛。

---

① 《红楼梦》:人民文学出版社，1996年版，本文原著引文均来自此书，以下不再注明。

　　《红楼梦》中的第二次大型猜谜活动出现在第50、51回中。但是这与第一次在写法上有所不同。作者并不是安排在元宵节那一天加以表现，而是提前着笔，好似先来一曲节日前奏，这就避免了写法上的雷同与内容上的冗杂，可谓灵活巧妙。第49回凤姐对大观园中姐妹说："你们今儿作什么诗？老太太说了，离年又近了，正月里还该作些灯谜儿大家顽笑。"第50回芦雪庭众姐妹即景联诗时，贾母也叫她们："有作诗的，不如作些灯谜儿，大家正月里好顽的。"这回回目的下句即是"暖香坞雅制春灯谜"。一开始李纨、李纹、李绮三姐妹编了一套灯谜奇文，但是她们制作的灯谜引经据词，需要有一定古籍文字修养功底才可能猜出来，而且太过雅致缺乏情趣。宝钗心思缜密，觉得不妥："这些虽好，不合老太太的意，不如作些浅近的物儿，大家雅俗共赏才好。"相比之下，倒是史湘云用"点绛唇"曲牌名写的谜语"溪壑分离，红尘游戏，真何趣？名利犹虚，后事终难继"，富有情趣而又不落俗套，被众人笑为"刁钻古怪"。此外，暖香坞中宝玉、黛玉、宝钗三人的诗谜，包括薛宝琴的《怀古绝句十首》在内，则也是既新奇巧妙却又不失雅趣。

　　在《红楼梦》作者的眼中，贾府大观园里的女子最有才情，吟诗作赋，不让须眉。即使贾府男子中最具诗才的宝玉在与她们（尤其是黛玉和宝钗）的咏诗比赛中也是屡次甘拜下风。而表现女子才情的主要方式之一便是通过她们的诗社活动反映出来的。她们先后有多次结社吟诗的活动，包括探春先发起的海棠社和黛玉后来重建的桃花社，在诗会活动中她们争奇斗巧，示才逞气。海棠诗社的诗会活动是作者描写的重点，主要介绍了两种文字游戏方式。一是指物为题，应命作咏。一般是限定某一景物或事物为诗，其中又有多种形式或规则。《红楼梦》第37回写海棠诗社成立后第一次诗会，大家同意以海棠为题，并根据负责出题限韵的迎春从诗集中随手翻出来的样诗将诗体定为七律。"迎春掩了诗，又向一个小丫头道：'你随口说一个字来。'那丫头正倚门站着，便说了个'门'字"，起头一个韵就是"十三元"的"门"字韵了，迎春从韵牌匣子里"抽出'十三元'一屉，又命那小丫头随手拿四块。那丫头便拿了'盆''魂''痕''昏'四块来"。因此限诗的韵脚依次为"门""盆""魂""痕""昏"五个字。而且要求写作在烧完一根三寸来长的"梦甜香"时间内完成，"如香烬未成便要罚"。这是限题限韵限韵脚限时用字。第38回众人的咏菊花之诗十二题是限用七律，限题不限韵脚；宝、黛、钗三人的《螃蟹咏》诗是限题限韵而不限韵脚用字；第50回新来大观园的邢岫烟、李纹、薛宝琴三人《赋得红梅花三首》，是限题限字做韵联诗；而第70回黛玉重建桃花社的《咏柳絮》则是限题限调限时作词。

诗会的第二种文字游戏方式是即景联句。《红楼梦》中写得最有特色的联句是第50回"芦雪广争联即景诗"。这次的题目是："即景联句，五言排律一首，限二萧韵"。由凤姐起首，李纨按拈阄之序先联。不过诗的后半首每人只联一句，后来竟变成了湘云、黛玉、宝琴三人抢联。小说以此来显示众人兴高争先的情景。而与"芦雪广即景联句"形成鲜明对照的是第76回"中秋夜大观园即景联句三十五韵"。诗作用"十三元"韵，五言排律两句一韵。这次黛玉、湘云两人相对联句，是在寂寞的秋夜中进行的。"酒尽情犹在，更残乐已谖。"整首诗情调凄清，犹如寒虫悲鸣，与前者迥然不同。

这些同而不同的文字游戏，逼真地再现了封建社会末期贵族家庭日常生活的真实图景，渲染了时代气氛，既为人物活动提供了一个富有立体感的艺术世界，为人物性格的刻画做了环境上的铺垫和烘托，又为作品增添了情趣，使读者大开眼界，也显现出了作者的宏博才识和在文字运用上的娴熟技巧与深厚功力。

二

文字游戏属于娱乐文化的范畴，从本质上看是文化结构中的行为文化层的基本组成部分，是文化民族性、时代性的鲜活体现。《红楼梦》"包罗万象，囊括无遗"[①]，既是一部"封建社会的百科全书"，又堪称清代的社会

① ［清］王希廉：《红楼梦总评》，见黄霖、韩同文选注《中国历代小说论著选》"中编"，江西人民出版社，1990年版，第569页。

风俗史。书中的文字游戏，反映出作品当时的社会风尚习俗，表现出时人特有的生活方式和行为方式，从而折射出文化的民族特色和时代特征。

筵宴饮酒是表现封建贵族家庭日常生活的一个方面，而酒令是为人们饮酒增添热闹气氛的一种游戏方式。古代喝酒行令之俗，起源甚早。春秋时期，鲁文公三年，晋襄公与鲁文公饮酒，晋襄公赋《诗·小雅·菁菁者莪》，鲁文公赋《大雅·嘉乐》，①当为最早的诗令。"酒令"之名，最早见于汉代刘向的《说苑》，东汉贾逵曾撰《酒令》一卷。而真正发明酒令并付诸实施的则是在唐朝。《唐国史补》载："古之饮酒，有杯盘狼藉、扬觯绝缨之说，甚则甚矣，然未有言其法者。国朝麟德中，璧州刺史邓宏庆始创平、索、看、精四字令，至李稍云而大备。自上及下，以为宜然。大抵有律令、有头盘、有抛打，盖工于举场，而盛于使幕。"②古代行酒令的方式很多，大而言之有文、武两种。我们现在所见到的最通俗的方式是武令，即所谓的"拇战"，又叫划拳、豁拳、猜拳、闹拳、搳拳等，场面最为喧闹，但属于数字游戏而非文字游戏。而文令又分古令、雅令、通令、筹令等多种，且与文字游戏有关。

第28回写贾宝玉、冯紫英、蒋玉菡、薛蟠等人在冯紫英家酒席上行的令，属于雅令。雅令须引经据典，分韵联吟，当筵构思，对文化的要求较高。第40回写到了贾母两宴大观园席上行的牙牌令。牙牌，又称骨牌、牌九，旧时游戏用具，亦作赌具。共三十二张，刻有等于两粒骰子的点色，即上下的点数都是少则一，多至六；一、四点色红，二、三、五、六点色绿。三张牌点色成套的就成"一副儿"，有一定的名称。行令时，宣令者说一张，受令者答一句，说完三张，"合成这一副儿的名字，无论诗词歌赋，成语俗语，比上一句，都要叶韵"。此为通令，借助牙牌，游戏性强，没有文化的人也可参与。第62回描写的射覆这种酒令十分古老也十分雅奥难射，多为文人雅士比试才情之乐，没有一定的文化功底和敏捷的才思是不行的。所以宝钗笑道："把个酒令的祖宗拈出来。'射覆'从古有的，如今失了传，

---

① 杨伯峻编著：《春秋左传注》，中华书局，1990年版，第531页。

② ［唐］李肇撰：《唐国史补（卷下）》，上海古籍出版社，1979年版。

这是后人篡的,比一切的令都难。不如毁了。"但是探春不同意:"我吃一杯,我是令官,也不用宣,只听我分派。"便命取了令骰令盆来,从宝琴掷起,挨着掷了下去,对了一点的二人射覆。其实探春这里只是点明到射覆的部分基本要求,先掷骰子,点数相同的两个便一人射一人覆。具体到书中当时是覆者说一字,射者对一字,既要有出处或用典,又要与屋内所有之物相关联。第 63 回的"占花名令"则属于筹令,即由令官摇骰子以点数决定谁抽签,令签上已经写有一句古代诗词曲赋,并注明了饮酒条件,抽到者按签上所说的办。酒令内容的雅俗高低,也反映出饮酒者的文化素养和情趣好尚。

元宵节是中国古代的重要节日之一,看花灯是元宵节的岁时风俗,而与之紧密相连的便是制猜灯谜。灯谜最早是由谜语发展而来的,谜语起源于春秋战国时期,它是一种富有讥谏规戒、诙谐笑谑的文艺游戏。谜语悬之于灯,供人猜射,开始于南宋。《武林旧事·灯品》载:"又有以绢灯剪写诗词,时寓讥笑,及画人物,藏头隐语,及旧京诨语,戏弄行人。"[①]元宵佳节,帝城不夜,春宵赏灯之会,百姓杂陈,诗谜书于灯,映于烛,列于通衢,任人猜度,所以称为"灯谜"。民间灯谜往往追求通俗,多用成语或俗语编制,显示出民间朴实的智慧和情趣。又谓"旧籍相传宋仁宗时","上元佳节,金吾夜放,文人学士相与装点风雅,歌颂升平,拈诗成谜,悬灯以招猜者。"[②]元宵放灯猜谜逐渐成为封建统治阶级粉饰太平的一项习俗,并为上层贵族家庭所钟爱。明清时期此风兴盛之势尤炽,《红楼梦》中贾府多次举行制猜灯谜活动就是很好的例证,而且她们的灯谜好以诗句作为谜面,来隐含日常用物、玩物,显示出其书香府第灯谜的高雅之致。

明清时期文人有喜结诗社、文社的风尚,他们结社的目的多数是为了切磋诗文,提高诗艺,少数则含有其他政治目的。一般来说,文人结社的主旨不是为了娱乐,而是为了自身的发展。然而,大观园的诗社则完全不同,结社的目的主要是为大家想一个法儿玩玩。海棠诗社不仅限题作诗,有时

---

① [宋]周密著:《武林旧事(卷二)》《灯品》,浙江人民出版社,1981 年版,第 34—35 页。
② [清]王文濡著:《春谜大观》"序",上海进步书局,1917 年版。

也即景联句。吟诗联句，相传起源于汉武帝，滥觞于"柏梁体"，是由多人联合起来吟诗咏句卖弄技巧的一种文字游戏，后来也成为酒令的一种形式。联句通常用排律形式，有的还要限体限题限韵。一般由一人起头一句，接的人就联二、三两句，以后再接的人照例都是联一对句，以对出别人的出句，并为下一人拟出要对的出句，最后一人用一句作结。联句首要的是诗意和韵律，还要讲究对仗和平仄，并为下一人制造麻烦，联不上的和联错了的算输。还有抢联的形式，即看谁联得快，联得多，以多者为胜。《红楼梦》中几次作诗评诗，为书中众人吃蟹赏桂、赏菊、送海棠，以至冬日消寒大嚼鹿肉等情节增添了文化情趣，也反映了当时的都市社会习俗和贵族家庭的闲逸生活。

因此，《红楼梦》中的这些文字游戏描写还具有很高的民俗学价值，成为民俗学家研究民俗的必不可少的资料。正如陈勤建所说："要研究我国民俗学，要研究近百年北京的民间习俗和官僚家庭的习俗，《红楼梦》就是一部极为重要的参考书。"①

三

但是，作者对于文字游戏的描写并不仅仅以此取乐，也不是仅仅作为一种点缀和展览，更不是以此来显露自己的才学，而是将它与小说的整体艺术构思结合起来，使之成为小说的一个有机的组成部分。

在作品中，作者处处通过众人行令、猜谜、吟诗的不同表现着意刻画人物的不同思想性格，每个人的行为都切合各自的身份、地位、性格和教养。第28回冯紫英家酒席上所行之令，宝玉所作要文雅一些，对于不习诗书的薛蟠来说实在有些为难，所以不等宝玉说完就站起来拦道："我不来，别算我。这竟是捉弄我呢！"最后被迫而行的酒令粗俗无趣也就可想而知了。贾母、薛姨妈说的令语，多半常言，不拘出处，都各自适合她们的贵族家

---

① 陈勤建著：《中国当代民俗学》，上海文艺出版社，1988年版，第177页。

庭妇女身份。刘姥姥满口萝卜、蒜头、倭瓜、毛毛虫……土话俚语，机智诙谐，表现出她这个深谙世情、生活经验丰富的农村劳动妇女的本色。而那些饱读诗书的小姐们就不同了，她们喜欢引经据典。第40回黛玉无意之中说出的"良辰美景奈何天""纱窗也没有红娘报"分别出自《牡丹亭》《西厢记》，不禁让人感受到了书中的爱情描写对她多愁善感之心的触动。宝钗的酒令中，"双双燕子语梁间"是由宋代刘季孙《题饶州酒务厅屏》诗"呢喃燕子语梁间，底事来惊梦里闲"化用而来，"水荇牵风翠带长"是用杜甫《曲江对雨》诗原句，"三山半落青天外"取自李白诗《登金陵凤凰台》，"处处风波处处愁"则为明代唐寅《题画》诗的末句，或改唐代薛莹《秋日湖上》中"烟波处处愁"而成。所取诗词用语典雅，风格庄重，从中可见她的才情，也反映出她稳重和平、温柔敦厚的性格特征。而她在第63回掣的是"艳冠群芳"而又"任是无情也动人"的"牡丹"签，牡丹花那种雍容华贵却又带着距离感的稳重平和之美，也很切合宝钗与人交往适度，而又能处处博人好感的性格特点。

第22回中，贾环不仅连元妃的灯谜没有猜中，而且自己所制的"一个枕头，一个兽头"的谜语庸俗粗劣，缺乏情趣，引起众人大发一笑。这反映了贾环不甚读书，无才无学，也暗寓着他就是一个草包枕头，是贾府的不肖子孙。贾母所制的灯谜是：猴子身轻站树梢。——打一果名。谜底为荔枝。"老祖宗"贾母在贾府中是处于最高地位的太上家长，而谜底"荔枝"是"站树梢"即"立枝"的谐音"离枝"，也在于暗示将来所谓"树倒猢狲散"，预言着贾府势衰人散的结局。贾政的灯谜是：身自端方，体自坚硬。虽不能言，有言必应。——打一用物。谜底为砚台。谜中的"必"谐音"笔"，"应"即应验，谐音"硬砚"。砚台的"端方""坚硬"，也十分切合贾政的思想性格特征，亦即道貌岸然，一本正经，头脑冬烘，顽固不化。

而在吟诗联句活动中，海棠诗社众芳所咏，黛玉的风流别致，宝钗的含蓄浑厚，湘云的清新洒脱，都各有特性，互不相犯。《咏菊诗》评诗以黛玉所写为最佳，是因为作者认为她的身世、气质和生活态度与菊的特性以及与咏菊最相宜的诗风更相适合。让湘云《咏海棠》"压倒众芳"，宝钗《咏螃蟹》被众人推为"绝唱"，也是出于同样原因。《柳絮词》中也是通过让宝钗作欢愉之词，来翻黛玉之作情调缠绵悲戚的案，借以刻画钗、黛二人截然对立的思想性格。而《赋得红梅花三首》则在艺术手法上起到了补叙的作用，对初来乍到无法全面展示自己的邢岫烟、李纹、薛宝琴三人的身份特点通过诗句再作一些提示。

四

而且，作者将文字游戏作为故事情节发展中不可缺少的纽带，通过文字游戏的描写展开情节的转换，预示人物的命运结局。

第28回宝玉所说的酒令，首句"女儿悲，青春已大守空闺"，即成为他后来出家而宝钗守寡的预言。次句"女儿愁，悔教夫婿觅封侯"，看似随便借用了唐代王昌龄《闺怨》中的诗句，其实暗示了后来宝钗以"仕途经济"来"讽谏说教"宝玉，让宝玉求取功名，结果宝玉虽然中举，却就此了却尘缘而出家，最后宝钗独守空闺，悲愁不已。他"席上生风"的诗词句"雨打梨花深闭门"，正是第5回中他梦入"太虚幻境"时写秦可卿卧室中香艳对联的宋学士秦太虚的《鹧鸪天》中的结句。宋代李重元写过《忆王孙》四首，其中第一篇《春词》写闺阁愁思，起句是"萋萋芳草忆王孙"，结句也是"雨打梨花深闭门"。王孙不归，春草空绿，门掩黄昏，雨打梨花，境界寂寞凄凉。又"梨"在乐府民歌中，常作"离"的谐音。而宝钗又曾住过梨香院，这也暗示着她与宝玉的悲惨结局。反观蒋玉菡的酒令、曲子，着重说的是"女儿""喜""乐"，这是他后来娶袭人为妻的预言。他所说的"悲""愁"两句，倒也与"女儿"——袭人之初衷（做宝二姨娘）因贾府事败、宝玉入狱而不得实现的境况相合。第40回中，黛玉将《西厢记》里"侯门不许老僧敲，纱窗外定有红娘报"中的"定有"改为"没有"，也预言了她"心事终虚话"而枉自嗟叹的悲剧命运。

曹雪芹也并不是简单的将灯谜作为一种节日娱乐游戏对象来写，而是使它在娱乐性中寓有某种深意，暗示着制谜者的命运。

元妃所制的灯谜:能使妖魔胆尽摧,身如束帛气如雷。一声震得人方恐,回首相看已化灰。——打一玩物。谜底是爆竹。元宵节放爆竹烟花,热闹取乐,是传统旧俗。元妃所制的爆竹灯谜,虽然不很新奇,却很是符合节令的欢快气氛。但是一响而散的爆竹,恰好是贾元春荣华富贵转瞬即逝的命运的写照。从情节上也为贾府的即将由盛转衰埋下了伏笔。

其他众姐妹中,迎春的灯谜底为拨动乱如麻的"算盘",暗寓将来她嫁到中山狼孙绍祖家,挨打受骂,横遭摧残,原非"人功"可以挽回,只因"阴阳数不通"。探春的灯谜底为"风筝",精明能干的探春虽然庶出,但投靠王夫人,曾被委以理家的重任,好似风筝借了东风而扶摇直上;可惜后来远嫁海疆不归,又似断了线的风筝孤苦伶仃。惜春的灯谜底是"佛前海灯",既符合她孤僻固执的性格,也预示了她"可怜绣户侯门女,独卧青灯古佛旁"的归宿。其他如黛玉的灯谜"更香"、宝玉的灯谜"镜子"、宝钗的灯谜"竹夫人"也都有其对本人命运的隐寓之意。

第50回联句活动,人数众多,盛况空前,原因是薛宝琴、邢岫烟、李氏姊妹等一大批人到贾府"来访投各人亲戚"。其实她们的到来是为了求人"治房舍,帮盘缠",或者暂时寻找一个避风之所。不过她们借以荫庇栖身的大树,表面尚荣,内里已朽。盛极则易衰,此后贾府的颓败征象便很快显露出来了。所以此次联句也是故事情节转换的一个关键点,今日的欢笑隐伏着明天更大的悲哀。

黛玉、湘云两人中秋联句紧接在抄检大观园之后,作者是借此明写贾府的衰颓景象,同时也隐寓着两人的人生结局。"庭烟敛夕楣","盈虚轮莫定"等象征了湘云的命运变幻;"阶露团朝菌","壶漏声将涸"预兆了黛玉的生命将尽。"寒塘渡鹤影,冷月葬诗魂"则是她们的自我写照,暗示出两人寄人篱下却又无可奈何的悲苦心境。后来妙玉听到两人联句,感诗过于悲凉,便将调子"翻转过来"截住续完。但是整个贾府颓败凄楚的必然趋势又怎能够改变过来呢,妙玉的所谓"夜尽晓来"最终也只不过是一场空妄罢了。

如果将小说前80回与后40回进行对比,我们还可以发现,后40回中的游戏要明显比前80回少得多，这也从一方面反映了此时的贾府已是势衰钱尽，无处得闲，面临山雨欲来、大厦将倾，"家散人亡各奔腾"的结局，不但照应了作品的主题思想，与故事的情节发展也相一致。

五

作者还将文字游戏直接作为反思和审视的对象，借游戏来讽喻国家政事、社会风气，抒发个人情感、心志，于描绘之中蕴涵着作家强烈的道德评判和文化批判意识，寄托了作者的理想和价值观。

第28回中，宝玉酒面所唱的时曲是"滴不尽相思血泪抛红豆，开不完春柳春花满画楼，睡不稳纱窗风雨黄昏后，忘不了新愁与旧愁，咽不下玉粒金莼噎满喉，照不见菱花镜里形容瘦，展不开的眉头，捱不明的更漏。呀！恰便似遮不住的青山隐隐，流不断的绿水悠悠。"全曲只从女儿悲愁来说，也寓示了作者对未来时局的深深忧虑，整个社会如同"风雨黄昏后"，令人"展不开的眉头，捱不明的更漏"。至于冯紫英所行的"女儿悲，儿夫染病在垂危；女儿愁，大风吹倒梳妆楼；女儿喜，头胎养了个双生子；女儿乐，私向花园掏蟋蟀"和薛蟠行的"女儿悲，嫁了个男人是乌龟；女儿愁，绣房撺出个大马猴……"，都是俗不可耐的低级酒令，毫无文采雅趣可言，同样寄托了作者对于封建贵族纨绔子弟不学无术、低级下流、平庸鄙俗本性的文化批判和道德谴责。

第38回宝钗的那首《螃蟹咏》："桂霭桐阴坐举觞，长安涎口盼重阳。眼前道路无经纬，皮里春秋空黑黄。酒未敌腥还用菊，性防积冷定须姜。于今落釜成何益？月浦空余禾黍香。"不仅是宝钗的持镜自照，也寄托了作者自己的思想。曹雪芹借处处稳妥精明、世情练达的宝钗的一时"为文造情"，虽然写的是横行一时、到头来不免被煮食的螃蟹，却巧妙地讥刺了"眼前道路无经纬，皮里春秋空黑黄"的贾雨村之流的时人，又掩盖了自己的犀利锋芒。

第40回中黛玉说出了《牡丹亭》《西厢记》中的两句词，而闺训甚深的宝钗便"回头看着她"，后来在第42回还单独对黛玉进行了一番思想教育。其原因就是这两部关于自由美好爱情的作品向来被封建礼教视为"不正经"的"杂书"，然而偏偏从黛玉口中说出，既表现了作者对黛玉自由爱情向往的肯定，也是作者借题发挥，对于封建礼教束缚爱情的微词讥贬。

第50回中写史湘云所制的灯谜："溪壑分离，红尘游戏，真何趣？名利犹虚，后事终难继。"但是湘云念了后，"众人不解，想了半日，也有猜是和尚的，也有猜是道士的，也有猜是偶戏人的"。只有宝玉一下子就猜中了：耍的猴儿。作者之所以这样做是有其深意的，因为它句句适用于宝玉。前两句写大荒山青埂峰的顽石，幻形入世，成了怡红公子；他在《寄生草·解偈》一曲中发出了"到如今，回头试想真无趣"的感慨，暗示宝玉所经历的只是一场人间游戏；而最后两句既点出了他"悬崖撒手"、弃家为僧的结局，也反映出了作者蔑视仕途经济的叛逆思想。湘云以猴儿断尾的解说，还隐寓着整个贾府后来"一败涂地"，"树倒猢狲散"。而且这个谜语也是对世间那些热衷于追求功名利禄的人的无情嘲讽，他们就像"耍的猴儿"一样，"沐猴而冠"，虚妄可笑，但最终免不了落得个"后事终难继"的可怜下场。

而同属此回的吟诗联句活动中，湘云因"且别人也不如他敏捷"，所以联句最多而获胜。相比之下，宝玉联句时要别人催促，且又不能抢句，只能"压尾"认输。这不但表现出大观园里中女子的超人才情，也打破了传统的男尊女卑观念，反映出了曹雪芹的男女平等思想。

《红楼梦》正是在描写贾府里的这些文字游戏等娱乐活动的过程中，融入了作者对人生对社会的深刻思考，在似乎是不经意的简单描写之间，贯穿着十分深邃的思想内涵。

‖作品来源‖

发表于《红楼梦学刊》2007年第4辑。

《红楼梦》谜趣多

梅春娟

导 读

　　在古典文学名著《红楼梦》中，曹雪芹花了大量笔墨描写贾府猜制灯谜的趣事。全书共出现了二十七条灯谜，先后出现在第二十二回和第五十回里。从书中出现的灯谜来看，曹雪芹称得上制谜高手。他借用灯谜这一群众喜闻乐见的文学形式，表现书中人物的性格品德，有些还暗示了人物的遭遇和结局。

　　在古典文学名著《红楼梦》中，曹雪芹花了大量笔墨描写贾府猜制灯谜的趣事。全书共出现了二十七条灯谜，先后出现在第二十二回和第五十回里。

　　从书中出现的灯谜来看，曹雪芹称得上制谜高手。他借用灯谜这一群众喜闻乐见的文学形式，表现书中人物的性格品德，有些还暗示了人物的遭遇和结局。我们不妨就第二十二回中的部分灯谜作些赏析。

　　贾府"四春"所制灯谜分别为：

　　元春："能使妖魔胆尽摧，身如束帛气如雷。一声震得人方恐，回首相看已化灰"；迎春："天运人功理不穷，有功无运也难逢。因何整日乱纷纷？只为阴阳数不通"；探春："阶下儿童仰面时，清明妆点最堪宜。游丝一断浑无力，莫向东风怨别离"；惜春："前身色相总无成，不听菱歌听佛经。莫道此生沉黑海，性中自有大光明"。谜底分别为：爆竹、算盘、风筝、佛前海灯（供奉于寺庙佛像前的一种大油灯）。

　　元春的灯谜暗示了她的年少夭折，其命运就像爆竹一样，"一声震得人方恐，回首相看已化灰"。同时也隐喻了贾府的荣华富贵如过眼云烟，不过是瞬息显耀而已。迎春的灯谜，谜面、谜底均表现了她的胆小懦弱，预示了她日后遭受孙绍祖折磨的命运。探春的灯谜，象征着她被迫远嫁，似风筝一样飘落他乡。而惜春的灯谜，则是她后来出家为尼，"不听菱歌听佛经"，终日面对黄卷青灯生活的图画。

再看林黛玉所制的灯谜："朝罢谁携两袖烟？琴边衾里两无缘。晓筹不用鸡人报，五夜不烦侍女添。焦首朝朝还暮暮，煎心日日复年年。光阴荏苒须当惜，风雨阴晴任变迁。"谜底：更香（一种用于测知时辰的篆文形香）。此谜以更香的缕缕烟散，暗示了她与宝玉间的"木石前盟"，将被封建统治者所摧残，同时隐喻了林姑娘香销魂断的悲惨结局。此谜还以更香的守时，来烘托她的孤独、哀怨之情和坚贞之节；以更香的孤烟来表现她那郁郁寡合的性格。

贾宝玉也制了一条灯谜："南面而坐，北面而朝。像忧亦忧，像喜亦喜。"谜底：镜子。此谜是用人和镜中人影，来暗示宝黛喜忧与共，二人心心相印。但同时也隐喻了他俩的爱情，如同镜花水月那般虚无缥缈，其结果注定是有情人难成眷属。

《红楼梦》中的多数灯谜，妙在谜如其人，能与人物的人品、修养对上号。如贾政所制"砚台"谜："身自端方，体自坚硬。虽不能言，有言必应。"此谜前两句活脱脱画出了这个封建卫道士又"臭"又硬、顽固不化的嘴脸。

作为贾府的"老祖宗"，贾母所制的灯谜仅一句话："猴子身轻站树梢。"谜底：荔枝。此谜集灯谜中的象形、会意、谐音等手法于一体，以"猴子"比喻荔枝的颜色；"站树梢"会意为"立枝"，谐音作"荔枝"，还可谐音为"离枝"。这条灯谜为贾府"树倒猢狲散"的最后衰败崩溃结局，巧妙地埋下了伏笔。

‖作品来源‖

发表于《文苑》2009年第12期。

《红楼梦》楹联的美学价值

李阳春

导　读

　　长篇小说《红楼梦》，是我国古代文学史上一部杰出的代表作。人们在研究、探讨《红楼梦》的社会意义和艺术成就时，都肯定了其中的诗词曲赋，乃至灯谜隐语在刻画人物、揭示主题方面的重要作用，而对小说中的楹联却未予以充分注意。笔者认为，具体考察、分析《红楼梦》楹联及其在小说中的美学价值，对于全面地、深刻地理解这部杰作的思想内容和艺术特点，同样有着重要的意义。

"家庭琐事，闺阁闲情"①

　　《红楼梦》的楹联是全书艺术构思、结构脉络不可分割的一部分，它的思想内容自然也是全书思想内容的反映。因此，分析《红楼梦》楹联的内容必须要从小说的主旨和作者的立场、倾向入手。曹雪芹写是书的主观愿望是"补天"，但是面对着"外面的架子虽未甚倒，内囊却也尽上来了"②的封建社会，他又不能不深切地哀叹其崩溃之势的不可逆转。虽然他一再声称"此书不敢干涉朝廷"③，"上面大旨不过谈情，亦只是实录其事，绝不伤时诲淫之病"④，但实际上却对封建统治阶级政治上的残暴、经济上的贪婪、生活上的空虚、道德上的沦丧作了无情的揭露和诅咒，为"百世弗替"

---

① 《红楼梦》第一回，北京师范大学 1987 年校注本，下同。
② 《红楼梦》第二回。
③ 《红楼梦》甲戌本凡例。
④ 《红楼梦》第一回。

的封建王朝唱出了一曲"运终数尽"①的挽歌。当然，这一思想内容在《红楼梦》的楹联中，则是深深地隐秘于"家庭琐事，闺阁闲情"的帷幕之后，表现得更为曲折，更为"云龙雾雨"。

《红楼梦》，正文中的楹联凡二十有四。其中前八十回中二十一副，后四十回中仅三联（以上不含联语、诗联等）。它们多题写仙境廓庙、楼台亭榭、厅堂书斋、闺房卧室等处所。揭开"家庭琐事，闺阁闲情"的障眼迷雾，根据作者开篇明宗的"本旨"中所显露的襟怀志趣、创作目的，及续作者的主观倾向，《红楼梦》的楹联大体可分为感怀明志联、山水景物联、歌功颂德联、箴诫劝勉联、福地引觉联（此类仅存后四十回中）等五类。

一、"蓬牖茅椽，绳床瓦灶，未足妨我襟怀"②——感怀明志联。《红楼梦》第四十回在交待了探春卧室内的陈设之后，写道："西墙上当中挂着米襄阳《烟雨图》。左右挂着一副对联，乃是颜鲁公墨迹。其联云：'烟霞闲骨格，泉石野生涯。'"此联暗用唐代田游岩酷爱山水成癖"泉石膏肓，烟霞痼疾"③的典故，反映出卧室主人志在追求悠闲自在的烟霞般的情趣和超脱飘逸的隐士般的生活，衬托出探春的"自命高雅""素喜阔朗"④的性格。《红楼梦》第一回，贾雨村步月中秋，思及平生抱负，苦不逢时，搔首对天长叹而吟出的一联"玉在椟中求善价，钗在奁内待时飞"，则明明白白地暴露出这位出身"诗书士宦之族"，因家势破败落魄潦倒而寄居于葫芦庙的"穷儒"，并不甘心于"久居人下"⑤的自命不凡与政治野心。

在第十七回中，大观园工程告竣，贾政亲率宝玉、清客一干人游园观赏，并意欲一试宝玉的才情，几次令其拟题额联。贾宝玉果然少年气盛、锋芒毕露，在沁芳桥、"有凤来仪"（潇湘馆）、稻香村、"蘅芷清芬"（蘅芜苑）等处连题四联，令众清客为之侧目。其中"宝鼎茶闲烟尚绿，幽窗棋罢指犹凉"（潇湘馆联）和"吟成豆蔻才犹艳，睡足荼䕷梦也香"（蘅芜苑联），

① 《红楼梦》第五回。
② 《红楼梦》第一回。
③ 《新唐书·田游岩传》。
④ 《红楼梦》第四十回。
⑤ 《红楼梦》第一回。

既紧紧关合了"一带粉垣,数楹修舍,有千百竿翠竹遮映"和插天玲珑山石,掩蔽着清厦卷棚、绿窗油壁,花草垂檐绕柱,紫砌盘阶,味香气馥①的景物特点,也曲折地透露出贾宝玉非同寻常的审美情趣和超凡脱俗的心襟。

与感怀明志关联的还有感时愤世。如第五回太虚幻境宫门联:"厚地高天,堪叹古今情不尽;痴男怨女,可怜风月债难酬",以及薄命司联:"春恨秋悲皆自惹,花容月貌为谁妍"等,都是借幻境以讽现实,藉风月以喻人生。

二、"晨风夕月,阶柳庭花,更觉润人笔墨"②——山水景物联。这一类楹联量多质优,是全书楹联之精华。如第五回秦可卿居室内的《海棠春睡》联:"嫩寒锁梦因春冷,芳气袭人是酒香";第十七回沁芳亭联:"绕堤柳借三篙翠,隔岸花分一脉香";稻香村联:"新绿涨添浣葛处,好云香护采芹人";第三十八回藕香榭联:"芙蓉影破归兰桨,菱藕香深写竹桥";还有前面提到的潇湘馆联、蘅芜苑联,以及两位清客拟题的"兰风蕙露"二联,等等。这些楹联,都用写意用法,形象地勾勒出一幅幅春花微雨、翠竹碧水、娇莺嫩柳、曲涧荷池、菱香桨影、幽窗茶炊的园林丹青,其画面曲折悠远,其色泽绚丽缤纷;留意字里行间,仿佛有暖风拂面、芬芳扑鼻。

三、"虽我不学无文,又何妨用假语村言,敷演出来"③——歌功颂德联。属于此类对联的有第十八回元妃归省时赐题的"顾恩思义"（大观园）联:"天地启宏慈,赤子苍生同感戴;古今垂旷典,九州万国被恩荣。"还有赞颂宁、荣二公的功德,宣扬先世勋业的贾氏宗祠三联:"肝脑涂地,兆姓赖保育之恩;功名贯天,百代仰蒸尝之盛"（大门联）、"勋业有光昭日月,功名无间及儿孙"（抱厦联）、"已后儿孙承福德,至今黎庶念宁荣"（正殿联）。这些"及至君仁臣良父慈子孝,凡伦常所关之所,皆是称功颂德,眷眷无穷"④的文字,其实都是作者处于当时险恶的政治环境,力图避开"干涉时世"的嫌疑,逃脱文字狱的"狡猾"之笔。或者说,是作者不得已而为之的"敷演"文字。

---

① 《红楼梦》第十七回。
②③ 《红楼梦》第一回。
④ 戚廖生序本《石头记》第一回。

四、"破一时之闷，醒同人之目"①——箴诫劝勉联。这一类对联数量虽不甚多，思想意义却非常深刻。其中有隐括联："假作真时真亦假，无为有处有还无"（第一回、第五回太虚幻境联）；警诫联："身后有余忘缩手，眼前无路想回头"（第二回智通寺联）；格言联："世事洞明皆学问，人情练达即文章"（第五回宁国府上房《燃藜图》联）。这些楹联语言精辟，蕴意深刻，饱含哲理，或警悟、或讽喻、或劝勉，以微辞曲笔反映出作者对当时的社会环境、人事关系的深刻认识与体验。

五、"磨出光明，修成圆觉"②——福地引觉联。第一百一十六回，贾宝玉再入梦境，重游太虚幻境。续作者之所以为他安排这次重游，大抵是为了让宝玉最终幡然醒悟，"不枉天恩祖德"，高魁贵子，"入圣超凡"，封"文妙真人"③作注脚。因此，幻境中的景物依旧，十二钗的"册子"仍在，独独各处联额却面目全非了。太虚幻境变成了"真如福地"，"假作真时真亦假，无为有处有还无"则成了"假去真来真胜假，无原有是有非无"。曹雪芹笔下的那个真假难辨、有无莫分的世界，到了续作者的手中，终于成了一片纯真实在的福地仙境！太虚幻境宫门原题"孽海情天"，现在变为"福善祸淫"，对联也易为"过去未来，莫谓智贤能打破；前因后果，须知亲近不相逢"。善致福，淫招祸，生死有命，因果早有定数。"薄命司"消失了，代之而来的是"引觉情痴"："喜笑悲哀都是假，贪求思慕总因痴"。亲仇恩怨、情感欲望都是假的，万事虚狂，人世间哪有真情挚感？于是，痴男怨女终于跳出"孽海情天"，进入大彻大悟的境界。这就是此类楹联的基本内容与立意所在。

宝玉两次神游太虚幻境，所见到的额联为什么会出现这种内容上的明显分野和语言上的严重差别？难道真是作者"谋虚逐妄"④，以致前言不搭后语了吗？不，这是高鹗续貂的结果！我们知道，曹雪芹一向厌恶功名利

---

① 《红楼梦》第一回。
②③ 《红楼梦》第一百二十回。
④ 《红楼梦》第一回。

禄，"支颐依瘦石，扫径绝尘氛"①，"不求邀众赏，潇洒做顽仙"②。而高鹗却是分外热衷功名，虽曾京试不爽，但"心志未灰"，③他写的一首《荷叶杯》小词，就明确地表露他得中举人时的惊喜心情："盼断嫦娥佳信，更尽。小玉忽惊人。门外传来一纸新。真么？真！真么？真！"④其盼望蟾宫折桂消息的焦切情态，跃然纸上。由于二者的心襟追求不同，对社会现实的理解也不同，因而各自笔下的太虚幻境的额联自然会不一样。有人曾用计算机测字法进行过虚词统计，据而断定《红楼梦》前八十回与后四十回是出自同一作者之手。上述太虚幻境对联的前后差异，恐怕是据以否定"同一作者说"的显证！

"骨格不凡，丰神迥异"⑤

《红楼梦》的楹联，与一般楹联一样，具有明确的实用性、装饰性和观赏性。由于其题写处所不同，内容包罗万象，风格上亦呈现出绚丽多姿的特点：或凄婉如悲秋箫笛，或飘逸如归牧晚唱，或幽远如山雨游云，或冷峻如孤竹瘦石。可以说，《红楼梦》的楹联，充分地体现了作者独到的审美情趣和美学追求。

（一）情感上的凄婉悲怆

"春恨秋悲皆自惹，花容月貌为谁妍"（太虚幻境薄命司联）：是对世态炎凉的哀叹，抑或是对人生坎坷的幽恨？其情其调犹如秋风落叶，凄清悲凉；亦似杨花柳絮，摇曳缠绵。"幽微灵秀地，无可奈何天"（警幻仙子居室内窗联）：纵目茫茫宇宙，联想众生，所有的温柔富贵、风情月债，都不过是过眼云烟，解不开的是百结愁肠，遣不去的是万般无奈！"厚地高天，

---

① 永㵆题，王冈绘：《曹雪芹小像》诗二。
② 曹雪芹：《自题画石诗》。
③ 鲁迅：《中国小说史略》。
④ 《高兰墅集》转引自施达青《〈红楼梦〉与清代封建社会》。
⑤ 《红楼梦》第一回。

堪叹古今情不尽；痴男怨女，可怜风月债难酬"（太虚幻境宫门联）：几多感慨，几多凄楚，几多惆怅，几多哀惋，似乎是一曲阴郁的洞箫，令人不能不身受感同那种弥漫于周遭的浓烈的悲剧气氛。

（二）意境上的恬静幽远

"玉鼎茶闲烟尚绿，幽窗棋罢指犹凉"（潇湘馆联）：茶后棋毕，鼎内还飘着袅袅绿烟，指上还带有棋子的微凉。一个"绿"字，一个"凉"字，传神地刻画出竹林馆舍的幽深恬静，碧影沁人。连脂砚斋也不得不叹曰："'尚'字妙极。不必说竹，然恰恰是竹中精舍。""'尚绿''犹凉'四字，便犹如置身于森森万竿之中。""嫩寒锁梦因春冷，芳气袭人是酒香"（秦氏房内《海棠春睡》联）：初春的凉意留人长睡，美酒的芬芳沁人心脾。品读对联，扑面而来的是清新潮润的早春气息，恬淡温馨的芬芳仿佛浮动于字里行间。"吟成豆蔻才犹艳，睡足荼蘼梦也香"（蘅芜苑联）：花下吟诗，诗句格外艳丽；倚藤而眠，睡梦也充满芳香。对联紧扣了"蘅芷清芬"院内遍植香草芳藤的特点，文字幽娴活泼，既体现了宝玉的出众才华，又表现宝玉的高雅情趣。

（三）色调上的清新明快

"绕堤柳借三篙翠，隔岸花分一脉香"（沁芳亭联）：长堤绿柳，深池碧水，相互映衬，更觉青翠逼眼；此岸芍药，彼岸牡丹，一水中分，难隔清香连绵。"新绿涨添浣葛处，好云香护采芹人"（稻香村联）：春水骤涨，为浣纱溪流再添新绿；祥云飘缈，读书人宛在香雾之中。"麝兰芳霭斜阳院，杜若香飘明月洲"（"兰风蕙露"联）：兰草的芬芳弥漫在夕阳照耀的院子里，杜若的香气飘散在明月辉映的小岛上。"三径香风飘玉蕙，一庭明月照金兰"（同上联）：小路上微风送来蕙草的阵阵清香，庭院中明月照着兰花的亭亭玉姿。"芙蓉影破归兰桨，菱藕香深写竹桥"（藕香榭联）：归舟兰桨，划破了荷花娉婷的倒影；菱藕的清香，顺溪流过曲折的竹桥。欣赏这一副副对联，眼前宛然展开一帧帧清新、秀媚、明朗的丹青，掌中犹如托着一颗颗勃勃跳动的生命。在这种梦幻般的美的氛围中，很自然地引发读者去遐想，去幽思，去体味大自然所赐予我们的钟灵与静谧。

（四）寓意上的隐括蕴藉

有人说："一首诗始于情趣，而终于智慧。"①《红楼梦》中的楹联，既以它的情趣引人入胜，又以它的智慧耐人寻味。"假作真时真亦假，无为有处有还无"（太虚幻境联），写出了作者对真真假假、虚虚实实、扑朔迷离的社会生活的深切感受，其中蕴含着发人深省的深刻哲理。"世事洞明皆学问，人情练达即文章"（《燃藜图》联），从贾宝玉对此联的厌恶态度看，对联内容自然是指封建官场上趋炎附势、互相利用的"圆通学""关系学"之类的庸俗处世哲学，但如注入新的思想内容，也确实隐寓着一种唯物主义的辩证观点，概括出一个深奥的生活哲理。"玉在椟中求善价，钗于奁内待时飞"（贾雨村咏怀联），"身后有余忘缩手，眼前无路想回头"（智通寺联），分别隐括了贾雨村一类封建官僚自命不凡、待价而沽的政治野心和贪婪聚敛、死不罢休的丑恶灵魂。这些楹联微言托意，含蓄委婉，耐人寻味。

"洗了旧套，换新眼目"②

《红楼梦》楹联的审美艺术成就是不可低估的。它虽然也存在一些参差不齐的现象，但较之那些硬塞些诗词楹联以附庸风雅、卖弄调侃的旧小说来，却是真正"洗了旧套，换新眼目"了。这些楹联在深化作品主题，暗示情节线索，刻画人物形象等方面，于不同程度上起到了各自不同的作用。

《红楼梦》第二回"冷子兴演说荣国府"，在未写宁荣二府"钟鸣鼎食""翰墨诗书"的繁荣盛景之前，先写了一片荒凉小境：贾雨村新任县太爷不到一年，因贪酷被参革职，"息肩"于西席维扬林府，"这一日偶至郊

---

① 韩作荣：《感觉·智慧与诗》。

② 《红楼梦》第一回。

外，意欲赏鉴那村野风光，信步至一山环水漩、茂林修竹之处，隐隐有座宙宇，门巷倾颓，墙垣朽败，有额题曰'智通寺'，门旁又有一副旧破的对联云：'身后有余忘缩手，眼前无路想回头'。"脂砚斋对这种构合情节的大手笔法给予过高度评价，称之为"迥风舞雪，倒峡逆波，别小说中所无之法。"①而这副智通寺对联，可以说，既是对贾府由"烈火烹油、鲜花著锦"②到"运终数尽""落了片白茫茫大地真干净"③这一盛衰演变过程的预言与总结，也是对贾雨村"外沽清正之名，暗结虎狼之势"④，狡猾、贪酷性情的精彩写照。

第五回"贾宝玉神游太虚境"，写贾宝玉到宁国府花园赏梅之后欲睡中觉，来到上房内间，见了描写西汉刘向勤学苦读故事的《燃藜图》，心中便有些不快，看了"世事洞明皆学问，人情练达即文章"的对联后，纵然室宇精美，铺陈华丽，亦断断不肯在这里了，忙说："快出去！快出去！"来到秦氏房中，便有一股细细的甜香袭人，宝玉觉得眼饧骨软，连说"好"，然后看《海棠春睡图》，读"嫩寒锁梦"联。接着小说叙述了秦氏房中的摆设：武则天照过的宝镜，赵飞燕立舞的金盘，安禄山掷伤过太真乳的木瓜，寿昌公主卧的宝榻，同昌公主制的珠帐，以及西施浣过的纱衾，红娘抱过的鸳枕，等等。面对这一切，宝玉竟连说："这里好！这里好！"于是安然地在这里睡了下来。这一大段关于秦可卿室内的那些与古代脂粉香艳故事相关的器物书画的描写，固然首先是为了暗示房屋主人精神的空虚无聊和生活的奢华靡烂，是为了给"秦可卿淫丧天香楼"⑤埋作伏笔。但就贾宝玉对待两副对联的截然不同的态度来看，却是充分显露出他的伸手只抓脂粉钗环，"见了女儿便清爽，见了男子便觉浊臭逼人"⑥和憎恶科名禄利、仕途经济，"潦倒不通庶务，愚顽怕读文章"⑦的性格特征。

太虚幻境的"孽海情天"联和薄命司联，不仅咏叹了天地间古往今来

---

①《红楼梦》甲戌本第二回眉批。

②《红楼梦》第十三回。

③《红楼梦》第五回。

④⑥⑦《红楼梦》第二回。

⑤《红楼梦》甲戌本第十三回回末总批。

的真挚爱情难能如愿，抨击了封建制度对青年男女所追求的自由美满婚姻的禁锢，同时也伏下了"玉带林中挂，金簪雪里埋"①，宝玉钟情"木石前盟"，抛却"金玉良缘"，最终撒手悬崖这一爱情悲剧的千里灰线。"蘅芷清芬"联与"兰风蕙露"联的对比，既突出了少年贾宝玉的不凡才华和高雅情趣，也表现了众清客思想迂腐和文字的空泛。贾雨村月下吟哦的咏怀联，则充分地暴露了他的追名逐利的狂妄野心，为他日后凭藉钻营贾府门道，爬上"协理军机，参赞朝政"的兵部尚书宝座，继而在贾府革职抄家时又落井下石等丑恶行径做了铺垫。

最后值得指出的是，我们在充分肯定《红楼梦》楹联的美好价值的时候，不能不看到其中确实存在着过分渲染哀怨低沉的情调和某些对联形式精巧、内容空虚等不足之处。如众清客游览大观园时所拟题的"兰风蕙露"二联，托情寓意明显不足，辞藻堆砌，合掌犯忌。连贾宝玉也批评说："此处并没有什么'兰麝''明月''洲渚'之类，若要这样着迹说来，就题二百联也不能完。"②另外，元春归省时"顾恩思义"（大观园）联、贾氏宗祠联，以及荣禧堂联（"座上珠玑昭日月，堂前黼黻焕烟霞"③）等，不是歌颂"天恩祖德"，便是炫耀贾氏家族的显赫威势，或许还含有作者的"无才可去补苍天"④的愧恨。这些不能不说是《红楼梦》楹联中的糟粕。至于后四十回中关于太虚幻境的改头换面了的三副对联，就更不屑一提了。

‖作品来源‖

发表于《衡阳师专学报（社会科学）》1992 年第 3 期。

---

① 《红楼梦》第五回。
② 《红楼梦》第十七回。
③ 《红楼梦》第三回。
④ 《红楼梦》第一回。

美轮美奂·大观园

品味《红楼梦》中的古典和谐意识

王灵芝

导　读

　　读过《红楼梦》的人，是否考虑过这样一个命题：在多数不幸女儿的悲剧命运笼罩下，为何还有几个小女子的喜剧命运？平儿后来被扶了正，还生了儿子；袭人在宝玉出家后虽然哭得死去活来，但顺从家长们意志嫁给了蒋玉菡还成了恩爱夫妻；贫穷的外来女邢岫烟嫁给善良的薛蝌，衣食无虑，倒也乐得逍遥自在。集儒、释、道哲学思想于一身的曹雪芹是否是想通过这样一组女儿的命运，曲折地告诉后人一个可贵的生存道理——和谐安忍才能长驻？

一、和谐生存的佛学源流

　　一个哲人曾说过："中庸是万古不败之理。"另一个哲人也说："在这个世界上惟有一种性格是永远无法言败的，那就是和谐。"而《红楼梦》的作者正是让这种和谐的生存意识在整个红楼大厦上空飘荡着，如同阳光流云。上自老祖母的宽厚善良、慈祥慈悲，下至宝玉的博爱胸怀、万般柔肠，这两个主要人物的精神人格无时不在影响着周围的人，所以表面看来不论是大观园还是贾府上下，基本上是和乐光明的。如果不是后来的"绣春囊"事件惹恼了王夫人搜检大观园，撵得女儿满处飞，红楼也算是当时社会中的优美昌明之地了，因为那些人多数都能遵循着和谐之道——安忍——即安分于既定的统治秩序中。

　　从作品里宝玉读《南华经》悟道、宝玉与凤姐等人戴的璎珞上看，曹雪芹的佛教思想明显地来自天台宗（因为古代江浙一带多是修天台宗的）。

而天台宗的教义"空、假、中"诠释着深刻的和谐、圆融之道。天台宗讲究"一心三观"①空谛、假谛、中谛三项真理。"空"是说一切法无自性，都是因缘和合，本性是空，迟早要解体，所以"空谛"能明一切法。"假"是说虽然一切法无自性，但这个法又存在着，是条件组合，物质有形有象，人们就给它以名称、概念，给人说明，但是在本性空的基础上而形成的是假有。"中谛"中的"中"就是把空谛、假谛融成中道，用不偏不倚的中庸之道来善待万物，所以佛学大师们通称："中谛统一切法。"因为红尘都是假相，将来都要演化成空，所以作为物质世界中的人就不必太执着，不要把什么问题都看得太绝对，而应当站在圆融的中心多角度地看淡看轻，一切随缘，顺其自然，就已是即心即佛，佛法融心了。天台宗的修持六度（六种智慧），第三度就是修"安忍"②，要求人做到难忍能忍、忍辱负重。忍下别人对自己的误解与不公平，这叫"忍他"；忍下自己造的痛苦与折磨，这叫"自忍"；忍下迷途思考中的困惑，这叫"法忍"。提倡对人对物安忍、智慧地去圆融周边，认为这才是中华民族最佳的生存模式。

古人很推崇"温柔敦厚""含而不露"的处世哲学，这基根于我们这个安定古老国家的人群生存法则。因为从大处讲，中华民族长期稳定生存，没有任何一种力量能将其肢解；从小处讲，每个血脉家庭很重宗法凝聚，所以人的群体观念很强，都想在一个和谐的群体中互相救助，让一种力量去支撑着，一种伦理去维系着，与他人联手才好共同战胜自然灾害与命运波折，所以就约定俗成地崇奉"仁义礼智"的为善之道，到头来，善者得道多助，恶者失道寡助。而这"善"是要用奉献热情和牺牲精神去实践的，许多时候个人要有一个被社会、被他人认知的过程，遇事忍让、忍耐、忍受，正像宝哥哥劝林妹妹那样"万事要有个宽解"，要有个心理承受能力。红学家周汝昌曾说："曹雪芹一生都在思考着一个人生命题：就是人应该怎样活着？应该怎样与他人相处？"细读大作，这种和谐的人生命题遍布在巨著的字里行间。

---

① 吴信如:《佛教各宗大义》第 167 页。
② 同上，第 237 页。

二、和谐的内涵

和谐是什么？和谐就是人与人之间的平和安适、愉悦共存，其乐融融地共同生活在蓝天下。

1. 和谐者隐忍求全，既不胆小怯懦，又不随意宣泄。《红》的作者在平儿与袭人身上完整地表现了这种和谐理想的探索。

二十回宝玉的奶母李嬷嬷无缘无故地将袭人骂了个狗血淋头，连不太喜欢袭人的黛玉都骂这婆子是"老背晦"，因为全是侮蔑之辞，无中生有。

第一，袭人不是躺在炕上不理他，是捂着被子发汗。

第二，袭人从没有任何语言哄宝玉不理奶娘，倒是林妹妹说过此话。

第三，明知袭人升格为侍妾，还扬言要"拉出去，配个小子"，有意侮辱人格。

第四，她扬言"谁不是袭人拿下马来的！"这时没有任何人上马、下马之事，更别说小心侍候人的袭人。这句话最要命，这是否定了一个人的政治品质，足以激起众怒的啊！气得袭人百口莫辩，嘤嘤哭泣。但一波未平，一波又起，宝玉为袭人鸣不平，倒苦水，又让晴雯热嘲冷讽了一顿，贤袭人只有呜呜哭的份儿。作者在下面借赞通情达理的麝月"公然又是一个袭人"而肯定、褒扬了袭人的贤良。脂评赞道："浑厚大量涵养""高诸人百倍"。

需要说明的是，这种忍让不同于迎春的懦弱。迎春像个木头似的，面对着恶势力不敢反抗，一味逆来顺受，迁就退缩，死在中山狼孙绍祖手里，一是社会黑暗，二怪她自己生存能力差。她事不关己，高高挂起，任凭司棋哭得泪流成河，总也吐不出一句替人求情的话，这不是隐忍，是懦弱、自私、蠢笨无能。

2. 和谐是与人为善，息事宁人，为别人着想，为群体着想。

宝玉是作者倾尽心力塑造的一个平等、博爱的典型形象，他不仅对女儿们柔肠万端，爱意浓浓，而且对男人、朋友也是平等相待。他替在院子里烧纸的藕官遮掩；发现秦钟与智能儿偷食禁果隐瞒不声张；撞见小玄儿和丫头胡搞非但不严责,还深恐羞着人家了;特别是"玫瑰露"一事东窗事发,又连带着查出一包偷出去的茯苓霜,按今天说不过是一瓶饮料,可在那个家规森严的情势下,轻者是板子相加,重则是要伤人命的啊!况又里外连缀出好几个人,若不是贤平儿让宝玉全部担起来,说服凤姐按了下去,等王夫人一干人回来,说不定府里上下又丧几条人命。

再看四十四回"平儿挨打"一折,贾琏将贱女人拉到自家炕头上,正好被凤姐回家撞上,就因为听见那贱人说平儿几句好话,凤姐便怒火中烧回身给了平儿两个嘴巴子。平儿气不过厮打鲍二家的:"你们做这些没脸的事好好的又拉上我做什么?"因为平儿苦出身,贾琏惧妻不惧妾,照准平儿又踢又打,平儿怯住了手。王熙凤看平儿怕贾琏越发气,赶上来又打平儿,并命令平儿打鲍二家的去,平儿痛苦无奈,"哭的哽咽难言"。面对着天大的委屈,苦平儿一没粗语怨恨,二没拗理怄气,反而第二天主动给凤姐磕头赔不是:"奶奶的千秋,我惹了奶奶生气,是我该死。""我也不怨奶奶。"能体谅别人到如此程度,需要多大个肚量啊!所以此处感动得脂评:"此书真是哭成的。"

当然,在严厉的封建制度下,平儿、袭人有一种"人在屋檐下,不得不低头"的无奈,但更多的是为他人、为整体着想的贤良睿智,就像宝玉要求大家的:"只求姐姐们以后省些事,大家就好了。"

3.和谐是宽容大度,厚德载物,给予他人温暖。

为别人着想的人一般都豁达大度,不计个人恩怨,不以权势欺人。《红楼梦》的作者首先在宝玉身上凝聚了些高尚品德。他作为一高贵的主子从不在人前拿架子充大,不分高下,平等待人。他为麝月篦头;为平儿理妆;为香菱找裙子;为晴雯端汤送药。甚至争宠的贾环将热蜡油往他脸上泼去,他都不肯去恨,他总想将众人都泡在宁静祥和之中,让众姐妹都享受到大观园的爱与美。

其次就是宝钗的贤惠识体。先不说她为邢岫烟排忧解难;为林妹妹送燕窝;为香菱仗义说话;有好事总牵挂着湘云等。只螃蟹宴一节就叫人好生感动。手头拮据的湘云,又想做东起诗社,又想让大家欢饮,可惜有心无力。

宝钗出于成全云儿的好意，从自家铺子里要了几篓肥螃蟹和菜、果，让全园子人赏桂花，吃蟹品酒，欢乐了一个下午。以往的论者常常错误地认为宝钗为了竞争宝二奶奶的座椅，施计收买人心，我看是委屈她"又要自己便宜，又要不得罪了人，然后方大家有趣"的好意，在那么复杂的环境中她做事三思，不愿得罪人，理智冷静，精明独到是真，但决无恶意，作者是为后人着意塑造了那个时代一个会生存的偶像，不管她"任是无情也动人"也好，"任是动人也无情"也好，她和谐与世、厚德载物的许多亮点至今给人以感动与愉悦。

作者也摹写了极不和谐的反面形象——"万人嫌"赵姨娘，因为一包擦脸的茉莉粉她就能找到怡红院和芳官一群大打出手，作为一个有身份的人，和几个小丫头打成一片，太没教养了。因为回娘家治丧想多要几两银子就惹得新管家、自己的亲女儿痛哭一场，好不省事理。

贵为和谐。不知道，曹公这番慈悲心肠能否为天下人一解？

〖作品来源〗

发表于《名作欣赏》2005 年第 15 期。

《红楼梦》中的诗性世界图景

杜瑾焕

导　读

　　特殊的地理位置和气候条件，形成中国独特的自然经济和自给自足的生产生活方式，其文化传统更是华夏民族诗性智慧的结晶。这种智慧曾使古代许多仕途经济失意的知识分子，追求融入自然山水田园的诗性存在和诗意生活，以实现精神境界的提升与超越。《红楼梦》中的大观园就是作者曹雪芹对诗性生活追求的具体体现。

　　诗性智慧的概念是 18 世纪意大利学者维柯提出来的。维柯在 1725 年出版的《新科学》一书中认为，原始先民对世界的反应是本能而独特地"富有诗意"，人类天生具有"诗性的智慧"，它发端于原始先民所特有的那种感性和幻象的玄学，指导人们如何对周围环境做出反应，并随意将某种本质加之于使他们深感惊异的事物，并将这种反应变为隐喻、象征和神话等"形而上学"的形式，经常见诸诗歌的创作中。维柯把人类创造"结构"的过程看作是人类固有的、永恒的、确定的特征。其实，华夏先民用另一种表达方式早在几千年前就发现了这个"结构"的创造过程，并不断地进行着向经验层次的延伸、阐释和发挥。与维柯同时代的曹雪芹，在构思和创作《红楼梦》时，仿照先民们面对苍天大地、芸芸众生及命运变数所采取的认知与思考方式，充分发挥其天分中的诗性智慧，虚构、创造了大观园这一"天仙宝境"，显示了华夏民族对生存的诗意追求，同时也实现了自身精神境界的超越与提升。

一

　　海德格尔在对现代技术进行反思时，发现人类有两种去除遮蔽的方式：产生和挑战。古希腊产生意义上的去蔽，那是一种自然的生发，像农民在土地上播下种子，将它们交付给自然的生长力。而挑战是现代技术的揭示与去蔽方式，即向自然提出蛮横的要求，要求自然提供本身能被开采和贮藏的能量。挑战这种去蔽模式并没有控制去蔽本身，倒是人自己被技术安置了，就连人存在的意义和价值也被格设了。格设使人不再遇到自己的本质，无法经验更原始的真理的呼唤。

　　作为文化精神的载体，大观园和中国传统建筑追求与天同源同构、与自然和谐统一相一致，主要院落与居所或具象、或抽象地寄寓着作者的情趣追求，蕴涵着天人感应、天人合一的思想因素。同时，每处栽种的花草树木乃至建筑样式、墙垣粉饰、室内摆设等，都符合或预示其主人的身份、性格、情趣、天赋和命运。换句话说，它们的点点滴滴，都负载着其主人人格精神的方方面面，是人物性情与命运的象征和寄寓，既富有个性特征又颇含社会意识和民俗观念。就省亲别墅的整体布局来说，因为它是皇贵妃宫廷之外休闲放松、与亲人共享天伦之乐的私家场所，其结构布局既要有皇宫的气派与威势，如玉石牌坊和大观楼、缀锦阁和含芳阁，又要有亲近自然与自然和谐融入、最适宜人生存居住的要求，如潇湘馆、怡红院、稻香村和蘅芜苑。大观园和中国所有皇朝宫阙一样，在建筑观念上均贯彻着"象天设都"的政治目的、建筑意图和天文崇拜意向。读《红楼梦》第十七、十八两回，让我们切实体验到庭院深深深几许的豪门气派。整座园林坐北朝南，由正门步入仪门，迎面一带假山翠嶂遮挡，给人以含蓄深远、曲径通幽之感。类似影壁的翠嶂过后，视野忽然开阔，以行车辇道即正甬道为中轴，将大观园分为东西两部分，正北端为主山正景：玉石牌坊上书"省亲别墅"，接着是行宫，之后为大观园主题建筑大观楼及其陪衬缀锦阁、含芳阁。大观楼背靠大主山，大主山横亘在大观园的正北方。薛宝钗居所蘅芜苑位于正景西侧，乃西北两面就大主山石壁而建，与大观楼群自成一体，呈现出被大主山及其伸出的双臂合抱之势。寓意皇家中心、至高无上，皇帝宠护、皇恩浩荡。但它正门对着翠樾埭另立门户，实为背山面水、位置优越的风水宝地，象征贾府将来之核心人物虽然依附皇权、暗中联结但又相对独立、隐藏不露，显得含蓄而内敛。

中国有仁者乐山、智者乐水之说，这个世界若无山水就失却了生气和灵动，也更了无诗情和画意。整个大观园山环水绕，除北面大主山外，仪门内翠嶂两旁各有小山相衔，西北青山斜阻与李纨庭院稻香村接壤，西北角的榆荫堂也被小山环抱。中国又有"天下名山僧占多"的说辞，最东端南北走向的微型山脉假如没有玉皇庙、达摩庵、栊翠庵点缀其间，大观园就失缺了佛道文化气息和世外精神家园的意义，而凹晶溪馆、凸碧山庄又平添几多山水诗情和意境。从大观园东北墙下引外护城河水入园，修沁芳闸调控水流。过沁芳桥，又一小山坡乃林黛玉葬花之处。河水入园后蓄成许多池塘与小溪，溪流分岔穿过正甬道以西沁芳亭、潇湘馆、滴翠亭到稻香村等处，主流则绕经荇叶渚、柳堤、芦雪庭、藕香榭、竹桥、寥风轩、暖香坞、紫菱洲，过萝港石洞到船坞。石洞周围聚集了缀锦楼、花溆、芭蕉坞、云步石梯、朱栏折带板桥等景观。这里是大观园的精华部分，也是作品中主要人物的活动中心，几乎每处都有情绪和故事，体现了曹雪芹的审美理想和生活追求，同时也寄寓了他对人命运定数的多种思考和感悟。

二

大观园最诗意的栖居之所当属诗词魁首林黛玉的潇湘馆。贾政说：若能月夜坐此窗下读书，不枉虚生一世。贾妃更是觉得"此中'潇湘馆''蘅芜苑'二处，我所极爱，次之'怡红院''浣葛山庄'，此四大处，必得别有章句题咏方妙。"潇湘馆斑竹的神话传说以及"梨花一枝春带雨""窗前谁种芭蕉树？阴满中庭，阴满中庭，叶叶心心舒卷有余情。伤心枕上三更雨，点滴霖霪，点滴霖霪，愁损北人不惯起来听"的古典诗词，尤其是李清照的《添字采桑子》，岂非黛玉性情、才华、灵气和命运悲剧的隐喻和象征？馆驿历来是游子漂泊途中暂居存身、寄托思归之处，秦少游《踏莎行》有"可堪孤馆闭春寒，杜鹃声里斜阳暮。驿寄梅花，鱼传尺素，砌成此恨无重数。郴江幸自绕郴山，为谁流下潇湘去"的词句。潇湘子林黛玉前世乃西方灵河岸上三生石畔的绛珠仙草，可谓阆苑仙葩。她来人间一游、到大观园暂住的目的，不过是以眼泪报偿贾宝玉前身、赤霞仙宫神瑛侍者甘露灌溉之恩而已。所以，她的居所总是充满水及其与水相关之物。宿命中风露清愁、多愁善感使她终日眼空蓄泪，暗洒闲抛。除了宝玉，她在人世间再无知己，生命当然也毫无意义。"埋香冢飞燕泣残红"中的《葬花词》，充分表露出她的伤感、凄清甚至恐惧心理。正是孤苦身世造成她性格的多疑任性、敏感悲切，也正因为觉得寄人篱下、无亲无助、无依无靠，才使她时时感到薛宝钗的威胁和逼压。多虑忧伤又使她反复无常，一而再再而三地考验宝玉的心意是否真诚、感情是否可靠，连她的丫鬟紫鹃也出来帮她试探宝玉的心思。林黛玉天命注定是一首诗，一首婉约悲怀的感伤诗。她以诗表白自己的心意追求，以诗表达自己的悲情愁绪，以诗表现自己的生命价值及意义。金陵十二钗其他女子的性情、心意、志向、追求，何尝不是风格各异、境界不同，或抒怀或言志、或婉约或豪放、或淡泊宁静或含蓄蕴藉的一首首诗一幅幅画？与林黛玉有着同样孤苦身世，缺乏至亲疼惜的史湘云，却与黛玉有着截然相反的性情。她豪迈疏放，宽宏大量，素喜高谈阔论，从未将儿女私情略萦心上，尤其是"憨湘云醉眠芍药裀"颇显魏晋风度。史湘云别号"枕霞旧友"，她的两首海棠诗和对菊、供菊、菊影三首，总不离秋霜月夜，知音难觅的惆怅和时光流逝的悲吟。其中"数去更无君傲世，看来惟有我知音。秋光荏苒休辜负，相对原宜惜寸阴""寒芳留照魂应驻，霜印传神梦也空。珍重暗香休踏碎，凭谁醉眼认朦胧"的诗句，与曹孟德的《短歌行》从诗情、格调到意境都互文一致，颇具慷慨悲凉、气韵沉雄的建安风骨。

大观园西北角的榆荫堂对着通往贾母住处的角门，其东正对着通往王夫人房院角门的地方，则是一处植物王国。以角门和后街门为中轴，左右对称，自南而北中轴线上或左右两侧，有木香棚和荼蘼架、牡丹亭、蔷薇院和芍药圃、红香圃、梨香院。这意味着王夫人在社会上、家庭中的地位及在皇贵妃贾元春心目中的位置。由榆荫堂、植物园，再蘅芜苑、稻香村而后呈扇面辐射至整个大观园，暗示了贾母—王夫人—薛宝钗、李纨这一谱系的繁盛煊赫。尤其是薛宝钗居住之蘅芜苑，背靠大主山，东依主题建筑大观楼，西有云步石梯、山道、朱栏折带板桥至大主山，正门对着翠樾埭水坝，真乃靠山面水，左右有依。苑内遍布藤蔓植物，可谓藤蔓植物的大展览。室内陈设的素净让贾母颇觉寒碜，于是以自己的梯己古董慷慨相赠。可见，蘅芜苑所处位置、庭园环境与室内陈设，既符合其屋主的心性、志向和追求，也暗示了她将来的身份、地位、命运和归宿。此处的人与物还暗合了谢灵运及其山水诗的特点与风格。钟嵘在《诗品》中称谢灵运"才高词盛，富艳难踪"，实为"元嘉之雄"。谢灵运一生不能忘怀于政治，仅仕途失意时才寄情山水并以此掩饰对权位的热衷。薛宝钗"山中高士晶莹雪"的心性，"好风凭借力，送我上青云"的志向，妩媚风流的相貌，富贵显赫的身世背景，罕言寡语、安分随时的修为作风，"到底意难平"的命运结局，都和谢灵运及其诗风何其相似相仿。由此推断：大观园环境布置及其人物性格刻画，接受到中国自《诗经》、楚辞以下历代诗歌意境及其作者人格精神的启示。换句话说，大观园的结构布局、环境布置及其众女性的心性才情，都是历代诗歌意境与诗情的具体化、人格化。即使那个刻苦学诗的苦命女香菱，也让人联想到唐代苦吟诗人贾岛推敲诗句的情景。

可见，《红楼梦》的每一细枝末节，诸如人物名号、住处，甚至一花一木，一草一石，一诗一画，一曲一歌，都寄寓着作者的匠心与用意，真是意象饱满，涵义丰厚，品之韵味无穷。美国学者蒲安迪认为，中国古代文学传统是以抒情诗为核心，它不同于以叙事诗为核心的古代地中海传统。中国明清小说有着"神话—史文—明清奇书文体"这样一个发展途径，这和中国神话的"原型"，也就是那些不断重现的结构模式有关。正是这些"重现的结构模式"推动了各个民族文化和文学系统的运动和发展，形成了一些"定型的套式"或"母题"。中国神话的"非叙述性"模式来自其空间化的思维方式，重本体而善于画图案；希腊神话以时间为轴心，重过程而善于讲述故事。这注定了中国是一个抒情诗发达的国度，而西方则是虚构故事的王国。《红楼梦》是诗与故事的完美融合，也是中国古代文学的巅峰之作。但诗性与诗意毕竟是人类对于生命存在的理想追求，是为了满足人类的审美需要，属于人类基本需要中的高级层次。在古典时期的中国，文学要么是知识分子情志的抒发，要么是他们生活趣味的表现，要么是其人生走入困境时精神的避难场所。《红楼梦》的诗性世界图景，既是作者曹雪芹理想生活境界和诗性智慧的体现，又是他生存陷入绝境时放逐精神的去处。

‖ 作品来源 ‖

发表于《名作欣赏》2008 年第 22 期。

大观园园林建筑与人物关系研究

杨秀伶

导　读

　　有关《红楼梦》的研究驳杂多端，本文把园林艺术和文学艺术结合在一起，系统地论述了园林艺术在小说人物、情节、结局方面的作用和影响。

　　《红楼梦》是我国清代文人曹雪芹的经典小说，也是我国古典文学的经典作品之一。大观园是小说《红楼梦》中一处"纸上园林"，是贾府为元春省亲所建，融合帝王苑囿和私家园林特色，是"天上人间诸景备，衔山抱水建来精"[①]的世外桃源，也是故事展开和人物活动的主要场所，一直以来都为建筑学家和红学家所关注。

1. 大观园园林建筑

　　大观园中建筑类型多样，有馆、庵、水榭、厅堂、亭台等单体建筑，也有由游廊、厅堂、阁楼、殿堂等组合而成的院落构成建筑群组。大观园中有四十余处景观，全园建筑相互联系，脉脉相通，亭台楼榭、佛庵庭院，繁花名木、鹤鸣鹿啼，雅中有俗，静中寓动，成为一座艺术的园林。

　　大观园的单体建筑中包括：馆一个名为凹晶馆，庵一座名为芦雪庵，

---

① ［清］曹雪芹、高鹗:《红楼梦》，人民文学出版社，1996年版。

榭一个名为藕香榭，厅堂两个名为嘉荫堂、凸碧堂，亭台三个名为沁芳亭、滴翠亭、牡丹亭；大观园中的建筑群组以居住院落为主，有怡红院、潇湘馆、蘅芜苑、稻香村，还有秋爽斋、蓼风轩、暖香坞、梨香院等，以及其他功能建筑群组省亲别墅、栊翠庵和红香圃。

大观园的迎南大门是用太湖石叠砌成的假山，正是中国园林"开门见山"之意，贾宝玉为其题"曲径通幽"，寓意是只有沿妙道曲径蜿蜒穿洞而过方能领悟园中幽雅的景致，又艺术地运用了"藏景"的手法。顾恩思义殿——省亲别墅是大观园主景，由正殿、侧殿、大观楼、东飞楼、西斜楼组成，是元妃省亲活动的主要场所，院落设计采用皇家行宫风格，宏伟瑰丽，豪威华贵。省亲完毕后，贾宝玉与诸姐妹亦奉命搬入园中居住，园内建筑错落有致、各具特色，散落山水之间又相互通联，奇花异草，奇山异水，无不独具匠心，极尽其用。

2. 大观园园林建筑人格化

《红楼梦》中的大观园是一座私家园林，曹雪芹对其描述花费了大量篇幅和深厚感情，园林建筑人格化，建筑风格、布局、景致都与主人品质性格、审美风范贴合，真正做到人园合一，浑然天成[1]。如贾宝玉居住的怡红院雍容华贵、富丽堂皇；林黛玉居住的潇湘馆是一处带有江南情调的客舍，清幽宁静、秀雅细致；薛宝钗居住的蘅芜苑清冷寂寥；李纨的稻香村简朴死寂，而探春的秋爽斋率真大气……作者对人物居所的安排，让人们进一步感受到了居所优美的建筑意境，人物塑造更加生动鲜活，从而留下了极其深刻的印象。

3. 人物园林性格塑造

大观园早已跳出单纯文学虚构的范畴，是中华古典园林宏大而完整的

---

① 赵武征：《人园合一浑然天成——小议〈红楼梦〉大观园的园林艺术》，《古建园林技术》2006年第4期。

经典范本。①曹雪芹通过多种综合手段来塑造人物的园林性格，主要表现在以下几方面：

3.1 空间布局

《红楼梦》中主人公贾宝玉、林黛玉、薛宝钗的情感纠葛，远近亲疏，从三人的居住住所位置布局也有所隐喻。贾宝玉的怡红院与林黛玉的潇湘馆距离最近，通过沁芳桥相连，两人思想接近，精神相通。而薛宝钗居住的蘅芜苑靠近大观园的正殿大观楼，离其他诸钗的院馆都很远，是较为封闭的一处居所。进入院落先为山石阻隔视线，绕过才见房屋，体现一个"藏"字，也是薛宝钗为人处世明哲保身、藏而不露的意境。蘅芜苑与大观楼相邻，与主体建筑在一个区域，无疑预示着薛宝钗是封建传统思想的坚守者和遵循者，这与她的性格和结局息息相关。

3.2 植物景观

大观园中的庭院风格迥异，植物选材也是为主人"量身定做"的，植物景观与主人性格命运有明显对应关系。贾宝玉的怡红院悬"怡红快绿"匾额，"红"暗寓门前西侧的西府海棠，"绿"指东侧的芭蕉②，是园中最为华丽的院落，院内所配花木几乎都为红色，胭脂气浓，富家公子习性表露无疑。黛玉的书房建筑外观均为斑竹，"斑竹一枝千滴泪"正适合她以泪洗面、多愁善感的性格，也是"潇湘妃子"内心孤傲、高雅脱俗的象征。薛宝钗居住的蘅芜苑以"苑"命名,本指帝王的花园,内布满各种香草仙藤，植物景观上"一株花木全无"，香草以淡色冷色系为主，是她性格低调冷漠的写照，藤本依附山石树木而生，宝钗出场也是为参加皇家选妃，不成才转至宝玉，寓意女子通过婚姻"扬名立身"。探春的秋爽斋以梧桐、芭蕉为主，均属个体粗犷、宽枝大叶植物，但梧桐素有苦闷郁结寓意，芭蕉常比喻怀才不遇，是探春命途多舛的象征。李纨的稻香村是一派田园风光，

---

① 肖玲玲:《〈红楼梦〉对中国古典园林文化的接受》,重庆师范大学,2008 年。
② 张军:《〈红楼梦〉中的植物与植物景观研究》,浙江农林大学,2012 年。

清净守节、恪守礼法，过着几近隐世生活。

3.3 题额对联

题额对联是文人墨客在游历名山大川、美景佳园时，触景生情，即兴而作。它们是寄情于景、构成景观意识的文化氛围，题额对联是起"画龙点睛"之作用的[①]。《红楼梦》十七回中写道："偌大景致,若无亭榭文字标题,任是花柳山水也断不得生色。"怡红快绿匾额描绘宝玉的怡红院；有凤来仪匾额描绘黛玉潇湘馆；蘅芷清芬匾额描绘宝钗蘅芜苑。常居于园中的姊妹性格迥然，在所题匾额中也有所表现，再加上"梦兆绛云轩""情悟梨香院""品茗栊翠庵""潇湘馆春困发幽情""滴翠亭杨妃戏彩蝶"等这些诗情画意情节，将园林建筑与人物活动恰如其分地融合，堪称园林建筑中的经典之作。

3.4 室内陈设

《红楼梦》作者曹雪芹并未对大观园内建筑室内陈设做过多描述，但轻描淡写中主人风格品行无不跃然纸上。潇湘馆"窗下案上都设着笔砚，书架上是垒得满满的书"，可见主人林黛玉的文人气质和才情之高。蘅芜苑屋子竟是雪洞一般，没有什么玩器，案上仅有一个土定瓶供着几只菊花，室内陈设简单朴素，已然表现出薛宝钗之冷，居所谐音"恨无缘"，衬映宝钗和宝玉最终无缘。与之形成鲜明对比的是，怡红院住所最为奢华精致，除琴剑瓶炉，更有美人画像，贾宝玉爱"红"多情的性情，在房间布置和思想情感上有着高度一致性。

4. 结 语

《红楼梦》是我国文学家曹雪芹的经典巨作，大观园内的园林建筑、山

---

① 封云:《题额对联——中国园林的意蕴之美》,《同济大学学报》2002 年。

形水系、植物造景、室内陈设等都远远超越了单纯的文学、建筑单一范畴，将人物性格、命运、结局融合于景之中，浑然一体，使之化为园林建筑的灵魂，才真正成就了自然的艺术化与艺术的自然化。大观园的设计是作者人物塑造的需要，也对后世园林建造产生了深远影响。

‖作品来源‖

发表于《现代园艺》2014年第11期。

《红楼梦》欣赏琐拾

李延祜

导 读

　　《红楼梦》可算是中国人最熟悉、最有魅力的一部名著，以至形成了一种专门的学问——红学。《红楼梦》不只描写了一个封建贵族家庭由荣华走向衰败的三代生活，大胆地控诉了封建贵族阶级的无耻和堕落；不但具有深刻的思想内容，而且具有极高的美学价值，蕴含着丰富的哲学思辨，涵括了众多的文学精华，代表了我国古典小说艺术的高峰。

玲珑山石有深意

　　在大观园试才题对额时，贾政带着宝玉和众清客来到一处，这里给人的第一个印象，正如贾政说的："无味的很。"这地方就是后来薛宝钗居住的蘅芜苑。众人刚一进门：

　　　　忽迎面突出插天的大玲珑山石来，四面围绕各式石块，竟把里面所有房屋悉皆遮住。

　　作者把这块"山石"安排在蘅芜苑门内，恰到好处。山石一遮，使人无法一下子领略庐山真面目。蘅芜苑内一切隐而不露，突出了一个"藏"的意境。如果我们结合这里的女主人薛宝钗的性格加以分析，就能进一步理解这一遮一藏的深刻含意。

　　薛宝钗平时"罕言寡语，人谓装愚，安分随时，自云守拙"，她不干己事不开口，一问摇头三不知。元春从宫中送出几个灯谜来，宝钗一看并不新奇，早猜着了。可是这是皇妃的谜语，如果一猜就中，那就显得妃子太平庸了。所以她故意连说"难猜"，她在"装愚"。贾母问她爱听何戏，爱吃何物，宝钗深知年老的人喜欢热闹戏文，爱吃甜烂食物，便依贾母素喜者说了一遍。她投人所好，假装与人同好。黛玉讥讽她在别人佩戴的东西上特别留心，薛宝钗听后，"回头装没听见"。"罕言寡语，人谓装愚，安分随时，自云守拙"就是她为人处世的"插天的大玲珑山石"，把她自己真正的思想感情"悉皆遮住"。蘅芜苑的建筑格式与薛宝钗的为人有着象征意义。

　　绕过蘅芜苑门前的山石，我们才能看到院内的景色。这时贾政又不禁赞道："有趣！"院内无一树花木，只有许多异草。这和薛姨妈向王夫人介绍薛宝钗时说的"他从来不爱这些花儿、粉儿的"是一致的。但是这满院的异草却大有意趣。首先，这些"异草""有牵藤的，或有引蔓的，或垂山岭，或穿石脚，甚至垂檐绕柱，萦砌盘阶，或如翠带飘飘，或如金绳蟠屈"，大多是盘绕寄生的藤蔓类植物，它不能独立生长，只能借助其他乔木山石攀沿而上。这些不禁使人发生一系列的联想：薛家依附贾家势力，巩固自己的社会地位；薛宝钗要与宝玉联婚，"好风凭借力，送我上青云"，与这些牵藤引蔓的植物的寄生攀沿性多么相像。其次，这里的"异草""或花如金桂，味气香馥，非凡花之可比"。院内花卉如薜荔、杜若、蘅芜、茝兰等都是香草，处处香气馥郁，这和薛宝钗这位容貌美丽整日吃冷香丸的美人也是恰相符称的。连贾宝玉这个从小就喜欢脂粉钗环的人从她身上闻到"一阵阵的香气"都"不知何味"。再次，院里的"异草""或实若丹砂"，"都结了实，似珊瑚豆子一般，累垂可爱"，说明这里虽是异草仙藤，但终于不能离俗脱尘，都结出了火红的果子，而且还不止一个，却是串串累累。这正是薛宝钗积极用世思想的侧面表现。她不慕虚幻，而重实惠。不正是这位后来贾府女主人也给贾家结下了一颗希望之"果"吗？

　　薛宝钗是一个"任是无情也动人"的冷香美人。性格无情，容貌动人，既冷又香。外表装愚，内含机心，这种矛盾的统一，世人对她琢磨不透。蘅芜苑也像她的主人一样，门前山石遮掩，不能让人一览无余。蘅芜苑山石花草与人物性格配合谐调，互相映衬，相得益彰。

潇湘风雨最多情

《红楼梦》中有两次风雨写得最出色：一是贾宝玉看龄官画"蔷"字时的一阵夏雨，一是潇湘馆薄暮时的一场秋雨。

在中国诗词戏曲中风雨的描写总是作者抒发感情、映衬心境的重要手段之一。风雨本无情，有情人写之，感情色彩就大不相同，且什么风雨配合什么心情似乎有了定格。大风大雨往往壮人情怀，悲壮激越。所以刘邦有"大风起兮云飞扬，威加海内兮归故乡"的千古佳句；陆游有"夜阑卧听风吹雨，铁马冰河入梦来"的豪情抒发；而"风萧萧兮易水寒，壮士一去兮不复还"则为荆轲大壮行色。相反连绵的春雨秋霖，往往添人愁绪。所以贺方回把"闲愁"之多比作"梅子黄时雨"；白朴的杂剧《梧桐雨》中，唐明皇思念杨贵妃时那场秋雨更是撩人情思："这雨一阵阵打梧桐叶凋；一点点滴人心醉了，雨更多，泪更少，雨湿寒梢，泪染龙袍，不肯相饶，共隔着一树梧桐直滴到晓。"洪昇《长生殿》里也是用秋雨映衬明皇凄苦哀怨的心情的："淅淅零零一片凄愁心暗惊，……一点一滴又一声，一点一滴又一声，和愁人血泪交相迸。"

冷雨敲窗，雨打梧桐，雨洒芭蕉、枯荷，雨滴竹梢，在黄昏深夜，万籁俱寂的时候，一声声，滴滴嗒嗒，最为分明，如泣如诉，使伤感悲苦的人最容易牵动愁绪。曹雪芹深谙情景交融的奥妙，所以潇湘馆景物的描写一如其多情多病多虑的女主人。这里是千竿翠竹，苔痕斑驳，曲折的游廊，羊肠似的通道，绕阶围房九曲回肠般盘旋竹下的尺许宽的小渠，小小的房舍，小巧玲珑的家具陈设，绿色的纱窗，暗淡的光线。一景一物无不那样纤弱幽暗，都染上了林黛玉孤高自赏、凄楚哀怨的色彩和情调。在这色彩之上，作者在四十五回又添了浓重的一笔，凄苦惨淡的色调更加强烈：当时正交秋分，黛玉旧疾又发，随贾母玩了两天，劳神过度，又咳嗽起来，比往常都重，自己认为是不能好了，心情非常颓丧。和宝钗话起家常，又感叹自身孤弱无依、寄人篱下，羡慕宝钗能享天伦之乐，有家有业。在这里为了配合这种心情，作者有意在潇湘馆安排了这场秋风秋雨：不想日未落时，天就变了，淅淅沥沥下起雨来。秋霖脉脉，阴晴不定，那天渐渐的黄昏时候了，且阴得沉黑，兼着雨滴竹梢，更觉凄凉。感慨万端，愁绪连绵之时又读了《乐府杂稿》的《秋闺怨》《别离怨》等伤感诗篇，遂有《秋窗风雨夕》之作："……残漏声催秋雨急；连宵脉脉复飕飕，灯前似伴离人泣。寒烟小院转萧条，疏竹虚窗时滴沥；不知风雨几时休，已教泪洒窗纱湿。"字字血泪，声声动情，达情景交融之极致。当晚睡下又羡宝钗有母有兄，又想和宝玉虽好，终避嫌疑，不免担心，"又听见窗外竹梢雨滴之上，雨声淅沥，清寒透幕，不觉又滴下泪来。直到四更方渐渐的睡熟了"。窗外天公流泪，屋内愁人暗泣，雨泪交织，情景浑一，风雨助人凄凉，人感风雨触动闲愁万种。感伤气氛异常浓烈，人物性格更加深化。第五十九回里蘅芜苑也下过一场雨，但不是秋雨，而是"润物细无声"的春雨："一日破晓，宝钗启户视之，见院中土润苔青，原来五更时落了几点微雨。于是唤起湘云等人来。"春雨过后的景象是"土润苔青"，并马上唤起湘云等人，宝钗欣喜心情见于笔端。秋雨、春雨普降大观园，而独于黛玉处写秋雨，于宝钗处写春雨，作者的用心是非常清楚的。

稻香景色藏幽怨

李纨是封建礼教的牺牲品，一个二十几岁的寡妇，在《红楼梦》中给人的印象似乎已过中年，正如冷子兴说的"竟如槁木死灰一般"，自己也自称"稻香老农"。她像封建社会其他死了丈夫的贵族少妇一样，被摒于繁华的尘世之外，只能隐居一隅，孤独地打发着青春年华。所以李纨只配住在稻香村。未到稻香村之前，首先看到的是"青山斜阻"，这青山与蘅芜苑的山石不同，它的寓意在于隔阻开稻香村与大观园其他花柳繁华地的联系，隔阻开李纨作为一个青年女子应该享受的爱情生活的幸福。

转过青山之后，"隐隐露出一带黄泥墙，墙上皆用稻茎掩护。有几百枝杏花，如喷火蒸霞一般。里面数楹茅屋。外面都是桑、榆、槿、柘，各色树稚新条，随其曲折，编就两溜青篱"。一座青山、一带泥墙、两溜青篱团团围住"数楹茅屋"，这固然是为了突出稻香村的农村景色，但也不免给人一种暗示：它像是人间社会的一道道樊篱，幽囚着李纨，葬送着美妙年华。连这里的树木幼嫩的枝条都不能按自然天性舒展地生长，被硬编成篱笆，犹如李纨那被扭曲了的人性。

对于这种人造景色，贾政非常赞赏。他的封建思想决定了他的审美观。认为"虽系人力穿凿，却入目动心"。贾宝玉与之针锋相对，他说："此处置一田庄，分明是人力造作成的；远无邻村，近不负廓，背山无脉，临水无源，高无隐寺之塔，下无通市之桥，峭然孤出，似非大观，那及前数处有自然之理，自然之趣呢？虽然种竹引泉，亦不伤穿凿。古人云'天然图画'四字，正恐非其地，而强为其地，非其山而强为其山，即百般精巧，终不相宜。"这对青年寡居的李纨当时的生活处境是有象征意义的。稻香村的景色是背人性，悖世理，孤傍无依，违背自然天成之趣的。李纨不也是在背人情、悖世理的封建礼教导演下"人力造作"成的"强为"的畸形儿吗？

在大观园只有稻香村的篱笆用了桑、榆等树木，这是突出稻香村农村景色的需要。另一方面，桑、榆在中国又可比作晚暮之景，引申为人的垂暮之年，故刘禹锡《酬乐天咏老见示》中有"莫道桑榆晚，为霞尚满天"的诗句。李纨自贾珠死后，就要有意识地使自己心如死灰，尽快"老化"。在封建社会寡妇无论多么年轻，打扮得越老越朴素越好，表示自己已经死灭了对家庭、爱情幸福生活的渴望。李纨虽然是一个二十几岁的少妇，可是礼教强迫她的心境必须进入暮年。如只有在茅屋纸窗下做些针黹女红，课子成人，以慰桑榆晚景。

但是李纨终究是一个年轻女子，她的精神生活并未完全干瘪。她喜欢栊翠庵的红梅，要宝玉替她折一枝来插瓶。探春起海棠诗社，李纨不会作诗，却自荐做了掌坛社长，并把稻香村作为社址。还说："前儿春天，我原有这个意思的，我想了一想，我又不会作诗，瞎闹什么，因而忘了，就没有说。"可见李纨是热爱生活，不甘寂寞的。这不禁使人想到了那几百枝如"喷火蒸霞一般"的杏花。"喷火蒸霞"把春意写得异常热闹，与泥墙、茅屋、青篱、土井、枯枝的色调大不相同。当然，杏花有"牧童遥指杏花村"，寓田园风光之意。可是在泥墙之内，探头而出的杏花，很容易使人联想到"满园春色关不住，一枝红杏出墙来"的诗句。那么这如火蒸霞的杏花，是否可以说对李纨青春守寡，又不甘孤寂的心情有着映照意义呢？

‖作品来源‖

发表于《名作欣赏》1985 年第 1 期。

第四章

奇文共赏·比较阅读

具有"红楼"血缘的两部中国现代小说

——《红楼梦》与《家》及《京华烟云》之比较

阎浩岗

导 读

　　作为中国古典小说的巅峰之作，《红楼梦》对中国现代小说创作影响深广，或隐或显受其影响或对之有所借鉴的现代小说难以尽数。举其显者，茅盾的《霜叶红似二月花》甫一面世，便有人说它像《红楼梦》。这部未完成长篇中的某些人物如张询如、张婉卿使人联想到《红楼梦》中的男男女女，作品对日常生活琐事的描写亦颇得"红楼"神韵。张爱玲毕生酷嗜《红楼梦》，晚年作有专著《红楼梦魇》；她虽未创作与《红楼梦》类同的长篇，但从其短篇中人们仍可发现《红楼梦》潜移默化的影响。然而，在中国现代小说中，最明显与《红楼梦》有对应关系、显示出"红楼"血缘的长篇，当首推巴金的《家》和林语堂的《京华烟云》。

一、《红楼梦》与《家》：哀悼与诅咒

　　读过《家》的读者，首先感受到的是它与《红楼梦》在人物与情节上的对应。高老太爷类似贾母，钱梅芬类似林黛玉，李瑞珏类似薛宝钗，鸣凤类似晴雯或鸳鸯。贾宝玉一角在《家》中则分化成了觉新与觉慧兄弟二人，他们分别在爱情婚姻与异端精神方面与宝玉类似。两部作品都展示了封建大家族由盛而衰的过程，表现了包办婚姻对青年男女爱情自由的禁锢，以及封建家长对青年一代非正统思想的忧虑、恐惧与压抑，同时表现了对下层青年女性的同情，甚至都是以男主人公的最后出走为结局。

　　但是，相似并非等同。任何文学史上的优秀作品都不可能没有其独特原创之处。《家》虽与《红楼梦》有些类似，但这是暗合而非有意模仿。

正是那些差异决定了《家》在文学史上的地位。值得注意的是，巴金在其有关"创作谈"及《家》或《激流》的各种序跋中从未谈及《红楼梦》的影响，他谈的较多的反而是对于外国文学的借鉴。在晚年，巴金曾表示："在中国作家中，我可能是最受西方文学影响的一个。"[1]他又说："我对《红楼梦》可以说是'一无所知'。十几岁时翻看过它。我最后一次读《红楼梦》，是在一九二七年一月，在开往马赛的法国轮船上，已经是五十年前的事情了。"尽管如此，两部作品之间的血缘关系是存在的。巴金第二句话可以看作其自谦。事实上，巴金从小就受《红楼梦》熏陶，他全家都酷爱《红楼梦》，藏有三种不同版本。他说"最后一次"云云，恰恰证明在写《家》之前他已读《红楼梦》多遍。另一方面，他不谈《红楼梦》，也可能是为避免读者把《家》看作对前者的模仿。

　　确实，《家》在许多方面与《红楼梦》不同。激发巴金创作热情的不是模仿古典名著的欲望，而是强烈的生活实感。像《红楼梦》一样，《家》有明显的作家自叙传成分。虽然作者一再辩白他本人并不就是觉慧，但巴金的经历与觉慧十分相似；至于觉新，巴金就明白地说写的是他的大哥。小说对高公馆及其周围环境的描写，就是以巴金故宅为蓝本的。

　　《家》与《红楼梦》的不同，首先表现在作者的创作目的方面。关于《家》的创作意图，巴金明确指出："我写《家》，也只是为了向腐朽的封建制度提出控诉，替横遭摧残的年轻生命鸣冤叫屈。"至于《红楼梦》的创作意图，则要复杂得多。在小说第一回中，作者提到"敷演出一段故事来，亦可使闺阁昭传"，这似乎与"替横遭摧残的年轻生命鸣冤叫屈"类似，但巴金所指"年轻生命"并不限于女性，曹雪芹的"昭传"也重点不在"鸣冤"而在赞美。另外，曹雪芹写《红楼梦》似乎也不意在控诉封建制度、封建家庭，而是为封建家庭的衰落唱挽歌，为无才补天而痛悔遗憾。创作目的的差异，导致了两部作品主题的不同。《家》的主题比较简单明了，就是鞭挞封建家庭制度，赞美对黑暗势力的反抗，批判妥协。《红楼梦》的主

---

① 《巴金答法国〈世界报〉记者问》，《巴金论创作》，上海文艺出版社，1983年版，第684页。

题则复杂隐晦，"红学"研究的历史其实也是对《红楼梦》主题阐释的历史。在各种阐释中，笔者无法赞同"反封建"说，而倾向于"挽歌说"。《红楼梦》客观上为我们提供了许多批判封建制度的资料，20世纪60年代的"红学"研究者从作品中发掘出的"血泪账"①也不能说毫无根据。然而，如果把《红楼梦》作为一个有机整体看其思想情感倾向，我们印象最深的却不是"批判"或"控诉"，而是作者对大家族衰亡的痛惜、伤感，对青年女性（不论"正统派"还是异端"）的赞美或同情，对无法扭转大家族衰亡趋势的遗憾、自责，在无可奈何之际对尘世人生的幻灭和由此导致的内心痛苦，以及对解脱痛苦之道的探索寻求。书中贾宝玉寻求的解脱之道是出家，是对世俗生活的弃绝，而作者曹雪芹的解脱之道是艺术创作。

《红楼梦》中的贾宝玉与《家》中的觉新、觉慧在人生态度及价值观念方面有很大不同。他的人生态度是纯粹审美的，或如王昆仑先生所言，他过的是"直感生活"。②贾宝玉毕生所追求的是美。而由于独特的生长环境，他的审美理想是阴柔之美、女性之美，确切说是少女之美、处女之美。贾宝玉的"重女轻男"完全是从其审美理想出发，并不是要讲男女平等，也不是要反对封建制度（虽然客观上有反封建的意义）；他也并不像有些人说的那样具有人道主义思想，他喜欢袭人、晴雯及金钏儿等主要是因她们是漂亮少女，而对于其乳母李嬷嬷及刘姥姥就未必肯给予多少疼爱或同情。他是封建等级制的既得利益者，若无这种制度，他就不会被那么多美貌青年女子簇拥伺候。在封建大家族中，他因被最高权威贾母娇宠，享有无人可比的自由，甚至可以逃避正统教育。因此，被骗成婚后，他虽极度痛苦，却从未表示对导致林黛玉死亡的贾母、王夫人、王熙凤的怨恨、不满，他只把这些归之于"金玉良缘"的宿命。

《红楼梦》与《家》都写了丫鬟之死。《红楼梦》中金钏儿之死源于贾宝玉的调戏，但得知金钏儿被逐，宝玉没有为之说情，甚至没有出来澄清事实；获悉金钏儿投井，他虽感痛苦，但即使在内心里也丝毫未表示对王

---

① 解放军报社编：《〈红楼梦〉研究资料》，《解放军报通讯》1975年（增刊）。
② 《〈红楼梦〉人物论》，三联书店，1983年版，第231页。

夫人不满。他对晴雯确实有情，在其死后专为之作了篇《芙蓉女儿诔》以示悼念。但得知晴雯死讯，他首先关心的是晴雯最后一刻是否惦记着他，因为他以天下美貌女子都为自己垂泪为最高人生理想；他作这篇悼文时专注于雕琢词句，过后还与黛玉研讨；念悼文时虽曾"泣涕"，念完后听到黛玉称赞：

> 宝玉听了，不觉红了脸，笑答道："我想着世上这些祭文都蹈于熟滥了，所以改个新样，原不过是我一时的顽意，……"

听了黛玉的修改意见后：

> 宝玉听了，不禁跌足笑道："好极，是极！……"①

可见他作此文虽不乏真情，却也出于游戏之意，是为了自我欣赏，欣赏自己的"公子多情"，虽不能说是"为文造情"，却也不纯是"为情造文"。文中"钳诐奴之口，讨岂从宽；剖悍妇之心，忿犹未释"之句显示，他把几位美女离他而去迁怒于"奴""悍妇"，丝毫没有对真正的罪魁反抗的意思。

笔者以为，《红楼梦》表现的是曹雪芹对自己一生经历的反思。小说中对贾宝玉的贬词固然是反讽，不能代表作者真意，但曹雪芹对贾宝玉也不全然是赞美。贾宝玉的"意淫"固然不同于贾珍、贾琏、贾瑞之流的"皮肤滥淫"，然而贾宝玉类型后代的出现同样也是封建大家族败亡的预兆。冷子兴评价贾府"主仆上下，安富尊荣者尽多，运筹谋画者无一"，贾宝玉肯定属于"安富尊荣者"而非"运筹谋画者"。我认为，写作《红楼梦》时的曹雪芹肯定对自己青年时代、对贾宝玉类型的人物不能将大家族挽狂澜于既倒而感痛悔羞愧，"举家食粥"之时，他肯定对自己"过去的好时光"无比怀念，为今日家道败落而无限伤感。虽然他不满于社会的腐败黑暗，不屑于去做禄蠹国贼，但他不会认为大家庭、认为整个封建制度是罪恶的。他痛恨的是捉弄人的命运。也许，他的理想是让王熙凤、探春式的改革家重整乾坤。

与此形成对照，觉新、觉慧虽也从小与姐妹、与丫鬟们相处相交，却

---

① 《红楼梦》第七十九回。

均无贾宝玉式的"处女崇拜"。他们都受到"五四"新思潮影响，受到西方人道主义思想影响。觉慧便自称"人道主义者"。他不分男女贵贱，把一切人当人看。觉慧兄弟对其奶妈非常尊敬，因为他们的生母教导他们厚待下人。觉慧不坐轿子。他还对丫头鸣凤说："鸣凤，我想起你，总觉得很惭愧，我一天过得舒舒服服，你却在我家里受罪。"性别在觉慧的心目中不是一个"关键词"，他被高老太爷监禁不是因为生活不检点，而是因为参加政治活动；觉慧的出走不是因为失恋，不是因为家道中落，也不是因为对尘世人生的幻灭，而是因为对封建家庭罪恶的痛恨，因为对创造新生活的渴望。

巴金对封建大家庭采取的是彻底弃绝的态度，因而《家》中人物的性格、命运及人物之间的关系亦与《红楼梦》明显不同。觉新、觉民、觉慧三兄弟在家中虽也有欢乐时光，虽然物质上也很富足，但精神基本处于被压抑状态。高老太爷作为家族最高权威，与贾母不同，他决不娇宠孙辈，只有威严而无随和风趣的谈吐。说一不二是他与贾母的共性，但贾母尚且阻止贾政管教宝玉，高老太爷却唯恐克字辈对觉字辈管教不严。在《家》中，"贾宝玉"分化成了觉新、觉慧二人。贾宝玉对长辈绝对尊敬、绝对服从，但又恃宠恣意，时有越轨。觉新、觉慧的父亲不像贾政那么严厉，祖父又不像贾母那么可亲，缺乏了家中的制约、润滑机制，他们便走向两个极端：一个只信"无抵抗主义"，另一个则公开反抗。觉慧对造成鸣凤、梅和瑞珏三个女性之死的罪魁有清醒认识，并发誓"让他们也牺牲一次"。

《家》中的人物有一定的复杂性，如觉新既喜读《新青年》，行动上又没勇气反抗旧势力的迫害。觉慧信奉人道主义，潜意识中却仍不能把鸣凤与琴同等看待；觉慧痛恨封建家长对青年一代的压抑，对高老太爷却仍未完全丧失人伦情感。但是，总体来说，与《红楼梦》相比，《家》的内涵要单纯明了得多。《红楼梦》是"形象"远远大于"思想"，人们从中发掘出的东西肯定远远超出了曹雪芹的创作意图；《家》则是"形象"与"思想"基本一致，不论谁读这部书，都无法否认它的主题是"反封建"，是对大家族罪恶的控诉与诅咒。

二、《红楼梦》与《京华烟云》：模仿与新解

林语堂的《京华烟云》写于 1938 年，1939 年以英文由纽约约翰·黛公司出版。关于这部小说的创作意图，作者在给郁达夫的信中说是为"纪念全国在前线牺牲之勇男儿"。[①]这句话显然不宜从字面来理解，因为书中主人公姚木兰是女性，她并未像花木兰那样亲自到前线杀敌。小说上卷《道家女儿》和中卷《庭园悲剧》写的主要是家庭生活，下卷《秋季歌声》[②]的最后写到了木兰与莫愁的儿子参军抗日，但抗日内容在全书中篇幅很少，阿通、肖夫又是性格模糊的次要人物。作者的真正目的，是"介绍中国社会于西洋人"[③]，也就是向外国人介绍中国社会和中国文化。

与巴金不同，林语堂创作《京华烟云》是有意识地模仿《红楼梦》，而且并不避讳这部作品与《红楼梦》之间的密切关系。他在给郁达夫的信中就谈到两部作品人物之间的对应。不过，我们分析《京华烟云》与《红楼梦》之间的关系不必完全依作者的指引，正如对其创作意图与思想内涵的发掘不必完全受作者的直接表白拘泥一样。比如林语堂将桂姐比作凤姐，但桂姐与凤姐不论身份地位还是性格特征并无多少相似之处，桂姐的形象也远不如凤姐那么鲜明、生动，那么重要；我以为将珊瑚比作李纨不如以曼娘拟之；而将体仁（迪人）比作薛蟠亦不甚妥。另一方面，作者所称"远出《红楼》人物范围"的人物，也并非与《红楼梦》毫无关系。读过《京华烟云》之后，笔者有一种感觉，就是《京华烟云》是对《红楼梦》在模仿基础上的重新阐释。据作者的女儿林如斯介绍，1938 年春林语堂本欲翻译《红楼梦》，后因觉得"《红楼梦》与现代中国距离太远"，[④]所以才决定创作《京华烟云》。与《红楼梦》与《家》的作者不同，林语堂并没有在封建大家庭中成长的

---

① 《林语堂批评文集》，珠海出版社，1998 年版，第 252 页。
② 《林语堂文集》，作家出版社，1996 年版。
③ 林如斯:《关于〈京华烟云〉》,《林语堂文集》,作家出版社,1996 年版,第一卷第 4 页。
④ 同上，第 6 页。

经历，他是从介绍中国文化给西方读者的宗旨出发，在模仿古典名著的时候，站在今天的高度，根据作者自己的理解，赋予类似题材以新的涵义。

《京华烟云》的主人公是姚木兰，而我首先要分析的却是被一般评论者所忽略的木兰之兄姚体仁。贾宝玉在《红楼梦》中是一号主人公，我们打开《京华烟云》自然要问宝玉哪里去了。作者给我们指出的是他化作了木兰的弟弟阿非。但阿非在上卷中不过是个道具一样的小孩子，基本未正式出场。只是在中卷中他奔走于红玉与宝芬之间，才有点类似于宝玉与钗、黛之间的关系。其实，那主要也不是因阿非多像宝玉，而是因红玉太像黛玉了。阿非并无异端思想，相反，与他哥哥不同，他是个相当"正统"的"好孩子"。到了下卷，阿非走向社会，领导查毒禁毒，更与宝玉无任何类同处。倒是他哥哥体仁与贾宝玉类似之处更多些：体仁从小在丫鬟簇拥之中长大，与贴身丫鬟银屏发生恋情，除去对自己的妹妹外，对别的女孩子都温柔。虽然生得聪明漂亮，但由于母亲娇惯纵容，也由于意识到自己家庭的富贵，从不下苦功读书，被父亲视为逆子，还因在外惹祸遭父亲痛打。他对银屏的爱超越了阶级界限，也能像宝玉一样为丫鬟喂药并对之海誓山盟；银屏死后他极其悲痛，并为此与父母翻脸。他曾对银屏谈论过他对男女之间、主仆之间关系的看法，认为这些并非天经地义、万古不变的。在第十九章几位青年谈论《红楼梦》人物时，他便明确表示他喜欢贾宝玉。

然而，这个"宝玉"在《京华烟云》中基本上是一个被贬抑的角色。《红楼梦》中的贾宝玉虽然不等于作者曹雪芹，但在这一形象身上作者倾注了最多的情感，这一形象传达了作者最多的体验，作者是用同情乃至赞美的笔调来写贾宝玉的。而《京华烟云》中作者的理想形象是姚木兰，对于姚体仁，在第二十四章之前作者是把他作为一个不务正业、难以成器的渣滓来写的，对他与银屏的爱情也基本持否定批判态度。迄今为止，还没有人发现体仁这一形象有生活原型。笔者认为，这实际是林语堂对贾宝玉形象的重新塑造、重新解释和重新评价。曹雪芹有关"意淫"、有关贾宝玉与薛蟠、贾琏之流本质区别的描写是林语堂视野中的盲点，林把宝玉与薛蟠、贾琏看作一路货色，看作胸无大志、任性纵欲的败家子。读了《京华烟云》，我们似乎听到作者在说：贾宝玉这样的人是不足取法的，如果贵族青年都像贾宝玉这样，大家庭是必然败落的。这种观点若以日常现实生活理性衡量，本无可厚非，这也是不少普通读者阅读《红楼梦》之后的感受。然而，曹雪芹之所以伟大，是因为他塑造的贾宝玉形象所蕴涵的异端思想和客观上的叛逆精神。这一精神不仅在文学史上，而且在中国思想史、文化史上都是具有划时代意义的。尽管贾宝玉或曹雪芹本非有意识地对封建价值观念进行反抗，但由于作者是带着极大同情塑造贾宝玉这一形象，全书同情甚至肯定异端的倾向非常明显。相比之下，林语堂通过姚体仁而对贾宝玉进行的阐释，实际又回到了"常识"的层面上。

《京华烟云》中的孔立夫则可看作《红楼梦》中甄宝玉的化身。立夫与体仁的相互映衬恰如"真假宝玉"的相互映衬。只是曹雪芹对"真""假"宝玉二人的情感与价值倾向令人捉摸不透，而林语堂却是十分明显地扬孔（立夫）抑姚（体仁），亦即扬甄抑贾。他在评论《红楼梦》后四十回宝玉做八股应科举时所说"宝玉到后四十回，所以能深深动人，就是因为他已不似前八十回专说呆话吃口红而已"，正与当今大陆红学界流行观点相反，而这恰可说明林语堂对贾宝玉的基本看法与态度。

《京华烟云》倾注笔墨最多的人物还是两位女性，即姚木兰和姚莫愁。这两个人物是作者理想道德的象征。姚思安虽为"道家"，但我以为他实乃木兰姐妹的一个背景。通过这三个形象，林语堂将《红楼梦》中的悲剧都化解了。莫愁与曼娘是中国传统妇德的化身。木兰则是作者意想中中西妇女优点的融合，是儒道互补的结晶，又是"中体西用"的产物。但木兰与莫愁身上都丝毫没有《红楼梦》中"女一号"林黛玉的影子。被作者当作次要人物、"主中之宾"塑造的冯红玉，在体弱多病、多疑任性、多愁善感方面确实类似黛玉，但也仅此而已，她身上并无多少异端色彩。她爱阿非，是因阿非"家虽富有，但无骄纵恶习，对她用情至专"。而在《红楼梦》中，那些带有骄纵之嫌的异端色彩恰是使得宝黛二人心心相印的基础。可以说，真正的黛玉在《京华烟云》中是缺席的，红玉只得其外壳。倒是宝钗、湘云、探春的形象，分别化入莫愁与木兰身上。木兰与莫愁分别给在香港的体仁写信，劝其坚定出国留学的决心，恰似宝钗、湘云、袭人劝宝玉留心于"仕途经济"。虽然这"仕途经济"的具体内涵有变，但实质都是希望他不再骄纵任性，而成为对家庭有用的人。对于《红楼梦》中的女性，林语堂是同情黛玉、晴雯，却尊敬乃至崇拜宝钗、湘云。他在《说晴雯的头发兼论〈红楼梦〉后四十回》一文中表示：

> 飘逸与世故，闲适与谨饬，自在与拘束，守礼与放逸，本是生活的两方面，也就是儒、道二教要点不同所在。人生也本应有此二者的调剂，不然，三千年叩头鞠躬，这民族就完了。讲究礼法，待人接物，宝钗得之，袭人也得之。任性孤行，归真返朴，黛玉得之，晴雯也得之。反对礼法，反对文化，反对拘束，赞成存真，失德然后仁，失仁然后义——这些话，不能说全无道理。但是人生在世，一味任性天真，无所顾忌，也是不行的。此黛玉及晴雯所以不得不死，得多少读者挥同情之泪。若晴雯撕扇，晴雯补裘，我们犹念念不忘。所以读者爱晴雯的多。但是做人道理，也不能以孤芳自赏为满足。

因此，在《京华烟云》中，林语堂让红玉早死以为别人让位，虽然他写到此处情不能自已。

在女性崇拜这一点上，《京华烟云》似乎与《红楼梦》是一致的，但细究起来，其中也有重要差异。《红楼梦》中贾宝玉是"处女崇拜"，不论等级贵贱，却看是否已婚，原因是他认为女性不受功名利禄熏染，比男子更纯洁（他为宝钗、湘云等受"污染"而惋惜）；《京华烟云》中的女性崇拜不受婚否限制，却看重女性的文化教养；不在乎该女子是否贞洁，却看重她是否教男子"学好"、是否能干。因为林语堂的出发点是家庭的和谐。这也是《京华烟云》贬抑银屏而宽容华太太的原因之一。

如果说《红楼梦》是封建大家族衰亡的挽歌，《家》是对封建大家族罪恶的起诉书，那么，《京华烟云》就是一张以道家精神与少许西洋文化补充，以儒家伦理为基础建立的封建大家族以图使之起死回生的处方。

三、《家》与《京华烟云》：《红楼梦》的不同变体

《家》与《京华烟云》处理的是与《红楼梦》类似的题材，而三部作品却呈现出不同的思想倾向与艺术风貌，这主要是因这三部小说的作者由于生活的具体环境、个人经历、文化修养与思想观念及个人性格不同，从而采取了不同的创作方法。[①]

这三部作品都以大家族生活为题材，但对家族制度本身却有不同的立场和态度。《红楼梦》的作者亲眼目睹、亲身经历了大家族的崩溃，他对此感到无限伤感，并希望有人能够"补天"。曹雪芹在作品中客观揭示了封建家庭的阴暗面，但他对那败落前的家是非常留恋的。他通过主人公贾宝玉对男女两性的评价，客观上对封建观念有批判作用，但他主观上不可能否定整个封建制度。与此相反，《家》的作者巴金则是旗帜鲜明地批判整个封建家族制度。他对那个家也不能说没有丝毫留恋，因为那里有他爱着的和爱过的人；然而，主人公觉慧的出走不是在家庭彻底败落之后悲观厌世的结果，而是因为他（同时也是作者巴金）看透了封建家族制度的吃人本质与必然灭亡的命运。《京华烟云》的作者林语堂对于封建家族制度却没有多少明显的批判。《京华烟云》中曾姚两家的败落并非由于家族内部的腐朽与后代子孙的不肖，而主要是因为战乱。作者把"家亡"与"国破"联系在一起；对家族败落虽有感伤，却并不悲观。他把家的复兴寄托在他所坚信的国之复兴上。

这些不同处理，还是决定于作者不同的创作意图。曹雪芹的创作目的，是借"满纸荒唐言"挥洒其"一把辛酸泪"，以便后人理解其对人生盛衰悲欢离合的感悟之"味"。巴金的创作意图则是控诉、批判封建制度，鞭挞那些害人者、压迫者，号召青年起而抗争。林语堂则是为向外国人介绍中国文化特别是家族文化。虽然在《著者序》中他宣称"本书对现代中国

---

① 本文所谓"创作方法"是指作家进行文学创作时总的指导思想、艺术追求和基本方式，包括创作目的、创作对象与创作原则三个方面。

人的生活，既非维护其完美，亦非揭发其罪恶。……只是叙述当代中国男女如何成长，如何过活，……如何适应其生活环境而已"，但因该书创作于抗战期间，又写于异邦，为了民族自尊心，对中国封建家族制度还是明显褒多于贬。

日本学者山口守在《试论巴金〈家〉的结构》一文中指出："在小说《家》里，人与人之间关系的基本形式是'对立'。虽说'对立'的原因依场面的变化而各个不同，但我们能够得到这样一种印象：这个故事是由'对立'构成的。"这句话抓住了《家》中人物关系同时也是不同思想观念之间关系的要害。巴金是"五四"精神的忠实捍卫者，他对旧文化抱的是坚决的否定态度，对旧势力采取的是毫不妥协的斗争立场。笔者认为,《京华烟云》中主要人物之间及其所代表的不同思想观念之间的关系是和谐或妥协、互补。在这一点上,它也与《红楼梦》有了分野:对于《红楼梦》的解释虽有"钗黛互补""钗黛合一"之说，虽然悲剧制造者贾母、王夫人、凤姐与受害者贾宝玉、林黛玉之间并未发生直接冲突，但"互补""合一"并未在文本内部实现，钗黛二人并未互相妥协，宝玉、黛玉的思想观念与封建家长们的观念存在着内在的紧张与对立。

在《京华烟云》中，人物之间客观利益上的对立是存在的，因为没有对立冲突难以展开情节。作为头号主人公的姚木兰便与她周围几个重要人物存在着客观上的对立关系：她与妹妹莫愁应当是情敌，与哥哥体仁有正与邪之分，与妯娌素云有温良贤惠与尖酸刻薄之别，与丈夫荪亚的关系，在别的作家笔下，更是展开冲突的素材。然而，在《京华烟云》中，这些对立、冲突却都一一化解了：对于莫愁，她退让并衷心为之祝福；对于体仁，她幼时忍让，长时劝勉，最后体仁在经历挫折之后终于改邪归正；对于素云，她委曲求全，后来以素云离开家庭而最终弃恶从善为结局；对于荪亚，她虽不能全心去爱却能忠贞不渝，荪亚的外遇事件也被她以智慧处理得三全其美。此外，小说中另外几对矛盾也以最终和谐为结局：阿非、红玉、宝珠之间的三角恋情以红玉自杀，主动"让贤"，阿非、宝珠为之惋惜、怀念为结局；曾太太与桂姐一正一偏，本亦为一对矛盾，但二人一宽一让，总能和平共处。

《京华烟云》人物之间关系的"和谐",根源于作者思想观念上"儒道互补"的理想。这一理想化而为正面主人公的处世准则。儒家伦理重视尊卑秩序与道家哲学顺应自然的精神在作品中融为一体。姚思安信奉道家哲学,他的女儿姚木兰作为"道家的女儿"也体现出道家精神,表现为面对世事变故随遇而安。曾文璞与孔立夫、姚莫愁、孙曼娘则是儒家精神的代表。曾、孙二人的儒家精神表现为遵守礼法、虔信儒家道德理想;孔、莫二人的儒家精神除讲孝道守礼法外,还表现为讲究实际,有强烈的入世精神。主人公姚木兰既是道家的女儿,又是儒家的媳妇。她与孔立夫心心相印,与姚莫愁姐妹情长,与曾文璞翁慈媳孝。另一方面,孔立夫与姚思安则翁婿相契。木兰身上吸收了一定的儒家思想,她孝敬公婆、相夫教子,处处合乎儒家伦理。道家思想主要是她的一种内心生活,一种内在精神。

在经历了彻底反传统的 20 年代和普罗文学与京派、海派并存的 30 年代前期之后,林语堂小说的价值观念显得独具一格。然而,为表现其道德理想,为表现他对中国传统文化的看法,林语堂也对现实生活作了美化、观念化处理,暴露出一定的人为痕迹。这主要表现在:为说明在中国"所谓压迫妇女乃为西方的一种独断的批判","所谓'被压迫女性'这一名词,决不能适用于中国的母亲身份和家庭中至高之主脑",[1]在《京华烟云》中,林语堂有意让男性家长退居二线:在姚家,姚思安潜心修道,不理日常琐事;在曾家,曾文璞也把理家大权交给能干的儿媳;在牛家,牛思道的官是太太帮着"运动"来的,牛太太外号"马祖婆",是家中的西太后。在《吾国与吾民》中,林语堂曾引《红楼梦》为例,说明中国妇女在家庭中的崇高地位。但《红楼梦》乃一特例,贾府是封建社会中的一个独特环境。曹雪芹是以亲身经历为依据,借大家族中"阴盛阳衰"为主人公贾宝玉独特性格的成长提供一个客观环境,来表现其"女尊男卑"的惊世骇俗思想。设若贾母之夫贾代善健在,设若贾政、贾琏是精明强干的人,贾母、王夫人、

---

① 林语堂:《吾国与吾民》,岳麓书社,2000 年版,第 123 页。

王熙凤的地位决不会如此之高。我们对比一下巴金的《家》即可明白此言之不谬：在《家》中，高老太爷享有至高无上的权力，克字辈中男人与女人的地位亦不可同日而语，觉字辈中理事的是觉新而非瑞珏。父权制家庭无疑是中国封建家庭的常例。林语堂将特例当常例，以《红楼梦》为蓝本，虚构现代封建大家庭的故事，只是为向西方人指出：你们关于中国妇女受多重压迫的印象和观点是错误的（这与鲁迅小说《祝福》恰好相反）。

当然，《京华烟云》中也有未能调和的对立冲突，即姚太太与丫鬟银屏的矛盾。不过，这两个人在小说中不是作为作者全力歌颂的正面理想人物来写的，作者对她们持的是带有同情的否定态度，因为她们违反了尊者慈卑者顺的伦理准则：在作者看来，姚太太对下人未免刻薄，银屏又未免不守本分。联系林语堂一系列小说和散文作品，我们可以看出他的伦理观，那就是基本肯定封建等级制度、家庭制度，但又希望这一制度多少融进一点西方的民主平等精神。他认为长辈与晚辈、贵族与下人之间只要各守本分而又互相体谅，家庭就会和谐安宁。

《家》与《京华烟云》皆受《红楼梦》不同方面的影响，对于《红楼梦》的不同变异，说到底既与时代相关，更与作者本人的生活经历、文化教养密不可分。《红楼梦》与《家》的作者都生长于封建大家庭，对家族内部关系与错综复杂的矛盾有切身的真切的体验，他们的写作不是从理性观念出发，而是从生命体验、从强烈的爱与恨出发，笔下倾注着血与泪。林语堂没有在大家族中生活的直接体验，唐先生说他的《京华烟云》"人物是不真实的，不是来自生活，而是林先生个人的概念的演绎，因此没有一个人物有血有肉，能够在故事里真正站起来"[①]，虽然未免责之过严，却也不无道理。林语堂"两脚踏东西文化"，创作《京华烟云》时又远离抗战中的祖国，其创作因而既易观念化（从文化分析出发），又易情感化（因民族自尊心而美化故国文化）。与他不同，巴金的《家》创作于 30 年代初，虽然此时"五四"高潮期已过去十来年，但大哥的死使他对大家庭的罪

---

① 唐弢：《林语堂论》，《文艺报》1988 年 1 月 16 日。

恶有切肤之痛。"五四"后的思想界普遍从社会制度方面寻求济世良方，巴金受时代思潮影响，把矛头直指封建制度。为了强化封建制度的吃人特征，他特地虚构了鸣凤、梅和瑞珏三个女性之死。而如果在林语堂笔下，觉新与瑞珏的"先婚后爱"恰是说明包办婚姻未必导致悲剧的一个例证。

　　林语堂在《吾国与吾民》中也曾揭示国民的劣根性以及家庭之外社会上男女不平等的事实。那么，他为什么在《京华烟云》中更多从正面肯定封建的家庭伦理呢？这是因为他遵循的是理想主义的创作原则。他曾公开宣称，书中的姚木兰是他理想的女性。因而，围绕主人公姚木兰的家庭关系也就往往体现为理想的家庭关系。这种理想的家庭关系，使人联想到王元化先生所谓孔子的未能得以实现的精神理想，即"传统伦理中的抽象理想最高之境"①，而非现实中的家庭伦理关系。林语堂《吾国与吾民》论述家庭关系时，肯定"严格判别尊卑"的儒家学说："儒家学者觉得这种分别对于社会上的和谐是必要的，他们的这种见解也许很相近于真理。"林语堂肯定的其实就是孔子的"原教旨"。

　　《京华烟云》的作者以西方文化为参照描述中国封建家庭生活，使这部小说具有了前所未有的开阔视野。但理论视野的开阔不等于生活接触面的广阔。直接生活体验的缺乏与以宣传为宗旨的创作方法，使该作品显出抽象化之弊。他对于中国传统文化的评价，虽有纠"五四"以来全盘否定传统与西方汉学家有意无意歪曲中国文化之偏之功，却又有不合事实实质，过分美化现实，炫丑以为美之嫌。这与他本人在国内时养尊处优、在创作时又远离祖国密切相关。《家》的作者有切身的封建家庭生活体验，在对封建制度实质认识的深度与对其批判的力度方面超过了《红楼梦》，更超过了《京华烟云》；但作者目光焦点只集中于制度层面，又使作品没能向更深处开掘。《红楼梦》的作者不可能了解西方文化，也不懂何为自由、民主、平等，但非凡的艺术感受力、思想洞察力与艺术表现天赋，使得他在小说中涉及了封建家族生活以及更广泛的社会人生的许多实质性问

---

① 王元化：《杜亚泉与东西文化问题论战》，见许纪霖编《二十世纪中国思想史论（上卷）》，东方出版中心，2000 年版，第 293 页。

题，客观揭示了某些人生真谛。在思想内涵的丰富复杂深刻与艺术表现的精湛高超完美方面，不论《家》还是《京华烟云》，都还未能达到古典小说中这一顶峰的高度。

作品来源

发表于《红楼梦学刊》2002年第1辑。

无端笑哈哈 不觉泪纷纷
——《红楼梦》和《傲慢与偏见》比较续篇

赵景瑜

导 读

原来写这篇拙文时，思之兴之，笔之舞之，不知不觉就起草了近两万言，有谁家刊物敢刊载如此长文？！于是腰截两段，前半段刊于《山西大学学报》，权作正篇，后半段则送给《名作欣赏》，故称续篇。其实无所谓"正篇续篇"，两文颠倒一下也未尝不可，这里仅是依据公开发表的先后时间而定。

一

墨子说："同异交得，放有无。"[1]这是说任何事物同中有异，异中有同，如同有和无的关系一般。可见，要把《红楼梦》和《傲慢与偏见》的同异优劣，说得一丝不苟，毫厘不爽，实在是难于上青天了。这两部长篇巨制均被各自的国家誉称为伟大的现实主义小说，而且都是文学史上最复杂的作品，仁者见仁，智者见智，评价分歧极大。奇怪的是这两部小说，在起书名和创作上，竟有惊人的相似之处。

《红楼梦》前八十回出现于 1754 年（乾隆十九年），红学界通认为曹雪芹所撰；后四十回最早出现的是卷前有程伟元序的百二十回抄本（即蒙古王府本），可能早于 1791 年（乾隆五十六年）木活字排印本之前，红学界通认为程伟元、高鹗所续。可惜，后四十回原稿早已迷失。原稿在曹雪芹手中，呕心沥血地整整增删修改了十年，如果加上雪芹谢世以后程伟元、

---

[1] 《墨子·经说上》。

高鹗等人的修改定稿，竟经历了四十八个年头呢。小说的书名也曾经八易其名，当作者在世时便出现过五种名字：《石头记》《情僧录》《风月宝鉴》《红楼梦》《金陵十二钗》。作者去世后又先后出现过三种名字：《金玉缘》《大观琐录》《情界真铨》。若干年来，八种书名改来换去，最终以《红楼梦》一名约定俗成，闻名于世。

英国女作家简·奥斯丁的代表作《傲慢与偏见》，则最早写于1796—1797年，为书信体长篇小说，书名称《第一个印象》（中文又译作《初次印象》），后于1810—1812年之间，接受了许多亲友的建议，经过改动和压缩，重新改写为《傲慢与偏见》，并用这个书名于1813年正式发表。据研究奥斯丁的西方专家称，《第一个印象》的原稿也早已遗失。书名是书的符号的标志，思想本质的体现，如同眼睛一般，是人类心灵的窗户，摄取一切的动因，因此伟大的作家从来是重视为自己的杰作认真取名的。曹雪芹是如此，奥斯丁亦然。《傲慢与偏见》这个书名，就是得自英国作家芳尼·勃尼的感伤小说《西西丽亚》中的一句话。小说的末尾有一句著名的警语："整个这个不幸事件是傲慢与偏见的结果。"同时，"傲慢与偏见"（Pride and Prejudice）几个字用大号字型在同一页上重复出现。

二

《红楼梦》的语言成就，代表了中国古典小说语言艺术的高峰。作者只需用三言两语就可以勾画出一个活生生的具有鲜明个性的形象；作者笔下每一个典型形象的语言，都具有自己独特的个性，读者仅仅凭借一些对话就可判别为谁；作者的叙述语言以及诗词歌赋等各色韵文，也具有高度的艺术表现力，不仅能与小说的叙事融为一体，也能为塑造典型性格服务。而且人物语言是动态的，在运用语言的同时没有忽视人物举止的表现，更能把人物的心理状态天衣无缝地从语言中表现出来。比如王熙凤的语言、林黛玉的语言、焦大的语言、刘姥姥的语言、薛蟠的语言、小丫鬟红玉的语言，还有写景的语言，等等，都是突出的例证。

　　《傲慢与偏见》的语言，总的来说是性硬的粗描的，其人物总是像在坐着谈话，人人都变成了会交谈的机器人。过于繁冗的对话并不能贴切地表现人物的性格，喋喋不休的闲话却没有《红楼梦》中的闲话吸引人，那么诙谐幽默、妙趣横生！当然，《傲慢与偏见》的语言艺术也并非一无可取之处，某些人物的语言还是可以和《红楼梦》媲美的。例如班纳特太太和王熙凤的语言风格便各有千秋，两位女性虽然都没有文化，但却都是语言大师，说话高手。王熙凤的说话艺术是以"辣巧"著称，而班纳特太太的说话艺术却以"拙巧"出众。读过《傲慢与偏见》的人就会感觉到，从班纳特太太口中说出的话语，给人一种拙劣而流利、矛盾而谐趣的感觉，老妇人拙劣的乖巧，也形成了一种美的风格。她的话像一颗橄榄，乍一咀嚼似乎是苦涩的，可是细细品味，才知别具风格。她的话往往是模棱两可、拐弯抹角，却又抑扬顿挫。最为显著的特色是她挖空心思贬低卢卡斯家的几位小姐，抬高女儿吉英的一段精彩演说。

　　班纳特太太对别人家的女儿是先褒后贬，对吉英则是先贬后褒，她的每一句话往往是用自己的手打自己的嘴巴，读后使人忍俊不禁。

　　关于笑的描写，两部小说孰优孰劣？杨绛先生曾作过比较，做了夸大其辞的结论。她说："奥斯丁对她所挖苦取笑的人物没有恨，没有怒，也不是鄙夷不屑。她设身处地，对他们充分了解，完全体谅。她的笑不是针砭，不是鞭挞，也不是含泪同情，而是乖觉的领悟，有时竟是和读者相视目递，会心微笑。"接着举了第十一章，关于伊丽莎白挖苦达西笑的描写。实际不然，《傲慢与偏见》中关于笑的描写，与《红楼梦》中关于笑的描写，无论在数量上还是质量上都差得很远。世界上研究笑的图书很多，据说在法国巴黎国立图书馆就有二百多种。西方早有人预言："总有一天，也许统计学家就得论公斤来秤算这些'笑'，或者，把世界各国作家的有关论述一行一行衔接起来，计算它们能够环绕地球多少圈。"①《红楼梦》中关于笑的描写就可以说多得数也数不清，假如把它有关笑的字句一行一行衔接起

------

　　①　让·诺汉：《笑的历史》。

来，说不定便能绕地球一圈。除了一般地写到"笑道""笑说""笑着"外，据不完全统计竟写了五六十种笑貌，诸如：嘻嘻笑、哈哈笑、呵呵笑、冷笑、陪笑、含笑、大笑、眉开眼笑、哄然一笑、嗤的一声笑、扑哧一笑、嗨了一声笑、抿着嘴笑、咬着手帕子笑、拿手帕子握着嘴笑、嗑着瓜子儿只抿着嘴笑、取笑一回、那边一阵笑声、笑嘻嘻、摇着头笑、挤眼儿笑、咂嘴点头笑、只管乐、指着鼻子晃着头笑、扒着院门笑、嘻嘻哈哈的说笑、失声笑、堆着笑、撑不住笑、嗤的一声撑不住笑了、伸手笑、扎手笑、拍着手笑、假意含笑、满面陪笑、直立在桌上拍着手儿乱笑、跑到炕上拍手笑、说说笑笑、似笑非笑、鼻子里一笑以及笑打、笑倒、笑软、笑得前仰后合、笑得拍手打脚、笑在一处、笑得喘不过气、笑得两手捧着胸口、笑得弯了腰，等等。老舍说："个性引起对此人的趣味，普遍性引起普遍的同情。哭有多种，笑也不同，应依个人的特性与情形而定如何哭，如何笑；但此特有的哭笑须在人类的哭笑圈内。"[①]

《红楼梦》在描写人物的笑貌时总是注意各人的身份、地位和性格，便是依照"个人的特性与情形而定"的，这一点在第四十回中宴请刘姥姥的笑貌描写表现得最为淋漓尽致。凤姐和鸳鸯商量好如何如何捉弄刘姥姥，其他人用的都是乌木镶银筷子，单拿一双老年四楞象牙镶金的筷子与刘姥姥。刘姥姥见了说："这叉爬子比俺那里铁锨还沉，那里犟的过他。"接着刘姥姥又高声说道："老刘，老刘，食量大似牛，吃一个老母猪不抬头。"这时刘姥姥鼓腮不语，众人却上上下下哈哈地大笑起来，接着小说描写了各人的笑貌。这是人们所熟知的经常例举的一个例证，其描写得生动精彩，可谓传神摹影，音容俱备；其声琅琅如闻，其形栩栩如见。每人的笑都是那样贴切地符合人物的身份、地位和性格。且不说笑的原因、性质和功能如何，是否符合欧美"笑论"专家所探讨的80种论点，[②]我们只需从小说

---

① 《老舍论创作》，上海文艺出版社，1980年版，第83—85页。
② 美国埃德蒙德·伯格勒的《短命的理论——永恒的笑》一文，曾把欧美各国古今"笑论"专家的观点列举了80种，从哲学的、生理的、心理的、医学的、美学的等各个领域予以阐明。详见《笑声与幽默感》第一章。转引自《喜剧理论在当代世界》，新疆人民出版社，1989年6月版。

美学的视角，扫描一下作者和读者对此笑貌描写的美学反应，让读者得到高尚的精神享受就够了。"笑"是我们日常生活所不可缺少的东西，也是人类体现社会功能的感情释放，因此《红楼梦》中许多惹人发笑的场面和角色，正是在如实地反映人生的艺术，这种艺术被法国"笑论"专家阿兰称作"逗笑艺术"。这种"逗笑艺术乃是最精细、最大胆、最谨慎、最有分寸，而又是最巧妙的艺术"①。

大凡吸引读者的小说，除了必须富有生动曲折的故事情节和细节描写之外，还必须具有使读者姑妄听之，一下摄住他们兴趣的语言技巧。《傲慢与偏见》的开端是卓有声誉的。它以一场生动活泼的对话开始，在十来句对白中揭示出读者关心的问题：一个可以选作结婚对象的青年男子出现在一个有五个待嫁女儿的母亲面前，一下子推出了笼罩全书的综结。用对话写出人物，奥斯丁是大师。欧美评论家把她和莎士比亚并称②。奥斯丁无论写对话或叙述事情都不加解释，都只由读者自己领会，让读者直接由人物的言谈行为来了解他们，听他们怎么说，看他们怎么为人行事，从而认识人物的思想性格。同样，用对话写出人物，曹雪芹也是大师。《红楼梦》中许多篇章写对话就很成功，例如十七、十八回"大观园试才题对额"、第四回"葫芦僧乱判葫芦案"等，就是用对话描绘人物、发展情节的成功例证。文笔简练，用字恰当，可以说是《红楼梦》和《傲慢与偏见》两部小说的共同特色。

曹雪芹"于悼红轩中，披阅十载，增删五次"，③滴泪如墨，研血成文而写成《红楼梦》，所以其语言具有震撼人心的魅力。小说的语言特别富有一种诗化的倾向，它诗化了生活，诗化了环境，诗化了人物的感情与性格。这种抒情写意的特点，集中地表现在对意境的追求上。作者将叙事与抒情、再现与表现、写实与写意、人物塑造与意境创造相统一、相融化，这自然是继承和发展了我国古典诗词意境创造的宝贵经验。请看《红楼梦》是怎

---

① 详见《艺术体系》一书。转引自《喜剧理论在当代世界》。
② 沃特：《评论珍妮·奥斯丁文选》"引言"。
③ 《红楼梦》第一回。

样描写雪景的：

> 宝玉因心里记挂着这事，一夜没好生得睡，天亮了就爬起来。掀开帐子一看，虽门窗尚掩，只见窗上光辉夺目，心内早踌躇起来，埋怨定是晴了，日光已出。一面忙起来揭起窗屉，从玻璃窗内往外一看，原来不是日光，竟是一夜大雪，下将有一尺多厚，天上仍是搓棉扯絮一般。宝玉此时欢喜非常，忙唤人起来，盥漱已毕，只穿一件茄色哆罗呢狐皮袄子，罩一件海龙皮小小鹰膀褂，束了腰，披了玉针蓑，戴上金藤笠，登上沙棠屐，忙忙的往芦雪庵来。出了院门，四顾一望，并无二色，远远的是青松翠竹，自己却如装在玻璃盒内一般。于是走至山坡之下，顺着山脚刚转过去，已闻得一股寒香拂鼻。回头一看恰是妙玉门前栊翠庵中有十数株红梅如胭脂一般，映着雪色，分外显得精神，好不有趣！宝玉便立住，细细的赏玩一回方走。（第四十九回）

在这儿，作者把白雪红梅这一传统文学的意境，融入小说的故事情节和人物性格的创造之中。这十数枝红梅又单单从栊翠庵中绽出，"如胭脂一般，映着雪色，分外显得精神，好不有趣！"尤其是宝玉折回来的梅花，"原来这枝梅花只有二尺来高，旁有一横枝纵横而出，约有五六尺长，其间小枝分歧，或如蟠螭，或如僵蚓，或孤削如笔，或密聚如林，花吐胭脂，香欺兰蕙，各各称赏。"（第五十回）显然这是在象征妙玉。妙玉是一个品性才学都极高的女子，与势利场中俗人毫无共同语言。所以宝玉很尊敬妙玉，在他心中是个天性怪僻、不合时宜的好高过洁之人。妙玉虽然带发修行，自称槛外人，与红尘断绝，青灯佛殿的生活葬埋了她的青春本性，但她毕竟是一个二九妙龄的女子，她深知天下唯有超然物外的宝玉理解她，因此，当她灵犀一旦被触发，便人性复苏，尘心萌动，青春觉醒，默默地追求着什么。把红梅比作妙玉，真是再合适不过了。这一回描写了红梅白雪，由于彼此映衬，从而使梅更红，雪更白。所有在这白雪红梅世界中生活的众女子，在宝玉心目中都是美丽的纯洁的，而栊翠庵里的主人妙玉，则是白雪世界中更美丽更纯洁的一朵红梅。

再看《傲慢与偏见》，其语言则是充满着讽刺幽默的特色，这特色又包容了欧洲十八世纪理性主义的精神和女性的纤细。小说的语言常常含有反讽的意味，巧妙的对话又描绘了活脱脱的人物性格以及正在变化中的关系，并把情节引向高潮。请看威廉·卢卡斯爵士请达西与伊丽莎白跳舞那一段对话：

> 那时，伊丽莎白朝他们走来，他灵机一动，想乘此献一下殷勤，便对她说："亲爱的伊丽莎白小姐，你干吗不跳舞？——达西先生，让我把这位年轻的小姐介绍给你，这是位最理想的舞伴。——有了这样一位美人儿做你的舞伴，我想你总不会不跳了吧？"他拉住了伊丽莎白的手，预备往达西面前送，达西虽然极为惊奇，可亦不是不愿意接住她那只手，不料伊丽莎白立刻把手缩了回去，好像还有些神色仓惶地对威廉爵士说："先生，我的确一点儿也不想跳舞。你可千万别以为我是跑到这边来找舞伴的。" 达西先生庄重礼貌地要求她赏光，跟他跳一场，可他白白地要求了。伊丽莎白下定了决心就不动摇，任凭威廉爵士怎么劝说也没有用。"伊丽莎白小姐，你跳舞跳得那么高明，可是却不肯让我享享眼福看你跳一场，这未免太说不过去了吧。再说，这位先生虽然平常并不喜欢这种娱乐，可是要他赏我们半个钟头的脸，我相信他也不会不肯的。"伊丽莎白笑着说："达西先生太客气了！" "他真的太客气了——可是，亲爱的伊丽莎白小姐，看他这么求你，我们总不会怪他多礼吧。谁不想要这样一个舞伴？"伊丽莎白调皮地瞟了他们一眼，转身走开了。

"达西先生太客气了"这句话，具有多层戏弄的含义。达西的客气是由"庄重礼貌"表现出来，也就是说，他表现出合乎绅士身份的礼貌。但是"庄重礼貌"是一种非常有限的客气方式，不禁使人想起达西以前的行为。他当初在舞会上庄重得咄咄逼人，令人生厌，那次舞会上他伤害了伊丽莎白。"庄重礼貌"四个字，具有双关意义，照应了前后两次而揶揄了达西先生。这显然是指对世界上最傲慢最讨厌的人的一种勉强客气。所以说，伊丽莎白的恭维话含有暗讽的转折，于是她笑着，调皮地瞟了他一眼。"太客气了"还有一层意思。达西不是不愿意接受伊丽莎白那只手，他的客气不只是表面那层意思，更含有深刻的意蕴，达西的姿态已说明他对伊丽莎白怀有好感。对于读者来说，她的调皮和笑，又是一种反讽——伊丽莎白对达西的偏见态度可能全错了。最后是威廉爵士的行动，起了媒介作用，产生了广义的滑稽反讽的意味。"他灵机一动，想乘此献一下殷勤"，他高高兴兴地做了一件好事，却不知道自己实际上做的是什么事，也不明了伊丽莎白的话对他和达西是什么本意。

仅举上述两个例证，便可窥出《红楼梦》和《傲慢与偏见》的语言特征大不相同：前者具有深邃的意境美，后者则充满了机智、诙谐的幽默感。

三

爱情婚姻的描写，在两部小说中都占有极其重要的篇幅。从某种角度、某种意义上来说，两部书都是爱情小说，但两位作家的艺术构思不同，写作手法不同，因而赋予的结局也不同。

鲁迅说："悲剧将人生的有价值的东西毁灭给人看。讥讽又不过是喜剧的变简的一支流。"可见无价值的东西的毁灭不是悲剧，有价值的东西的毁灭才是悲剧，价值愈高悲剧度愈大。《傲慢与偏见》是喜剧性的小说，作者给四对青年男女安排的都是大团圆的结局；而《红楼梦》则是悲剧性的小说，婚姻爱情几乎全是悲剧的结局。在《红楼梦》中，作者把一对对恋人从愉悦引向痛苦，把读者从明朗的气氛引向沉郁悲壮的氛围，人们最担心、不希望的结局终于发生了。《红楼梦》的悲剧结局，所以那样震撼人心，就是因为它充分写出了被毁灭的女性不仅有外形的美，更有着内心的美。就拿林黛玉来说，她与整个社会对抗本身就具有苍凉的悲剧性，再加上作者充分写出了她的高尚品格，她的进步思想，她的不同流俗的行止见识，她的幻想和追求，便拉近了她与读者的感情距离，使读者恨她之所恨，爱她之所爱，和她同忧同乐，同啼同笑。正像德国著名戏剧家席勒所说的："悲剧是对一系列彼此联系的事故（一个完整无缺的行动）进行的诗意的摹拟，这些事故把身在痛苦之中的人们显示给我们，目的在于激起我们的同情。"[①]席勒认为悲剧要引起足够的感动，就必须具备生动性、真实性、

---

① 伍蠡甫、胡经之主编：《西方文艺理论名著选编（上卷）》。

完整性、持续性的悲剧四要素，也就是必须使观众或读者对剧中的苦境产生生动、真实、完整、持续的想象。《红楼梦》无疑正是这样性质的一部作品，林黛玉死时的惨局，既激起了读者的眼泪，又赢得了读者的掌声。眼泪献给女主人公，掌声献给伟大的作家，这就是艺术的胜利。

《傲慢与偏见》却恰恰相反，作者把一对对恋人从痛苦引向愉悦，正是"山重水复疑无路，柳暗花明又一村"①。四对男女青年无不获得美满的结局。此时此景，作者的心情是平和的，读者的感情是舒畅的。奇怪而有趣的是：中国作家曹雪芹完全违背了中国文学传统的大团圆的喜剧模式，英国作家奥斯丁又违背了西方文学传统的惯用的悲剧模式。个中深意，不能不使人深思。这自然并不是说悲剧比喜剧要崇高，要绝对的好，但是曹雪芹把揭露封建礼教，写成悲剧结局，无疑是真实的深刻的。因为悲剧的时代只能产生悲剧型的人物。宝黛爱情的毁灭，正是时代的悲剧，性格的悲剧。

为什么两本小说的故事结局截然不同呢？这一方面是由于两位作家所处的国度国情、社会环境不同；另一方面是由于两位作家的爱情价值观不同、悲剧意识强弱有别的原因造成的。本来，在《傲慢与偏见》一开始的时候，第一句话便宣称："凡是有财产的单身汉，必定需要娶太太，这已经成了一条举世公认的真理。"读者从这句话中自然会体会到伊丽莎白和达西的结合，门不当户不对，应该是悲剧式的。因为在当时的英国，恋爱是为了结婚，结婚是为了成家立业，就得考虑双方的社会地位和经济基础。门户不相当还可以通融，经济基础却不容忽视。然而伊丽莎白和达西却没有产生财产悲剧，作者却从人物的相貌举止、才德品行上竭力玉成好事。傲慢的男子不再傲慢了，偏见的女子不再偏见了，于是二人皆大欢喜，终成眷属。这其实是理想中的婚姻。这种摆脱"经济关系"而单纯从感情、举止的和谐而结合，自然不符合历史的真实，也不符合艺术的真实。《傲慢与偏见》的结局处理和《红楼梦》相比不大感人，这不能不说是一个缺憾。

伊丽莎白和达西的爱情是先恨后爱逐步产生的。俗语说"不打不成交"，

---

① 陆游：《游山西村》。

中间有个相当长的误解，最后两人才相互理解，结为伉俪。黛玉和宝玉的爱情属于一见钟情式的，又是相互理解的，黛玉对宝玉的偏见是短暂的，二人的爱情是在耳鬓厮磨，日则同行同坐，夜则同止同息的基础上逐步深化的，最后却生离死别走上了绝路。他们爱情破灭的原因主要的不是由于财产，而是由于礼教。林黛玉和伊丽莎白都是具有独到见解、劲节孤高、凌云不俗的女子。她们都有强烈的叛逆性，然而两人的结局却截然相反。但是，尽管两部小说在爱情描写上表现形式截然不同，曹雪芹和奥斯丁却同样是伟大的现实主义大师，他们用自己的如椽之笔，栩栩如生地描写了社会众生相，揭露和批判了两种不同社会中的矛盾，肯定与歌颂了进步的爱情婚姻观。两部小说的各自价值，不容否定。应当说，这是现实主义的胜利。

‖ **作品来源** ‖

　　发表于《名作欣赏》1993 年第 2 期。

中外文化文学经典系列 馆配版

红楼梦（下）

导读与赏析

主　编　常汝吉　李小燕

本册编者　葛小峰

现代教育出版社

Modern Education Press

编 委 会

◉ 第五章　光彩夺目·红楼人物

光彩夺目·红楼人物

贾宝玉——两个世界里的尴尬人

涂雪菊

导 读

　　贾宝玉是《红楼梦》中的一个尴尬人：在其成长历程中，父亲正面形象的缺位和扭曲，使其丧失了对男性角色世界的认同感，而其他男性亲属混乱的生活，更导致了贾宝玉对于男性角色的背离；而作为身处女儿世界里的唯一男性，他却从未被女儿们视为同类而予以接纳，反而时时处处被要求其回归到男性的传统价值评估体系中去。

　　贾宝玉毋庸置疑是中国古典文学中一个最为特立独行的人物形象，其性格的多样性也给不同时代的读者带来了不同的审美体验。他英俊潇洒，貌美如花，他的外貌甚至连女子都要自愧弗如；他任性狂放，不拘小节，他的"不成器"和种种狂言悖行甚至促使其父要对他痛下杀手。贾宝玉最为大家所熟知的叛逆性言论，就是以"女儿论"为代表的种种尊崇女性贬抑男性的异端思想。窃以为，贾宝玉的这些言行，一则是其对自身的男性角色的不认同所导致的；二则是其推崇女儿清净世界以寄托其理想的外向表现。贾宝玉的身上有着较为明显的双性化人格的叠加，这一点已有诸多学者撰文论述过，此不赘述。本文拟探究身处两个世界之中的贾宝玉真实的角色状态，以及成因与发展。

一、男性世界的"弃儿"与"叛逆"

　　贾宝玉那么喜欢女儿，喜欢在内帏厮混的真实原因，当源于传统的男性世界不能给予其人格成长的正向动力，从而使其从幼年时期开始，就偏离了正常的男性角色的成长轨道，从而最终成为一个"于国于家无望"的不肖子，"天下无能第一"的"弃儿"与"叛逆"！首先来看贾宝玉的特殊身世。在他降生之前，贾政和王夫人已经育有一子一女，而且他的长兄贾珠已经娶妻生子，功名在手，却因病而死。在这一家庭悲剧发生后，唯一的嫡子贾宝玉，对于贾政夫妇来说，就是最大的安慰和依靠，而他"衔玉而生"的神奇出生方式，又给这对夫妇以更大的希望。"作为男人，又是国公后裔，贾宝玉从抓周那天起就面对着一张无法回避的人生答卷：如何回报列祖列宗的价值期待？"这是"占核心位置的儒家文化对男人人生使命的界说与要求。"①经常行为"失格"的贾宝玉与一门心思望子成龙的贾政矛盾不断，"（贾政）因此对贾宝玉一直持疏淡、呵斥、嘲讽、谩骂之态，即使偶生怜爱之情，也总不忘'断喝一声'：'作孽的畜牲！''又出去！'使得宝玉一见贾政，便如'避猫鼠儿一般'，听到贾政叫唤，心中就'不觉打了个焦雷'，父子亲情荡然无存。"②况且，贾政对于贾宝玉的这种管教方式，还经常受到贾母和王夫人明里暗里的干涉与回护，不能不说，这种管教的效果自是要大打折扣的。贾政这个原本应该成为儿子男性社会化角色成长路上的领路人，无形中却变成了一个阻碍，而传统父权的权威与专断，更是加剧了这种父子亲情的疏离。这种父子关系下的贾宝玉，自然也缺乏向父亲学习的正向动力，即由崇拜进而效仿父亲从而完成自身的男性社会化人格的养成和完善。

父亲的冷淡和专制，直接导致宝玉对于男性角色的反感，"无论是怕还是恨，都严重阻断了父子间正常的情感交流，无法产生亲近感。一个处于心理发育期的少年，他对男性社会的认知往往来自于自己的父亲，而这种充满距离的父子关系使得宝玉对男性社会产生很强的厌恶感，进而也对自我性别失去信心。"③从而厌弃男性角色所需要承担的一切社会责任和义务，

---

① 刘敬圻：《贾宝玉生存价值的还原批评》，《红楼梦学刊》1997年第1辑。
② 周晓波：《男性偶像的缺席——论贾府教育缺失对贾宝玉性格形成的影响》，《名作欣赏》2010年第7期。
③ 吕靖波，张文德：《试论贾宝玉叛逆性格的心理成因》，《徐州师范大学学报（哲学社会科学版）》2006年第3期。

不爱应酬，不读八股，对于"文死谏武死战"人生模式的否定和抨击，多源于此。

而祖母、母亲给予他的女性的温情和关爱，姐妹、丫鬟们给予他的温柔和陪伴，又加剧了他对于男性角色认同的离心力，表现出来的就是他乐于在内帷中厮混，宁愿沉醉在温柔乡中化灰化烟，而从不考虑自己及家族的未来。而从书中宝玉所结交的男性挚友来看，无论是秦钟、柳湘莲，还是蒋玉菡，这三人共同的特点就是他们虽为男子，但却比女儿还要像女儿。

其次，在贾府之中，其他男性亲属们，也没有给贾宝玉的人格成长提供一个比父亲更好的范例。先从文字辈来说，贾敬早早地放弃了自己作为一家之主的责任和义务，转而在虚无缥缈的炼丹求道的青烟缭绕之中寻求自身的快乐。贾赦则在求嗣的名义下尽情纵欲，寻欢作乐，他的人生目的无非就是在年轻女人们温软的怀抱中寻求肉欲的快乐而已。再说与宝玉同辈分的玉字辈的兄弟们，贾珍除了妻妾众多，尤为喜好在不正常的充满禁忌的情感关系中获得快感，如他与秦可卿的不明不白的关系，与尤二姐的畸形关系等；贾琏则在家有严妻的情况下，不放弃任何一次偷鸡摸狗的机会，即如贾母所云"脏的臭的，都拉了你屋里去"；贾环呢，在小说中完全是一个成事不足败事有余的家伙，对彩云也是始乱而终弃……

无论是贾宝玉的长辈们，还是他的兄弟们，这些围绕在他身边的男性角色，给宝玉打开的不过是一个又一个潘多拉的魔盒：乱伦、不忠、愚昧、贪婪……展现在他面前的男性世界是那样的黑暗而令人窒息，充满着腐臭不洁的味道，纵欲和狂欢仿佛就是他们活着的全部内容！在如此环境中成长起来的贾宝玉，要么与之同流合污，重蹈父兄的覆辙，从此浑浑噩噩、卑污不堪地在男性的传统世界的泥沼里滚打，要么与之分道扬镳，白眼看世界，与之决裂，从而走上不能为世所容的非主流的道路，成为家族"逆子"！

二、"女儿"世界的"宠儿"与"忠臣"

在卑污的男性世界与洁净女性世界的争夺与撕扯之中，贾宝玉最终选择了内心对女性世界的皈依，从而使其在勉为其"男"的行为表象下，自觉不自觉地在心理行为和动机上，越来越偏向女性化的生活方式和情感方式，从而使其成为大观园里的宠儿和护花使者。诚如贾宝玉梦游太虚幻境时，警幻仙子所言："汝今独得此二字，在闺阁中，固可为良友，然于世道中未免迂阔怪诡，百口嘲谤，万目睚眦。"

在小说中，贾宝玉很多奇怪的行为，如果从其女性化的心理结构上去分析，其实是非常顺理成章的。例如，贾宝玉对于平儿和香菱的态度，为二人偶然得以体贴尽心的时候，他的所思所想，从男性将女性作为欲望的对象的角度上来讲，其心理动机是不足的，因为这两个人不太可能给予贾宝玉相应的情感回报。但如果从其女性心理结构进行分析，我们就会发现，互相照顾、彼此安慰、彼此支持、不求回报，在别人的眼泪里治愈自己的创痛，这种体贴和照顾不过是少女们在成长历程中所经历的最普通的一种情感的交流方式而已。再如，最为人所诟病的"金钏之死"，如果将贾宝玉的言行视为男性心理动机的驱使，则贾宝玉必然难逃"轻浮儇薄"之罪；但如果从其女性心理动机去分析，这不过是小"姐妹"之间的一种调侃而已，事件的两个当事人都不是以情欲为目的调情，不过是几句无聊的玩笑而已。"贾宝玉把大观园中的女儿们看作真善美的化身，当作人生理想和理想人格加以追求。"[①]

贾宝玉对于男性世界的一切规则与秩序都持一种非暴力不合作态度，如他对于八股取士的看法，对于为人臣子的价值观的彻底否定，对于家族长幼尊卑有序的社会规则的破坏，都鲜明地表达了他对于自己自然的男性属性的否定。而这种种对男性世界价值观的否定和厌恶的行为，甚至在小厮兴儿眼中看来，都充满了荒诞不经的色彩。

对于男性世界对他的评判，贾宝玉是无所谓的；他更在乎的是大观园里的众多女儿们对他的臧否。从小说中看，纵使受到父亲"毒打"，也抵不上众多姐妹们为其伤之、惜之的眼泪来得珍贵；而时时处处使他烦恼使他忧心的，则往往是女儿们之间的龃龉和纷争。"晴雯、袭人、麝月之间和黛玉、

---

① 楼霏：《论贾宝玉的女儿观》，《红楼梦学刊》1995 年第 3 辑。

宝钗、湘云之间的纷扰便也是宝玉自己的灾害。他常在这些人的争夺战中被围困，被割裂，不但不能依他的主观获得调解，而且往往把一切的刀锋召集在自己的身上。他能与一般社会隔离，能战胜自己的父亲，但绝不能摆脱这一种无穷无尽的纠纷与烦恼。"①

三、两个世界夹缝里的尴尬人

首先，贾宝玉的这种偏于阴柔偏于女性化的性格的形成，是有文化渊源的。②其次，满族特殊的尊女习俗，也为贾宝玉崇女抑男的思想提供了现实的土壤。③

贾宝玉的悲剧在于，他向往的恰恰是此生都不可能实现的，身为男儿身，心是女儿心，无论男性世界还是女性世界，从他长大成人的那一天起，都不能再收容他那无处安顿的灵魂！

那么，他倾心相许的女儿世界会是他灵魂的归处吗？

正如余英时先生所言："曹雪芹虽然创造了一片理想中的净土，但他深刻地意识到这片净土其实并不能真正和肮脏的现实世界脱离关系。不但不能脱离关系，这两个世界并且是永远密切地纠缠在一起的。"④大观园不过是个暂时的避难所，园中的女儿们即使不遭受男性世界的侵害和毁灭，也会随着年龄的增长而谈婚论嫁，风流云散，正如林黛玉《葬花吟》里吟唱的那样："明媚鲜妍能几时，一朝漂泊难寻觅！"

另外，导致贾宝玉"爱博而心劳"的原因之一，恰恰也来自纯洁的女儿们有意无意地要求其回归男性世界的劝谏和讽喻！虽然，他能够参加女儿们的各种娱乐活动，起诗社、放风筝、开夜宴，虽然女儿们给予了他足

---

① 王昆仑:《〈红楼梦〉人物论》，北京出版社，2011年2月第3版。
② 王富鹏:《论传统文化的阴柔性因素对贾宝玉气质的影响》，《红楼梦学刊》2006年第4辑。
③ 王明霞:《从满族家庭礼俗看其民族的伦理道德观》，《吉林师范大学学报（人文社会科学版）》2003年第3期。
④ 余英时:《〈红楼梦〉的两个世界》，上海社会科学出版社，2006年8月第1版，第38页。

够的善意和接纳，但他特殊的身份，却只能使其成为女儿王国的一个旁观者，甚至从某种意义上来说，也许还是女儿王国被毁灭和清算的肇因！黛玉与宝钗的婚姻与爱情的抉择，袭人与晴雯的奴隶与自由的斗争，都指向他，但他却并没有一点自主选择的权利！

宝钗称其"无事忙"，分明地表达了对他不求上进的讽刺与否定；袭人对其屡次三番的劝谏，也明确地提出了对其读书应考继业扬名的要求；就连心直口快的湘云，也当面劝他"也该常常的会会这些为官作宰的人们，谈谈讲讲些仕途经济的学问"，对其"成年家只在我们队里搅些什么"的生活方式明确提出了批评！在湘云的眼中，贾宝玉从来就不是"我们队里"的人，这无疑是作者通过湘云之口，表达了女儿世界对贾宝玉是从未以同类视之的！

他爱的，是他此生无法选择成为的；他恨的，是他此生无法逃避的！对于贾宝玉这样一个处在两个世界的夹缝里的尴尬人来说，天地之大，他却只能是"无可云证，是立足境"，他所选择的也唯有弃世一途而已！

作品来源

发表于《红楼梦学刊》2011 年第 5 辑。

逃离与回归——贾宝玉真性追求的唯一出路

王丽文　鲁德才

导　读

　　赞美、肯定女性，是贾宝玉对真性追求的一种外化。借用水之清澈纯洁来象征年轻女性美好的品格，极尽全力呵护、欣赏年轻女性，体现了贾宝玉对真性的追求。但即使在"大观园"中，众多年轻女性依然难逃世俗势力的残酷摧残，贾宝玉无力改变她们的悲剧命运，因此，造成贾宝玉真实的"我"与社会的"我"之间的矛盾困惑，给他带来了极大的痛苦。贾宝玉对真性的追求，被现实无情粉碎，贾宝玉的理想王国彻底破灭，最后只能选择逃离凡世，回归大荒山下。

一

　　程甲本第六十六回《情小妹耻情归地府，冷二郎一冷入空门》中写到尤三姐认为终身大事是"一生至一死，非同儿戏"，"必得我拣个素日可心如意的人，才跟他。要凭你们选择，虽是有钱有势的，我心里进不去，白过了这一世了"！毫无疑问，作为女性，尤三姐的婚姻观念代表着新兴市民阶层争取自主婚姻的意识，显示出女性对自我人性的发现与自觉。但在《红楼梦》成书的时代，这毕竟不是主流意识。第五十四回中，贾母借说唱女艺人说《凤求鸾》之际，批评所谓的佳人"见了一个清俊男人，不管是亲是友，想起她的终身大事来，父母也忘了，鬼不鬼，贼不贼，哪一点像佳人"[①]。从表层来看，贾母的言语貌似是站在妇女角度，以女性身份发声，

---

①　曹雪芹：《红楼梦》，人民文学出版社，2008年版。本文引文均出自于此，为避免注释繁多，以下引文除特殊情况，不另注出处。

但实际上作者却是借贾母之口转述了以男权为中心的信条。

至于男性看女性，或者男性批评家评论女性问题，作为主流意识的捍卫者，他们必然遵循封建礼教的价值观，把女性的存在与价值，或者看作是传宗接代、释放性欲的工具，或者看作是家政服务的劳力，并没有从根本上意识到女性的主体意识。即便是同情和支持女性权益的男性，貌似站在客观的立场上描述女人，但此时的女人依然是男人镜子里的投影，依然是以男人的感觉系统、男人的心态来分析女人。有学者指出："传统男性社会性别角色中的重要组成之一，便是男性霸权主义，是高高凌驾于女人之上的那份'权威'。在贾宝玉生活的时代，男人是社会的主宰，女人是奴仆，是被轻视与奴役的。"①因此在很多时候，即使标榜为女性知己的男性，也总是居高临下地观察女人，难以平等深切地体验女性真实心理。

但是，贾宝玉对女性问题的认识全然不同于一般男子。他不仅站在女人角度看男女世界，而且还因为自己身为男子而感到厌恶，甚或甘愿做个女孩，时常自贬为"浊物""浊玉"，自认是"俗而又俗"之人。《红楼梦》第四十三回中，宝玉带着茗烟至郊外水仙庵中祭奠金钏。茗烟代宝玉祷祝道：被祭奠的姐姐，"你在阴间，保佑二爷来生也变个女孩，和你们一处玩耍"。作为宝玉的贴身小厮，茗烟自然最清楚宝玉的习性，宝玉听完此祷词，反而"忍不住笑了"，可见宝玉根本不反对茗烟的提议，或者内心中更有些欢喜。小说中描写的贾宝玉如同一个女孩，心思细腻，感情丰富，喜欢脂粉，甘愿在女儿堆里扎堆嬉戏，乐此不疲。客观来讲，贾宝玉表现得过于女性化。他"与女儿同止同息、同忧同乐，以至愿与她们同命同运、同生同死"②，以至于刘姥姥误将宝玉卧室认成了小姐的闺房。

即使是宝玉结识的男性朋友，也多是长相身段有着女儿之态的。如秦钟，如蒋玉菡，宝玉愿意与之结交，也正是基于"女儿是水作的骨肉，男人是泥作的骨肉。我见了女儿便清爽，见了男子，便觉浊臭逼人"的观念。

---

① 林骅、方刚：《贾宝玉——性别与阶级的双重叛逆者》，《红楼梦学刊》2002年第1辑。
② 吕启祥：《〈红楼梦〉与中国现代女性文化形象的塑立》，《红楼梦学刊》1994年第1辑。

二

我们不必跟随警幻仙姑，把贾宝玉对女孩子的泛爱主义判定为"意淫"，也没理由根据宝玉对俊俏男生女性化倾向的认同而提出类似同性恋的怀疑，更不必从生理角度推测宝玉不愿为男生的原因，包括女孩"水作说"与男人"泥作说"，都不是贾宝玉话语的本意。换言之，"水作"与"泥作"之说不过是借以表达其哲学理念和政治理念的一种比喻，或者说仅仅是一种符号。这里有三层含义：

其一，用水之清澈透明、纯洁无瑕的特性和生命之源的象征来比喻女子，而视男子为龌龊的泥土。

其二，按宝玉的逻辑，并非所有的女子都能获得纯洁清明的称誉。第五十九回中，作者借小丫头春燕之口，明确地转述了宝玉对女子的分类："女孩儿未出嫁，是颗无价之宝珠；出了嫁，不知怎么就变出许多的不好的毛病来，虽是颗珠子，却没有光彩宝色，是颗死珠了；再老了，更变的不是珠子，竟是鱼眼睛了。分明一个人，怎么变出三样来？"很明显，贾宝玉只认定美好清纯的年轻女子才是无价之宝珠，而嫁了男人的女性，随着年龄的增长和阅历的增多，与男性接触时间越久，受男人熏染愈深，这些原本清纯的女孩子们就变成死珠子、鱼眼睛了。但在这里宝珠也好，死珠子、鱼眼睛云云，仍是比喻，非是命题谜底。

其三，贾宝玉以没有结婚的、没有受到男子污染的处女的纯洁代表人的青春、生命、真情与真性。这才是宝玉之所以把女人比作"水作的骨肉"的本意，可以说，也是《红楼梦》所要表达的重要旨意。这是贾宝玉"推崇女儿清净世界以寄托其理想的外向表现"[1]。

既然贾宝玉把女人看作是"水作的骨肉"，崇拜圣洁的处女，把男人看作污浊之物，浊臭逼人，那就是说贾宝玉把男人当作了女人的对立面，彻底否定男人的世界，甚或连宝玉自己都羞于做男儿。那么，他为什么要否

---

[1] 涂雪菊：《贾宝玉——两个世界里的尴尬人》，《红楼梦学刊》2011年第5辑。

定男子、又厌恶男子什么呢？他所谓的浊物——男人，是否包括乃父贾政与乃兄贾琏之流？尽管读者没能在作品中看到贾宝玉对其男性长辈和同辈们的公开评价，但是在荣宁二府中，贾宝玉眼中看到的男子，要么是有如贾政似的道学正统，头脑却又僵化空虚；要么是贾珍、贾琏、薛蟠之流的皮肤滥淫之辈。贾府中众位男性的劣行，更加深了宝玉对男人是恶臭浊物的判断，强化了宝玉对男人世界的否定。在涂雪菊《两个世界里的尴尬人》中写道：贾政父亲形象的扭曲与缺位，使贾宝玉无法认同与效仿；而其他男性形象的混乱与荒淫，又促使宝玉只想背离与叛逃。[1]可见，贾宝玉所得结论的参照体系，大多来自四大家族自身。而如此种种之众多比较，更让贾宝玉感到拥有并保留人的美好本性的可贵。

从中国古代思想史发展而言，提倡人的真性、真人并不始于曹雪芹。明代王守仁的"良知"说，李卓吾的"童心"说，都在强调人先天的善良本性，反对儒家经典对人心的侵蚀，认为儒家学说一定程度上扼杀了人情感的真实本性，而让人们做虚伪之事、说虚假之话。"曹雪芹的用意正在于此，他把贾宝玉塑造成一个如同李贽一样的思想先驱者，在当世人看来简直是异端的人物，这正是对先驱者们的致敬，正是对封建理学的坚决反抗。"[2]另一位戏剧家汤显祖崇尚性灵，一曲《牡丹亭》，让杜丽娘为情而死，为情而生，杜丽娘对爱情的追求，与贾宝玉的真性说有相似之处。但贾宝玉触及的深度可以说远远超越了前辈诸家。

三

通过以上分析发现，宝玉内心所崇敬的无非是一种真性，这种真性是没有被世俗污染的。那么作品中是如何将宝玉追求真性的行为表现出来的呢？我们可以从以下几个方面进行分析。

---

① 涂雪菊：《贾宝玉——两个世界里的尴尬人》，《红楼梦学刊》2011年第5辑。
② 蒲芳馨：《古今异端之尤：李贽与贾宝玉——论贾宝玉形象蕴含的反理学思想》，《东南大学学报（哲学社会版）》2010年增刊。

1. 顺乎自然本性

第十七回大观园试才题匾额，贾宝玉针对稻香村景观发表了一通"正恐非其地而强为地，非其山而强为山"的议论，主张顺其自然天性，不宜破坏自然本色。贾宝玉之所以强调本色论，是因为他把大自然的一切都看作是"有生命的，应当尊重其存在的价值"。傅试家的两个老婆子评论宝玉的"呆气"时，说宝玉"时常没人在眼前，就自哭自笑的；看见燕子就和燕子说话，河里看见了鱼，就和鱼儿说话；看见了星星月亮，他不是长吁短叹的，就是咕咕哝哝的"。大约在宝玉眼中，燕子、鱼儿和星星、月亮没有沾染世俗男子气味，不会说什么仕途经济的混帐话，保持着天然本性。实际上除了黛玉、探春、晴雯等人，与宝玉有着共同价值观，所谓志同道合、兴趣相投的没有几个人，因此在宝玉身边，虽然终日簇拥围绕许多丫鬟婆子、小厮跟班以及其他男男女女，看似热闹，但真正可以交流思想和产生感情共鸣的没有几个人。因而宝玉内心极其落寞孤独，自然就会和燕子、鱼儿以及星星、月亮对话了。而这正与"情不情"之说相符。"贾宝玉是以情来认识世界、区别善恶，也是以情来处理周围事件的。情充溢在他的心中，散发到他生活的世界，他不知疲倦地爱人、寻求爱。他既杜绝了走经济之道，他就把爱人、寻求爱、与周围的人建立一种亲情关系作为实现自我价值的方式。"[①]

2. 以性别划分亲疏等级

事实上，在贾府之中等级观念还是比较森严的，主子与奴才之间，有着不可逾越的鸿沟，如薛宝钗这个以亲善和气著称的主子，在自己贵族尊严受到威胁时，也正告过贾府那些奴婢们要认清自己的角色，不要随便开她的玩笑。第五十五回中，探春亲舅舅赵国基去世了。其生母赵姨娘希望趁探春理家能够多发放几两银子，哪怕和袭人母亲去世时规格接近也好。但是探春毫不留情地驳回了赵姨娘的诉求，同时也粉碎了刁钻老奴看笑话的险恶用心。当赵姨娘说那是你舅舅，旁人也劝探春顾及情面时，探春毫

---

① 詹丹：《〈红楼梦〉与中国古代小说研究》，东华大学出版社，2003年版，第10页。

不留情地呵斥赵姨娘道："谁家姑娘们拉扯奴才了？""谁是我舅舅？我舅舅（指王夫人之兄弟王子腾）年下才升了九省检点，哪里又跑出一个舅舅来？"可见庶出在探春心里阴影之大。这些人无一不以等级高低和地位尊卑来划分和对待别人，即使是自己的亲生母亲也不例外。

但宝玉却没有那么强烈的等级观念和尊卑意识。他对人的等级亲疏的区分与众不同。"他便料定天地间灵淑之气，只钟情于女子，男儿们不过是些渣滓浊沫而已。因此把一切男人都看成浊物，可有可无。只是父亲、伯叔、兄弟之伦，因是圣人遗训，不敢违忤，所以弟兄间亦不过尽其大概就罢了。"据此来言宝玉仍然是以"水作的骨肉"与"泥作的骨肉"这一基本观念来划分亲疏的。他平日本就懒于与"士大夫诸男人接谈"，"却每日甘心为诸丫头充役"，"只和姊妹丫鬟们一起，或读书，或写字，或弹琴下棋，作画吟诗，以至描鸾刺凤、斗草簪花、低吟悄唱、拆字猜枚，无所不至"。和丫头们玩耍，"喜欢时，没上没下，大家乱玩一阵；不喜欢时，各自走了，他也不理人。我们坐着卧着，见了他也不理，他也不责备。因此，没人理他，只管随便，都过得去"。可以说宝玉平等待人，没有一点架子。

更有甚者，宝玉有时会做出无视等级制度，甚至是挑战教条的行动。如第六十三回，怡红院群芳开寿宴，宝玉房里的丫头们单独给宝玉过生日，吃酒时众人去掉敬酒的俗套，喝到兴致浓厚时都脱了大衣裳，只剩下"紧身袄儿"。后来一个个喝过了头，"不捡地方儿，乱挺下了"。酒醉之下，芳官竟然和宝玉同榻而眠。这简直是有违礼法。借此描写，作者深刻地表露了宝玉的女性意识，表现出宝玉先天就有对女孩子们，特别是和小丫鬟们相处时平等、同情、体贴、保护的态度。宝玉对下人从不摆主子态度，不以人的等级尊卑、地位高低来接人待物。这一点，别的男女主子们恐怕无人能够做到。

3. 深情未必生淫

深情未必生淫，这在贾宝玉与晴雯之间体现得最为深刻。在怡红院众多丫头中，宝玉和晴雯的情感最深厚、最纯洁，也最真诚。

如果说黛玉和随身丫鬟紫鹃、雪雁情如姐妹，但她们之间的基本关系仍未能摆脱主子和奴婢的模式；如果说贾琏，甚至包括《金瓶梅》中的西门庆等，也和身边有头有脸的丫鬟们打得火热，但是他们只是把丫鬟们当作是发泄情欲的工具。而"宝玉不是世俗的色情狂，更非女性的残害者"，但他"却永远不停地在细嗅着捕捉着许多女性的美貌与灵魂"①。

"宝玉的过分的女性崇拜与他那广泛的女性迷醉是不可分的。在任何场合他都能独特而深细地探索着女性的情感，而自然地发生共鸣。"②心比天高而身为下贱的晴雯虽是奴婢，却并无奴婢的自觉，她既有着率意而行的个性，又有着独立的人格，这些都吸引着宝玉。宝玉和晴雯虽然名义上是奴仆，却非常容易产生共鸣，进而互相引为知己。自撕扇事件之后，晴雯对宝玉"呆意""疯话"的内涵也有了进一步理解。宝玉与女孩子平等相处，竭尽全力保护每个人的尊严，这些必然会引起晴雯敬爱。可以说，宝玉和晴雯之间，不像是主子和奴婢，更像是互相理解互相敬重的蓝（红）颜知己。因此天真无邪、纯净如水的晴雯在屋外着凉时，可以毫无顾忌、极其自然地钻进宝玉被窝捂捂身子。晴雯对宝玉的感情是真诚的，是纯洁的，晴雯临死之前直言"我今儿既担了虚名，况且没了远限"，走到如此境地，她索性也不否认对宝玉的爱意，干脆咬断自己青葱一样长长的指甲，搁在宝玉手中，又脱下贴身小袄赠给宝玉作为念想，又将宝玉盖在她身上的小袄披上，以示自己"不枉担了虚名"。晴雯临死用这种方式宣示了她对宝玉的真情实感，证明了自己的清白。由此，我们真切地感受到宝玉和晴雯之间深厚而又纯净的真诚感情。可以说在宝玉心中，知己之间可以深情但不必生淫，引为知己的晴雯也同样秉持着这样的理念，与宝玉保持着纯洁的友情。

4. 母性之爱的呈现

作品第一回就描述神瑛侍者每日以甘露灌溉绛珠仙草，绛珠仙草借此灌溉始得久延岁月，才有了后世不断修炼，得脱草木之胎，幻化为人，借

---

①② 王昆仑:《〈红楼梦〉人物论》，北京出版社，2004年版。

女体人形而下凡。同时神瑛侍者也下凡为人。在此绛珠仙草预示为林黛玉的前身，神瑛侍者则预示为贾宝玉的前身。在大荒山时，神瑛侍者用生命之源——甘露来灌溉绛珠仙草，如同人间母亲用乳汁哺育自己的婴孩，这在很大程度上象征着母性母爱的博大。神瑛侍者下凡为贾宝玉，他虽是男儿身，然而因为宝玉认为天地精华为女儿所吸收，禀赋天地之灵秀的女子们才是最有真性情的，因此宝玉在人间像护花使者——实际是继续发挥着灌溉时保有的母爱精神，甘心情愿为丫头们充役，快乐地为香菱"换裙"，欣喜地帮平儿"理妆"，痴迷地看龄官"画蔷"，直至痴迷到忘乎所以，只想到龄官被雨淋湿了，却忽略了同样被雨淋湿的自己等等。为女性服务，让女性开心，这些一般男子不肯为亦不愿为之事，宝玉心甘情愿乐此不疲，其原因恰恰是因为贾宝玉在内心深处与女人同理同心同感同悟，因而他愿意与女性同行同止同喜同乐，甚至把自己作为女孩子们的保护神——母亲，来尽力保护那些女孩子。

四

作为整个家族中被寄予厚望的名门公子，正常情况下，贾宝玉应该遵循祖制，听从父辈教导，沿袭父辈及兄长足迹，走上仕途经济，升官发财，博妻荫子的道路。即使退一万步而言，贾宝玉没有通过科举博取功名利禄的能力，他也应该承袭祖宗阴德，拥有家族财产，快活地过着富足甚至骄奢的生活。然而宝玉却坚定地"放弃了世人希冀的前程，走向回归本真的道路"[1]。可以说，宝玉"反对八股，反对仕途经济，正是对封建理性对抗，以童心涤荡世风，追求生活，关注人生"[2]。

按贾宝玉的认识，"和天真、自由、美丽、温柔的女儿王国做一个对照，他发现凡那些《大学》《中庸》，礼教枷锁，功名争取，财货掠夺，以

---

[1] 盛雪云：《"真我"与"伪我"的辨析——〈红楼梦〉中甄、贾宝玉形象解读》，《牡丹江大学学报》2015 年第 7 期。

[2] 蒲芳馨：《古今异端之尤：李贽与贾宝玉——论贾宝玉形象蕴含的反理学思想》，《东南大学学报（哲学社会版）》2010 年增刊。

及一切违反自然的强制、虚伪与丑恶，都是男子们以人工制造成的可憎的世界"①。由于男人们大多被声色货利所迷，"空有皮囊，真性不知往哪里去了"，所以在他看来，首先是讲究八股，"读书上进""功名仕进"、讲说"道学话"的人，不过是"沽名钓誉"之徒罢了。包括那些讲"仕途经济"的人，同样被宝玉骂为"禄蠹""国贼"。"文死谏""武死战"的效忠精神，在宝玉的眼中也成了沽名钓誉、虚假的表演。贾宝玉不喜欢与"士大夫诸男人接谈，又最厌峨冠礼服"的为官者。总之，贾宝玉从性格差异角度来否定男人，实质是否定了以男人为主导的、以男权为中心的男人社会的许多规则，这里包括封建社会人才培养与选拔的制度，儒家以"仁"为核心的人格模式，并且对封建道德规范等等都提出了质疑。

即使是宝钗、湘云这些年轻女子，如果劝说宝玉攻读圣贤之书，走仕途经济之路，宝玉也会毫不客气予以反击。如第三十二回中湘云捡回了被宝玉遗失的金麒麟后的对话，明确表明了湘云看重仕途，宝玉看重亲情。所以当湘云得知宝玉拒绝接待贾雨村来访时，劝他"应该常常会会这些为官作宦的，讲谈讲谈那些仕途经济"，宝玉"大觉逆耳"，立刻下逐客令"姑娘请别的屋里坐坐吧，我这里仔细腌臜了你这样知经济的人"！让湘云十分尴尬。更有甚者，当宝钗劝宝玉走仕途之路时，宝玉"拿起脚就走了。宝姑娘的话也没说完，见他走了，登时羞得脸通红;说不是，不说又不是"。而宝玉也十分生气，纳闷"好好的一个清净洁白女子，也学钓名沽誉，入了国贼禄鬼之流"。实际上，宝玉否定的是封建仕途经济，鄙弃的是"文死谏""武死战"之人的愚忠与沽名钓誉。所以宝玉虽然许多观点不符合封建阶级正统观念，被人视为"潦倒不通庶务，愚顽怕读文章"，但这只是表明他不愿走"仕途经济"与"读书应举"之路,痛恨"沽名钓誉"与"国贼禄蠹"之流。

其实作者开篇就交代了贾宝玉（石头）的来历。他是当年女娲炼石补天时"无才补天的顽石"，据携带他来到凡世的僧道所言，"此亦静极思动，无中生有之数也"，"待劫终之日，复还本质，以了此案"。可见，来自仙

---

① 王昆仑:《〈红楼梦〉人物论》，北京出版社，2004年版。

界的他，自然与世俗的现实社会之人有着本质不同。因而作者在小说中设计了甄宝玉与贾宝玉作比较与映衬。"在《红楼梦》里，揭露批判着一个现实世界，呼唤向往着一个理想世界。"①"曹雪芹刻画甄、贾宝玉两个形象的目的用意在于：贾宝玉是现实世界的'假宝玉'，但是是理想世界的'真宝玉'；甄宝玉则是现实世界的'真宝玉'，却是理想世界的'假宝玉'。"②作者描写甄、贾宝玉见面前分别游历了太虚幻境。甄宝玉游历后一心读书，心无旁骛，向往仕途；贾宝玉游历后看破现实，追求真性，期待自由。所以当二人会面之前，他们互相渴望相认、相知。但是二人真的会面后，却感觉大异。甄宝玉苦口婆心劝说贾宝玉读书求取功名，使得宝玉先生失望，后生厌恶。当宝钗问及"那甄宝玉果然像你吗？"宝玉干脆地回答："相貌倒还是一样的"，"不过也还只是个禄蠹。"甚至表示"只可惜他也生了这样一个相貌，我想来有了他，我竟要连我这个相貌都不要了"。在此，作者表面上在叙说甄、贾宝玉的冲突抵牾，实际上传达的是贾宝玉"真实的我"与"社会的我"的矛盾困惑。可见，"贾宝玉的叛逆行为，都是他追求真实自我的体现"。贾宝玉"出家不是皈依佛门，而是回归自己的本来。换句话说，出家只不过是回归自身本来的一种途径，真正的还是为了追求本我"③。

五

中国社会是由母系社会到父系社会不断发展而来的。《红楼梦》开篇就提到的女娲，就是中国最古老的神话故事里的创世英雄，女娲是我们人类的始祖——第一任母亲。贾宝玉本身就是女娲补天创造出来的石头，属于女娲的子民。先秦两汉以来对西王母、九天玄女等女仙和女神的崇拜，乃至简狄吞食日月有孕生子的感生神话，类如《董永变》《目连变》等母体

---

① 冯其庸：《冯其庸点评〈红楼梦〉》，团结出版社 2004 年版，第 3 页。
② 盛雪云：《"真我"与"伪我"的辨析——〈红楼梦〉中甄、贾宝玉形象解读》，《牡丹江大学学报》2015 年第 7 期。
③ 朱秀鹏：《关于贾宝玉出家的一些思考》，《安徽文学》2011 年第 1 期。

崇拜的佛经故事，包括《周易》"天人合一"的宇宙观和道德观，也是以阴阳学说构建理论体系的。所有这些都不可避免地会影响曹雪芹的构思。贾宝玉的女性崇拜与恋母情结，应该也是传统母性崇拜的产物。

所以自母系社会开始，随着社会的发展，人际关系更加复杂，阴阳交错，你中有我，我中有你，从性格到服饰，从心理到行为，女汉子、男闺蜜等都已经不是什么令人惊奇的事情了，现代社会的人们已经司空见惯、见怪不怪了。难怪英国小说家和评论家、现代主义与女性主义的先锋伍尔芙说"伟大的灵魂都是雌雄同体的"，这或许是当代社会人格组成的趋势？

但是，贾宝玉排斥男性世界，只称赏女性世界，确切地说只赞美清纯美好的年轻女子。倘如从贾宝玉的生活道路和人格培养角度考察其命题，可以肯定地说，任何一项都不可能实现。

何以言之呢？我们且看。大观园建成以后，经过元春特批，宝玉和众姐妹一起住进了园中，形成了一个相对独立的小王国。不但与社会外界隔绝，同各房也较少联系。贾宝玉以为可以和"水作的"、具有真性的女孩子们无忧无虑地厮混下去，永远生活在一起，"生怕一时散了"，"只求你们同看着我，守着我，等我有一日化成了飞灰——飞灰还不好，灰还有形有迹，还有知识的——等我化成一股轻烟，风一吹便散了的时候，你们也管不得我，我也顾不得你们了。那时凭我去，我也凭你们爱哪里去就去了"。表面貌似看开了一切，但最终贾宝玉还是离不开女孩子们，"趁着你们都在眼前，我就死了，再能够你们哭我的眼泪流成了大河，把我的尸首漂起来，送到那鸦雀不到的幽僻去处，随风化了，自此再不托生为人，这就是我死的得时了"。

问题是掌管大观园所有权的家长们，允许这位"富贵闲人"在大观园长久地如此厮混下去吗？假如每月王熙凤不提供月例银，贾宝玉能活下去吗？假如贾宝玉弄出点"佳人不是佳人，才子不是才子"的风流事，封建家长们还会允许宝玉继续玩下去吗？事实是，家长的干预、外部的压力，以及内部矛盾关系的变动，女儿国也不可避免地逐渐瓦解了。伴随着晴雯、司棋被逐，芳官等小戏子们被逼或出家或配人，薛宝钗为避嫌迁出大观园，迎春、探春、湘云分别嫁人，惜春出家修行，特别是后来黛玉为情悲痛而亡等等事件的冲击，以至于到最后，因为"掉包计"贾宝玉和薛宝钗成婚的打击，贾宝玉真实的本原自我彻底崩溃，而社会的"我"勉强支撑着他完成结婚、科举之事。在这样的矛盾困惑之下，贾宝玉的真性追求，经受不住现实冲击彻底无法实现。

再者，从人的性格培养过程而言，我们在前文已指出，阴阳虽相互对立，但在一定条件下又向对方转化。女性性格可以吸收男性性格的某些特征，如刚毅、果断；男性性格也会间杂具有女性的性格特质，如温柔、细腻。但是任何一方的吸收都必须有一个"度"，超过了这个吸收度，影响了某一方的性格特质，则向对立的性格转化。如王熙凤男性意识过分膨胀就是一个典型例子，为此她被丈夫嫌弃，为公婆厌恶。倘若贾宝玉在自我性格培植过程中，内心完全排斥男人世界，拒绝向男人性格吸收有益的因素，只愿同女人厮混，而且是没有任何社会历练的、未出阁的单纯至极的小女生，那么作为一个男性，其培养层面和倾向度显然发生了偏差。宝玉虽然从女孩子身上强化了对青春生命的追求，坚持做一个纯洁、真性、有赤诚爱心的人，但是他却过度女性化了，几乎异化为一个女孩子，乃至他不具备应对社会事务的能力。他缺乏智慧和经验判断官场或者市井中诸多复杂交错的关系，缺乏能力面对和解决社会和家庭中错综复杂的矛盾。一旦走出大观园——不，即便是在大观园内，贾宝玉依然无法面对和解决真实的"我"和社会的"我"的矛盾。贾宝玉一概否定"读书应举""仕途经济"，反对"文死谏""武死战"，那么问题是否定了八股科举制度，那该用什么样的方法培养和选拔人才呢？贾宝玉批判封建官僚制度和封建道德，但是又不能完全否定人们的经济生活，这些是运转政治和经济职能机构的保证。那么贾宝玉能用什么形式促使社会政治经济正常运转呢？所以贾宝玉的批判思维中，感性直觉的部分过度发达，而他的理性思维欠缺不足。"宝玉的恋爱，宝玉的反抗，宝玉的逃亡，一切都不外从他的直感出发"，"他除去灵感、真情、正义，并不具有从现实世界中创造新时代的力量"，"凡专凭直感反对现实的人物，毕竟是不能改造现实的弱者，只有怀抱着'无才补天'‘枉入红尘’的悲痛已归幻灭而已"①。因此，贾宝玉最多也就是从庄禅中吸收一些思想武器，领悟一些苦痛与烦恼，却不知如何摆脱人生的困惑，这也如同贾宝玉真实的"我"和社会的"我"的矛盾困惑一样，让他在何去何从的选择中痛苦不已。他的真性观和理性人格的追求，在现实中根本无法实现。所谓《红楼梦》中反复提到的"真"还是"假"，有还是无，至今谁也说不清楚。而真实的"我"和社会的"我"的矛盾与困惑，在贾宝玉追求真性的过程中相伴始终却终归未能解决。既然真性追求被现实无情粉碎，理想王国彻底破灭，贾宝玉最后只能选择逃离凡世，回归大荒山下青埂峰旁。除此之外，别无选择。

‖ **作品来源** ‖

发表于《红楼梦学刊》2016 年第 5 辑。

---

① 王昆仑:《〈红楼梦〉人物论》，北京出版社，2004 年版。

论林黛玉悲剧的个性因素

李艳敏

导　读

《红楼梦》金陵十二钗的悲剧中，林黛玉的悲剧最感人，这和她高洁的性格和叛逆的精神分不开。要考察这一点，首先让我们来看看促使她性格形成及发展的情节。

《红楼梦》是我国文学史上的一部现实主义巨著，它毫不掩饰地描写了痛苦的人生、破灭的梦和被摧残的爱情，这显然是它成为一部永恒伟大作品的因素之一。

用西方文艺理论研究《红楼梦》的开山鼻祖王国维认为：《红楼梦》属于叔本华所说的第三种悲剧——"剧中人物之位置及关系而不得不然者"。它既不需要一种绝大的错误或意外的事变（第二种悲剧），也不需要一种险恶透顶的个性（第一种悲剧），而是普通人在通常的境遇下，处于彼此相关的地位，他们的地位迫使他们眼睁睁地给对方造成了最大的损害，其中没有任何一个人是全然错的。现代悲剧中的痛苦可以说是人与环境在某种特殊情况下，相互结合，使主人公的美与善转化成为摧毁他本人的工具的结果。它不仅仅是善恶报应，也不仅仅是作家对罪恶的执法。悲剧主人公在某种意义上应对自己行为的可怕后果负责，但那造成毁灭后果的力量却是极度难控制的。在自由和强制之间，在个人意志和社会强加给个人的要求之间，在人的高贵精神和某种"敌对的超自然力"之间，存在着纷纭复杂的关系，由此便派生出悲剧的情节。笔者借此观点分析一下林黛玉悲剧中的个性因素。

《红楼梦》金陵十二钗的悲剧中，林黛玉的悲剧最感人，这和她高洁的性格和叛逆的精神分不开。要考察这一点，首先让我们来看看促使她性格形成及发展的情节。

林黛玉出生于一个世袭侯爵中支庶不盛的"书香之族""清贵之家"，官僚的父亲因为"聊解膝下荒凉之叹"，把这个独生女儿提到男子的待遇抚养，从小便教她读书识字，爱之如掌上明珠。她有着一段比较娇惯的不受拘束的童年生活，但是，由于先天的体质纤弱，再加她母亲的早丧，她的童年生活中，又迷蒙着一层不散的忧郁。

清贵的官僚家庭，没来得及对她进行更多的阶级教育，也没有来得及让她充分感受那一社会给女人所规定的一切，而是只给她终身留一个空洞而温暖的回忆。为了减轻父亲的"内顾之忧"，她来到了正当花柳繁华的荣国府。

她一跨进荣国府的大门，立刻就被封建家庭的"脉脉温情"包裹住了。贾母把她"搂入怀中，心肝儿肉的叫着哭起来"，王夫人吩咐人拿出缎子来为她裁衣裳，凤姐也携着她的手说："要什么吃的，什么玩的，只管告诉我，丫头老婆不好，也只管告诉我"，并且又立即叫人去为她收拾住房。外祖母家最初对黛玉的接纳，不可否认是温暖亲切的，王熙凤的滔滔不绝的赞美和殷勤的照料，固然带有当家人的随机应变，但贾母的挚爱却是真心的，对于这种爱，黛玉不但承认，而且非常珍视，拳拳在心，生怕丧失。但是，贾母的真心挚爱也好，王夫人按礼行事的和蔼也好，凤姐的假意殷勤也好，都不能使黛玉尽释疑虑，她始终确定不了自己是否已被接纳为这个家庭的一员。因此，书中一再描写她对南方故乡的怀念。第八十七回，她引李煜的话"此间日中只以眼泪洗面"表达自己的乡思，第二十六回写道，在她内心深处总有个解不开的隐痛，这就是她的依人为活的命运，这种矛盾经常使她烦恼和痛苦。她去敲怡红院的门，晴雯误认为是丫头，便拒绝开门，这个纯粹的误会，想不到竟至这么严重地挫伤了她。如果她在门外"高声问"，事情也就了结了，但寄人篱下的处境，不容她多想，立刻在她的心里唤起了这样的感觉："虽说是在舅母家如同自己家一样，到底是客边。如今父母双亡，无依无靠，现在他家依栖，若是认真恼气，也觉没趣。"第八十七回，"紫鹃怕黛玉嫌不干净，自己给她熬粥，她却道：'我倒不是嫌人家腌臜，只是病了好些日子，不周不备，都是人家，这会子又汤儿粥儿的调度，未免惹人厌烦。'说着，眼圈儿又红了。"第八十三回，照管园子的老婆子在黛玉的窗外骂外孙女，"她觉得竟像骂自己"，因此，"肝肠崩裂，哭死过去了"。

由此，我们觉得黛玉似乎是用太多的猜疑和过分的褊狭来折磨自己，但应该看到，形成这一切是有其基础的，长年的疾病使她特别敏感、过虑，多情的天性得不到正常的发展，又使她变得非常脆弱，而她又生活在一个争权夺利、勾心斗角、以强凌弱、"一个个都像乌眼鸡似的，恨不得你吃了我，我吃了你"的环境中，这种纯真聪敏的天性也就成为许多痛苦的来源。

林黛玉是在一个比较单纯的官僚家庭长大的，对荣国府错综复杂的人事关系不善应付，从小失母离父，不仅使她缺少温暖，也使她缺少靠山，但这种孤独的处境，更激起她强烈的自尊。没有受到更多的阶级教养，使她的一言一行，都是来自她没有雕琢过的纯真的天性。在荣国府里，以思想机敏、口舌犀利著称的，只有她和凤姐。凤姐是用自己的口才去逢迎、拉拢、命令，口才是她用来为自己服务的有效武器，而黛玉的口才却闪烁出源自其热烈天性的洞悉一切的智慧。她既不戒备，也不妥协。薛宝钗被她不止一次地讽刺过，史湘云被她恼怒过，惜春被她打趣过，至于谁该得罪，谁不该得罪，她好像根本就不知道世间还存在着这样的问题，一切都根据她个性的好恶，凭她感情的流转，毫无顾虑地任意而行，既不加任何修饰，也没有半点掩饰。她心里想的，也就是口中说的，而口中说的，又常常是别人所不肯说的生活中的真相。譬如：袭人与宝玉的暧昧关系，大家都心照不宣，但是林黛玉就能当面对袭人说："你说你是丫头，我只拿你当嫂子待。"这样出自天性的智慧，在大观园里只能被人称作"尖酸刻薄"，而这样的"尖酸刻薄"只能引起别人的警惕甚至嫌忌。

从表面上看，在大观园的热闹生活中，林黛玉是一个最孤独的少女，然而她却有一片丰富的内心世界。她有强烈的情感、燃烧的诗情。当刘姥姥初次走进她的闺房，"只见案上设有笔砚，又见书架上放着满满的书，这是一个上等的书屋"。潇湘馆的一切都有一种诗意。黛玉的三首菊花诗，是借菊花来表明对自己的评价和表现内心的激动不安。她与史湘云耽在凹晶馆联诗一夜，竟忘记了病体的疲弱，当苦心学诗的香菱十分称赞陆放翁的两句偏于纤巧的诗"重帘不卷留香久，古砚微凹聚墨多"时，林黛玉对她说道："断不可看这样的诗，你们因不知诗，所以见了浅近的就爱，一入了这个格局，再学不出来的。"于是她介绍香菱读王维、杜甫、李白、陶渊明等人的诗。由此可见，她是多么博学，多么懂诗的艺术，有一个多么广阔的内心世界。这个病弱的少女，当她翱翔在诗的国度里，就好像谁把她从生活的灰暗、琐屑、烦扰里拯救出来，而变得襟怀洒落，鲜活起来。这样的少女本来应当是充满青春活力和旺盛的生命力的，可是生命对于她却是一个沉重的负担，她所具有的那种属于艺术型的特有的敏感和细腻，主要不是用来感觉生活中的美和诗意，而是用来感觉那一时代的阴冷和潮湿。"女子无才便是德"，这就是那一社会向她所宣示的做人守则。于是才禀在她身上，变成了一种可怕的灾难，使她比一般人遭受到更为繁多、更为深刻的社会折磨。正因如此，她才咏叹出那首表现对大观园生活的独特感觉的《葬花词》。

林黛玉这种性格也渗透到她的爱情悲剧中，并催化了她的爱情悲剧。马克思说："同一个对象在不同的个人身上会获得不同的反映。"处于同样环境的金陵十二钗，虽都以悲剧告终，但谁也不像林黛玉是在恋人的婚礼奏乐声中含恨而死。她的独特的具体的悲剧形式是她个性发展的必然。她的出身、她的教养使她不会像尤三姐那样"忽喜忽嗔"，泼辣刚烈。她的真诚、她的热情也使她决不会像薛宝钗一样冷漠圆通，"装愚守拙，随分从时"。

黛玉与宝玉的恋爱从头至尾有着那么多踌躇难言的问题，遮遮掩掩的表白，煞费苦心的气恼，不期而然的讥讽和误解，这不能说与黛玉的性格无关。

在爱情方面，她有自己的追求。她自己的话讲得明白，"果然自己眼力不错，素日认他是个知己，果然是个知己"。很显然，这"互为知己"正是黛玉心目中的原则，而黛玉这里的"知己"之叹，正是源自宝玉的"知己"

之言。他们的爱情是以思想上的叛逆为基础的，这一点，贾宝玉说得再清楚不过了："林妹妹从来说过这些混帐话不曾？若她也说这些混帐话，我早和她生分了。"宝玉这段话是针对史湘云劝他"也该常常的会会这些为官做宰的人们，谈谈讲讲仕途经济的学问"而讲的，从而我们又看到在黛玉的"互为知己"的原则中，不只包含着相互了解和信任，同时也包含着思想、观点和目标的一致。不过，就全部的爱情生活来看，有了这个基本原则，也毕竟只是提供了一个基础，因为爱情还有一些独特的内容。在这方面，黛玉虽然没有用自己的语言完全讲出来，但第五十七回中对紫鹃劝说她的话表示默认，自然可算她的爱情观。其一是"最难得的是从小儿一处儿长大"及"脾气性情都彼此知道了"。这里的"从小儿一处儿长大"及"脾气性情"相投，不仅是一种理想的爱情，而是造成"知己"并结合成爱情的一个最根本的因素。其二是"公子王孙虽多，那一个不是三房五妾，今儿朝东，明儿朝西？要一个天仙来，也不过三夜五夕，也丢在脖子后头了，甚至于为妾为丫头反目成仇的"。这里反映她要求爱情的专一。所以尽管宝玉向她多次披露真情，甚至在梦中也不忘高呼"和尚道士的话如何信得？甚么'金玉良缘'，我偏说'木石姻缘'"。但她在宝玉面前，还是从不表示相信，一有机会，仍是不断地测量着爱情。她似乎是永无休止地拷问着宝玉的心。而当她把笃实的贾宝玉"逼得脸上紫涨"，她又暗自感到内疚，感到痛苦。其实，林黛玉又何尝看不到贾宝玉只对她才存在着真正的爱情，她在心里曾这样说过："你心里自然有我，虽有金玉相对之说，你岂是重这邪说不重我的？"同时，林黛玉又何尝不了解她和贾宝玉的命运原是连结在一起的，她曾经这样暗自埋怨过："你只管你，你好我自好。你何必为我把自己失了。殊不知你失我也失。"之所以这样，正是因为她极度看重爱情的忠贞，她是"情重再斟情"的。这样，她折磨着宝玉，同时更是折磨着自己。

　　然而，她的"情重再斟情"也是有缘故的，这就是"金玉良缘"之说。她急切地想要了解宝玉是不是重视这种"邪说"，并为此深深苦恼，宝玉越是着急否认，她便越是怀疑他心里有"金玉"的念头，这不祥之说，为黛玉和宝玉的关系蒙上了一层浓重的阴影，使他们在大观园里共同生活的绝大多数时间都处在争吵笑闹或沉默使气之中。真是"若说没奇缘，今生偏又遇着他，若说有奇缘，如何心事终虚化"。如果说这些还只是给她的爱情带来一些甜蜜的痛苦，那么，她自身的封建传统观念却是导致她爱情悲剧的一个关键因素。黛玉虽是一个封建社会的叛逆者，"从不说那些混帐话"，但她毕竟生活在封建传统观念像空气一样地包围着每一个人的时代。爱情，即使从黛玉的眼中看来，也是一件可怕的、不道德的行为。因此，她经常处于这样的心理矛盾中：一方面希望宝玉对她倾吐衷肠，但另一方面当宝玉赤裸裸地表白爱情时，她又忽然变得气愤和悲伤。有好多次，宝玉在她面前这样表露真情："我就是那多愁多病的身，你就是那倾国倾城的貌""你死了，我做和尚……"当她听到这些话时，总是气得说不出话来，或者"早把眼圈儿红了"，又认为那是"胡说""欺负"等。有一次，她听了贾宝玉的倾诉之后，感到"如雷轰电掣"，细细思之，竟比从自己肺腑中掏出来的还觉恳切，谁知她"怔了半天以后，又是两眼不觉滚下泪来"。封建礼教像一只无形的黑手紧紧扼住她心里升起的爱情，她既敏感地觉到现实的阴冷，但又似乎对贾母等封建家长抱着幻想。她既不敢越雷池一步，又不肯在贾母、王夫人面前献殷勤、讨欢心，只能用渺茫的希望填补空虚的等待。当傻大姐泄露机关，她如遭雷轰电掣地迷了本性，悲痛与愤怒都变成了"笑"。她从那冥冥幻想之中一下跌到现实面前。横在林黛玉面前的只有一条生路，就是那一社会给妇女们规定的铁律，不准有爱情，只能遵守封建礼教，服从命运的安排。然而，她的性格中的纯真与热烈使她不能这样做。她只能毫不犹豫地祈求死。

林黛玉的悲剧固然是因为她没了父母，没了家中的财产，因而没有一个有相当社会权势的家庭做她的后盾而造成，但也不能忽视她的叛逆思想和不甘趋炎附势的性格因素。

《红楼梦》产生在十八世纪的中国。这一时期是中国历史上特别停滞和沉闷的时代，整个社会匍匐在礼教与王法的重轭之下，封建统治者正施展着它最后的也是最暴虐的余威。在这异常沉闷而苦痛的时代里，一切生动的思想、美好的感情、鲜明的个性，得不到一点回旋的余地，年轻的、有生气的事物，被压抑在沉重的封建僵尸之下，呻吟着，挣扎着，最后只得毁灭。这可以视作林黛玉的悲剧的外在社会根源，当然也是最本质的根源。

‖作品来源‖

发表于《名作欣赏》2005 年第 10 期。

至清至洁，至情至性——品《林黛玉进贾府》中黛玉之美

施伟萍

导　读

　　《林黛玉进贾府》是传统的阅读经典片段。林黛玉是作者精心塑造的最光彩照人的形象，品读《林黛玉进贾府》中黛玉的形象，她的举手投足、她细腻的心理活动无不体现出她在才、貌、情、思方面的美。"质本洁来还洁去"是林黛玉内心情操的写照，表现林黛玉至清至洁、至情至性形象的美。

　　《红楼梦》第三回"贾雨村夤缘复旧职，林黛玉抛父进京都"是全书序幕的一个组成部分，《林黛玉进贾府》是传统的阅读经典片段。全书的典型环境贾府第一次展现在读者面前，贾府众多主要人物第一次出场亮相，作者曹雪芹通过林黛玉的眼睛审视贾府气势不凡的环境和一个个显赫的人物。林黛玉是作者呕心沥血塑造的最光彩照人的形象，作者赋予她的不仅是胜似西施的美丽姿容，还赋予她聪颖智慧的才情学识，最可贵的是她敏感丰富的精神世界倾倒了无数的《红楼梦》爱好者。"质本洁来还洁去"是林黛玉内心情操的写照，黛玉的魅力在纯真、飘逸、清高、伤感、典雅。品读《林黛玉进贾府》中黛玉的形象，她的一举手一投足、她细腻的心理活动无不体现出她在才、貌、情、思方面的美。

一、美在其思

　　步步留心，时时在意，不肯轻易多说一句话，多行一步路，唯恐被人耻笑了他去。

在林黛玉第一次出场的时候就展现出她的超凡脱俗的气质和风韵，黛玉是个心思机巧的人，因为她拥有同龄女孩子没有的才华。黛玉一出场作者就通过她的心理活动，来表现人物的特点。母亲贾敏去世使黛玉自小失去了母爱，虽然有父亲林如海的疼爱，有家庭教师的教育，有丫鬟下人的伺候，但是她心灵中缺少了母爱的滋润，形成了一种多愁善感、极端自尊的性格，加上自幼身体羸弱，平添了一份伤感之情。从小她的母亲就告诉她，外祖母家里与别家不同，所以现在来到贾府，投奔外祖母，寄人篱下，事事处处都需要小心谨慎。她比同龄的女孩子要多长心眼，她的审视和善思在踏进贾府的时候就体现出来了。外祖母家与别家的"不同"也通过林黛玉的一双慧眼一层层铺陈开来。

首先映入黛玉眼中的是贾府气派的外观，处于繁华街市、阜盛人烟之中的贾府建筑气势不凡："北街蹲着两个大石狮子，三间兽头大门……"暗示了贾府显赫高贵的社会地位。接着黛玉从西边角门进入贾府就看到：垂花门、抄手游廊、大理石插屏的穿堂、贾母的正房等，都有一种豪门贵族的气派。特别是去见两个舅舅时，黛玉一路行来对贾府的陈设一一过目："荣禧堂"中的匾额充分显示了主人高贵的社会地位。室内摆放的紫檀雕螭案、青绿古铜鼎、待漏随朝墨龙大画、楠木交椅、玻璃盒等，都说明了主人的富贵豪华。

林黛玉进入贾府，见到了外祖母、两个舅妈、三春、王熙凤等，她内心所感的是贾府里处处透露着的一种逼人的气势，"未见其人，先闻其声"的王熙凤的笑声是那样骄矜。林黛玉还注意到贾府这个大家族有着一套繁文缛节。如用饭时，"李氏捧饭，熙凤安箸，王夫人进羹"，按照身份高低排序；丫鬟旁边执着拂尘，李纨、熙凤二人立于案旁"布让"，"寂然"吃饭。黛玉用心细看，书中写道：

> 今黛玉见了这里许多事情不合家中之式，不得不随的，少不得一一改过来，因而接了茶。早见人又捧过漱盂来，黛玉也照样漱了口。盥手毕，又捧上茶来，这方是吃的茶。

由此，我们不难看出，林黛玉始终在用眼睛看，她的心理活动极为丰富。

她听到王熙凤表面是称赞自己"天下真有这样标致的人物，我今儿才算见了！"但实际上是后半句说黛玉"竟不像老祖宗的外孙女儿，竟是个嫡亲的孙女"，显然是讨好贾母的，贾母在贾府的地位是至高无上的。黛玉因丧母而投奔贾府，其内心一无依傍，尊卑异位，漂泊客居心理也是显而易见的。林黛玉是一个敏感的人，现实迫使她以适应现实来弥补其先天的不足。但另一方面也正是林黛玉的自谦自卑心理和处事方式为她那绝世之美平添了几分光彩。林黛玉的心理活动真是她善思的美，也是人物内心有自己的追求、自己的个性、自己的魅力所在。

二、美在其貌

"见黛玉年貌虽小，其举止言谈不俗，身体面庞虽怯弱不胜，却有一段自然的风流态度，便知他有不足之症。"

当黛玉进入贾府众人的视线，人们看到了一个先天病弱，又自然清新美丽的绛珠仙子。姿压众芳，其娇美的姿容无人能比。作者在仔细描写林黛玉的相貌特征时，是通过宝玉的眼睛来审视的：

两弯似蹙非蹙笼烟眉，一双似喜非喜含情目。态生两靥之愁，娇袭一身之病。泪光点点，娇喘微微。闲静时如姣花照水，行动处似弱柳扶风。心较比干多一窍，病如西子胜三分。

这一段精彩之笔描绘了黛玉天仙似的美貌，一个袅袅婷婷的女儿、"神仙似的妹妹"活生生的"绝美"黛玉跃然纸上。她如出水芙蓉，是人们心中的一个梦想，不是凡尘所有。她内心隐含的高傲任性、率真多情和聪颖纯真的性格，体现了一种可贵的中国古代文人的精神。她有着与生俱来的美貌和后天得到的才学，透过清澈干净的双眼，让人感到格外脱俗单纯，而那举手投足流露出来的，却是淡淡的忧愁。曹雪芹将西施"捧心而蹙""袅娜风流"的外形之美赋予林黛玉，可见曹雪芹对主人公的偏爱了。贾宝玉的眼中"神仙似的妹妹"美貌绝伦，沉稳大度，不带一点矫饰，"美若天仙"代表一种旷世、惊人的美丽。

在写宝、黛会见之前，第一回作者通过神话故事"木石前盟"透露出林黛玉原是灵河岩上、三生石畔一棵绛珠仙草，由于接受神瑛侍者深情的水露滋养，得换人形并修成女体的。小说第二回冷子兴演说荣国府时，曾提到五岁的林黛玉，"聪明清秀"，"言语举止另是一样，不与近日女子相同"，气度不凡。进荣国府时，作者又渲染地写林黛玉"举止言谈不俗"，"有一段自然的风流态度"。这都是从气质上反复地突出其独特之处。

宝玉看罢，因笑道："这个妹妹我曾见过的。"贾母笑道："可又是胡说，你又何曾见过他？"宝玉笑道："虽然未曾见过他，然我看着面善，心里就算是旧相识，今日只作远别重逢，亦未为不可。"

宝、黛初会俨然是心有灵犀的，作者着重写的是林黛玉的格调、气韵、风神、情致等等，而不是造型性的五官、面庞或体态身段。并突出了两点：一是"似蹙非蹙笼烟眉"和"似喜非喜含情目"，这是眉目的描写，突出神似，略去许多外形刻画而使肖像气韵生动。另一个特点就是林黛玉气质、格调上的一种风流美。这种美首先是内美的外现。当然，它必须以一定的外貌美为条件，作者塑造出一个从外貌、体态、风度看来也颇为气韵生动的艺术形象。

三、美在其才

贾母因问黛玉念何书，黛玉道："只刚念了《四书》。"

林黛玉有多方面的才能：博览群书，学识渊博。她爱书，不但读《四书》，而且后来还读杂剧《西厢记》《牡丹亭》《桃花扇》等；对于李白、杜甫、王维、孟浩然以及李商隐、陆游等人的作品，不仅熟读成诵，且有研究体会；她不仅善鼓琴，且亦识谱。

她来到贾府，处处能够见机行事，礼节周到。她知道不能从后门去拜见母舅，因此，不厌其烦地出西角门再入东角门过三道仪门拜见大舅，再出西角门过前门入东角门穿堂去拜见二舅；她每次落座都要仔细观察座位的情况，择位推敲之后才坐下；她不在大舅处领餐，一定要拜访二舅之后到贾母处吃饭，上下尊卑分得清清楚楚；当贾母问黛玉已经念了何书，黛玉开始如实回答："只刚念了《四书》。"黛玉也问姐妹们读何书时，贾母的回答是："读的什么书？不过是认得两个字。"黛玉马上从贾母的话语中听出弦外之音。后来当贾宝玉问她"可曾读书"时，她再也没有像第一次回答贾母那样说"念了《四书》"，而是回答："不曾读，只上了一年学，些须认得几个字。"她"心较比干多一窍"，前后回答的不一致不是自相矛盾，而是充分体现了黛玉的聪明才智之美。

在大观园里，黛玉诗思敏捷，诗作新颖别致、风流飘洒。在贾府大观园诗社每次赛诗活动中，她的诗作往往出类拔萃、孤标独树，为众人所推崇。黛玉的诗之所以写得好，是由于她有极其敏锐的感受力、丰富奇特的想象力。她的诗渗透着自己人生的悲哀，却又哀而不艳，雅而隽永。在大观园题咏菊花诗的诗会上，黛玉的三首菊花诗《咏菊》《问菊》《菊梦》为最，题目新，立意更新。实际上黛玉菊花诗的"新"就是咏出了自己的心声，蕴含着作者的人生悲喜，《咏菊》诗中有"满纸自怜题素怨，片言谁解诉秋心？"《问菊》诗中写得更妙：

> 欲讯秋情众莫知，喃喃负手叩东篱。
>
> 孤标傲世偕谁隐，一样花开为底迟？
>
> 圃露庭霜何寂寞，鸿归蛩病可相思？
>
> 休言举世无谈者，解语何妨片语时。

在这首诗中黛玉坦率地点出了自己孤傲的性格，虽然也感到"圃露庭霜"般的寂寞寒冷，但是面对孤傲的秋菊，黛玉感到两心的沟通，她把菊花拟人化，"喃喃负手叩东篱"拜访自己的知己，并与之对话，写得有形有声。黛玉用自己的心寻觅与她心灵能沟通的心。《菊梦》诗中写的"醒时幽怨同谁诉，衰草寒烟无限情"也是黛玉用诗来倾诉内心的感情，满腔的幽怨向谁申诉？与菊花一样只能向衰草、向寒烟。

林黛玉的才华是如此的高逸，如此至情至性、善感与博爱。林黛玉的诗情，实在是别人不能比的，林黛玉不光是一位绝世无双的美女，更是一位才华出众的才女。她与生俱来的那种"质洁"与"本真"的人生态度值得我们永久地思考。

四、美在其情

黛玉一见，便吃一大惊，心下想道："好生奇怪，倒像在那里见过一般，何等眼熟到如此！"

林黛玉最动人心魄、最具艺术魅力的，则是她无与伦比的丰富而优美的精神世界。她是个内慧外秀的女性。林黛玉的情感之美，更集中更强烈地体现在她对贾宝玉的爱情之中。她和贾宝玉的爱情是一见钟情的：他们的相见都是有一种"熟悉的陌生人"的感觉，黛玉是"吃一大惊"，"何等眼熟"。宝玉看罢，因笑道："这个妹妹我曾见过的。"这是宝、黛二人的"木石之盟"的前缘吧。

林黛玉在家常听得母亲说过，二舅家有个表兄比自己大一岁，是衔玉而生，性情顽劣异常。当黛玉拜见二舅贾政，因为贾宝玉不在没有见到，但是贾政留下了一番话："有一个孽根祸胎，是家里'混世魔王'，你只以后不要睬他。"黛玉在未见宝玉面时听见的评价是"混世魔王""孽根祸胎"，更加引起黛玉的好奇，也为宝玉的出场做了铺垫。结果黛玉亲眼见到的宝玉完全不是别人嘴里说的那样，宝玉一登场，黛玉眼前一亮：

面若中秋之月，色如春晓之花，鬓若刀裁，眉如墨画，面如桃瓣，目若秋波。虽怒时而若笑，即嗔视而有情。项上金螭璎珞，又有一根五色丝绦系着一块美玉。

黛玉那种一见如故的感觉连自己都吃惊。别人对宝玉的贬低，顿时化作云烟消失得无影无踪，宝玉对自己是如此的吸引，最终视宝玉为知音，结为同心，从思想到行动都对他予以支持。在大观园里，不劝宝玉走"仕途经济"之道，从不说这些"混帐话"的，只有她一人，他们耳鬓厮磨也罢，他们共读《西厢》也罢，他们吵闹又言和，他们相顾无言、泪流满面也罢，他们本就缘定三生也罢，今生今世，却无法相守白头。

黛玉对爱情是忠贞不渝的，她愿意为她的爱情付出生命的代价。为了偿还神瑛侍者对绛珠仙草的灌溉之恩，黛玉一生以泪洗面，可到了临死之前反而露出了微笑，喊出了"宝玉，宝玉，你好——"未完的一句话，她怀着纯洁的爱和对环境的怨愤永远地离开了尘世，实现了她的誓言："质本洁来还洁去"，给后人留下了千载不消的遗恨！

如果那株绛珠草不是快要枯萎，如果神瑛侍者没有瞥见她，如果没有日日灌溉她的恩情，就没有宝、黛的爱情。正是因为宝玉从他在云端瞥见她的第一眼开始，宝、黛爱情从未有一丝一毫的褪色。黛玉的爱，不带一点矫饰，她美貌绝伦，她心直口快，她还有那么一点小脾气，她对人坦率纯真，尊重别人，也尊重自己。"问世间情为何物？直教人生死相许！"这是宝、黛爱情的写照。

《红楼梦》是经典，林黛玉更是经典，她内心敏感、善良。林黛玉是曹雪芹在《红楼梦》中精心塑造出来的具有诗意美和理想色彩的艺术形象。这一形象把封建社会中女性的悲情、灵性和情思表达到了极致。要品读出林黛玉这个艺术形象的内涵，首先通过品读《林黛玉进贾府》中黛玉第一次出场中展现的人物的美，才能理解作者"满纸荒唐言，一把辛酸泪"塑造的这一文学形象的主旨，绛珠仙子带着郁结的惆怅落入凡间：她如轻柔的柳絮，飘落到贾府中，一年三百六十日饱尝着寄人篱下的摒弃与不公，她的美在这漂泊中散发出独特的气息，她用诗发泄痛苦和悲愤，她用诗抒写欢乐与爱情，她用诗表示她那颗貌似柔弱却真挚而又叛逆的心。我们唯有用一双发现的眼睛，去探寻林黛玉这个至清至洁、至情至性形象的美，也才会发现有太多的美的真谛在等待着……

‖**作品来源**‖

发表于《名作欣赏》2005 年第 5 期。

金钗雪里埋——简析薛宝钗的悲剧结局

李清扬

导 读

薛宝钗作为曹雪芹笔下封建社会的完美淑女，德言容工，无人能够出其右，但是最后却被贾宝玉抛弃，凄凉度日，成为《红楼梦》中又一个典型的女性悲剧。本文就薛宝钗的悲剧结局进行一些分析和阐释。

在《红楼梦》中，薛宝钗是作者精心塑造的一个女性形象，她与林黛玉"若双峰对峙，两水分流，各尽其妙，莫能相下"[①]。她不是一个概念化的冷美人，其性格复杂，形象生动，是一个典型的贵族阶级标准淑女。温柔敦厚，豁达大方，艳冠群芳，学识广博，随分从时，谙熟世故，体贴谨慎，顾全大局，笼络人心，同时也含蓄地显示她的自私和冷漠。如此德言容工并自觉用封建礼教的正统来约束自己的完人，却一步一步走向最终的悲剧，似乎是出乎意料。在此，就薛宝钗的悲剧作一些探讨。

宝钗是不同于一般的贵族女子。她的家庭"现领内府帑银行商"，并且世家经商。宝钗从小耳濡目染，深谙社会政治经济之道，由此见识极广，社会经验丰富，故不同于一般的贵族妇女。她有自己的主见和观点，对家庭、对社会都有非常清醒的认识。同时她十分理性淡定地选择在这种社会环境中的一条适合自己走向"成功"的道路。但正是这种现实的理智为薛宝钗的悲剧埋下隐患。在礼教异常严明的封建社会中，直如李纨、尤氏、王夫人、薛姨妈这类贵族女性，为制度礼教所摧残却并不自知。她们从没意识

---

① 俞平伯：《红楼梦辨·作者的态度》一文。

到自身是社会的牺牲品，是制度的殉葬者。相对而言，这种麻木也许是幸运的，宝钗的悲剧就在于她是一个自我意识已经萌芽的封建贵族少女，她的理想和目标明确，其"好风凭借力，送我上青云"是借助封建社会下的整体形势和条件才能构建的。她为了顺应社会，明知自己有可能成为悲剧的受害者却不为所动，企图通过个人的努力力挽狂澜，然而社会的洪流却不会因为个人的挣扎而被遏止，最终也只能是心有余而力不足。宝钗是一个具有典型性的人物，和书中的探春、王熙凤似乎在某些方面有共同之处。但无论如何在家族中覆手翻云、兴利除宿弊以实现自我价值，体现独立人格，都无可避免地沦为封建制度的殉葬品。

薛宝钗的悲剧具有代表性和必然性。早在第五回《游仙境指迷十二钗，饮仙醪曲演红楼梦》中一首［红楼梦引子］"演出这怀金悼玉的红楼"。"怀金悼玉"并不单单指薛、林两人的悲剧，而是指以薛、林为代表的封建社会制度下女子的悲剧性命运。正所谓"千红一窟（哭）""万艳同杯（悲）"。她们的悲剧不尽相同。林黛玉的悲剧可视为直接所致的社会悲剧，如薛宝钗这种循规蹈矩的封建完人尚下场凄苦更何况林黛玉作为这个社会制度下完全的另类和叛逆者。黛玉义无反顾背弃封建正统的轨道，为情生死，追求"质本洁来还洁去"的归宿。相较之黛玉悲剧的理想性和浪漫性，宝钗的结局就显得实际和理性了，充满了矛盾和错综复杂的社会关系。这不仅仅是单纯的个人悲剧，清明透彻如林的"情情"悲剧，而是一个制度，一个传统甚至一种理念的覆灭。薛宝钗身上集中体现了封建社会对女性的所有要求，德言容工，无一缺憾，可堪完美，但是这样一个集中表现完整封建妇德的女子却成为这个时代制度下的牺牲品，不啻为对当时社会所提倡的女性制度的一种否定和讽刺。然而，薛宝钗的独特美感不在于她是制度的木偶，而是兼有"修身齐家"，发挥自我能力以实现自我价值的思想的闪光，但是亦为社会所否定。

下面就薛宝钗的悲剧原因作一个阐述。

薛宝钗的悲剧最直观的可以说是婚姻悲剧，其直接表现为以下几个方面：首先是王熙凤的"掉包计"。这是贾府统治集团苦心孤诣出的"金玉良缘"的实现方式，既送了林黛玉的性命也葬了薛宝钗一生的幸福。暂且不论后果，单就"掉包计"对薛宝钗所造成的心理和精神上的影响，从"心中埋怨母亲'办事糊涂'"亦可窥一斑。这位"山中高士晶莹雪"，有独立的人格和自尊，遂每以"沉默寡言"掩饰心境亦是其"自重身份，不甘下流"的表现。书中第三十四回"宝钗借扇机带双敲"中，便显示出此女柔中带刚。贾宝玉失口将宝钗譬为杨妃，只见宝钗"不由的大怒"，"冷笑了两声"，说道："我倒像杨妃，只是没有一个好哥哥好兄弟可以做得杨国忠的"；又见林黛玉面有得意之态，便又巧妙地引出"负荆请罪"的典故将两人着实奚落了一番。贾宝玉的口误触动了薛宝钗的道德底线，用一红颜祸水来譬喻自己使宝钗认为自己的人格受到了极大侮辱，故出口反讽。其词之利，其意之深，令人对这个罕言寡语的宝姐姐颇为咋舌，怪不得黛玉亦云"你也试着比我利害的人了"。而在宝钗出阁之际却是顶着林黛玉的名号和贾宝玉成亲的，这"李代桃僵"令宝钗尊严扫地，面对众人更是颜面荡然无存，这时的羞辱已成为悲剧的预兆。

其次，对于宝钗而言，嫁给贾宝玉可以说是所托非人，可她必须托付给一个男子。由于众多社会家族伦理道德的因素影响使得宝钗最终成为了宝二奶奶。贾宝玉是封建社会的叛逆者，这在《红楼梦》第三回中一首《西江月》就对其性格特征作了一个实褒虚贬的概括。对于唯封建礼教是从的薛宝钗而言，和这个"尚《庄子》，恶政治经济仕途学问"的"混世魔王"本来就格格不入，更何况失却通灵宝玉的疯痴的宝二爷了。其结局可想而知，主体的悲剧最终导致婚姻的悲剧。

其实在全书第九十八回"苦绛珠魂归离恨天，薛宝钗出闺成大礼"中，则分别将两人的悲剧上升到了高潮。林黛玉哀莫大于心死，偿尽眼泪而与贾宝玉死别；薛宝钗含羞受辱与疯痴的贾宝玉拜堂成礼，却终被宝玉抛弃而成生离，由此观之，宝钗之悲较之黛玉之悲更甚。

然而，导致这一悲剧的原因是错综复杂的，并不仅仅是单纯的因为表面上贾宝玉的离家出走，抛妻弃子。宝钗的悲剧可以说是社会制度所形成的外在氛围和个人自身原因所成。首先就社会的角度进行一些分析。

封建礼教制度下的"冷"和"淡"

　　《红楼梦》众多的年轻女性中，薛宝钗给人们最深刻的印象即是"冷"，这在她的言谈行为中体现出来。这位宝姑娘吃的是"冷香丸"，"竟是雪堆出来的"，"山中高士晶莹雪"，"金钗雪里埋"等等，无一不说明了宝钗的一个主要性格特征"冷"。她的"冷"表现在"不干己事不张口，一问摇头三不知"。金钏投井不过是"糊涂丫头"，尤三姐的自刎，柳湘莲的遁入空门不过是"前生命定，只好由他"。但是不能因这种"冷"就由此断定宝钗心如铁石，毫无感情。宝玉挨笞，她首先送药；湘云做东，她出谋划策；黛玉体弱，她亲送燕窝，在姊妹情中可以说是极好的。而宝钗的"冷"是真正表现为自觉地用封建闺范规范自己的言行，以社会对妇女的一切要求和准则为生命的信条，并且用本性中的冷静和理性约束自己的行为和思想。这种"冷"是"礼"和"理"的结合，最出彩的表现是第四十二回"蘅芜君兰言解疑癖"。这位"理"性的宝姐姐一席话讲黛玉说的"垂头吃茶，心下暗服"。她的劝解亲切贴切，毫无说理之感，却颇显诚挚之情。这位一生以礼教为生活宗旨的贵族少女以一种十分诚恳和宽容的心进行劝慰教导，这就不能说明宝钗完全的冷了。她时时刻刻不能忘"礼"，举手投足，言谈行动处处以"礼"规范，甚至诚心以之相诚，这就不得不令人感服了。

　　薛宝钗的另外一个心理特征即"淡"。这从她日常生活习惯中看出来。其衣着首饰"一色半新不旧，看去不觉奢华"；薛姨妈对自己女儿的评价："宝丫头古怪着呢，她从来不爱这些花儿粉儿的"，更有贾母携众游览大观园，至蘅芜苑，见薛宝钗的屋子"雪洞"一般，由此种种，宝钗的罕言寡语，安分随时，廉静寡欲，极爱素淡的性格特征由此凸现。及至宝钗的"白海棠诗"一出，更是极力称道这种"淡"。"淡极始知花更艳，愁多焉得玉无痕。"庚辰脂批宝钗诗"全是自写身份，讽刺时事，只以品行为先，才技为末。纤巧流荡之词，绮靡秾艳之语，一洗皆尽，非哦不能也，屑而不为也。"如此清心寡欲，通过理压抑自己的"欲"，亦是"冷"的一个侧面，故"冷""淡"

两者相谐，相互作用。

正是在封建礼教制度的桎梏中形成了宝钗"以冷处事，以淡修身"的行为准则，使得她能在"不是东风压倒了西风，就是西风压倒了东风"的贵族大家庭中得心应手，左右逢源，自立一隅，而无纷争。但是，"冷"和"淡"是一种手段，是压抑本性以顺应整个社会秩序的自我保护方式，并不是其性格最深处，或者说是其潜意识中最本质的特征，结果宝钗的一生时时处于矛盾之中。她的"冷""淡"亦成为促成其婚姻悲剧的一个直接原因。薛宝钗提倡的是一种"以理制情以归雅正"的态度，真情流露的很少，并且想方设法控制。难得宝玉挨打送药时话语太过稠密，"便自悔失言，只顾低了头弄衣带"让我们发现这个少女也有真情流露，但转瞬即逝。她的爱情很实际，固然有纯粹的感情悸动，更多的是将爱情纳入封建礼教轨道的理智，用道德理智压抑自己的感情。"可叹停机德"，她一次次劝宝玉求上进，但是她的"冷淡"和宝玉的"爱红，爱热闹"的性格可谓背道而驰。同时偏偏用最冷静的态度箴劝宝玉最讨厌的经济仕途之路，结果却遭宝玉大厌："一个清净洁白的女儿，也学得沽名钓誉，入了国贼禄鬼之流。"价值取向不同，脾气性格相左，必然导致婚姻的失败。

封建家长制的"孝女"

封建家长制，是中国几千年的历史文化传统所传承的道德风尚。家长是封建家庭中的绝对权威。贾府作为一个封建贵族大家庭，家长制自是奉为典旨。依此类推，史、王、薛作为当时的钟鸣鼎食之家，必为这传统伦理制度所深深浸透。在第三十四回中，宝玉被笞所引发的一系列后果则是当时家长制的集中反映。宝玉被打得奄奄一息，荣府女眷上至王夫人皆不敢劝阻贾政。只有当贾母——贾政之母出面训斥才将这场矛盾终结。这时贾政再无往日威严与神气，"忙跪下含泪说""苦苦叩头认罪"，更不用说贾政制灯谜承欢贾母了。贾政作为封建礼教的护道士自是伦理道德的表率，但即使如贾宝玉这类封建叛逆者而言，亦是严格遵守家长制的。贾宝玉外号"混世魔王"，无论他怎么样在内帏厮混，不喜读书，不求上进终究无碍，王夫人、老太太还是当命根一样疼爱。无论是因为他与林黛玉因"金玉良缘"置气，气得眉眼都变了，还是因为他被贾环故意烫了一脸泡，贾母都将跟着的人大骂一顿。但如果宝玉行事违反长辈的规矩准则，是一律不被允许的。晴雯被逐，"虽心恨不能一死"但终究忍气吞声；"金钏投井"，虽为金钏私祭仍撒谎给"北静王道恼去了"，家长制的影响之大无一人可以逃脱。这种制度渗透贵族阶级上上下下的所有人，并且被不自觉地引为生活中的一个准则，这就更不要说"行为豁达，随分从时"的薛宝钗。她上下打点，左右逢源，凭着根据封建准则对自身的塑造获得贾府上下的一致好评。她深为长辈所喜爱，为姊妹所敬重。贾母为其生日大摆宴席，从吃喝到游戏，她都依贾母的意思说出来；王夫人因金钏投井而心情抑郁，她又特地跑去安慰；贾母、王夫人外出应酬，贺吊迎送之时，宝钗代为治理家事，且成效斐然，无怪乎大家都认为宝钗是个妥当的人，贾母更是极口称赞："自我们四个丫头起，全不如宝丫头。"就连倒三不着两的赵姨娘也欢喜道："怨不得别人都说那宝丫头好，会做人，很大方，如今看起来果然不错。"这么一个又细致又展样的宝姑娘得知自己成为"冲喜"这场闹剧兼悲剧的主角时，任凭自己心性多高，如何不满，当面对自己的终身大事筹办得如此草率和荒谬时，她反正色对其母说："女孩儿家的事情是父母作主的。"由此便已经鲜明地体现出封建家长制操控下的婚姻制度和观念，正所谓"父母之命，媒妁之言"，婚姻的当事人是没有任何发言权的。贾府中的婚姻不少，不论是薛宝琴、邢岫烟、贾迎春、探春等等，无一不是这种模式。至于宝钗这等贵族之女，自然更加恪守封建礼教闺范，贞顺稳重，克己复礼，及至宝玉痴傻，万事不知，宝钗仍将"冲喜"这一悲剧延续下去，"心里也怨母亲办事糊涂，事已至此，不肯多言罢了"。在此薛宝钗的行为不能单一地解释为是家长制熏染下的表现，前文述及宝钗的自我意识，其冷淡是维护其自尊、身份的一种手段。她的"好风凭借力，送我上青云"的气势并不是她信口之作，而"钗于奁内待时飞"亦寓意一种渴求。她的一切行为一方面是因家长制的影响，而另一方面则关系到家族的兴衰，这亦是导致宝钗悲剧的一个重要的外部原因。

家族法下的无奈

在"冷子兴演说荣国府"中，便可发现贾、史、王、薛四大家族休戚相关，连成一脉。正所谓"一荣俱荣，一损俱损"。在家族本位思想的基础上，通过实现"婚姻者合二姓之好，上以事宗庙，下以传后世"的传统伦理道德，这四大家族通过联姻的方式以巩固自家的势力和财力。贾府在四大家族中列首，由"护官符"的"贾不假，白玉为堂金做马"可见贾府的财势，及至元春被封为"贵妃"，这个家族在政治权力上一度达到鼎盛。相对而言，"丰年好大雪，珍珠如土金如铁"的薛家极其富贵，可惜这个富庶之家只有一个老母和一个"呆霸王"薛蟠。这对于薛宝钗而言，无疑有很大的压力。身为贵族子女，维护家族利益是其义不容辞的责任，更是其价值取向。明晓世事、懂得人情的宝钗深谙这点。薛家缺少政治权力的维持，孤儿寡母很难维系这么一个大家业。为了家族利益不受侵犯，在兄长不成气候的情况下宝钗首先选择的是进宫当女官的道路，然而未果。于是她开始寻找另一座政治靠山——贾府。出于利益的需要，贾、薛两家的联姻似乎真的是"金玉良缘"，尤其当贾府后来入不敷出、捉襟见肘之际，这种婚姻显得更为需要。回归到宝钗本身，出身商家的她耳濡目染，深谙经济政治之途，对其中错综复杂的关系了如指掌。她"小惠全大体"，筹备螃蟹宴，一首《螃蟹咏》更是表现她对世态洞若观火，是个极有见识的世俗高人。为了维护薛家的利益和贾府联姻是她的责任，亦是她的命运。她知道长此以往薛家难以自持，而薛姨妈怯懦，薛蟠无用，夏金桂又把家搅得天翻地覆，所以宝钗清醒地认识到虽然与贾宝玉的婚姻是个悲剧却不可能避免。深受封建礼义教化的宝丫头势必要坚守宗法制度的最后防线，哪怕用自己的幸福作为赌注以维护家族利益。

封建家长制无疑对青年男女个性压抑，提倡"修身应在应礼"，将忠孝礼信义等道德品质提升到最高位，并且无形中形成一种规范和法则，同时要求所有人完全无条件接受。家族制是与家长制密切联系的，所以薛宝钗的婚姻悲剧既是家族法的产物亦是家长制的恶果。以上是从社会角度进行分析，下面就薛宝钗本身进行论述。

上文已经提过宝钗的典型性格特征：冷，淡。她的冷更是集中表现为讲求实际，为人处事理智冷静。冷，是冷在内心深处的伦理纲常和生活哲学。她认为"情"是可鄙的，甚至连《西厢记》《牡丹亭》之类的杂书都不可看，以免移了性情。宁做淑女不做才女，唯以针黹工线为本业。她常常以理智、礼教来掩盖或者说压抑自己真性情的流露，务必使自己循规蹈矩，娴雅沉静。这势必与贾宝玉的天然本性钉铆不合，情理相悖，是婚姻悲剧的主要原因。

但是宝钗之所以优秀不是因为她的沉静少语，一味守礼知书，还在于她对于自我价值、社会价值的追求，这就不同于李纨的"槁若死灰，一概无见无闻，惟知侍亲养子"。在书中我们可以看到，相对于宝玉而言宝钗才是真正"旁学杂收"之人，是个"色色都懂"的宝姑娘。不仅琴棋书画皆精，识于草木鸟兽之名，禅道佛理信手拈来，更是颇通仕途经济、人情关系这些大学问。并且运用所学所知与自己老到熟练的处事原则相结合，治理家业井井有条，游刃有余，非常有才干。在宝钗的身上"再现古代文人追求社会价值的困惑"①的理想与现实。宝钗因家业萧条欲入宫侍选女官以实现其自身价值，无果后又指望依附贾家为政治靠山。后元妃薨毙，贾府衰微，薛宝钗又转而实现其家庭价值，这在"时宝钗小惠全大体"一回中有所表述。然而，薛宝钗毕竟是个弱女子，在当时的男权社会中她势必要依附某个人或家族才能真正地发挥自己的才能，但是最终贾府的彻底败落，贾宝玉的悬崖撒手则标志了她的追求终告失败。

薛宝钗的形象中有进步的因素，虽然不是像黛玉、宝玉这类封建社会的叛逆者明确地向社会提出抗议和反抗，但是就其追求自我的社会价值也是其先进之处。作为一个标准的封建淑女，她所接受的是传统封建社会制度订给女性的要求和准则，未嫁从父，出嫁从父，以"父纲，夫纲，子纲"

---

① 俞平伯：《红楼梦辨·作者的态度》一文。

为人生信条，所以这就从根本上决定了薛宝钗思想中的依附性。她不可能独立地追求和完成社会、家庭价值，这是当时社会所绝对不能容忍的，也是和她从小接受的教育相左的，故而宝钗势必要找到一个可以依附的对象以实现自我的价值，正所谓"好风凭借力，送我上青云"。这也注定了宝钗人生价值追求的曲折性。然而宝玉的出走彻底否定了她的人生价值，除了是宝钗凄凉度日、孤独无依之外的婚姻悲剧，更是宝钗自我价值实现失去了目标和方向的人生悲剧。

综观全书，宝钗不是作为一个普通淑女的形象而存在的，而恰是一个在世俗生活中得心应手的生活的智者。她用理智来武装自身，从而失却了少女特有的美质，即自然率真，任性而发。长期的封建正统教育和家庭环境的熏陶，已经使抽象的伦理道德变成了这个贵族少女的自觉行动，青春的美质在她身上消退主见变成成人的稳重和世故。连称赞女孩未出嫁之前是无价之宝的贾宝玉亦称宝钗"一个清净洁白的女儿，也学得沽名钓誉"，是"国贼禄鬼"。这种女性追求社会价值所体现出的异化是不为社会所容的。在一个男权社会，女性追求所谓的社会价值是一种不符合自身本性的举动，她的"送我上青云"根本不能为人所接受。在如此社会条件下，她的依附又没有了，一切的挫败导致了宝钗的悲惨结局。

综上所述，宝钗的悲剧看似偶然，出乎意料，是由"终不忘，世外仙姝寂寞林"的贾宝玉所直接造成的，实则不然。这是在整个时代背景，社会环境、传统伦理、道德礼教等等所综合作用而对一个女性产生的影响而形成的一个悲剧，亦是当时女性悲剧的一个另类典型。薛宝钗是封建制度的殉葬品，她的悲剧充满矛盾，充满曲折，集中体现了封建社会中"礼"与"情"、个人和社会、传统和变革之间的重重矛盾，这是当时女性生活的无奈和悲哀。相对于林黛玉完全地出自人性自由对当时的社会提出的强烈控诉和反抗，以死殉情，宝钗的"殉道"更加令人思索。

‖作品来源‖

发表于《文教资料》2007 年第 34 期。

大观园里尽芳菲——薛宝钗的形象新探

傅安辉

导读

薛宝钗是一个很有美德修养的少女，是那个时代有德有才的青年。曹雪芹和高鹗对薛宝钗都是赞美和同情的多，指责的少，是把她当作我国优秀传统文化的继承人，当作那个时代品质优秀的青年，当作世界东方女性美的典型形象来塑造的。封建社会不能让这样的女性得到幸福，薛宝钗成了悲剧人物。

《红楼梦》中的主要人物形象之一薛宝钗，有的说她是一个封建礼教的守护者，而我认为她是我国优秀传统文化的维护者，在调适人际关系方面表现得很突出，这里面有她的一套人生哲学。有人说她圆滑，但我认为她性格中有许多优点，值得学习。在曹雪芹和高鹗笔下，薛宝钗是一个很有美德修养的少女，是那个时代有德有才的青年。

曹雪芹和高鹗笔下的薛宝钗聪明乖巧，精明能干，坚强自信。在《红楼梦》里，她的才，她的貌，特别是她的为人处事，是读者有目共睹的。她博学多才，琴棋书画，诗词歌赋，无一不晓；各地风土，人情世故，无一不通。就连医药之理，薛宝钗也有所知晓。她懂得感恩孝敬，知道为人处事，会助人为乐，谦让宽容。因此，贾宝玉也常常对薛宝钗赞叹不已。薛宝钗的艺术造诣很深，她的悟性很高，诗才敏捷，常常独占鳌头，足可与林黛玉相媲美。至于她那十分健康的比林黛玉另具一种妩媚风流的容貌、神韵，也常令贾宝玉羡慕得发呆入迷。的确，薛宝钗是一个很有教养的才貌双全的少女。作者在书中更是用了不少笔墨来赞美她，能让人更好地看到她的优秀传统品德。

我们过去评价薛宝钗时，总是带有片面性，一味地说她是封建礼教的守护者，把一个人具有的传统美德修养，把几千年来我国世代传承下来的优秀传统美德都划归于封建礼教，这是极端错误的，这是对我国传统道德文化遗产的全盘否定，现在看来要进行反思。我们要用历史唯物主义和辩证唯物主义的观点审视曹雪芹的《红楼梦》，审视《红楼梦》里的各色人物，对薛宝钗更应如此，以恢复她的本来面目。

作为大家闺秀，薛宝钗从小饱读诗书，深受我国儒家文化的影响。薛宝钗生活的时代，中西交流很少，西方先进的文化还没有传入中国，她没有条件向西方学习。薛宝钗是用我国优秀的传统文化——为统治阶级提倡的人民群众认同的现在又被全世界大多数国家所吸纳的儒家文化理念来为人处事，从而积极参与处理大观园的事务。

一、修　身

怎样去服务家庭？服务社会？那就要先"修身养性"，从我做起。个人是群体的细胞，个人修养直接影响到与人交往的效果。一个人的修养好，人缘就好，反之，则影响到个人在家族和社会中的地位和作用。薛宝钗很注意个人的修身，力求适应家族、社会生活的需要。以积极修身养性来完善理想人格，使自身更好地融入群体。

薛宝钗天然去粉饰，不爱花儿粉儿，也不讲究打扮，衣着很朴素，讲究得体大方。她"唇不点而红，眉不画而翠，脸若银盆，眼如水杏"。在《红楼梦》第三十七回海棠诗社首次举行的"咏白海棠"的诗会上，薛宝钗写出了"欲偿白帝凭清洁""淡极始知花更艳"的诗句。在这里，她显然是主张女孩子应该以朴素自然和清洁淡雅为美，不主张去做"万绿丛中一点红"这样的审美取向，实际上是在追求一种原生态的天然美，能为大多数人所接受和欣赏。

薛宝钗朴素而不俗，一向以高洁自持，恪守大家闺秀的身份。她在灯谜诗里借荷花出水表达了大家闺秀应有的人格气质，反对庸俗，推崇涵养，

"罕言寡语"，"安分随时"。因此，平日里，薛宝钗遇到姊妹们读书吟诗涉及色情而春心放荡时，就严肃起来，规劝她们要注意言行举止，应稳重自尊，切莫失了身份。她认为女人看了言情书目移了性情，甚至红杏出墙，这种女人尽管有才，但破坏了夫妻关系，不利于家庭的和睦、社会的稳定。对于这种女人，她是深恶而痛绝的。在《红楼梦》中，薛宝钗对优秀传统礼节文化很少直接发表自己的看法，而是通过她日常生活中的一言一行来反映她的价值取向。在生活中，薛宝钗并不是像林黛玉那样善于真情流露，而是含蓄于心，涵养于内。她少言寡语，一举一动却显得"端庄贤淑"，完全符合封建"淑女"风范。她虽为少女，但善于了解社会、人生及人际关系，因此，"来了贾府这几年"表面上不言不语，安分守己，实际上时时处处留心观察，既注意掌握客观实际情况，又注意自己的一举一动能符合道德规范。在各种场合中，在各种应酬中，都特别注意自己的表现。所以，即使是在荣国府这个人事复杂、矛盾交错的环境里，也生活得左右逢源，如鱼得水。甚至就连那个几乎忌恨一切的赵姨娘也赞赏她"很大方"，"会做人"。"会做人"的确是薛宝钗的品德修养的结果，这与她"温柔敦厚"的外露特征相融合，使得她为人人所夸赞。

薛宝钗在"大观园题咏"的《凝晖钟瑞》一诗里，提倡个人对于长辈长者要"孝化"，这就是儒家伦理道德中的"孝悌"。她认为每个人都应进行这方面的修养，具有这样的传统美德。

二、求 和

儒家调适人际关系的价值取向是"四海之内皆兄弟""和为贵""谦让""己之不为，勿施于人"。因此，对精英的要求就是谦虚谨慎，不恃才，能礼贤下士，以德服人。

"五四运动"以来，直到"文化大革命"结束，薛宝钗不断遭受批判，就是因为她有谦让求和的表现，被视为阶级斗争调和者。现在，我们把薛宝钗放回到晚清时代，放回到曹雪芹的思想认识空间里，客观公正地对待这个艺术典型。那么，我们应该颠覆过来，号召人们学习薛宝钗。

薛宝钗能够善待他人。她为人正派，待人厚道，善解人意，善识人心。连贾母也赞赏她的宽厚、谦让、温和与豁达。薛宝钗既能愉悦长辈长者，又能亲近平辈姐妹，还能关爱下人，同情和帮助弱小者。可谓老少和三班，主仆亲两面，赢得上下一片称赞。

薛宝钗"会做人"，表现在尊重人，以人为本，恪守"害人之心不可有，防人之心不可无""得饶人处且饶人"的人生哲学。她能严守秘密，该说的才说，不该说绝对不说。即使别人已经知道她掌握了事情的枝枝节节根根底底，要她有所透露，但她能守口如瓶，连半点儿风声也不会泄露。绝不像其他女人那样，说东家，道西家，嚼烂舌头，搬弄是非。她的为人处事原则就是"和为贵"，使她凡事不像林黛玉那样用尖酸刻薄的话语指出，而是不在乎，不计较，在心里明白也就罢了。发生矛盾纠葛时，她往往采取谦让忍耐的态度。薛宝钗"会做人"，是因为她认定"和为贵"。这不仅体现在她对长辈的理解和尊敬上，还表现在她对处于封建阶级中的平辈人以及下层的被压迫者的同情关怀上。例如，贾母给她做生日，要她点戏，她就依着贾母素日的喜好说了一遍，又将贾母喜吃的甜烂之食当作自己喜吃之物说了出来，结果"贾母更加喜欢了"，这显然是迎合贾母。王夫人逼死了金钏儿，薛宝钗和袭人听到消息后，奴性很强的袭人只知道悲伤而流眼泪，而薛宝钗此时在心里固然悲伤，但她考虑得更周到，急忙撇下袭人，跑到王夫人处调和。一方面她安慰王夫人说死是金钏儿的一时"糊涂"造成的；另一方面她又对王夫人说金钏儿的死确实惨烈，念她生前的好处，应多拿几两银子发送她和摆平这件事，以尽主仆之情。这个建议，显然是替死去的金钏儿及其家人主持公道的，她也就对得起金钏儿的亡灵，也对得起其家人了。我们还看到，她在未来的婆婆面前，表现得非常大方，表示了她并不忌讳把自己的衣服赏与死去的奴才穿，当即回家拿了几身衣服来。这样处理能兼顾多方，深得人心。

薛宝钗对情敌林黛玉的帮助也是诚心诚意的，力求化解矛盾。她想方设法与性情怪异的林黛玉搞好关系，为病中的林黛玉送去燕窝、糖片。起初，林黛玉对于后进贾府的薛宝钗一直存着戒心。第八回"探宝钗黛玉半含酸"，第四十二回"潇湘子雅谑补余香"等回数，林黛玉一次次挖苦讥笑薛宝钗，可是薛宝钗却"浑然不觉"，从未心存芥蒂。后来林黛玉自己也说："你素日待人，固然是极好的，然我最是多心的人，只当你心里藏奸。从前日你说看杂书不好，又劝我那些好话，竟大感激你……比如若是你说了那个，我再不轻放过你的;你竟不介意，反劝我那些话，可知我竟自误了。"在《红楼梦》第四十二回之前，她两人是一种情敌关系，而从四十二回起，薛宝钗对林黛玉的态度主动由敌意转为友好，才有了帮助的行动，所幸也得到了林黛玉的理解。可见，为了调适人际关系，薛宝钗不仅能够谦让顾全大局，还能够化敌为友，真是有非同一般人的道德修养。

薛宝钗确实与林黛玉和王熙凤不同，她待人十分的宽厚，以和为贵。论口才，薛宝钗不比林黛玉差，第三十回薛宝钗借扇机开一个"负荆请罪"的玩笑，搞得贾宝玉和林黛玉二人面红耳赤，然而看到"宝玉十分羞愧，也就不好再说，只得一笑收住"。从这里也可以看出她待人的宽厚，为人的真诚，豁达大度。

三、齐　家

家庭是社会的细胞，只有家庭和谐了，社会才能和谐。薛宝钗在操持家政上与贾探春不相上下，在为人处事的学问上超过了王熙凤。只有这样的人掌持家政，才能使家庭和睦。俗话说"家和万事兴"，家庭稳定则社会稳定，各项事业才兴旺发达。可见，齐家是社会稳定发展进步的基础。

薛宝钗和林黛玉、史湘云一样，进贾府都是投奔而来的，都是寄人篱下者。但是，薛宝钗能不卑不亢，积极地面对生活，当好一个家族的成员，终于被王夫人信任，请来与探春、李纨共同理家。《红楼梦》第五十六回探春欲兴利除弊，宝钗讲了长长的一段话，有理论依据，有透彻分析，有利益诱惑，有感情脉络，讲明利害关系，而且丝毫不谋私利，颇有我们今天法治下的人性化管理的意味，不但李纨、探春、平儿心服口服，连家族里的人们都欢声鼎沸，博得一片好评。薛宝钗的精明能干在这里得到了充分的表现。

薛宝钗还会施"小惠"来投资感情，凝聚人心，以全大体。如邢岫烟的冬衣当掉了，处境窘迫，她命莺儿瞒住众人取了回来。她为邢岫烟掩盖当衣度日的这个事实，说明她善解人意，设身处地替下人着想，这是一般主子很难做到的。甚至就连赵姨娘这个众人嫌弃的女人有时也能得到她送来的一份礼物而感到受宠若惊。史湘云要开诗社做东道，但是缺钱不好办事，薛宝钗资助她办了螃蟹宴；林黛玉的药需要燕窝，但又不便和贾母、凤姐张口要，宝钗从自己的月钱中拨出银两；如此等等，薛宝钗都给予了及时的援助。不但如此，她非常小心，不把这些事张扬，给当事人留足体面。薛宝钗"山中高士"的名谓应该是符合实际表现的。她的一言一行，一举一动，都在维护贾府这个大家庭的稳定。

在《红楼梦》里，她比贾探春高明的就是"齐家"的本事。大观园在贾探春改革之前，园子没有专人修理，由贾琏、贾蓉等人不定时请一些匠人和清洁工来修整，这采用的是聘请制，对内存在弊端。贾探春出来搞改革，让园子里的婆子们包产包干，这搞的是承包制，一下子调动了劳动者的积极性。可是，这在薛宝钗看来，还未尽善尽美。因为，她看到这园子里有几十个老婆子，若只给了这个，那剩下的未得到利益，就会抱怨不公。于是，她把有额外收益的人的收益抽了一部分出来，分配给那些没有这份额外收益的人，达到了公平合理，使得老婆子们皆大欢喜。薛宝钗这样做，就是要通过利益的公平分配达到几十个老婆子的和睦相处，以致凝聚人心而"齐家"。

四、治　国

治国，是国家的根本大事。薛宝钗是处在封建时代的女子，即使满腹经纶，也无缘于政治生活。但是，她希望心上人贾宝玉作为男人就要"以天下为己任"，去"治国平天下"。可是，贾宝玉厌恶封建制度，无意于功名利禄，没有理想抱负，整天无所事事虚度年华。薛宝钗就一再劝他去走仕途，"立身扬名"，建功立业。对此贾宝玉总是十分反感，认为薛宝钗"好好的一个清净洁白女儿，也学的钓名沽誉，入了国贼禄鬼之流"，成为"女夫子"。贾宝玉说薛宝钗是"女夫子"，这话说得对了。薛宝钗确实受了儒家思想的影响，赞同"治国平天下"而"建功立业"的人生追求。薛宝钗对贾宝玉的这一规劝，几十年来却一直遭到人们猛烈的抨击。现在，我们设身处地想想，她其实劝得很对。因为，任何时代，作为优秀的青年人，都应该有理想，有抱负，积极向上，奋发图强，在社会上争得立身之地，然后参与国家事务。如果不是这样，就应当被劝。薛宝钗劝心上人贾宝玉奋发向上，去治国平天下，建功立业，是那个时代贤惠女子必然有的价值取向。治国平天下，就是为了国家的长治久安，要有社会责任感，勇于去担当社会重任，用自己的聪明才智处理好社会事务。至于贾宝玉要反封建，这与走仕途并不矛盾，因为反封建也可以在仕途中去实现，而且在仕途上更有反封建的条件。历史上有许多官员，正是利用自己所掌握的权力，推行改革，从而推动历史前进的。从前"走仕途"，拿今天的话来说，就是考公务员，争取进入国家机关，投身政治，用自己的聪明才智报效国家，处理国家事务。国家机关是处理社会事务的主要平台，国家机关工作人员是维护社会稳定的先锋队。在从业上，薛宝钗显然是认同了儒家"学而优则仕""干禄"的从业价值观。我们现在不管是家长、亲人或老师，不是都积极地鼓励青年人择业时，首先去报考国家公务员吗？以致一个公务员职位吸引成千上万的人去报考。我们现在这样做没有错，那么，两百多年前薛宝钗劝贾宝玉走仕途也不会错。

为了社会的和谐，实现儒家的"世界大同"，薛宝钗对于危害社会的人和事坚决予以抨击，特别是对于害群之马更是予以讽刺痛骂。在《红楼梦》第三十八回里，她所写的诗作《螃蟹咏》受到了众人的称赞。诗中的"眼前道路无经纬，皮里春秋空黑白"，锋芒犀利，给不遵守社会秩序的无法无天的形形色色人物画了像，他们全是横行霸道的螃蟹。他们与"治国平天下"是背道而驰的，是在"乱国闹天下"。因为有他们的存在，社会就有不稳定的因素，难以达到和谐。所以，薛宝钗站在维护社会安定团结、希望国家长治久安的立场上，对社会生活中出现的人间螃蟹予以猛烈的抨击。薛宝钗诅咒他们横行霸道不会长久，因为他们背离了正道，走到邪路上去，注定会机关算尽，逃脱不了灭亡的下场！薛宝钗《螃蟹咏》的诗作，深得贾宝玉等人的赞赏，他自愧不如薛宝钗诗作的批判力度，说："骂得痛快！我的诗也该烧了。"

众所周知，曹雪芹和高鹗对封建社会是反感的，厌弃的，他们对那个社会进行了深刻的批判。对此，通过众多人物形象所表现出来的主题已经非常清楚。但是，对于薛宝钗，其塑造的真实本意却不甚明了而引起争议，这种争议无论是现在还是将来都将继续存在。我想，曹雪芹和高鹗对薛宝钗都是赞美和同情的多，指责的少，是把她当作我国优秀传统文化的继承人，当作那个时代品质优秀的青年，当作世界东方女性美的典型形象来塑造的。封建社会不能让这样的女性得到幸福，薛宝钗成了悲剧人物。曹雪芹和高鹗的《红楼梦》就是把优秀传统文化的精英、把东方女性美毁灭给人们看，所以产生了经久不息的艺术震撼力。我在这里只是说出我对这个人物的一些肤浅看法，希望大家也能重新审视这个人物，在她的身上发现新的东西。

‖作品来源‖

发表于《凯里学院学报》2011 年第 2 期。

论史湘云性格的矛盾性

李光翠　周呈武

导　读

在《红楼梦》人物中，史湘云的性格具有明显的矛盾性，她既有随和友善、洞明世情、豪放不羁的一面，又有不平则鸣、糊涂处世、逆来顺受的一面。本文旨在阐述其性格矛盾性的表现，并分析形成其性格矛盾性的因素，以期更全面、客观地认识这一人物形象。

一、史湘云性格矛盾性的表现

历来写史湘云思想性格的专题论文，更多地把她归于外倾型，认为她是一位单纯、爽朗的姑娘。研究者往往只写她性格的积极面，对于她的消极面虽有涉及，如"湘云在人生上并没有一整套理解；遇事不假深思还毫无定见"，"乐天安命、与世无争"，甚而至于"逆来顺受"，但这些均未进一步展开。以下笔者就从湘云性格的三大矛盾层面入手，来剖析其独特的个性。

（一）随和友善　不平则鸣

史湘云虽生于富贵之家，却没沾染骄矜虚荣之气，她随和友善，平易近人。在贾府里，不管是和公子小姐还是与奴才丫头们相处，湘云都能与人为善，坦诚相待。这在等级森严的封建社会里，是极可贵的。在第38回，湘云的螃蟹宴不仅请了贾母、王夫人、薛姨妈和众姐妹，而且还请了宝玉及众姐妹的丫头，甚至还"命答应的婆子并小丫头等也都坐了，只管随意吃喝，等使唤再来"。最后也没忘"令人盛两盘子与赵姨娘周姨娘送去"。湘云待人率真赤诚，没有等级观念，没有利害打算，无论是宝钗、黛玉，还是袭人、香菱，只要和她投缘，她都能一视同仁，以姐妹相称，从不摆出贵族小姐的架子。她教香菱学诗，尽心尽力，苦口婆心；和翠缕谈阴阳，也是不厌其烦，循循善诱。得了几个绛纹戒指，就送给袭人、鸳鸯、金钏、平儿。给这些丫头的礼物和宝钗、黛玉的一样，不分轻重，而且还不忘用手帕子包了，自己亲自送去。史湘云待人只凭一腔真情，从不考虑人际关系的复杂，也不管人与人之间的等级，也许这就是她"天真""幼稚"的表现吧。

湘云性格有时虽随和大度，待人热情友善，但遇到看不惯的事情时，又好主持公道，爱打抱不平。第33回"宝玉挨打"是《红楼梦》的一个重要情节。宝玉被打得"动弹不得"，只好用春凳抬着他送至贾母房中，"此时薛姨妈同宝钗、香菱、袭人、史湘云也都在这里"。对于宝玉挨打的事，荣府上下各种人物都出台表演了一番。湘云既然知道了，又与宝哥哥从小青梅竹马，感情深厚，她为什么不露面呢？理由只有一个，那就是湘云不愿意去探视！金钏投井身亡，虽不能把全部责任推到宝玉身上，但贾环对贾政所进的谗言，是贾环从长舌婆赵姨娘口中听来的，赵姨娘也会到处散布。这些谣言不会不传到湘云耳朵里。义气单纯的湘云是一个好主持公道的姑娘，她至少认为金钏的死，宝玉是有责任的。金钏虽是王夫人的丫头，但湘云从小生活在贾府，与金钏一起长大，她和金钏情同姐妹。对于好友金钏的死，湘云悲痛的心情是可想而知的。在爱憎分明的湘云眼里，宝玉闯的祸也够大的了，一个命都没了，宝玉挨顿打算什么！悲愤的湘云躲了起来，以她的沉默，为好友的死鸣不平，也以她的沉默，宣泄出她对宝玉和王夫人的不满！

（二）洞明世情　糊涂处世

史湘云表面上口无遮拦，疏于思考，但她也有洞明世情的时候。在第49回，湘云的叔叔迁委了外省大员，贾母因舍不得湘云，把她接到家中，"原要命凤姐儿另设一处与她住，史湘云执意不肯，只要与宝钗一处住"。湘云为什么执意不肯单设一处？因为单设一处，贾母就要打发人去收拾，白吃白住还要派人服侍，这又得添出多少开销？湘云从小在贾府长大，贾府温情脉脉背后的真相，她是知道的。第71回，贾母八旬之庆，贾母喜爱四姐儿和喜鸾，就留下她们玩两日，又怕因为她们穷，园里各处的女人照看她们不经心，便唤一个老婆子特来吩咐："……我知道咱们家的男男女女都是'一个富贵心，两只体面眼'，未必把她两个放在眼里……"贾母的一席话，就揭开了这层面纱。由此可见湘云的敏感多心，并不是自寻烦恼。湘云为什么要和宝钗住呢？因为宝钗的一切用度由自己支付，湘云和宝钗同住，就可以避免被人"嚼说"了。

湘云虽能洞明世情，但她有时又糊涂处世，不会保护自己。第49回，湘云对宝琴道："……若太太不在屋里，你别进去，那屋里人多心坏，都是要害咱们的。"宝钗笑道："说你没心，却又有心；虽然有心，到底嘴太直了。"范秀萍称赞湘云："她从来都是这样率性率真，想说就说，说恼就恼，从不知为顺应人情而控制掩饰自己的感情。而她的感情，就像是一条清澈的小溪，虽然浅一些，却是那样纯净透明，没有一点虚假做作的杂质。"不知"控制掩饰自己的感情"的湘云与"罕言寡语"的宝钗成为鲜明的对比——在宝钗看来湘云的率性率真就是一种不善于处世的弱点。

高鹗续书中的湘云，与前80回相比，缺少了灵性，还有些干瘪，但变化中仍有统一。如第82回，黛玉咳出血来，湘云和探春来看望，众人都在尽力遮掩，怕黛玉知道伤心、焦虑，加重病情。只有湘云见了痰中带的血，唬得嚷了出来。她为黛玉担忧之情，溢于言表，但糊涂处世的湘云却不知体恤黛玉此时的心情，更不知宽慰她。如此"蝎蝎螫螫"的结果，只能事与愿违，对人对己都不利：让黛玉"灰了一半"，自己也"红了脸"。

（三）豪放不羁　逆来顺受

湘云从小父母早亡，但她没因孤苦而狭隘，而是在独自一人面对苦难时，磨炼出了豪放不羁、襟怀坦荡的胸怀。湘云与凤姐都爱说爱笑，无拘无束，但她们却是不同类型的两种人。凤姐说笑，有时是为讨贾母欢心，有时却是笑里藏刀，她微微的冷笑让兴儿吓得战战兢兢的；她含泪的微笑让尤二姐吞金自逝……而湘云的说笑往往没有目的性，没有功利性，也不管对象。湘云爱说爱笑，只是因为她的天性开朗、天真烂漫，是"机关算尽"的凤姐所不具备的。

在众女儿中，乐观放达的湘云也是最大胆的一位。第54回，林黛玉禀气柔弱，不禁毕驳之声，贾母便搂她在怀中。薛姨妈搂着湘云。湘云笑道："我不怕。"宝钗等笑道："他专爱自己放大炮仗，还怕这个呢。"湘云不仅喜放大炮仗，她还不信鬼，更不怕鬼。第76回，在凹晶馆联诗，当黛玉指着池中黑影胆怯地问湘云"敢是个鬼罢？"湘云笑道："我是不怕鬼的，等我打他一下。"湘云用小石片打去，却飞起一只白鹤来。湘云飞石击"鬼"，不仅击出了她的侠骨英风，还击出了她作诗的灵感，但就是这位敢以石击"鬼"的"诗疯子"，也有她忍气吞声，逆来顺受的另一面。

湘云住在二叔史鼎家，一谈起家常，眼圈红红的，也只能私下和宝钗浅浅地提及。湘云在史家不仅没有快乐可言，她还没有地位和自由。就连来贾府穿衣小事，湘云也得对她婶娘百依百顺。第31回，天热，贾母让湘云把外头的衣服脱掉。王夫人笑道："也没见穿上这些作什么？"史湘云笑道："都是二婶婶叫穿的，谁愿意穿这些。"湘云愿意穿什么呢？第49回"一时史湘云来了"，众人都笑道："偏她只爱打扮成个小子的样儿，原比她打扮女儿更俏丽了些。"湘云喜欢着男装，穿短衣，不是为了"俏丽"，而是更觉轻松自在，没有束缚感。可就连这样的权利，也被婶娘给剥夺了！

湘云在对待自己的婚姻大事上，更是听从叔婶的安排。对于安于现状的湘云来说，她也明白靠自己孤军奋战只能是以卵击石。她既不愿像黛玉那样多愁善感，以泪洗面，作践坏身体；也不愿像宝钗那样说些王夫人喜欢听的话，点几场贾母爱看的戏；在婶娘面前湘云既不会讨好，也不愿抗争。湘云对自己的婚姻大事，避而不谈，对自己的婚恋对象也没有自己的标准，任由叔婶摆布，更不具有紫鹃和尤三姐那样的爱情婚姻观。第71回，贾母做寿，南安太妃来贺，湘云与南安太妃混得最熟，达到了随便开玩笑的程度。如果湘云不是一贯地逆来顺受的话，"几乎无须史家找门路，南安太妃也乐意给湘云说合一桩美满姻缘的——甚至比贾家强"。但她已经习惯了听从叔婶的包办，包括婚姻。她甘愿做一个清醒的糊涂人，因而她的悲剧命运与她安于现状、逆来顺受的处世哲学也有一定的关系。

二、史湘云性格矛盾性形成的因素

由于史湘云生于富贵，长于忧患，自幼失去父母，且又遭逢家世衰颓，她只能在贫困潦倒中度过苦痛的一生，她的一生极富变化，因此形成史湘云矛盾性格的因素也是多方面的。

（一）生活环境的影响

史湘云出生在"阿房宫三百里，住不下金陵一个史"的史家，自小失去双亲，姑奶奶贾母因十分怜爱她，把她接入贾府，又寄养在"贾不假，白玉为堂金作马"的贾家，湘云稍大一些，就被待她并不很厚道的婶娘接回史家了。史湘云在叔婶家里"竟一点儿作不得主""做活做到三更天"，月银也只有几贯钱，她的处境竟不如贾府的大丫头袭人、晴雯等。史湘云事实上是一个有其名而无其实的贵族小姐，是一个得不到婶娘关爱的多余的人。

在贾府呢？湘云与黛玉从小都失去了父母，又都寄养在贾府，但黛玉是寄养在她外祖母和舅舅家，外祖母贾母"万般怜爱，寝食起居，一如宝玉，迎春、探春、惜春三个亲孙女倒且靠后"（第5回）。在第21回中，有如下的细节描写："那黛玉严严密密裹着一幅杏子红绫被，安稳合目而睡。湘云却一把青丝，拖于枕畔，一幅桃红绸被，只齐胸盖着，衬着那一弯雪白的膀子，搁在被外，上面明显着两个金镯子。宝玉见了叹道：睡觉还是不老实！回来风吹了，又嚷肩膀疼了。一面说，一面轻轻地替他盖上。"有人赞史湘云的"梦态决裂，豪睡可人"（清代涂瀛的《史湘云赞》）。可谁知她这"可人"的"豪睡"自有一番心酸的感触：几岁、十几岁的孩子睡觉都有爱蹬被子的毛病，即使从小体弱多病的黛玉也不例外。但"爱之如掌上明珠"的父母会反复地叮嘱并替她掖好被子，习惯成自然，久而久之，黛玉也就养成了"严严密密"裹着被子睡觉的习惯了。而襁褓中父母双亡的史湘云，虽被接到贾府，与宝玉吃住在一处，尽管贾母把袭人派来照顾小湘云，但袭人比湘云也大不了几岁，当时她还照顾不了自己，有时睡着了她自己也难免蹬被子。但"一个富贵心，两只体面眼"的其他年长的丫头、年老的婆子们会像照顾宝玉一样一夜起来无数遍、不厌其烦地给她盖被子吗？受了风寒，嗓肩膀疼，除了同龄人宝玉关心外，还有谁来过问呢？

湘云虽是贾母娘家唯一常来常往的亲人，与她唯一有血缘关系的姑奶奶贾母也年事已高，只有宝玉时常提醒才能想起派人去接她来。在贾府，表面上"谁都爱她，谁又都不一心一意地深爱她；谁同她都没有根本的利害冲突，谁又都不是她的知心朋友；谁也不敢怠慢她，谁又都不十分重视她"。一句话，史湘云在贾府也是一个微不足道的人物。

事实上，"纵居绮罗丛"的史湘云，无论在贾府还是在史家都没有谁能像亲生父母那样去关心她的冷暖和幸福。情感上无人关心，生活上无人照顾，就是在这种被人漠视的环境中，史湘云形成了她"也宜墙角也宜盆"的坚韧乐观的性格，她像一棵具有顽强生命力的小草，只要有一缕阳光，哪管是风是雨，哪管是墙角还是瓦盆，这棵小草就生机勃勃地疯长起来！

（二）思想教育的影响

除了生活环境对湘云的影响外，湘云从小所接受的思想教育对其性格也产生了影响。在贾府，贾母让湘云与宝玉终日相伴，把湘云当作男孩子一样去教养。宝玉在贾母的溺爱下自由成长，贾政想管教，贾母就会出面干涉，宝玉也因而避过了贾政的敲打塑造。在贾母的娇惯纵容下，宝玉可以逃避老朽贾代儒的道学教诲与监督。湘云也幸运地和宝玉一起被贾母呵护着，在与宝玉的耳鬓厮磨中还受到了宝玉叛逆思想的影响，在一定程度上，湘云得到了自由的空间，使人性得到了发展。但贾母也是一个封建礼教的信奉者。第56回，当贾母从甄府来请安的四个女人嘴里得知还有一个相貌、性情、行事和宝玉都相同的甄宝玉时，她说："可知你我这样人家的孩子们，凭他们有什么刁钻古怪的毛病儿，见了外人，必是要还出正经礼数来的。若他不还正经礼数，也断不容他刁钻去了……若一味他只管没里没外，不与大人争光，凭他生的怎样，也是该打死的。"贾母疼爱宝玉也是以此为准则的，与宝玉一起被贾母教养的湘云，在思想深处也不可避免地受其影响。就拿湘云的婚姻大事来说，就算她被贾府从宝玉婚配的人选中淘汰了，但爱的权利却不能被剥夺，爱也不能因此而泯灭吧！但她为什么不能像黛玉那样去爱，甚至连司棋还不如呢？究其原因无非还是她摆脱不掉"父母之命，媒妁之言"的封建伦理的束缚。

（三）自卑心理的影响

史湘云矛盾性格的形成还受其自卑心理的影响。李根亮根据西方传播学的个人差异受众理论，认为"每个人所处的社会环境、所遇的社会经历和所受的社会教育不同，他们各自的个人素质、心态也不同"。同样，湘云矛盾的性格，也与她自卑的心理有关。湘云记事时，被父母呵护着，父母双亡后，她的地位也一落千丈，由侯门小姐沦落成连贾府大丫头也不如的地位。生活境遇的巨变、世态的炎凉、人情的冷暖，使史湘云产生了自卑的心理。湘云从小生活在贾府，对贾府的人事都很熟悉。贾府的可卿是秦邦业从"养生堂"里抱来养大成人的。官囊羞涩的秦邦业只是个小官，家业根基并不好，经济地位还比不上贾府里的大管家。但在贾母眼里，可卿"是个极妥当的人，生得袅娜纤巧，行事又温柔和平，乃重孙媳中第一个得意之人"（第5回）。无独有偶，尤氏也出身低微，但在贾府女眷中，她也得到贾母的青睐。第29回，贾母让清虚观张道士给宝玉打听着："不管他根基富贵，只要模样配得上就好，来告诉我。便是那家子穷，不过给他几两银子罢了。只是模样性格儿难得好的。"凭着湘云与宝玉深厚的感情，还有她与贾母的血缘关系，她是有条件与黛玉、宝钗抗衡的，但湘云的自卑心理让她在自己婚姻大事上也自动退避了。由于湘云从小失去父母，又没有兄弟姐妹，她事实上是个孤儿，对于她能生存下来，她是怀着一颗感激的心灵，对身边的一切她都抱有感激之情，对于待她不甚宽厚的婶娘她也是感激的，对于贾府里上至贾母下到丫头，谁对她好，她就感激谁，她就会以十二分的情意去回报。在她心里，父母才是养育她的根本！其他的任何人都没有这份义务，一旦养育了她，在那个女子行动上没有自由、经济上不能独立的社会里，自卑的湘云除了逆来顺受，除了委曲求全，她还能用什么方式来回报对她的养育之恩呢？生命对于她，已是老天额外的赏赐了，让这生命延续下去，她就得感激解决她衣食住行的人们，这是物质上的问题，而要解决这一问题，她就得以精神的、情感的东西为代价！

通过以上剖析，史湘云性格矛盾性的形成有客观的因素也有主观的因素，她矛盾的性格层面有其积极面，也有其消极面。积极面可概括为襟怀坦荡、乐观豁达、天真烂漫、不平则鸣等，这些都是当时封建社会闺阁女子中所罕见的优点；消极面可概括为疏于思考、糊涂处世、安居现状、逆来顺受等。积极面是湘云性格特征的主流，消极面是其性格特征的支流，但不能被忽略。总之，正是这几个性格层面，在史湘云身上既矛盾又和谐地统一成个性美、才情美、人品美的云丫头，也正是这一矛盾性格显示出其独特个性而赢得了当代读者的喜爱！

‖作品来源‖

发表于《石河子大学学报（哲学社会科学版）》2007 年第 6 期。

深宫凤凰的悲歌——贾元春形象分析

何雯婷

导　读

　　本文从元春之爱情、元春之亲情、元春之命运三个方面，分析《红楼梦》中元春的形象，认为贾元春犹昙花匆匆一现，留下久久不能散去的芬芳，如流星划过长空，使多少人的心灵得到慰藉；烟花般的璀璨之后，留下的只是过眼云烟。元春的哀苦，不光是一个妃子的争宠、失宠的不幸，更是贾府的一个"女儿"的人性的诉求在"皇家规范"的压抑下的悲哀，这是红墙中的凤凰延续了几千年的深宫悲歌。

　　贾元春在金陵十二钗中排第三，是十二金钗中唯一的宫中女子。元春的名字缘于她的生日。在小说第二回贾雨村和冷子兴的对话中，雨村曾说，女儿用这些"春""红""香""玉"等艳字是落入俗套，冷子兴忙解释道："不然，只因现今大小姐是正月初一所生，故名元春，余者方从了'春'字。"这里告诉读者元春生日的来历，也告诉读者贾府另外三位千金的名字，是随其长姐而带有"春"字。元春、迎春、探春、惜春，四春合在一起，构成了"原应叹息"的寓意（见甲戌本侧批），共同抒写了对各自青春的嗟叹和伤悼。[①]独占春先的元春果然不凡，没有辜负贾家的培养，很早就"因贤孝才德，选入宫中作女史"，并很快又"晋封为凤藻宫秘书，加封贤德妃"。因为她，贾家成了皇亲国戚，才有了回光返照式的"太平气象，富贵风流"；因为她，贾府才有了省亲时的"烈火烹油，鲜花着锦"的热闹场面；因为她，才有了大观园诗情画意的恋爱场所，而她只能独自吟唱深宫凤凰的悲歌。

---

　　①　曹立波：《〈红楼梦〉十二金钗评传》，清华大学出版社，2007年版。

一、元春之爱情

千百年来伴随着爱的多是怨和恨，杜十娘怒沉百宝箱、昭君出塞等等都是在上演着一支由无穷的怨恨、无尽泪水编织的爱情悲歌。作为宫中妃子的元春演奏的又是怎样的爱情之歌呢？

在整部《红楼梦》中几乎找不到描写元春爱情的句子，第十八回元春省亲曾安慰祖母和母亲："当日既送我到那不得见人的去处，好容易今日回家娘儿们一会，不说说笑笑，反倒哭起来。"提起皇宫，让人联想到的是荣华富贵，生活的有滋有味，似乎人间美好的东西都能从这里找到，元春却把它称作"不得见人的去处"，从此处我们可以看出元春的婚姻并不美满。她这首爱情之歌以"宫怨"为主要感情基调，演奏着千百年来的同一支音符。

在中国封建社会，宫廷的婚姻制度是畸形的。皇帝一人拥有"后宫佳丽三千人"，能有幸得到皇帝恩宠的宫女是百里挑一的，绝大多数的宫女只能在深宫之中虚度光阴。如元稹的《行宫》："寥落古行宫，宫花寂寞红。白头宫女在，闲坐说玄宗。"描写的就是这样的事实，当年有闭月羞花之貌，沉鱼落雁之姿流落宫中，忍受寂寞，历尽沧桑，如今白头搔首，闲来无聊，只能回首往事消磨时光。此种情怀，非宫女不知！

《红楼梦》中塑造的贾元春就是这样一个深宫怨妇的形象，为何有怨，怨从何来？怨从情来，情从何来？情从欲来。元春的欲是希望得到美好的婚姻爱情，一种极简单的生活之欲，但是在深宫那种环境注定元春是欲不能求的，从她踏入皇宫的第一步起就开始谱写她的爱情悲歌。当初的入宫是元春欲求之，也是家族亲人之欲，她得到皇帝的恩宠，带来"烈火烹油"般的繁华，这一切都因为她顺从了命运的安排，因而安存下来，所谓"顺之者安，逆之者危；顺之者存，逆之者亡"[①]。当爱情离她而去，与其欲相悖，怨恨就随之而生，当理想的欲望与现实的残酷相碰撞，理想的欲望就不得

---

① 王国维、蔡元培：《红楼梦评论·石头记索隐》，上海古籍出版社，2005年版。

不屈服于现实。元春在爱情上的悲剧在于她有希冀却不努力争取，空有生活之欲却没有解决的方法，就属于叔本华所说的：盲目的运命者。王国维曾说："存于自己之苦痛，彼之生活之欲，因不得其满足而愈烈，因愈烈而愈不得其满足，如此循环而陷于失望之境遇，遂悟宇宙人生之真相，遽而求其息肩之所。"[1]在这他意在说明解脱人生痛苦之道在于悟透宇宙人生之真相，只是元春困于解脱途中而未曾得到解脱，她是有欲而不得，陷于失望境地，抽身不得，否则《红楼梦》中又多了一位出家人。青春的困惑、爱情的迷失，使得元春有着和其他朝代的宫女一样的命运，生活在明争暗斗、无聊和泪水之中，演绎的是同一首宫女爱恨交加的悲怨曲。"《红楼梦》一书与一切喜剧相反，彻头彻尾之悲剧也……凡此书中之人与生活之欲相关系者，无不与苦痛相始终，以视宝琴、岫烟、李玟、李绮等……夫此数人者曷尝无生活之欲，曷尝无苦痛？"[2]将此数人比较于元春，元春又何尝无欲，何尝无苦痛？或许元春曾经试图逃离这个"不得见人的去处"，省亲虽仅仅几个小时，却为元春期待已久，省亲是她逃离那"不得见人的去处"的唯一机会，逃得迫不及待。无奈她身上肩负着太多的责任，家业的兴盛、家族的命运与她的命运紧紧相扣，她得不到真正的解脱。回到宫中，她也只能忍受着没有爱情的婚姻的折磨。她向往平常人的生活，渴望能像一般女子那样得到丈夫的慰藉。但是在这个呼天不应、叫地不闻的地方，她也只能独奏一曲爱情悲歌。

二、元春之亲情

《红楼梦》中除了对元春的爱情有所暗示外，也写到了元春的亲情，她的亲情主要表现在父母情和姐弟情上。深感骨肉分离之痛的元春，企图在父母身上寻找当初千依百顺小家碧玉的身影，在弟弟宝玉身上饰演着一个胜似父母的大姐姐身份，最后却发现原来头戴桂冠也只不过是虚名。

---

①② 王国维、蔡元培：《红楼梦评论·石头记索隐》，上海古籍出版社，2005年版。

（一）父母情

在第十八回中曹雪芹极尽笔力写了元春的亲情。在这回中可看出元春跟父母的感情分歧，元春完全是站在作为女儿的角色出发对待父母，而元春的父母却把她看得高高在上，这种带着君臣色彩的爱使元春对父母的感情受挫。"后妃乃人，在宫中为后妃，在家中乃女儿，于宫行妃礼臣道，于家行家礼子道，臣道、子道都关孝道，不能因臣道而绝子道，那就有损孝道。"①作为后辈的元春与贾母见面，本"欲行家礼"，贾母等人却"俱跪止不迭"。离家多年的元春回到贾府后，以为终于可以脱下那象征着权力和荣华富贵的"凤袍"，恢复作为贾家大小姐本来的身份和面目。可是在现实面前，她的行为未被理解。在封建社会，女子入宫一旦被皇上宠幸，她的地位随之发生变化，即使是在亲生父母心中，她也不仅仅是一个女儿了，由于封建思想的束缚，父女、母女间变成了君臣般的关系。父母对女儿充满了敬畏，因而不敢在贵人面前掉以轻心，只能以礼相待。此时的元春即处于这种尴尬的境地。然在元春的心里她却实在想做贾家的大小姐，于是"一手搀贾母，一手搀王夫人，三个人满心里皆有许多话，只是俱说不出，只管呜咽对泣"。三人搀扶着走，满心里的话不知从何处说起，此时此刻，骨肉分离之痛使权力等级黯然失色，再多的语言也不能表达彼此的心情，行动胜过千言万语。既然回到家中，元春就想着要快乐地度过这么短暂而珍贵的时刻，于是她亦"满眼垂泪"又"忍悲强笑"道："当日既送我到那不得见人的去处，好容易今日回家，娘儿们不说说笑笑，反倒哭起来，一会子我去了，又不知多早晚才来！"又隔帘含泪对她父亲说："田舍之家，虽齑盐布帛，终能聚天伦之乐；今虽富贵已极，骨肉各方，终无意趣！"在这里她将皇宫称作"不得见人的去处"，在皇宫中忍受的幽怨，享受不到青春生活快乐的孤独，加倍了她对故园、对亲人的思念，骨肉分离使一切都变得毫无意义，在宫中的她无时无刻不思念她的亲人，宫廷的葡萄美酒比不上田家的粗茶淡饭，宫廷的夜夜笙歌比不上田家的天伦之乐。脂评

---

① 宁业高等：《中国孝文化漫谈》，中央民族大学出版社，1996年版。

说这是"返魂摄魄"之笔，"一字不可更改，一字不可增减，入情入神之至"①。
十二伶中的龄官似乎有过与元春相似的情怀。在第三十六回中，贾蔷兴冲
冲地为龄官买了一只会衔旗串戏台的"玉顶儿"来，龄官却生气道："你
们家好好的人弄了来，关在这牢坑里学这个劳什子还不算，你这会子又弄
了雀儿来，也偏生干这个。你分明是弄了他来打趣形容我们，还问我好不
好？"接着又说："那雀儿虽不如人，他也有个老雀儿在窝里。"对比元春
与龄官两人的怨诉，其实是同一笔墨，同一情怀。②雀儿也有老雀在窝里，
一语道出即使骨肉分离情还在，她热切地渴望得到亲情的安慰，希望自己
这只"久在樊笼"之鸟，终有一日可以返归自然，可是她强烈的感情没有
被亲人理解。在贾母等人的眼里，元春是幸福的，她嫁给了至高无上的帝
王，这是几生修来的福气。她的地位是一人之下，万人之上，许多人祖祖
辈辈想也想不来，她的一生意味着有享不尽的荣华富贵。王夫人在迎春误
嫁中山狼后曾说："你难道没听过嫁鸡随鸡，嫁狗随狗，哪里都像你大姐姐
做娘娘啊"，就是一个例证。元春的苦闷无法向外人呐喊，只能欲哭无泪，
欲叹无声。

再看其父贾政的一段话："贵妃唯兢兢业业，勤慎恭肃以待上，庶不
负上体贴眷爱如此之隆恩也。"贾政"公文式"的一段话让元春大失所望，
他祈求女儿更加忘我地去做"贤德"的妃子，而不是出于一个父亲对女儿
最起码的关爱。元春厌倦宫廷生活，她更渴望的是来自父亲的一句简单的
问候，而不是"公文式"的教训。在宫中受到压抑的元春想借着出宫的机
会向最亲的人倾述苦水，结果这么简单的愿望也彻底破灭了，父女间的亲
情已经蒙上了封建礼教的色彩。因此她也不得不板起面孔，嘱咐父亲"只
以国事为重，暇时保养，切勿记念"等例行公事。她再也不能以女儿的身
份在父母面前畅所欲言了，为了家族，为了兄弟而"兢兢业业"地侍奉皇上，
安心地做贾家献给皇上的玩物。荣华富贵买不来欢乐，买不到真实的感情，
这是一个深居高墙之内的人才能感受到说得出的，贾政这些庸俗之徒又怎

---

① 曹雪芹（霍国玲、紫军校勘）：《脂砚斋全评石头记》，东方出版社，2005年版。
② 李小龙：《十二金钗情归何处——红楼十二伶隐喻试诠》《红楼梦学刊》，2002，（1）：
292—306。

会理解元春内心的痛楚呢？

元春的亲情遭到深严的皇家规范的无情抹杀，那支深宫怨曲在这个苍白和沉寂的世界里不断地演奏下去。

（二）姐弟情

元春是个极重感情的女子，尤其表现在她对宝玉的姐弟情上，这种情非比一般。她要求宝玉要业有所成，要为宝玉的爱情铺路。元春对宝玉的情在《红楼梦》中多处有体现。第十八回穿插了这样一段话："当日这贾妃未入宫时，其情状有如母子。"入宫之后，时时带出信来与父母说："千万好生扶养，不严不成器，过严恐生不虞，且致父母之忧。"当贾政启"园中所有亭台轩馆，皆系宝玉所题"时，元妃听了便欣慰地笑说："果进益了。"见到宝玉后，元春命他前来"携手揽于怀内，又抚其头颈笑道：'比先竟长了好些……'一语未终，泪如雨下"。第三十八回元春病恙仍不忘问"宝玉近来若何？"听到贾母道"近来颇肯读书"才放下心。从这几处可看出元春对宝玉的情是"与诸弟不同"，"其名分虽系姐弟，其情状如母子"。对宝玉来说她的爱是理所当然的，宝玉能给她的只是学业上稍有进步的欣慰，而不是感情的寄托，所以在宝玉身上她也找不到亲情的慰藉。

元春对宝玉除了学业上时刻给予关注外，对于宝玉的婚姻对象，她也要慎重挑选。元春身为皇妃，又处在政治的高层，如何能够保持贾家的家业根基稳固世代绵长，作为贾家政治地位最高者，家族的利益关系是她不能不考虑的。元春归省时，对宝玉周围的女性作了一番思量，认为薛宝钗比黛玉更适合做贾家的媳妇，所以在端午节时元春只赐予了薛宝钗同宝玉一样的节礼，对宝玉的妻子人选做了示意。元春赐给宝玉的礼物是："上等宫扇两柄，红麝香二串，凤尾罗二端，芙蓉簟一领。"再看袭人跟宝玉说的一段话："你的同宝姑娘的一样。林姑娘同二姑娘、三姑娘、四姑娘只单有扇子同数珠儿，别人都没了。"从元春所赐的礼物就可以看出她对钗黛二人厚此薄彼。元春为宝玉选妻要考虑到多方面的因素。家世、样貌、才情，最后一点也是最重要的是身体，持家生子都需要有强壮的体魄和精力旺盛的人，黛玉身体太弱，有如风之烛，不管是持家还是生子都不合适。宝钗肌肤丰盈，身体丰满。元春要为宝玉选择的是像宝钗那样可以照顾宝玉并为他传宗接代的女人。单凭以上几点，元春已有充足的理由在送礼物时厚此薄彼了。元春把宝玉从小带着，教他读书识字，宝玉的性格元春是不可能不了解的，而且宝玉的心思她也不可能看不出来，但作为贾家的长女，贾府命运的掌权人，她虽知道没有爱情的婚姻是不幸的婚姻，但是责任使她不得不以封建礼教的标准为宝玉挑选配偶。在父母面前元春显得天真，而在面对宝玉时她就显示出一种控制欲，企图包揽宝玉的一切。当她的爱在皇帝面前得不到回应，在父母身上得不到理解，她就把爱都转移到宝玉的身上，她的爱对宝玉来说是一种无形的压力，并且为宝玉的婚姻悲剧埋下了祸根。也由于她有情，才有她的悲。

贾府，是元春从宫中逃到宫外的避风港，可是由于"皇家规范，违错不得"，她失去了一个可以慰藉心灵的地方；由于她位高权贵的关系，她的亲情带上了封建的枷锁，因此，这首原本的温情曲变作了悲情曲。

三、元春之命运

《红楼梦》只在第五回宝玉游太虚幻境和第二十二回"制灯谜贾政悲谶语"中暗示过元春的命运，元春的命运在一定程度上反映了元春在深宫中的遭遇，通过透视元春的命运我们可以看到元春是如何一步步地演奏她的深宫悲歌的。

（一）灯谜悟宿命

在第二十二回"制灯谜贾政悲谶语"中，元春给家里送去一个自制的灯谜，谜面是"能使妖魔胆尽摧，声如束帛气如雷。一声震得人方恐，回首相看已成灰"。贾政说谜底是爆竹。贾政内心沉思的是"娘娘所作爆竹，此乃一响而散之物"。元春为什么会写出这样的灯谜呢？脂批在谜后说"此元春之谜。才得侥幸，奈寿不长，可悲哉"①。在这个灯谜里元春在预测着自己的命运，这时候的她还没有失宠，正是富贵荣华之时，各方敌对政治势力在贾家面前"胆尽摧"，这些政治势力必然会筹划一场不为人知的阴谋，元春深知自己无法抽身权势争斗的漩涡，最后只会落得个灰飞烟灭。这位久在深宫的女子在"一晌贪欢"之后，才醒悟到片刻的欢愉和美好的梦境最终都会化为"一响而散"的"爆竹"。

（二）非命结局

贾元春的判词是："二十年来辨是非，榴花开处照宫闱。三春争及初春景，虎兕相逢大梦归。"对元春的判词向来争议颇多。首先是画上有两个物品"弓"和"橼"，"弓"和"宫"谐音，是暗示着生活在宫中的元春，并说明了元春在宫中的生活并不快乐，宫怨之情不燃而生。从整段判词来看，"二十年来辨是非"是说元春经过几年的宫廷生活，已经懂得世事人情，深知自己活着是贾家基业生生不息的源泉，如果死了，家族的生命之源就断了，因此她必须固守着皇上面前的红人的地位。一个长期生活在尔虞我诈中的人，精神一直处于高度紧张的状态，时刻因生命受到威胁的恐惧的折磨，这种生活会有幸福可言吗？判词最后一句"虎兕相逢大梦归"暗示元春的死亡。"虎"为兽中之王，"兕"是犀牛类的猛兽。虎兕两个势均力敌的猛兽，在这可理解为两股政治势力，而贾元春就是在这两股政治势力的角逐下的牺牲品。是是非非终难辨，这就是元春的命。判词里揭示的是元春最终死于非命的结局，她生如夏花之绚烂，却不能死如秋叶般静美。

（三）死亡之曲

在十二支《红楼梦曲》中有一首《恨无常》曲："喜荣华正好，恨无常又到，眼睁睁把万事全抛，荡悠悠，把芳魂消耗。望家乡，路远山高，故向爹娘梦里相来告，儿命已入黄泉。天伦呵，须要退步抽身早！"这支曲同样被认为是预示着贾元春的死亡，并且暗示了元春是怎样的死法。

① 曹雪芹（霍国玲，紫军校勘）：《脂砚斋全评石头记》，东方出版社，2005年版。

　　"喜荣华正好，恨无常又到"这句话是说当元春带来了富贵风流的时候，只恨无常又到。在中国旧社会里，"无常"是一个不吉利的名词，原是佛家的语言，指人世一切即生即灭，变化无常，后来被俗化成"勾命鬼"，当一个人死了以后，牛头、马面就来了，无常也来了，他们是专门为阎王爷从阴间跟到阳间来勾人魂的。因此关于贾元春的曲说"恨无常又到"意味着想不到的不幸发生了，始料不及，同时又意味着"无常"来勾她的魂，将她送赴黄泉。"眼睁睁把万事全抛"虽为贵妃但作为一个女人在面对政治上的权力斗争她显得束手无策，即使牵连到家族的危亡时，也只能眼睁睁地把万事全抛。"荡悠悠，把芳魂消耗"预示着元春之死。元春省亲时所点的四出戏中第二出为《乞巧》，脂砚斋给这出戏的批语是"伏元妃之死"，这出戏写的是唐明皇和杨贵妃的故事，指出了元春与杨贵妃的境遇相似，杨贵妃因三军哗变被赐死，是被人用绸子缢死的，也就是元春的判词"荡悠悠，把芳魂消耗"，据此可知元春有与杨贵妃类似的失宠之情。周汝昌曾说："元春是一个出色的才女……这样的人，不是擅长争宠斗智的能手，其日久失利，是必然之势。"[①]古人有"不平则鸣"说，元春的悲就在于有不平却不能鸣，她在深宫中受到的委屈，流过的眼泪是不为人知的，发生在那不得见人的去处的事她只有以梦的方式向亲人诉说。"天伦呵，须要退步抽身早！"这句话是元春死后向父母、家族提出的警告，提醒他们要尽早从皇权斗争的漩涡中"退步抽身"，明明白白地要亲人以自己的死作为前车之鉴。她的死可以说是一个没有谜底的谜。元春这支死亡之曲终于走向尾声，对她来说或许是最好的解脱，也是唯一的解脱。

‖作品来源‖

　　发表于《湖南科技学院学报》2013年第2期。

---

　①　段启明，秦松鹤：《一面之交，百年不忘——红楼人物谈》，《红楼梦学刊》2006，（2）：132—141。

"懦"字神来悲迎春——从"公府千金"到"蒲柳下流"的沦落

王颖卓

导　读

　　贾迎春是金陵十二钗中薄命女中命运最悲惨的一个。她宽厚、平和、可爱，但性情懦弱，是贾府由"公府千金"沦为"蒲柳下流"的第一人。"木头"式的性格缺欠，是迎春婚后对噩运斗争失利并在噩运中死去的内在因素之一。她的父亲贾赦以抵债的形式嫁出了亲生女儿，是造成她悲剧的主要因素，是直接责任者。孙绍祖是刽子手。迎春的悲剧反映了封建末世新旧贵族的权势更迭中旧贵族女性社会地位的沦落。迎春既是全书结构线索的有机部分，又丰富了红楼十二钗的厚度，使美与美的被毁灭得到更多角度的展示。

　　作为《红楼梦》金陵十二钗，无一例外地被曹雪芹列入了"薄命司"，这些贵族女性或早夭，或亲人离散，或爱情失意，或失偶索寞，或看破红尘而怅惘，或在倾轧角逐中失败，无一不是红颜薄命。然而，就这些"薄命女"毕生的境遇而论，最不幸最悲惨莫过于贾府二小姐迎春了。

　　在《红楼梦》四百多个鲜活的人物中，迎春算不得光彩照人，在红楼十二钗中，她也是着墨较少的人物之一，但她仍给人留下了深刻的印象，其原因不仅在于作家是文章圣手，还在于迎春悲剧的特殊性，在于贾迎春是贾府由"公府千金"沦为"蒲柳下流"的第一人。她的悲剧反映了康乾盛世中，在颂扬"升平"和标榜"教化"的一派"繁荣"景象背后，贵族豪门集团内部尔虞我诈、剑拔弩张的搏斗中，权势赫赫的新贵取代原来权倾天下的旧贵的社会现实，也反映了在这荣辱无常的世道，首先必将累及沦落了的旧贵族女性的社会地位。

　　贾迎春是贾赦之妾所生，生母早已亡故，与贾琏是同父异母兄妹。从第5回《红楼梦》曲《喜冤家》"觑着那，侯门艳质同蒲柳；作践的，公府千金似下流"来看，曹雪芹已预言了迎春的悲剧的严重性，即迎春脱离了"公府千金"的地位而沦为"蒲柳下流"。此后曹雪芹在贾迎春出嫁前的若干章节里，很注意塑造造成她悲剧命运的"二木头"性格。

　　迎春的一切与"平常"二字紧紧相连。迎春的形象是平常的，既无黛玉若仙之神韵美，亦无宝钗雍容之风采美，更无湘云豪爽之飘逸美，可卿之风流袅娜美，妙玉之高洁美。在众美图中，她极平常。作者对她的外貌描写是通过林黛玉苛刻的眼睛完成的："肌肤微丰，合中身材，腮凝新荔，鼻腻鹅脂，温柔沉默，观之可亲。"（第3回）

　　迎春的才情平平。她虽然与探春、惜春等一处读书、认字、做针线，但她既无探春的理家之能，亦无惜春的绘画之才。古代淑女必会的琴棋书画，迎春只下过围棋。她对诗词曲赋也不精通，甚至"懒于诗词"。书中惟一一次提到她看的书是《太上感应篇》，显然，在大观园舞文弄墨、吟风颂月的姐妹中，迎春逊色了许多。

　　书中有四次提到迎春的才情平常。第一次是第17回至第18回"荣国府归省庆元宵"中，元春命每人题一匾一诗，迎春写的匾额是"旷性怡情"，诗即"园成景备特精奇，奉命羞题额旷怡。谁信世间有此境，游来宁不畅神思。"这是全书中迎春唯一做的一次诗，细品味终觉意境平淡，诗味甚少。与黛玉、宝钗等喷涌的诗情和众姐妹隽永清新的诗作形成鲜明对比。因为缺乏诗的才情，所以在第37回"秋爽结社""蘅芜拟题"中，众姐妹的诗情文采都表现得酣畅淋漓，唯有迎春安心做她的副社长，仅出题限韵而已。

　　迎春的见识也很平常，对世事的洞察缺乏敏锐的观察力和判断力。第69回，王熙凤暗藏奸心将尤二姐骗入大观园，迎春、李纨等皆为凤姐的好意，唯有宝钗、黛玉"暗为二姐担心"。第 79 回抄检大观园之时，迎春的反应也很是木讷，她无声无息，不思不虑，没有探春那种清醒那种悲愤，因此也就没有那一份痛苦。

迎春的个性平和,在宝玉眼中,二姐姐"一味的懦弱",从不会与人拌嘴;在邢夫人看来迎春"心活面软，窝囊无能，不及探春一半";在凤姐眼中她是个"不中用"的平常货;伺候她的丫头媳妇们说她"老实仁德",不像三姑娘"伶牙俐齿，会要姑娘们的强";在宝钗眼里迎春是个"有气的死人，连她自己尚未照管齐全";在平儿眼中迎春是"好性儿";小厮兴儿则背后叫迎春的诨名"二木头",说她戳一针都不知道"哎哟"一声。

迎春的相貌、才情、见识、个性都属平常，由于平常，连曹雪芹对她也惜墨如金，在洋洋百二十回文字中，涉及她的章回寥寥可数，大段描写她的只有三处。第 73 回的回目上赫然写着"懦小姐不问累金凤"。清人大某山民评曰:"迎春之懦弱性格，以前并未写过，故借金凤事，出力洗涮一番。以此回为迎春之正传可也。"[1]

这短短的半回文字，一波三折，使迎春的懦弱得到集中、浓缩的体现。她的奶妈摸准了她心软面软的脾气，偷当了她的累金凤去赌博，惹恼了贾母，"迎春自觉无趣",邢夫人为此数落她，老实的迎春只是"低着头弄衣带，半晌答道:我说她两次，她也不听也无法。况且她是妈妈，只有她说我的，没有我说她的。"淡淡数语，显示了迎春的懦弱。哺育了主子的乳母在贾府中位置虽说重要，但说到底是奴才且又做错了事，堂堂一个贵族小姐有什么说不得，说"不听"之理呢？迎春之怯懦跃然纸上。

当绣橘催她去讨累金凤时，迎春道:"罢,罢,罢,省些事罢,宁可没有了，又何必生事？"试图以息事宁人换取内心的平静。丫鬟实在看不下去了,说:"姑娘这样软弱，都要省起事来，将来怕姑娘都被骗去呢。"特别是乳母获罪后,乳母子媳玉柱家的根本不想赎回累金凤,却逼着迎春去贾母处讨情,当迎春拒绝了她的无理要求时，她竟捏造假账说迎春使了他们的钱。丫鬟绣橘气不过,针锋相对与玉柱家的对战。这一伶俐的绣橘更暗衬了迎春的

---

[1] 《〈红楼梦〉三家评本》,上海古籍出版社,1988 年版。

懦弱。当绣橘同欺软怕硬的玉柱媳妇闹得不可开交时，迎春又道："罢！罢！罢！你不能拿了金凤来，不必牵三扯四乱嚷。我也不要那凤了。便是太太问时，我只说丢了，也妨碍不着你什么的，你出去歇息到好。"劝止不住，她无可奈何只好倚着床捧起《太上感应篇》来……这一段描写精彩至极。清人陈其泰这样赞道："……百忙中看感应篇，写迎春颊上三毫，形容绝妙。"《太上感应篇》乃抱朴子托言太上而作，太上乃老君之师，其书大旨劝善惩恶。迎春顺手拈起此书，恰恰说明她内心原来是善恶分明，行动中却偏偏不肯明辨是非，鞭挞邪恶。其性格懦弱得到皴染。她对此事的态度："我也没有什么法子。他们的不是，自作自受。我也不能讨情，我也不去苛责就是了。至于私自拿去的东西，送我收下，不送来我也不要了。"迎春"语言迟慢""耳软心活"，造成恶奴欺主的局面，其性格之懦弱又得到皴染。

　　这回文字的高潮是探春"惺惺惜惺惺"，杀伐决断地为迎春处理了累金凤这事。然而在探春处理过程中，迎春竟似局外人，"只和宝钗阅感应篇故事，究竟连探春之语亦不曾闻得。"目睹了这一切的黛玉对迎春那种"虎狼屯于阶陛尚谈因果"的态度颇为反感，迎春却分辩道："正是多少男人尚如此，何况我哉？"其实这正是麻醉自己的解嘲。不长的文字中，迎春深入骨髓的懦弱性格入木三分。特别是她几次连说的"罢罢罢"句式，简直是一字千钧。

　　"抄检大观园"时，也是如此。因从迎春的丫鬟司棋箱中，抄出"有伤风化"之物，司棋由她娘领出配人。司棋曾求迎春"能死保赦下"，迎春却说："我知道你干了什么大不是，我还十分说情留下，岂不连我也完了……依我说，将来终有一散，不如你各人去罢。"（第77回）

　　诚然，迎春也是个可爱、宽厚、平和清秀的女孩。无论别人怎样评价她，迎春自己倒也活得怡然自得。在与兄弟姐妹的相处中，她宽厚、随和，从不争强好胜，从未与谁发生过冲突。她对世事很淡，无欲无求，随遇而安，如第71回南安太妃光临贾府，要见她姊妹，贾母只令探春拜见，无形中受冷落的迎春竟似有若无，处之泰然，倒把邢夫人气得不行。第22回中没有得到元春灯谜的一份礼物，她也不觉难堪，只"为玩笑小事，并不介意"。

第 46 回中说错了酒令，众人七嘴八舌，她也不着恼，只是一笑，甘愿受罚。因玩牌耍赖惹恼众人的贾环，谁都不和他玩，他就去找迎春玩，倒也和睦相处。迎春的内心充满了淳朴、宽容、豁达，然而，迎春性格的主要方面是懦弱，一个"懦"字可谓神来之笔。作者着意安排刚烈的司棋和伶俐的绣橘做她的丫鬟，实际上是对迎春性格的暗衬。

二

迎春自幼没有母爱，从邢夫人的责备中，显示她得不到温暖和同情，这是她懦弱性格形成的一个原因。在十二钗中，迎春的确是某种意义上的"女德"之楷模。她举止端庄，寡言少语，处处以女戒中的"德、言、功、容"约束自己，是上流社会中恪守封建礼教的娴淑贵族少女的典范。恪守封建礼教，绝对克己，绝对服从是造成迎春懦弱性格的另一个原因。应该说，迎春这种性格、才情、处世哲学也为其出嫁后的遭遇埋下了祸根。

因为懦弱，曾经给迎春短短的一生造成不少苦痛。由于不敢力谏，她失去了司棋这个在感情上与她关系较密切的丫鬟，她"难免欲有不舍之意"，但事关风化，她无可奈何，唯一的也是仅有可能的情感表示就是当司棋出去以后，命绣橘拿着绢包追出去，给司棋作个"想念"。如果说痛失司棋在迎春的生活中不过是一阵隐痛，时间会为之慢慢抹平，那么迎春的真正悲剧是从她误嫁中山狼开始的。倘若她不懦弱，婚前，对这桩不愿意的婚事，她完全可以凭着老祖宗亲孙女的身份闹一闹，进行抗婚；倘若她不懦弱，婚后，孙绍祖的残酷虐待就不会变本加厉，与其一死，不如以死抗争。虽说抗争也并不一定就能成功，但抗争毕竟是一种争取，毕竟是争取做人的尊严。像惜春那样，虽然得到的是"青灯古佛旁"的凄寂归宿，但毕竟是按着自己意愿的选择，错了也不后悔。然而懦弱的迎春是不会抗争的，只会服从，忍耐，结果结婚"一载"便"赴黄粱"。这懦弱，葬送了她的一生，这是她人生的悲哀，也是她性格的悲哀。这种"木头"式性格的缺欠，便是迎春婚后对噩运斗争失利并在噩运中死去的内在因素之一。

　　贾迎春不幸的原因是多方面的，如果说懦弱的"二木头"性格是造成她悲剧的自身内在因素，那么她的父亲贾赦是造成她悲剧的主要因素，是直接责任者。贾赦这个耽于酒色的老荒唐鬼，由于在外面胡作非为以致欠了孙绍祖五千两银子。贾赦生财无术，只好不顾贾政、王夫人甚至贾母的反对，把自己的亲生女儿以抵债的形式"嫁"给了和自己同辈分的孙绍祖。作者只用不多笔墨就塑造了一个"卖儿鬻女"的浪荡落魄老爷的形象。这一形象一方面成功地反映了旧贵族没落新贵族兴起变化无常的社会面貌，同时，也构成了贾迎春进入悲剧的前因。由于"债权人"与"负债人"关系的形成，就使得贾迎春失去了她原来的"公府千金"的地位，所以，作为抵债品"嫁"到孙家去的贾迎春，她的种种不幸和她的悲剧后果也就势所必然，令人可信了。

　　婚后的贾迎春最初也并非就是一个完全俯首帖耳、循规就范的"女奴"，她也曾主动出击，接二连三地干预孙绍祖把合府"媳妇丫头将及淫遍"的荒淫行为。这时的贾迎春仍然是一个自由人，她可以回娘家住上五日，向娘家人哭诉一番孙绍祖的诸般丑行和劣迹。也就是说，前80回里，贾迎春虽已身陷"狼窝"，但却尚未身遭"狼吻"。这时的贾迎春还"不信我的命这么苦"，她尚无"悲剧人物的自我感觉"，因为前80回所表现的"贾孙矛盾"的高潮仅仅是夫妻拌嘴而已。这时的孙绍祖在迎春的面前是一个为所欲为以强凌弱的小人。他把合府的"媳妇丫头将及淫遍"却反骂迎春是"醋汁子老婆拧出来的"。他指着迎春的鼻子揭贾家的底"是你老子使了我五千银子，把你再折卖给我的"。据此，他认为贾迎春没有资格在自己面前"充夫人娘子"的。他财大气粗盛气凌人地扬言："好不好，打你一顿，撵到下房里睡去！"然而，尽管孙绍祖张牙舞爪，口吐狂言，但他还没有真的打，真的撵，此时的孙绍祖和贾迎春夫妻之间的矛盾，只能说刚刚进入语言龃龉的阶段。

　　高鹗的续书就是接着这一语言龃龉的碴口，来写事态的发展和矛盾的激化的。贾迎春的不幸是随着孙绍祖的暴虐程度而不断"升格"的，到了第100回已落到连招架之功也失去了的地步，她只能含着"一泡眼泪"逆来顺受了。在孙府里，贾迎春吃不得吃，喝不得喝，就连她娘家送去的食品衣物也被孙绍祖扣押下来。这些东西她"不但摸不着"，甚至还会因此"反要添一顿打"。高鹗通过王夫人和贾母的一段谈话，交代了迎春已落到连个"三等丫头还不及"的女奴地步。话是根据传话婆子转述的所见所闻而总结出来的。连苦里生苦里长的传话婆子都能看出迎春的苦来，那迎春苦情之深是可想而知的了。事实上迎春已被逼得"藏在耳房"去了。她在大"冷天还穿着几件旧衣裳"，打骂之余"甚至不给饭吃"！到了第 109 回，当迎春病危之际，孙家连个医生也不给请，就眼看着她活活地让痰堵死了。这样的地位，这样的待遇，这样的生，这样的死，以及死后的草草下葬，连个"次等女奴"都不如！贾迎春成为金陵十二钗贵族小姐沦为"蒲柳下流"的第一人，成为这些薄命女命运最悲惨的一个。

迎春的悲惨人生道路除自身内在因素和刽子手孙绍祖外，那个时代，那样的父母都成了帮凶。迎春的悲剧是贾府盛极转衰、内囊尽上的真实写照。

和曹雪芹一样，高鹗在交待完迎春故事之后，不肯忽略刻画人物心灵创伤的机会。在叙事过程中，他特意抓住了迎春历尽苦难和走向墓地之间这一短暂间隙时机，为她安排了一次会见贾府婆子的机会，让她死前再见一次来自娘家的"亲人"。此时，此景，此情，贾迎春该有满腹苦水倾吐，然而，苦到尽头的贾迎春却只含着"一泡眼泪"告诉婆子们说："回去别说我这么苦。"

第 80 回，贾迎春仅仅因为与孙绍祖拌了嘴，她就觉得受不了，跑回娘家去哭诉，如今当真落到被狼撕咬的"女奴"地步，她反而大苦不言其苦了。对苦，前者是唯恐人不知；后者是唯恐人知之。迎春心情的这种前后变化，当然是有不愿让她的亲人们品尝杯中苦酒的善良愿望的，但更重要的原因是：前者，她对生活充满了幻想和希望的，所以有一点小苦便哭哭啼啼大诉其苦，以争取到同情，寻求支持，争取占领她生活小天地里的"娘子夫人"的合理席位；后者，她对前途完全绝望了，她不再相信亲人们那些语言上的同情能起到实质上的支持作用。她发现自己除去用那血肉模糊的残生默默承受一切袭来的苦难，别无第二条道路可走。迎春是山穷水尽了。那"回去别说我这么苦"，正是这个脆弱的女性在人生旅途上倒下之际一声轻微绝望的呻吟。高鹗这样刻画迎春的心灵是完全符合她的身份、教养和性格的。幻想和幻想的破灭，求存和求存的无望，那伤创的心灵，在一闪希望的火花之后旋即化为灰烬，这样的刻画，使得迎春的特殊悲剧又蒙上一层浊雾和尘土！

迎春在《红楼梦》中不过是个柔弱、无欲无求、随遇而安的女子。可就是这样一个女孩也免不了遭受命运的折磨和蹂躏。从一个平平常常与世无争的平淡小人物被毁灭的悲剧中，我们看到了作品的深度、厚度、宽广度和可信度，看到作者观察透视人生的冷峻目光和带给人们振聋发聩般的思索。可以说，迎春的悲剧，包孕并强化着作者的创作主旨。

此外，迎春的形象在全书整体结构中，还具有独特的美学价值。作者在创作过程中把贾府四春放在一起构思，她们是贯穿全书的一个重要线索。四个形象既独立成篇又相互照应，相辅相成。四春的命运实际上是这个钟鸣鼎食之家盛极而衰的四个阶段的象征。元春省亲，"鲜花着锦"，是回光返照；探春理家，"兴利除宿弊"，是支撑门面；迎春误嫁，"一载赴黄粱"，是江河日下；惜春出家，"独卧青灯古佛旁"，是家破人亡。所以，元迎探惜是全书重要线索之一，作者对这四女子不幸遭际的无限痛惜，是贯穿全书的悲剧基调之一。元春埋葬了自己的青春，换回来的并不是贾家的复兴；探春驰骋自己的才能，并没有拯救末世于万一；这个钟鸣鼎食之家最后只能用亲生骨肉公开抵债，这就是迎春的命运，迎春的悲剧。迎春的形象在全书中虽然着墨较少，然而，缺少了她这个貌似平平的角色却绝对不行。她既是全书结构线索的一个有机组成部分，又丰富了红楼十二钗反映生活内涵的厚度，使美与美的被毁灭得到更多角度的展示。迎春的性格，无疑是对中国小说人物画廊中的才女佳人的模式的又一突破。

‖作品来源‖

发表于《红楼梦学刊》2004年第2辑。

"孰谓莲社之雄才，独许须眉"——贾探春论

李希凡　李　萌

导　读

　　《红楼梦》里的贾氏四春，都是荣宁二府的"正牌"小姐，其中三姑娘贾探春是全书着笔最多的一春。如果将小说的主人公排个顺序，探春理应是排在第五位——宝黛钗与王熙凤之后。在"金陵十二钗正册"判词中，她位列第三，在贾元春与史湘云之间。

　　《红楼梦》里的贾氏四春，都是荣宁二府的"正牌"小姐，其中三姑娘贾探春是全书着笔最多的一春。如果将小说的主人公排个顺序，探春理应是排在第五位——宝黛钗与王熙凤之后。在"金陵十二钗正册"中，她位列第三，在贾元春与史湘云之间。

　　贾探春无疑是作者很钟爱的人物，被赋予了心高志大，"巾帼不让须眉"的性格，是小说中极富社会思想意义的艺术典型。她与凤姐堪称荣宁贵族的女中豪杰，有着贾府的老少爷们所欠缺的精明的管理才智和杀伐决断的魄力。而探春又有着凤姐所不具备的"政治家"的远见、胆略、襟怀、智慧和文化底蕴。她观察事物的清醒与周密，处理问题的准确与独到，更是周围的兄弟姐妹无人能及的。我们可以从小说情节的字里行间，感受到曹雪芹对这位"庶出"的贵族少女由衷的敬佩，以及对她"才自精明志自高，生于末世运偏消"的慨叹。

"又红又香"的"刺玫瑰"

　　探春乃贾政与赵姨娘所生，是宝玉和元春的同父异母妹妹，贾环的胞

姐。她的初次出场，是与迎春、惜春一起，迎接远道而来的林黛玉。我们通过黛玉敏慧的眼睛，见识了这位贾府三小姐的风采："削肩细腰，长挑身材，鸭蛋脸面，俊眼修眉，顾盼神飞，文彩精华，见之忘俗。"（第三回）其容貌、气质在贾府三姐妹里可谓出类拔萃。

探春在大观园里的居所秋爽斋，全然不同于一般女儿的香闺，透着疏朗的大气，可说是斋如其人。斋主的怡情雅趣将自己的生活，陶冶出一派超凡脱俗的天地：

> 探春素喜阔朗，这三间房子并不曾隔断。当地放着一张花梨大理石大案，案上垒着各种名人法帖，并数十方宝砚，各色笔筒，笔海内插的笔如树林一般。那一边放着斗大的一个汝窑花囊，插着满满的一囊水晶球儿的白菊。西墙上当中挂着一大幅米襄阳《烟雨图》，左右挂着一副对联，乃是颜鲁公墨迹，其词云：
>
> 烟霞闲骨格，泉石野生涯。
>
> 案上设着大鼎。左边紫檀架上放着一个大官窑的大盘，盘内盛着数十个娇黄玲珑大佛手。右边洋漆架上悬着一个白玉比目磬，旁边挂着小槌。（第四十回）

从秋爽斋的布置，可以体察到斋主人洒脱又有高雅的文化品味和生活情趣：墙上所挂的米襄阳《烟雨图》，肯定是一幅雄浑山水，左右的对联是颜真卿的墨宝，字体端庄沉厚，遒劲雄健。书案上满垒着各种名人法帖，还有着插笔如林的笔筒、笔海和数十方宝砚……真是文墨书香四溢，既强调了她对书画艺术的雅好和品格，又显豁出这位女公子鄙薄脂粉气的巾帼雄才。而斋里的大案、斗大的花囊、大幅山水画、大鼎、大盘、大佛手等，更使整个房间弥漫着一种阔大和豪放，隐隐透出须眉之风、丈夫之志。拥有如此气魄书斋的定是一个心志高远的女杰。在曹雪芹生活的时代，清朝康熙、乾隆皇帝等的汉字御笔题匾遍天下，汉字书法早已成为满清贵族子弟学习的课目，且是他们融入华夏文化的一大传统。小说中的荣宁贵族是开国元勋之后，乃"诗书翰墨之族"，书法自然是少爷小姐的必修课。有一段情节写到，贾政外差返京之日临近，贾宝玉未能完成书法"作业"，只好临阵磨枪，突击"恭楷临帖"，众姊妹都赶着临帖帮他凑数："探春宝钗二人每日也临一篇楷书与宝玉"；"紫鹃走来，送了一卷东西与宝玉，拆开看时，却是一色老油竹席上临的钟王蝇头小楷，字迹且与自己十分相近"，这自然是林黛玉的"笔情墨意"！"史湘云宝琴二人亦皆临了几篇相送"。（第七十回）但在大观园诸艳中，作者只突出了探春酷爱书法，且偏爱颜体书法，我们从她书房的气韵便可知她的雅好。她在写给宝玉的信笺中，曾感谢他以"真卿墨迹见赐"。想来，探春的书法，也一定是充满巾帼豪气的疏朗圆浑的颜体笔墨吧。

像所有的女孩儿一样，探春也有着自己的收集趣味和雅好。除了字画，她还喜欢"轻巧顽意儿"——实际上是民间手工艺品。她曾托信给宝哥哥，逛庙市时为她代买"好字画，好轻巧顽意儿"，还不忘向他交代自己所持的"好"的标准，即要满足"朴而不俗，直而不拙"的审美要求——"像你上回买的那柳枝儿编的小篮子，整竹子根抠的香盒儿，胶泥垛的风炉儿，这就好了。我喜欢的什么似的，谁知他们都爱上了，都当宝贝似的抢了去了。"（第二十七回）由此可见，探春对民间工艺的不俗的鉴赏力和高雅的情趣，其实，这正显示了贾探春"文采精华"的深厚的文化底蕴。

探春也喜欢诗词创作，她是大观园第一个诗社——海棠社的发起人。在致宝玉的"花笺"中，她极有情致地写到"窃同叨栖处于泉石之间，而兼慕薛林之技"，继而，向贾宝玉发出了挑战："孰谓莲社之雄才，独许须眉；直以东山之雅会，让余脂粉。"（第三十七回）真是何等的气概！而由海棠社起，大观园"结"了一次又一次情趣盎然的诗社，众姊妹轮流做东，大展诗才，薛林轮流争魁，"诸艳"展现出各不相同的诗格、情思与意境，一起切磋品评诗作，传为佳话，更成为大观园众儿女无忧无虑时期的最富凝聚力、感染力的美好记忆。尽管在大观园诸艳中探春的诗才仅居中下水平，但每次公评总还是高出诗社中唯一的"须眉"，那怡红公子则是实实在在地"让余脂粉"名落孙山矣！元春省亲命题作诗，迎、探、惜三人之中，探春自是出于她的姊妹之上，"然自忖亦难与薛林争衡，只得勉强随众塞责而已。"（第十七、十八回）在"林潇湘魁夺菊花诗"时，"蕉下客"

探春的菊花诗作，被"公评"为第二，高居次席，虽逊于潇湘妃子，却是她的最好"成绩"，这自然也源于她对菊花的喜爱，读者会联想到她那摆放在秋爽斋书案花囊中、散发着淡淡幽香的白菊。大观园的众姊妹也正因探春的倡议，才有了"师出有名"的不以长辈为中心的雅集，拥有了属于她们自己的精神乐园。

在诗社里，探春更推崇或说更喜欢宝钗"含蓄浑厚"的诗风，且她自己的诗也更接近蘅芜君的风格。每次"公评"，她都是坚定的挺薛派，与一贯"拥林"的宝玉意见相左。在海棠诗的"公评"中，虽然"众人看了"黛玉的诗，"都说是这首为上"。她听了李纨的"若论风流别致，自是这首；若论含蓄浑厚，终让蘅稿"的定评，立即表示支持："这评的有理，潇湘妃子当居第二。"在菊花诗作的评议中，她虽然没有对李纨的"恼不得要推潇湘妃子为魁了"的定评提出异议，但还是由衷地赞扬："到底要算蘅芜君沉着，'秋无痕''梦有知'，把个忆字竟烘染出来了。"（第三十八回）从这些细致的感触和思维来看，探春和宝钗是心意相通的，其正统思想以及审美情趣也是较为一致的。

探春虽欣赏宝姐姐"含蓄浑厚"的诗格，却似并不崇拜宝姐姐"随分从时""浑而不觉"的做人风范。她那带着棱角的自尊心和个性，从来都是十分锐利和锋芒毕露的，既容不得任何人对她尊严的触犯，也从不向任何违反心中正统准则的行为让步。这大概就是在人们眼中的玫瑰身上戳手的"刺"吧！探春本来是很尊重嫡母王夫人的，总是想讨她的欢心，为她排忧解难。但是，王夫人抄检大观园，以她"政治家"的眼光来看，则是犯了大忌，是一种自虐自残的昏聩之举，她的秋爽斋决不容忍这种侮辱，当凤姐带着抄检的"一干人"进园时，"早有人报与探春了。探春也就猜着必有原故，所以引出这等丑态来，遂命众丫鬟秉烛开门而待"。于是，"抄检大观园"遭遇了最强有力的反抗和诘难：

> ……探春冷笑道："我们的丫头自然都是些贼，我就是头一个窝主。既如此，先来搜我的箱柜，他们所有偷了来的都交给我藏着呢。"说着便命丫头们把箱柜一齐打开，将镜奁、妆盒、衾袱、衣包若大若小之物一齐打开，

请凤姐去抄阅。凤姐陪笑道："我不过是奉太太的命来，妹妹别错怪我。何必生气。"因命丫鬟们快快关上。平儿丰儿等忙着替待书等关的关，收的收。探春道："我的东西倒许你们搜阅，要想搜我的丫头，这却不能。我原比众人歹毒，凡丫头所有的东西我都知道，都在我这里间收着，一针一线他们也没的收藏，要搜所以只来搜我。你们不依，只管去回太太，只说我违背了太太，该怎么处治，我去自领。"……凤姐知道探春素日与众不同的，只得陪笑道："我已经连你的东西都搜查明白了。"探春又问众人："你们也都搜明白了不曾？"周瑞家的等都陪笑说："都翻明白了。"

　　……那王善保家的本是个心内没成算的人，……他自恃是邢夫人陪房，连王夫人尚另眼相看，何况别个。今见探春如此，他只当是探春认真单恼凤姐，与他们无干。他便要趁势作脸献好，因越众向前拉起探春的衣襟，故意一掀，嘻嘻笑道："连姑娘身上我都翻了，果然没有什么。"凤姐见他这样，忙说："妈妈走罢，别疯疯颠颠的。"一语未了，只听"拍"的一声，王家的脸上早着了探春一掌。探春登时大怒，指着王家的问道："你是什么东西，敢来拉扯我的衣裳！我不过看着太太的面上，你又有年纪，叫你一声妈妈，你就狗仗人势，天天作耗，专管生事。如今越性了不得了。你打谅我是同你们姑娘那样好性儿，由着你们欺负他，就错了主意！你搜检东西我不恼，你不该拿我取笑。"说着，便亲自解衣卸裙，拉着凤姐儿细细的翻。又说："省得叫奴才来翻我身上。"凤姐平儿等忙与探春束裙整袂，口内喝着王善保家的说："妈妈吃两口酒就疯疯颠颠起来。前儿把太太也冲撞了。快出去，不要提起了。"又劝探春休得生气。探春冷笑道："我但凡有气性，早一头碰死了！不然岂许奴才来我身上翻贼赃了。明儿一早，我先回过老太太、太太，然后过去给大娘陪礼，该怎么，我就领。"……（第七十四回）

探春的所为有理有利有节，首先她挑明要"保护"自己的丫头们，实际她是在借势发力，给查"贼赃"的人们一个"下马威"，她义正词严地维护着自己主子姑娘的尊严。在探春凛不可犯、敢作敢当的反抗面前，一向以"有名的烈货、脸酸心硬"（第十四回）著称的王熙凤，也只得赔起笑脸，打出太太（王夫人）的旗号，但并没有吓住三小姐，她还是不许搜查她的丫头们。愚蠢的王善保家的，自以为有眼力、有胆量、有体面，偏要"在太岁头上动土"，结果白挨了一个大嘴巴，更兼一通臭骂，真是丢尽了老脸！而这记打向"抄检"之举的热辣的耳光，实在是一件大快人心的事情，简直可与她受命主理家务的荣光相媲美。因为这耳光并非只打在狗仗人势的王善保家的脸上，也是打在了总想搬弄是非的邢夫人的脸上，甚至也冒犯了她的嫡母王夫人，因为"抄检大观园"正是她做出的昏庸决策。在探春的意识和观念里，不管你是多有体面的奴才，哪怕是长辈的"陪房"，你胆敢触犯我"主子"的尊严，我就决不给你留情面。探丫头精明的厉害劲儿，恰是表现在得理不让人。迎春房里的媳妇们，就向邢夫人说过："我们的姑娘老实仁慈，那里像他们三姑娘伶牙俐齿，会要姐妹们的强。他们明知姐姐这样，她竟不顾恤一点儿。"（第七十三回）其实，这完全是"那边人"的偏见。只要三姑娘碰到伤害了她姐妹的人和事，她绝对会出手，且绝不手软。

贾母抓赌，迎春乳母当"赌头"事件被揭露，探春与众姐妹"恐迎春今日不自在，都约来安慰他"，不想正让她们碰上了"懦小姐不问累金凤"（同上回），敏锐、厉害的探春看到迎春屋里的乱象，忍无可忍，挺身而出，轻松利落地解决了在怯懦的迎春那儿很棘手的纠纷。她的介入不只十分的巧妙，而且处处表现了主子小姐的自尊。她先是明知故问："我才听见什么'金凤'，又是什么'没有钱只和我们奴才要'，谁和奴才要钱了？难道姐姐和奴才要钱了不成？难道姐姐不是和我们一样有月钱的，一样有用度不成？"继而，又虚晃一枪："姐姐既没有和他要，必定是我们或者和他们要了不成！你叫他进来，我倒要问问他。……我和姐姐一样，姐姐的事和我的也是一般，他说姐姐就是说我。"接着，又去搬犯事的王柱儿媳妇最怕的"克星"——"探春早使个眼色与待书出去了"，把王凤姐的代理人平儿叫到了"现场"。宝琴和黛玉由衷地佩服探春的处事"方略"，宝琴拍手笑说道："三姐姐敢是有驱神召将的符数？"黛玉笑道："这倒不是道家的玄术，倒是用兵最精的，所谓，守如处女，脱如狡兔，出其不意之妙笔也。"敦厚的宝钗"遂以别话岔开"，可她却无法拦挡探春继续借题发挥的凌厉攻势。

从始至终，探春并未对欺负主子的王柱儿媳妇发威申斥，而是把平儿叫来以小姐的自尊发话："你奶奶可好些了。真是病糊涂了，事事都不在心上，叫我们受这样的委曲。"这摆的是小姑子责问嫂子的谱儿，也可以说是三小姐的"矫情"！下面一段"委曲"则诉得更见锋芒：

> "我且告诉你，若是别人得罪了我，倒还罢了。如今那柱儿媳妇和他婆婆仗着是妈妈，又瞅着二姐姐好性儿，如此这般私自拿了首饰去赌钱，而且还捏造假帐妙算，威逼着还要去讨情，和这两个丫头在卧房里大嚷大叫，二姐姐竟不能辖治，所以我看不过，才请你来问一声：还是他原是天外的人，不知道理？还是谁主使他如此，先把二姐姐制伏，然后就要治我和四姑娘了？"平儿忙陪笑道："姑娘怎么今日说这话出来？我们奶奶如何当得起！"探春冷笑道："俗语说的，'物伤其类''齿竭唇亡'，我自然有些惊心。"
> （同上回）

探春的问责分明是"连环套"，剑走偏锋，但从她嘴里一说，竟样样在理，掷地有声。我们不能不叹服"红刺玫"这旁敲侧击、歪打正着的功夫，还有她那锋芒尽露、治得人无话可说的手段。如果我们把探春与王熙凤、林黛玉这三张嘴做个比较，可谓是各有千秋。探春的利口，自然大不同于王熙凤哗众取宠的"市俗取笑"，也不同于林黛玉的"春秋笔法"的"促狭嘴"，她是"利"在"内含丰富"的强大杀伤力上，真是挟枪带棒，所向披靡。表面上看，她句句不离小姐的身份与威严，是针对王熙凤来的，实际上她深谙府内"这边"和"那边"矛盾，对"那边"的没规矩没礼数，早就看在眼里，恼在心头，存心要触触胆大妄为、欺负主子的恶仆的霉头，帮迎春出出气，整顿整顿内务。这"懦小姐不问累金凤"中的主角，分明是"敏探春"和"懦小姐"两姐妹，小说在对比中雕塑了她们迥异的神韵与性格，勾勒出她们处事为人的基本脉络。而我们对探春的能言善道、有理又搅理所造成的谐趣横生的境界也如身临其境一般，忍俊不禁，会心一笑。

在贾府上下一致的口碑中，探春不仅是贾府三艳中容貌最美的，也是人品最好、才华最出众的一位。史老太君在身边的三个孙女里，似是最喜爱探春。八旬庆寿接待南安太妃等亲贵时，她挑选了大观园里才貌双全的四位千金作陪，亲孙女中只选了探春，显然是认为这个孙女还可以和宝钗、黛玉、宝琴相比，是"拿得出手"的（第七十一回）。在王夫人心目中，也可看出，她把探丫头同那讨嫌的赵姨娘是分开看的。"少说有一万个心眼子"的王熙凤，唯独对探春忌惮三分，认为她比自己"更利害一层"。而用荣府小厮兴儿的话来形容，三姑娘则是"玫瑰花又红又香，无人不爱的，只是刺戳手"（第六十五回）。如果用现在的语汇来形容，那探春就是大观园裙钗中浑身是刺儿的"女强人"。

"才自精明志自高"

我们称誉《红楼梦》是"封建末世的百科全书"，首先是就它的时代、历史、生活和思想的深广的艺术概括意义而言的。小说通过表现联络有亲的贾、史、王、薛四大贵族的衰败，小说情节主要是围绕荣宁贵族所谓的"百足之虫，死而不僵"的末世生活而展开。荣宁二府的老少爷们的浑噩和不肖，他们的道德沦丧、骄奢淫逸与为非作歹，则是加速这"钟鸣鼎食之家，翰墨诗书之族"的腐烂与衰败的根因。所谓"主仆上下，安富尊荣者尽多，运筹谋略者无一"（冷子兴语）。这贵族之家日渐衰微、无可救药的末世景象，都尽现于曹雪芹的笔端。而在小说中，真正觉察到自己家族种种弊端和将临厄运、深表忧虑并力图有点作为的，竟都是女流之辈——秦可卿与贾探春。秦可卿魂托梦凤姐的那番建言，暂且不论，我们只看看作者笔下的"大观园女政治家"的贾探春的具有前瞻性的见识与"兴利除弊"的作为。

在金陵十二钗中，有两位裙钗被作者赋予远胜于须眉的理家管事之才。居首位的，自然是荣国府长房贾赦的儿媳妇、实际的管家人王熙凤，所谓"凡鸟偏从末世来，都知爱慕此生才"。另一个就是贾府待字闺中的三小姐贾探春，所谓"才自精明志自高，生于末世运偏消"。对于王熙凤的理家之能，作者并未着重表现她在荣府理家的日常所为，而是在秦可卿之丧的盛大场面里，出神入化地描绘了她在"协理宁国府"期间的挥洒自如：那争强好胜的意志，杀伐决断的魄力，雷厉风行的作风，以及滴水不漏的精明。可曹雪芹把展现荣国府理家之能的"重头戏"，却留给了在王熙凤生病期间代行职权的贾探春。他用第五十五、五十六两个回目的篇幅，通过跌宕起伏的戏剧性的矛盾冲突，浓墨重彩地在抒写了"才自精明志自高"的贾探春的性格与才智。这次短暂的理家主事，对于探春这样锁在深闺、素有建功立业丈夫之志的贵族少女而言，无疑是崭露才华的机会。

如果将探春和王熙凤在理家上做一比较，她们形象性格的最大差别在于，一个廉正清明，一个藏奸徇私。王熙凤虽有令人爱慕的管理之才，却"大有私处"，手黑心毒，贪赃枉法，给家族后来的败落种下了祸根，其结局是"机关算尽太聪明，反算了卿卿性命"。而"敏探春兴利除宿弊"，则是以家族利益为重，是不谋私利的节省开支，又是对荣府积弊的一次"改革"的尝试，虽说只是小才微善，并不能挽救这贵族之家日见衰落的颓势，但它毕竟带着与王熙凤迥然不同的纯粹与清朗的气息，带着施展抱负与才华的渴求，表现出令人刮目相看的管理智慧和兴利理念。作者写探春"理家"，又不同于凤姐的"协理宁国府"。凤姐本就是荣府的管家人，协理宁国府是轻车熟路，威重令行，左右自如。而探春毕竟是姑娘家初出茅庐，想驾驭局面有所作为，需冲破各种有形无形的阻力。探春刚刚出山，就遇到了挑战：一位管家娘子借探春的"亲舅舅"赵国基之死，给刚上任的探春出了难题：

　　……只见吴新登的媳妇进来回说："赵姨娘的兄弟赵国基昨日死了。昨日回过太太，太太说知道了，叫回姑娘奶奶来。"说毕，便垂手旁侍，再不言语。彼时来回话者不少，都打听他二人办事如何：若办得妥当，大家则安个畏惧之心，若少有嫌隙不当之处，不但不畏伏，出二门还要编出许多笑话来取笑。吴新登的媳妇心中已有主意，若是凤姐前，他便早已献勤说出许多主意，又查出许多旧例来任凤姐儿拣择施行。如今他藐视李纨老实，探春是青年的姑娘，所以只说出这一句话来，试他二人有何主见。探春便问李纨。李纨想了一想，便道："前儿袭人的妈死了，听见说赏银四十两。这也赏他四十两罢了。"吴新登家的听了，忙答应了是，接了对牌就走。探春道："你且回来。"吴新登家的只得回来。探春道："你且别支银子。我且问你：那几年老太太屋里的几位老姨奶奶，也有家里的也有外头的这两个分别。家里的若死了人是赏多少，外头的死了人是赏多少，你且说两个我们听听。"一问，吴新登家的便都忘了，忙陪笑回说："这也不是什么大事，赏多少，谁还敢争不成？"探春笑道："这话胡闹。依我说，赏一百倒好。若不按例，别说你们笑话，明儿也难见你二奶奶。"吴新登家的笑道："既这么说，我查旧帐去，此时却记不得。"探春笑道："你办事办老了的，还记不得，倒来难我们。你素日回你二奶奶也现查去？若有这道理，凤姐姐还不算利害，也就是算宽厚了！还不快找了来我瞧。再迟一日，不说你们粗心，反像我们没主意了。"吴新登家的满面通红，忙转身出来。众媳妇们都伸舌头。这里又回别的事。……（第五十五回）

虽说"欺幼主刁奴蓄险心"的主要情节只是上面这节叙述性的对话，但它不只揭示了这宗法贵族之家日常生活中的深刻、复杂的矛盾冲突而且显豁蕴含在对话背后的无言的心智较量。荣府的管家娘子个个"眼里没人，心术利害"（平儿语），这位"办事办老了"的吴新登家的回事后的沉默，并不是想洗耳恭听小主子的示下，而是蓄意要试探一下这新"权力组合"的深浅，甚至还想戏弄一下她们。赵国基乃探春生母赵姨娘的兄弟，该赏多少丧葬费自有旧例，即使没有，她作为经手的"管家娘子"，也该及时提出可以遵循的建议。但吴家的"早有了主意"，存心要看探春怎么办这头一档子棘手的事，若办得妥当，大家还存个畏惧之心，且又有袭人妈的丧葬费比对，赵姨娘那里肯定有场好戏；若有不当之处，她们就等着看笑话，且拿住了幼主的不是，有了口实，可以人前人后嘲弄作践。所以，她不言语，更不伸头出主意，准备两厢里看热闹，真是其心也险，其念也刁！贾探春本就自尊自贵，机警敏捷，对这些管家娘子的心数了如指掌，更晓得处理此事的至关重要：谁都知道赵国基与自己的血缘关系，若处理不当，定要引起嫌隙，自己将授人以柄，镇不住台，给"办大事的管家娘子"开了"欺幼主"的先例。面对管家娘子们的发难，探春沉稳慎重，从容应对，有凭有据，处置得法。而她教训吴新登家的一席话，虽语调平和，却锋芒犀利，让吴家的臊得"满脸通红"，煞兴而退，众管家娘子管自咋舌收敛。

平儿得知消息后，当即警告那些执事的媳妇："他是个姑娘家，不肯发威动怒，这是尊重，你们就藐视欺负他。果然招他动了大气……他撒个娇儿，太太也得让他一二分，二奶奶也不敢怎样……那三姑娘虽是个姑娘，你们都横看了他。二奶奶在这些大姑子小姑子里头，也就只畏他五分。"其实，即使没有平儿的这番说词，管家娘子们恐也已识得了这"红玫瑰"的厉害，而不得不收敛了。

后来，"吴家的取了旧帐来"，探春循旧例，发给赵国基丧葬费。不想，满脑子都是"阴微鄙贱的见识"的亲娘，竟为了那二十两的丧葬费吵上门来，又哭又闹，生生将雄心勃勃的探春折辱得掉了眼泪，但她刚强地顶住了赵姨娘的胡搅蛮缠，坚持秉公办事，"该得多少就多少"，令人心服口服，既震慑蓄了险心的刁奴，又树立了自己"镇山太岁"的权威。

探春理家首战告捷，先就博得凤姐的喝彩："好，好，好个三姑娘！"还向平儿讲了不少推心置腹的话：三姑娘"心里嘴里都也来的。又是咱家的正人，太太又疼他，虽然面上淡淡的，皆因是赵姨娘那老东西闹的，心里却是和宝玉一样呢。……还有一件，我虽知你极明白，恐怕你心里挽不过来，如今嘱咐你：他虽是姑娘家，心里却事事明白，不过是言语谨慎；他又比我知书识字，更利害一层了。如今俗语说'擒贼必先擒王'，他如今要作法开端，一定是先拿我开端。倘或他要驳我的事，你可别分辩，你只越恭敬，越说驳的是才好。千万别想着怕我没脸，和他一犟，就不好了。"（同上回）其实，王熙凤所说的还不够准确，探春不只是比她"知书识字"，而是比她知情达理，办事也更廉洁、认真和公正。所以，才"更利害一层"！接着，作者用深情的笔触抒写了探春与宝钗、李纨同心协力进行"大观园改革"的精彩华章。有勇有谋的探春，一开始就找好了突破口——"找几处利害与有体面的人来开例"。她那"除宿弊"的第一例，便拿荣府少爷们重复领取的学杂费开刀：

> ……一面叫进方才那媳妇来问："环爷和兰哥儿家学里这一年的银子，是做那一项用的？"那媳妇便回说："一年学里，每位有八两银子的使用。"
>
> 探春道："凡爷们的使用，都是各屋领了月钱的。……怎么学里每人又多这

八两？原来上学去的是为这八两银子！从今儿起，把这一项蠲了。平儿，回去告诉你奶奶，我的话，把这一条务必免了。"平儿笑道："早就该免。旧年奶奶原说要免的，因年下忙，就忘了。"那个媳妇只得答应着去了。（同上回）

用现在的话说，这算是重复冒领的"消费"，确属应革除的弊端。探春先从自己的亲兄弟、侄子下手，驳宝玉，驳凤姐，拿有头有面的人"作法开端"。几件事一过手，荣府的管家娘子便感到"探春精细处不让凤姐"，且不徇私情，令人心悦诚服。而接下来"兴利"的开源节流，则是"探春新政"的最大亮点，崭露出探春们理家的精明泼辣，敢作敢为的气势。探春虽不曾理家却是个留心家事的有心人，她到赖大家做过一次客，就打听得不少处理家事的信息。她对宝钗、平儿讲起了她到赖大家的见闻："我因和他家女儿说闲话儿，谁知那么个园子，除他们带的花，吃的笋菜鱼虾之外，一年还有人包了去，年终足有二百两银子剩。从那日我才知道，一个破荷叶，一根枯草根子，都是值钱的。"赖大家为荣府管家出身，自然很有经济头脑。探春认为，大观园也可借鉴管家赖大对自家园子的管理经验，继而催生出兴利创收的规划设想，后又听取了"贤宝钗"的补充意见，"小惠全大体"，使之更臻完善。于是，她们决定将大观园内的竹子、稻田、花草等分包给几个懂行的老妈妈，同时让她们分别承担起园内姑娘们的头油胭脂钱，各处笤帚、簸箕等日用杂品的花销，及大小禽鸟、鹿兔的粮食。仅此一项，就每年为府里节省了四百多两银子，园子也能得到妥善的管理，又兼顾了各方利益，真是皆大欢喜的好事！小说通过管家姑嫂三人的谈笑风生，平儿的附和应承，众婆子的欢喜承担的热烈场面，反映了这革新兴利举措的深得人心。

在理家期间，探春更是"自守身份"，思想行为决不逾矩，吃个炒豆芽儿都送厨房五百钱；为给平儿过生日，也向柳家的说明："如今我们私下又凑了分子，单为平姑娘预备两桌请他，你只管拣新巧的菜蔬预备了来，开了帐和我那里领钱。"（第六十二回）她处事公正，不徇私情，严于律己，连从不以俗事为念的宝黛，都发出由衷的赞叹，黛玉便说道："你家三丫头倒是个乖人。虽然叫他管些事，倒也一步儿不肯多走。差不多的人就早作起威福来了。"宝玉道："你不知道呢。你病着时，他干了好几件事。这园子也分了人管，如今多掐一草也不能了。又蠲了几件事，单拿我和凤姐姐作筏子禁别人。最是心里有算计的人，岂只乖而已。"（同上回）

　　曹雪芹用第五十五、五十六回中可观的篇幅，为代行王熙凤总理家务之权、全心全意维护家族利益的探春，搭建了一个施展抱负与才干的平台。通过理家过程中所出现的诸多矛盾纷争，塑造出探春精明强干、光彩照人的形象，极富个性风神地表现出她多谋善断、自尊自律、凛不可犯的性格特征；并通过理家过程中所发生的环环相扣的事件：反击和化解管家娘子们的刁难；也顶住了生母赵姨娘"阴微卑贱"的"搅局"；王熙凤与平儿间推心置腹的谈话；平儿在执事管家面前对探春的评价；兴利除弊的应付裕如的作为；薛宝钗积极护持献计献策等情节，把探春理家的才干及借势进行"大观园经济改革"的作为，描写得异彩纷呈。然而，小说在叙写这男儿所不能及的荣府家务事的改革时，并没有离开这宗法之家错综复杂的生活现实，而是深入到种种矛盾之中，多面地展现出探春所特有的、男性远远不及的胸怀和志向，其势"也难绾系也难羁"。当她面对不懂事的亲娘赵姨娘的闹事时，痛陈利害，发出慨叹："我但凡是一个男人，可以出得去，我必早走了，立一番事业，那时自有我一番道理，偏我是个女孩儿家，一句话也没有多说的。"（第五十五回）表达出自己的男儿之志与身为女儿的郁闷和无奈。她曾以诗言志："高情不入时人眼，拍手凭他笑路旁"（第三十八回），正是自我写照地表达出她不同流俗的清高的情操和品格。探春所独具的男儿抱负和胸襟，正是贾氏家族中的男性贵族消失殆尽的，也是她同其他大观园众儿女的迥异的鲜明的个性特征。

　　"壮志难酬"的探春，更有着荣宁二府的浑噩"须眉"们完全不具备的敏锐的政治头脑。其一，对自己的宗法贵族之家的人际关系有着深刻的认知——"咱们倒是一家子亲骨肉呢，一个个不像乌眼鸡，恨不得你吃了我，我吃了你！"（第七十五回）其二，对自己家族所面临的风雨飘摇的末世危机有清醒的认识，在"惑奸谗抄检大观园"的"丑态"（探春说法）

发生时，她是唯一忧心如焚的一个，她痛心疾首地怒斥："你们别忙，自然抄你们的日子有呢！你们今日早起不曾议论甄家，自己家里好好的抄家，果然今日真抄了。咱们也渐渐的来了。可知这样大族人家，若从外头杀来，一时是杀不死的，这是古人曾说的'百足之虫，死而不僵'，必须先从家里自杀自灭起来，才能一败涂地！说着，不觉流下泪来。"（第七十四回）贾府上下，确实只有探春真正感觉到自己家族的弊端重重，危机四伏，看到了家族自杀自灭的征兆。而"政治家"的她的最大悲哀，虽看到了自己的贵族之家正在经历着"自杀自灭"的衰败，却无法拯救它。尽管探春是从正统观念出发，带着"家人皆醉我独醒""恨铁不成钢"的无可奈何的感伤和忧虑，但她无疑是懂得，垂危家族的自我折腾将加速一败涂地的悲惨结局。

在大观园的众位才女中探春是个通才，若论琴棋书画、作诗联句的才华，确实难与黛玉宝钗等姐妹比肩，但若讲理家办事的精明才干，则大观园众姐妹都难以望其项背。曹雪芹所盛赞贾探春的"才自精明志自高"的"才志"，主要是指她治家理事之才，对家族命运高瞻远瞩深谋远虑之才志。他之所以大书特书荣国府内小小的改革，实在是因为已深深绝望于不肖的贾府男性贵族，而不愿泯灭"闺阁中历历有人"的精明才干，便赋予了这贵族之家的女杰展露才华和对日趋没落的家族行"补天"之举的机会。但探春们的才智、焦急和努力，不过杯水车薪，又岂能挽救这末世贵族之家病入膏肓的危局！总之，在曹雪芹笔下，"才自精明志自高"的探春，生于这日渐衰落的封建贵族之家，实在是"生于末世运偏消"的大大的憾事！

作者之所以怀着如此深挚的热情和张扬的笔墨来描写贾探春小小的"闺中改革"，正是要抒发他的"觉其行止见识，皆出于我之上。何我堂堂须眉，诚不若彼裙钗哉"的感慨。而要为"闺阁昭传"，则是他对"男尊女卑"的封建观念的强有力的反诘，因而，可以说，"敏探春"艺术形象的创造，也同样是明清以来人文思潮的时代的回声。

"老鸹窝里出凤凰"

如此心高志远、才华横溢、气傲骄矜的探春小姐，内心却隐藏着很强的或许连她自己都不愿承认的自卑感，这种自卑源于她自己无法改变的"庶出"的身份。她这"玫瑰"身上的"刺"，也是由此而生的。我们从她为人处事的敏感中可以察觉到，"庶出"是压在她心头的一座山，深深地影响着她的性格和人生。

封建贵族社会等级森严，嫡庶观念也深入骨髓，所谓"妻妾不分则家室乱，嫡庶无别则宗族乱"，可见嫡庶是分得很清楚的。在"男尊女卑"的封建社会里，身为女性已是很不幸了，更何况是"庶出"？凤姐儿在听平儿讲探春理家的作为，连夸三个"好"之后，却叹道："只可惜他命薄，没托生在太太肚里。……你那里知道，虽然庶出一样，女儿却比不得男人，将来攀亲时，如今有一种轻狂人，先要打听姑娘是正出庶出，多有为庶出不要的，殊不知别说庶出，便是我们的丫头，比人家的小姐还强呢。将来不知那个没造化的挑庶正误了事呢，也不知那个有造化的不挑庶正的得了去。"那抄检大观园的王善保家的，所以敢于"非礼"探春，也是"素日虽闻探春的名，那是为众人没眼力没胆量罢了，那里一个姑娘家就这样起来，况且又是庶出，他敢怎么"（第七十四回），这恶奴根本未曾把探春这"庶出"的"姑娘家"放在眼里。小厮兴儿则讲得更为直白：三姑娘"也是一位神道，可惜不是太太养的"，"老鸹窝里出凤凰"。在荣国府上下人们的心目中，"庶出"是探春的薄命处致命伤。表面上她是名正言顺的"主子姑娘"，享有贵族小姐的一切特权，而实际上，她却是低人一等的姨娘生的"姑娘"，为世俗和势利小人所轻。所以，那抹不去的"庶出"就烙印在三小姐的心上，跟着她一起长大。因此，这三姑娘有着非常要强的个性，希望通过自己的努力赢得别人的尊重，维护自己的尊严。比起迎春、惜春两姐妹，探春在各方面都是很出色的，但她的"庶出"却与这"庶出"的姐姐迎春的境遇不同，迎春的庶母虽已过世，但没有什么坏名声，而她的生母赵姨娘却是一个活得毫无尊严、阴微鄙贱的女人，是个连"下人"们都看不起的可怜虫，就连她的亲兄弟贾环，也是卑陋委琐的恶少。这就注定了探春要比别的姐妹多一重心思，多一份屈辱。倘若赵姨娘是个贤德的甚或像周姨娘那样不声不响的人，而不是人人嫌恶的活"老鸹"，这位好强的"凤凰"或许不至于这样紧张好强，活得轻松自在一些吧。

探春对"庶出"的强烈的耻辱感，可以说主要是源自她的那位人所不齿、惹是生非的亲娘。每当提起她的生母和弟弟，她就会变得神经过敏起来。一次探春和宝玉闲谈，说到给宝玉作鞋的事，宝玉告诉她"赵姨娘气的抱怨的了不得：'正经兄弟，鞋搭拉袜搭拉的没人看的见，且作这些东西！'"

……探春听说，登时沉下脸来，道："这话糊涂到什么田地！怎么我是该作鞋的人么？环儿难道没有分例的，没有人的？……我不过是闲着没事儿，作一双半双，爱给那个哥哥弟弟，随我的心。谁敢管我不成！这也是白气。"宝玉听了，点头笑道："你不知道，他心里自然又有个想头了。"探春听说，益发动了气，将头一扭，说道："连你也糊涂了！他那想头自然是有的，不过是那阴微鄙贱的见识。他只管这么想，我只管认得老爷、太太两个人，别人我一概不管。就是姊妹弟兄跟前，谁和我好，我就和谁好，什么偏的庶的，我也不知道。论理我不该说他，但忒昏愦的不象了！还有笑话呢：就是上回我给你那钱，替我带那顽的东西。过了两天，他见了我，也是说没钱使，怎么难，我也不理论。谁知后来丫头们出去了，他就抱怨起来，说我攒的钱为什么给你使，倒不给环儿使呢。我听见这话，又好笑又好气，我就出来往太太跟前去了。"（第二十七回）

本来兄妹俩一派自然真纯，情趣盎然，相谈甚欢，一提到赵姨娘，就是触到了她的烦心事，三姑娘"登时沉下脸来"，"益发动了气"，她以极其轻蔑的口吻谈到她那满脑子都是"阴微鄙贱的见识"的生母。贾宝玉原想传递赵姨娘不满的信息，意在化解矛盾，哪知三妹妹根本不买账，反而责怪他"也糊涂了"，声言：不管赵姨娘想什么，她三小姐"只管认得老爷太太"，"什么偏的庶的，我也不知道"。其实，探春恰恰是太"知道"偏的庶的，太在乎自己是姨娘生的了。偏生这亲娘实在不争气，总让她这做女儿的含羞蒙耻。久而久之，极度自尊的她就对生母滋生出异常的冷漠和厌恶，表现得近乎偏激、刻薄。她甚至在心里根本就不承认赵国基是与她有血缘关系的"舅舅"，声称"眼里只有老爷和太太"，只认王夫人这个礼法上的母亲。

"辱亲女愚妾争闲气"，是探春与赵姨娘母女俩的思想观念、理智情感的一次对决，作者将她们戏剧性的面对面交锋引进前台，活现读者眼前。事情的起因是赵国基丧葬费，探春坚持按规矩循旧例发放，结果招来了赵姨娘的"争闲气"哭闹搅局！她指责女儿"踩了他的头，欺负了他"。探春向她晓之以理：这样处理，"是祖宗留下的规矩，人人都依着，偏我改了不成？"并声言：赵国基是"太太的奴才，我是按着旧规矩办。说办得好，领祖宗的恩典，太太的恩典。若说办的不均，那是他糊涂不知福，也只好凭他抱怨去。"这话已经说得很透彻了。赵国基是家里的奴才，按例只能给二十两，是祖宗的规矩。可昏聩的赵姨娘偏偏听不懂女儿的话，还是要胡搅蛮缠"作践"她。当众要求女儿趁着当家的机会"拉扯"他们。有着强烈自尊的探春，忍无可忍，激愤地斥责："叫我怎么拉扯，这也要问你们各人，那个主子不疼出力得用的人，那个好人用人拉扯的。"李纨好心解劝，探春立即反驳说："这大嫂子也糊涂了，我拉扯谁？谁家姑娘们拉扯奴才了？他们的好歹，你们该知道，与我什么相干。"赵姨娘的确是太愚钝了，女儿明明已把话说到这个份儿上，她和赵家都是奴才，她却不识相，还在要求女儿拉扯赵家。赵姨娘气的问道："谁叫你拉扯别人去了？你不当家我也不来问你。你如今现说一是一，说二是二。如今你舅舅死了，你多给了二三十两银子，难道太太就不依你？分明太太是好太太，都是你们尖酸刻薄，可惜太太有恩无处使。姑娘放心，这也使不着你的银子。明儿等出了阁，我还想你额外照看赵家呢。如今没有长羽毛，就忘了根本，只拣高枝儿飞去了！"这席话说得实在是句句戳了探春的心窝子，也太"阴微鄙贱"了，深深地羞辱、伤害了女儿的自尊：

　　……探春没听完，已气的脸白气噎，抽抽咽咽的一面哭，一面问道："谁是我舅舅？我舅舅年下才升了九省检点，那里又跑出一个舅舅来？我倒素习按理尊敬，越发敬出这些亲戚来了。既这么说，环儿出去为什么赵国基又站起来，又跟他上学？为什么不拿出舅舅的款来？何苦来，谁不知道我是姨娘养的，必要过两三个月寻出由头来，彻底来翻腾一阵，生怕人不知道，故意的表白表白。也不知谁给谁没脸？幸亏我还明白，但凡糊涂不知理的，早急了。"（同上回）

由丧葬费引发的这番争吵，是这对冤家似的母女的一次灵魂的交战，是她们郁积很久的矛盾冲突的总爆发，渗透着错综复杂的宗法社会及家族内部的深层矛盾，深刻而生动地描绘了她们的尖锐的性格冲突，展示了她们思想观念、感情境界的截然不同。对于赵姨娘这个人物，我们已有专文论述。这里只想就她的品格和心地，她与探春的矛盾纠葛，以及她的行为举止带给探春生活与性格的负面影响，作些简略的分析。赵姨娘做事虽是"着三不着两"（平儿语），但一般情况下，她像儿子贾环一样，内心里也挺怕惹探丫头生气的，只是她的自控能力太差。在"茉莉粉替去蔷薇硝"的事件中，赵姨娘挑唆贾环去找骗他的芳官闹一场，贾环却回说："你不怕三姐姐，你敢去，我就伏你。"后来，不知轻重的赵姨娘，自己跑去质问侮骂芳官，还动手打了她，结果捅了"马蜂窝"，引起小优伶们的公愤，她们与赵姨娘裹缠在一起大哭大闹，孤身一人的"赵姨娘反没了主意，只好乱骂"，本想要耍"主子"威风，结果却落得当众出丑，无法收场。结果还是探春赶来解围，当娘的又被女儿好一顿教训："何苦自己不尊重，大吆小喝失了体统。你瞧周姨娘，怎不见有人欺他，他也不寻人去。我劝姨娘且回房去煞煞性儿，别听那些混帐人的调唆，自己呆,白给人作粗活。"（第六十回）从这段情节不难推断，探春是经常"箴规"自己这不懂事、不争气的亲娘的，无奈"烂泥巴怎么也扶不上墙"，她也只能自怨自艾，黯然神伤了。不难看出，探春对赵姨娘的态度可谓无可奈何，就像无法改变自己的"庶出"身份一样，她无论怎样努力也无法改变她的亲娘。所以，这位"人中之凤"对自己出身的"确实老鸹窝"充满了厌恶。

如果全面探讨贾探春性格的复杂内蕴，就不能不关注和剖析她同嫡母王夫人和生母赵姨娘的关系。下面，我们再来看看探春与王夫人的关系。

显然，王夫人还是很器重这个赵姨娘所生的女儿的，从王熙凤生病期间让她出面主管家务，即可知其大概。探春曾对赵姨娘说过："太太满心疼我，因姨娘每每生事，几次寒心。"（第五十五回）至于"几次"究竟是什么"事"，小说中没有明写；王熙凤也和平儿说起："太太又疼他，虽然面上淡淡的，皆因是赵姨娘那老东西闹的，心里是和宝玉一样呢。"（第五十六回）这话可能会有些夸张，但由此可知，探春所言不虚。探春很懂封建礼教礼仪，很会处理方方面面的关系，对王夫人的孝敬更是在节骨眼上。例如，贾赦要收贾母身边最得用的大丫头鸳鸯作妾，老太太"气得浑身乱战"，正巧王夫人在旁，盛怒的贾母就向她发起了脾气："你们原来都是哄我的！外头孝敬，暗地里盘算我。有好东西也要，有好人也要，剩了这么个丫头，见我待她好了，你们自然气不过，弄开了她，好摆弄我！"这气话说得很重，"王夫人忙站起来，不敢还一言。薛姨妈见连王夫人怪上，反不好劝的了。李纨一听见鸳鸯的话，早带了姊妹们出去"。实在也是委屈了王夫人，机敏的探春赶紧站出为嫡母解围：

> 探春是个有心的人，想王夫人虽有委屈，如何敢辩；薛姨妈也是亲妹妹，自然也不好辩的；宝钗也不便为姨母辩，李纨、凤姐、宝玉一概不敢辩；这正用着女孩子之时，迎春老实，惜春小，因此，窗外听了一听，便走进来陪笑向贾母道："这事与太太什么相干？老太太想一想，也有大伯子要收屋子里的人，小婶子如何知道？便知道，也推不知道。"（第四十六回）

孙女的这几句话讲得入情入理，把个贾母说得心服口服。这本来是一点即透的事，话没说完，这老祖宗赶紧承认是"老糊涂"，自己找台阶下了。这就是探春姑娘的敏锐聪慧处。宝玉曾同林黛玉说，探春"最是心里有算计的人"，该是对她最为深刻的评论，一语道出了探春的机敏灵巧、工于心计、为人乖觉的性格特点。探春确实是有些像王夫人的乖女儿，这对无血缘关系的母女，倒是有着互爱的亲情呢。

显然，有着浓厚封建正统思想的贾探春，既如此自觉地遵循着宗法贵族的伦理纲常，又怎么可能摆脱封建宗法关系的束缚，与她根本看不起的浑身毛病的庶母建立一种没有等级观念的自然亲情呢？她口头上说对姨娘

"依理敬重"，但我们看到的却只有冷淡和嫌弃，何曾见过她对赵姨娘和贾环表现过合乎常情的热络和亲情呢！对待这份"庶出"的血脉亲情她是排斥的，是相当自私甚至是很冷酷的，她只觉得这样的母亲和弟弟，拖累自己，伤害自己的尊严，对他们远避之犹恐不及，她百般忌讳"庶出"，对自己的生身母亲没有"发乎心"的骨肉亲情的认同，有悖于"儿不嫌母丑"的人伦天性。对下人更时时处处表现着自己"主子姑娘"的身份，当谈起和赵姨娘发生纠纷的小优伶们时，她很轻慢地说："那些小丫头子们原是些顽意儿，喜欢呢，和他们说说笑笑，不喜欢便可以不理他。便他不好了，也如同猫儿狗儿抓咬了一下子，可恕就恕，不恕时也只该叫了管家媳妇们去说给他去责罚，何苦自己不尊重，大呼小喝失了体统。"这话从骨子里透出对奴婢的冷漠和蔑视。有人将凤姐和探春作比较，评论说，凤姐为"利"而无情，探春则为"理"而无情，这"注脚"还是比较准确的。因为按照封建伦理教条，探春的母亲大人确实不是赵姨娘，而是王夫人，而她自己是主子小姐，赵姨娘的身份只是半奴半主。所以她必须靠近、孝顺她的嫡母，讨她的欢心，而与胡搅蛮缠、时出笑柄的生母划清界限，才能在这封建大家庭中立足。探春对赵姨娘所说的绝情话，并未越出她所信奉的"理"，只是说出了那个时代的事实而已。如果我们不从渗透着探春复杂性格的社会、家庭、个人秉性等活素中去探究其根因，而去苛责探春的寡淡无情，我们就不能正确分析和评价《红楼梦》的典型形象创造的伟大成就。

在太虚幻境薄命司"金陵十二钗正册"中探春的册页上"画着两人放风筝，一片大海，一只大船，船中有一女子掩面泣涕之状"。其判词为："才自精明志自高，生于末世运偏消。清明涕送江边望，千里东风一梦遥。"预示着探春最后远嫁海疆的悲剧结局。曹雪芹用"风筝"隐寓探春的命运，不只她的判词前"画着两人放风筝"，在小说中还有两处写及探春和与她命运攸关的"风筝"。

在第二十二回"制灯谜贾政悲谶语"中，贾政看到元春、迎春、探春、惜春四姐妹及宝钗等所作灯谜，也敏感到她们"皆非永远福寿之辈"的不祥之兆："娘娘所作爆竹，此乃一响而散之物。迎春所作算盘，是打动乱如麻。

探春所作风筝，乃飘飘浮荡之物。惜春所作海灯，一发清净孤独。今乃上元佳节，如何皆作此不祥之物为戏耶？"贾政"心内愈思愈闷"，"大有悲戚之状"。这里探春所作灯谜的谜面是："阶下儿童仰面时，清明妆点最堪宜。游丝一断浑无力，莫向东风怨别离。"（第二十二回）其谜底是"游丝一断浑无力"的"断线风筝"。

《红楼梦》第七十回写众姐妹放风筝，探春的"软翅子大凤凰"风筝被另两个风筝缠住，被风吹走："探春正要剪自己的凤凰，见天上也有一个凤凰，因道：'这也不知是谁家的。'众人皆笑说：'且别剪你的，看他倒象要来绞的样儿。'说着，只见那凤凰渐逼近来，遂与这凤凰绞在一处。众人方要往下收线，那一家也要收线，正不开交，又见一个门扇大的玲珑喜字带响鞭，在半天如钟鸣一般，也逼近来。众人笑道：'这一个也来绞了。且别收，让他三个绞在一处倒有趣呢。'说着，那喜字果然与这两个凤凰绞在一处。三下齐收乱顿，谁知线都断了，那三个风筝飘飘摇摇都去了。"（第七十回）

风筝是探春命运的"谶语"，那断线的风筝则象征着她有去无回的"远嫁"，联系"册辞"谶语诗中的"清明涕送江边望"，她的远嫁之期应是在清明时节，时间背景肯定是在贾府出事被抄没之前。至于探春嫁作谁人妇，小说中也曾有伏笔。第六十三回"寿怡红群芳开夜宴"，众姐妹做游戏抽取花名签，签上写着参加宝玉生日宴的红楼诸艳命运的谶语。探春所掣花签，上面是一枝杏花，那红字写着"瑶池仙品"四字，诗云：日边红杏倚云栽。注云："得此签者，必得贵婿，大家恭贺一杯，共同饮一杯。"众人笑道："我们家已有一个王妃，难道你也是个王妃不成。大喜！大喜！""日边红杏倚云栽"，是唐代高蟾的诗句。日象征着"帝王"，"日边红杏"应该意味着她将做王侯身边的贵妇人，或者就是众人笑说的王妃。按前八十回文本中的这些线索及册辞，曹雪芹的原意，即那上门的官媒可能是将探春作为"瑶池仙品"，远嫁一驻守或贬谪海疆的藩王，探春得了"贵婿"，应了"王妃"之属却一去不归。

凤凰也是帝王家的祥瑞，正像花名签中的"日边""瑶池"等一样，都是探春将做王妃的影射。这只"老鸹窝"里飞出的雏凤，一直渴望着远走高飞，自会栖止于梧桐树，赵姨娘终究是揣摩不透她高贵女儿的心思！至于探春得了何方"贵婿"，小说前八十回中尚未写到，但"官媒"已进门，悲远嫁背井离乡，则是确定无疑的。《红楼梦》十二支曲子中探春的"分骨肉"所唱出的，正是她生离死别、肝肠寸断的一腔哀音："一帆风雨路三千，把骨肉家园齐来抛闪。恐哭损残年，告爹娘，休把儿悬念。自古穷通皆有定，离合岂无缘？从今分两地，各自保平安。奴去也，莫牵连。"（第五回）此曲中自有一种人生的从容态度，透出对既定命运的无奈、沉着与豁达。她知道，此一去，即是永诀，老死他乡，再也不会回来，"骨肉家园"将只在她的魂牵梦萦中。所以，探春的远嫁，必定有着昭君出塞般的怨艾和悲苦，其结局更有着"独留青冢向黄昏"那样的凄凉和落寞，而不会是百二十回程高本续作中所写的，远嫁镇海总制之子，之后还曾衣锦还乡，此种安排显然大大背于雪芹的原意。

当"掩面泣涕"的凤凰离开自己的"老鸹窝"时，似也只有"断线风筝"般的无限的悲凉。"游丝一断浑无力"的"凤凰风筝"，飘飘摇摇，前面"大海"茫茫，前途未卜；身后是亲人离散，家族败落，"飞鸟各投林"。在传统观念中，背井离乡是人生的悲剧之一，所以，"把骨肉家园齐来抛闪"的探春是"薄命"的。再从判词"生于末世运偏消"来分析，探春自也是生不逢时的"薄命红颜"，假如她在海外得享"王妃"的富贵荣华，能施展她"政治家"的抱负和才情，肯定不会编入"运偏消"的"薄命司"。比较可能的结局是，探春远嫁异国他乡后，不久即香消命殒，再也没能回到故土。小说中表现了"才自精明志自高"的探春的命运的无常、无助和无奈。到头来只是一个任封建家长摆布的"棋子"，她的婚姻像元春和其他姊妹的婚姻一样，都是服从于封建贵族家族利益和需要的"牺牲品"。

综上所述，贾探春是曹雪芹浓墨重彩塑造的又一个性突出、形象丰满、性格复杂的典型形象，曹雪芹用了一个"敏"字来概括探春：她性灵敏锐，才思敏捷，心地敏慧，还具有敏锐的"洞察力"；她言语谨慎而心里却事事透明，胸襟宽阔，精细处不让凤姐，平和恬淡而内里刚毅严正，敢作敢为而不专权胡为，而且她也正是以这宗法等级观念为"武器"，锋芒毕露地来维持她贵族小姐的尊严的！似乎还可包括她对自己"庶出"的敏感，以及骨子里的孤高自许和寡淡无情……作者在这位"大观园女政治家"身上，体现着他写作《红楼梦》的主旨——"闺阁中历历有人"，及"山川日月之精秀只钟于女儿"的讴歌。在小说中，探春是荣宁贵族中生于末世"才自精明"的巾帼英才，曹雪芹用饱含热情的期许之笔，将意志、理智、胆识和才华，甚至他自己那萦绕于胸的"补天"之志，都自然融合到贾探春这一艺术典型生命里。在她身上既有着浓厚宗法等级观念，又寄托着富于时代亮彩的理想和希望。

‖作品来源‖

发表于《红楼梦学刊》2006 年第 2 辑。

暖香坞中悟虚花——重读贾惜春形象

安建军

导　读

　　惜春是长期以来被误读的人物形象之一。重读惜春形象发现，她"冷"，是因为"无人惜春"，也是因她性格的遗世孤介；她并非无足轻重的配角，而是曹公特意设置在作品中的一个"方外视角"；同时，她也不只是"独卧青灯古佛旁"的女尼，其出家情节，丰富并深化了作品的主题，且与宝玉出家形成了别有意趣的互衬互补关系，共同担负着支撑和表现作品主题思想与作家创作命意的功用。

　　对明清四大名著的研究都存在不同程度的误读，《红楼梦》[①]尤甚。误读涉及人物、情节、旨趣、作意及作品细节。贾府四千金之一的惜春就是长期以来被误读的人物形象之一。

　　王国维认为："此书中真正解脱，仅贾宝玉、惜春、紫鹃三人。"[②]这确属精识之解。《红楼梦》从头至尾贯穿着曹雪芹的"色空"观。贾宝玉是贾府公子，他是在"造历幻缘"亲身经历现实尘世和内心世界的重重磨难之后不得已的出家；贾惜春是贾府四大千金之一，她冰清玉洁，自幼便具慧根佛性，后与栊翠庵的妙玉引为同调拜其为师，最终皈依佛门。她的出家显然是出于主动和自觉。贾府一贵府公子和一千金小姐都有着惊人相似的出家结局，这样的艺术设计必然寄寓着作家自己的一番深意，也直接关涉着作家的"色空"观念和宿命意识。那么，同为具有相同结局的贾府公子与千金，为什么宝玉形象及其出家被人们深挖细究，而惜春形象不但被

---

① 曹雪芹、高鹗著，脂砚斋、王希廉点评《红楼梦》，中华书局2006年第1版。本文所引文本文字均出自该版本，文中只点明回目，不作一一标注。

② 王国维等：《王国维　蔡元培　鲁迅讲红楼》，长征出版社，2008年版。

冷落了两个多世纪，而且还被一些红学家曲解，甚至被涂抹得面目全非？

红花还须绿叶扶。按照一般的阅读心理和习惯，读者总是热衷于关注"红花"式的人物，而对于"绿叶"式的角色往往漠然视之，甚至视而不见，这势必导致这样的角色成为文学解读和评论的盲点。殊不知，这种偏爱式的文学接受与解读悖反了生活、艺术的辩证法，也必将影响对文本全面、客观、准确的解评。同理，受这种偏嗜阅心理的影响，人们在评价惜春形象时，也陷入了这种悖谬之中而又不自知。因此，在红学家们稍带式的评价背后，惜春则成了性格孤僻、才能平平、凄然出家这样一位"黯淡人物"。研究发现，以往研究者对于惜春的评价，既有对惜春的误读，更有对曹公塑造这一人物形象寓意的曲解。"纵然是强作解人，依然希望尽可能回归文本，采用无罪推定的方式来相对公平地讨论红楼人物和事件。"①基此，本文将从惜春的性格特征、她在作品叙事中的作用以及作家设置这一人物的真正用意等方面对这一形象做一番新解，企盼对读者解读《红楼梦》人物形象及探究作品主题与曹公创作匠意提供有益启悟。

一、惜春真面目：暖香坞中并非住着"冷心人"

曹公在《红楼梦》人物回目的拟制表中对惜春的评价是"孤介"（第七十四回），此外，在作品第七十五回中通过探春之口说惜春"孤介太过，我们再傲不过她的"。孤介即耿直方正，不随流俗。陶渊明有诗句："总发抱孤介，奄出四十年。"（《戊申岁六月中遇火》）"孤介"即指不与世俗同流合污。但是这个词用在惜春身上却变成了孤僻冷漠。王昆仑就将惜春的性格定位为"孤冷"，蔡义江说这是惜春"典型的利己主义世界观的表现"②。两位红学大家的解读既与"孤介"一词的涵义不大符合，而且也未加精审曹公塑造这一形象的本意和深意。

大多数读者对惜春的认识定性都拘执于第七十四回对她撵走入画一事

---

① 方晓:《〈红楼梦〉人物性格色彩解读》，北京航空航天大学出版社，2009 年 7 月版。
② 蔡义江:《〈红楼梦〉诗词曲赋评注》，团结出版社，1991 年版。

的叙写上。贾府抄检大观园时，王熙凤等人在惜春的丫鬟入画的箱中寻出男人的靴袜，经查这些东西都是贾珍赏给入画哥哥的，入画只是暂时替他哥哥收着。王熙凤和尤氏都认为入画的行为可以原谅，但是面对入画的苦苦哀求和众人的好言相劝，她不但没有留下入画，反而力逼着尤氏将其带走，并称："或打、或杀、或卖，我一概不管。"或许因为这点，让评论者对她产生自私、冷酷的印象，评价于是就定性于一个"冷"字。然而真相并非如此，惜春的"孤介"是为了保持耿直方正，不同流合污，她的"冷"是她不断追求洁的幌子，更是愤世的表现，即发泄对贾府抄检粗暴之举的愤懑之情。再者，她撵走入画是因为"这些姐妹，独我的丫头这样没脸"，"你这一去了，若果然不来，倒也省了口舌是非，大家倒还干净"，所以还不如撵走干净，免得大家整天对她流长非短。这其中何尝没有设身处地为入画处境考虑的意思，这又与自私冷漠有何相干？因此，在入画去留的问题上，惜春看似无情却有情。所以她"洁"的性格导致了她外表的冷，她身陷"千红一哭，万艳同悲"的万劫不复的漩涡中心，横而不流，独立不迁，努力欲做一个身心洁净之人，在这一点上，她恰与孤高的黛玉、孤洁的妙玉形成独特的对应关系。研究界为何还要强加给她"孤僻冷漠"的罪名，让她去承担心冷、口冷、心狠、口狠的骂名呢？其实，惜春的"冷""无情"，在笔者看来是一种超脱世俗、不染功利得失的高古之情，即李白"永结无情游，相期邈云汉"（《月下独酌》其一）中的"无情"，读者不应该以世俗的眼光去看待。忍痛撵走入画，自己背负骂名，事实上却是真正为入画着想——给她一条真正的生路，让她去过一种有尊严的生活，这就是惜春的"无情"之情。

和宝玉一样，惜春也是一个渴望爱而且有大爱的人，只不过她表现的更内敛、更冷静罢了。在贾府中，她恪守遗世独立、自尊自爱的人生信条，所以在她"冷"的外表之下藏着的是一颗滚烫炽热的心。作品第四十回写史太君两宴大观园，因刘姥姥一个搞笑惹得众人大笑不止，这时"惜春离了座位，拉着她奶母叫揉揉肠子"。当老太太怀里拥着她挚爱的宝玉和黛玉逗乐之时，年幼的惜春何尝不需要有人关爱她。就在此处，她第一次像个孩子毫不遮掩地向奶妈要那双温暖的手。如果惜春心冷，那么深谙世事的她就不会对一个毫无血缘关系的奶妈做出如此举动。她面孔虽冷，心却是热的，所以仅凭外表的冷并不能给一个人完全定性。《红楼梦》中以"冷"为名的人物除了惜春（"冷面人"）之外，还有薛宝钗（"冷香丸"）、柳湘莲（"冷二郎"）。他们均是曹公满怀深情塑造的"美的人物"，是冷与热的对立统一体，而"冷"只是其外在气质而已。在一百零九回中，贾府被抄，整个大观园一幅戚惨衰败的景象。妙玉来看老太太，见到惜春时便问道："四姑娘为何这样瘦？不要只管爱画劳了心。"其实，惜春绝非为画大观园而消得人憔悴，当她看着自己最亲的人一个个离她而去，整个贾府一天天衰败下去，她当然会痛惜，这足以证明她渴望爱、心存爱，并且关心身边的每一个人和她所赖以生存的家族。更何况，她"画大观园"又何尝不是一次对大观园的冷静反省和对众女儿人生的一次感悟之举呢？

可见，暖香坞中并非住着一位"冷心人"。

二、方外视角：作家的另一双眼睛

人物视角叙事是中国古代小说常用的叙事手段。从唐人传奇到《聊斋志异》，从《金瓶梅》到《红楼梦》，这一叙事手段运用不断趋于纯熟，尤其自《红楼梦》一出，传统的思想和手法都被打破了。曹雪芹更是一位熟谙人物视角叙事的大师，他将这一叙事艺术发挥到了淋漓尽致。马瑞芳在《红楼故事及文本写作》一文中指出："曹雪芹善于使用人物视角叙事，喜欢交换视角，但目标始终围绕着贾宝玉和贾府盛衰。《红楼梦》的人物视角叙事既考究又华丽。站在叙事视角的人物一定有特别深刻的叙事角度。他（或她）和所叙之事或人又肯定有重要关系。"而且"每个情节都有一个主要的人物叙事视角，一丝不乱又一丝不苟"[①]。袁行霈先生对此也有类似洞见：《红楼梦》不但在叙述者的问题上突破了说书人叙事的传统，而且在叙事角度上也创造性的以叙述人多角度复合叙述，取代了说书人单一的全

---

①　刘梦溪等：《〈红楼梦〉十五讲》，北京大学出版社，2008 年版。

知角度叙述。"①曹公创作《红楼梦》时，在书中安插了很多内视角和外视角：外视角则如刘姥姥，她以一个乡野农妇的身份为读者描述着她眼中的贾府兴衰；内视角则有贾惜春、冷子兴等。贾、冷这两人又分别为"方内视角"和"方外视角"。冷子兴是以世俗之人的眼光替作家描述贾府兴衰，而惜春是以方外之人对尘世的理解和感悟为读者昭示着大观园的一幕幕。曹公正是将自己内心所想赋予这位方外红颜，用她聪慧而敏感的心来审视整个大观园的人生命运，来洞察大观园众女儿辛酸的血泪史。唯一不同的是：曹公是通过深入细腻、苍劲有力的笔墨将普通的文字组合成一部心酸的血泪史。所以说惜春的视角正是曹公的视角，惜春就是作者的另一双阅尽沧桑、洞察世事的慧眼。

一粒沙里见世界，细微之处见真知。在作品第七十回中，周瑞家的替薛姨妈给惜春送花时，她正和小尼姑智能儿玩，当周瑞家的问及智能儿："十五的月例香供银子可曾得了没有？"智能儿回答不出来。这时，惜春却问周瑞家的："如今各庙月例银子是谁管着？"周瑞家的道："是余信管着。"惜春听了笑道："这就是了。她师父一来，余信家的就赶上来，和她师父咕噜了半日，想是就为这事了。"成日守在师父身边的尼姑不知道庙里的香供月例，而惜春却说的头头是道，这更见出惜春并非冷漠孤僻，不近人情，不理世事的冷心人。惜春虽然年龄小，但她却以旁观者的身份心思缜密地观察着大观园里大大小小的事情；她虽然不管事，可她却以一颗聪慧的心看出了其他人不了解的门道。

再看惜春的用慧心看透尘世。惜春不仅是在生活当中有如此聪慧的心思，在感情上，幼小的惜春也是细心观察，并且看得很开的。在大观园中，她除了与妙玉师父有些往来之外，与其他小姐的往来可以说是很淡泊。这不像世人所认为的无兄弟姐妹之情的无情，而是李白所谓"永结无情游"的无情。八十二回写宝玉将与宝钗完婚，当所有人都在为黛玉的病担心得抹眼泪时，惜春却说："林姐姐那样一个聪明人，我看她总有些瞧不破，一点半点儿都要认真起来，天下事那里有多少真的呢。"深居简出的她却理

---

① 袁行霈：《中国文学史（第四卷）》，高等教育出版社，1999 年版。

解并懂得宝黛二人的惺惺相惜。她不是没有感情，说出这样的话是因为她比别人早懂得：得不到的不去强求。她用超然世外、冷静淡然的心态和独具慧根的"方外眼眸"静静地审视着这个表面繁华的园子里悲凉的一切。

还有，惜春领悟禅意的天分。在作品中，妙玉是戴着女冠的"未出家之人"，而惜春则是不戴女冠的"出家之人"，在她自有一种领悟禅意的天分和对佛教的信心。写惜春的曲子叫做"虚花悟"，一个"悟"字，正体现出她有极高的悟性。所以王国维先生说惜春是"观他人之痛苦而获得解脱"，"唯非常之人能为"[①]。她熟悉佛教教义，懂得一切皆有因果，她不贪恋贾府的荣华富贵而能走出世俗之人所迷恋的欲障，这也正是她的高妙可贵之处。此外，惜春所做的灯谜也与她对佛教的领悟和参透有关，"前身色相总无成，不听菱歌听佛经。莫道此生成黑海，性中自有大光明"。这首诗处处体现佛教用语，如："色相""性""大光明""黑海"等。她运用"前生"和"此生"的对比，通过寂寞暗淡的海灯喻自己心中自有光明在。由此可见其性灵之花及佛教方面的造诣。这时的惜春虽未出家，却已深切地预见到贾府的未来，俨然一位已顿悟世事、带发修行的方外女尼。

惜春不仅是参透荣华尽空的"虚花悟"，而且和宝玉一样，她也是贾府上下兴衰荣辱的见证人。置身贾府之中，她看到了太多不愿看到的东西：宁国府的乌烟瘴气，贾珍父子的荒淫奢靡，儿孙守孝期间却聚众赌博；荣国府内紧外松，贾赦诱逼母婢鸳鸯做妾，贾琏放浪，尤三姐抱恨含冤而死等等。惜春"勘破三春景不长"，明知自己朝不保夕，于是忍痛撵走入画，留给他人对自己"心冷嘴冷"的误解。作家正是凭借惜春的一双"冷眼"，让读者认识了大观园千红万艳"落红成阵"、归休薄命的大悲剧，了解了贾府"家亡人散"、荣华成空的兴衰史。红学家们常钦叹《红楼梦》艺术手法全出独创、堪称绝特，真是一点不假。所以，对曹公精心设置惜春这一方外视角的匠心和作意，读者真的不可小觑。

综上可见，惜春乃是作家特地设置在作品中的一个"视角"，亦即作家的一双方外视方内的眼睛。因此，解读《红楼梦》之旨，若失去了作家精

---

① 袁行霈：《中国文学史（第四卷）》，高等教育出版社，1999 年版。

心设置的惜春这一人物形象，至少是失去了一双"慧眼"。

三、惜春出家：强化并丰富作品"色空"主题

接下来，就惜春出家问题略抒己见。《红楼梦》是一部奇书。不止因它是千古绝唱的"世情书""百科全书""悲剧中的悲剧"，而且还因它是谈无说有、寓真于假的象征小说，是"因空见色，由色生情，传情入色，自色悟空"的启蒙书——一个美轮美奂、堪称奇绝的"寓言"。人物出家，就是其中的一个非常有趣而又极具寓意性的大关目。用曹雪芹的话说，即"说来虽近荒唐，细谙则深有趣味"。红学大师周汝昌告诫读者："读《红楼梦》，'一目十行'不是个好办法，定须细谙，方能解味"①，真是至言。

人物出家，既是《红楼梦》情节构成的重要内容之一，也是作品整体寓言体系中的一个子系统。曹公怀着深挚的情感和真切的体验，既写了入世的耽溺，又写了出世的向往，写出了沉溺痛苦的人生真相和解脱的共同向往。除写宝玉出家的命运结局外，作品还写到甄士隐、柳湘莲、妙玉、惜春等人物的出家，这些人物出世的情节如同颜色各异的丝线，并与宝玉这一核心人物主线交织在一起，遂结成一条七彩长线，共同演绎并丰富和深化着作品的主题。关于宝玉等四位人物的出家，学界关注较多，见解颇丰，而对于惜春出家人们显然关注不够，故而至今尚未出现精细的解读与独到的创见，而且，截至目前还没有研究者将其与作品的主旨或曹公的艺术匠心联系起来进行思考。从整部作品看，《红楼梦》是在阐释由好到了、由色到空的主题思想。《好了歌》就是对人生悲剧的注解。"贯穿在《好了歌》里的中心思想是'变'。荣与辱、升与沉、生与死都在急剧变化中。"②曹雪芹的家世及其由盛到衰的遭际，使他深切、沉痛地体会到了人生的幻空和世事的变幻无常，同时也清醒地认识到封建贵族家庭不可挽回的颓败之势。《红楼梦》与其说是作家创造出来的东西，不如说是人类祖先埋在作家心

---

① 周汝昌：《红楼小讲》，北京出版社，2009 年版。
② 袁行霈：《中国文学史（第四卷）》，高等教育出版社，1999 年版。

中的"种子"经其孕育而成。作家将自己的亲身经历赋予作品中的人类原型身上，并借其表达自己的意旨。贾宝玉是曹公在作品中所造的人类原型，在他身上我们看到了作家强烈的倾向性，他替作家演绎着整部作品的主旨，而担负这一主旨的人物还有一直被人们所忽略的贾惜春。和宝玉一样，惜春出家无疑也是一个"寓言"。佛教认为，一切事物的现象只有他各自的因和缘而没有实在的自体，名"空"。佛经以有质碍、可变坏之法，名"色"。即把属于物质领域的称为"色"，精神领域的称为"心"。从惜春对妙玉的认同亲和、对佛理教义的悟性兴趣以及她作为方外人对尘世的取舍可知，她是真的看破了，也顿悟了。物质的"色"已经对她无任何吸引力，取而代之的是"独卧青灯古佛旁"。在置身方外的惜春看来，浮华人世一如镜花水月，不过是春梦秋云，亦即不过是"红楼一梦"罢了。所以说她选择出家并非沉入了漆黑之海，"她的看透看空并不是消极，更不是沉沦，看透看空是如《好了歌》所暗示的把功名财富看破看穿，一旦看穿，再活下去，就无世俗重担而活的更自由，更积极，更有力量"[①]。惜春的出家，恰恰关乎《红楼梦》的"色空"主题。据此推断，曹公写惜春出家又何尝不是对作品借宝玉演绎"色空"这一主题的巧妙补充、衬托和有力支撑呢？曹公艺术匠心之高妙于此又可见一斑。

历来的红学大家都把作品第一回和第五回视为揭秘《红楼梦》的总纲，而把其中第五回的金陵十二钗人物"判词"及"红楼梦曲"则视为解密人物性格与命运结局的钥匙。据此，若要研究惜春形象，曹公为其安排的判词及《红楼梦曲·虚花悟》就是关键。正册判词之七：

画：一所古庙，里面有一美人，在内看经独坐。

判词：勘破三春景不长，缁衣顿改昔年妆。可怜绣户侯门女，独卧青灯古佛旁。

红楼梦曲·虚花悟：将那三春看破，桃红柳绿待如何？把这韶华打灭，觅那清淡天和。说什么天上天桃盛，云中杏蕊多！到头来，谁见把秋捱过？……似这般，生关死劫谁能躲？闻说道，西方宝树唤婆娑，上结着长

---

① 刘再复，刘剑梅：《红楼哲学笔记》，三联出版社，2009年版。

生果。

以诗、词、曲入小说，是自唐人传奇以来中国古典小说创作形成的一种叙事特技。曹雪芹在创作《红楼梦》时将其运用到了出神入化的高妙境地。那些如天女散花般撒布在作品中的韵文已不再是作家单纯的炫才耀学，也不再是游离作品人物、情节及题旨的点缀，而是和人物、环境、情节、旨趣等小说要素密切相关有机结合，成为营造小说独特色彩、情调、氛围和意味的重要元素，极大地丰富了文本的美学内涵，提升了小说的诗化品位。在作者写惜春的所有情节和片段中，这一"诗"一"曲"绝非闲笔，它关乎惜春这一人物的性格、遭遇、命运结局，亦关乎作品的主题。惜春勘破三春，披缁为尼，这无疑表明她在大观园众姊妹中自有卓异之识见，是最能悟彻人生真谛的一个。在贾府四千金中，她年龄最小，谙事之年又恰逢贾府已趋衰败的"秋季"。勘破三春，既表明繁盛如三春（初春、仲春、季春）的四大家族由盛及衰的没落命运，又暗示惜春的三个姐姐（元春、迎春、探春）好景不长的不幸结局，使她感悟到人生幻灭。"三春去后诸芳尽，各自须寻各自门"，于是便顿悟并产生了遗世遁世的念头，这是客观环境使然。同时，这样的环境又造就了她"孤介"的性格，加之她自幼的佛性慧根，使她自然而然在"家富人宁，终有个、家亡人散各奔腾"的大变迁中皈依佛门，这是人物自身的禀性使然。曹公正是怀着一颗悲悯之心和出世的向往来洞察这一人物的悲剧人生的。还有，作者何以将写惜春的曲子特意命名为"虚花悟"？"虚花"，犹言镜中花；"虚花悟"者，犹言荣华富贵到头来不过是春梦秋云而已。逆曹公之志，即惜春悟出荣华尽虚终幻之意。至此，我们可以得出关于惜春这一人物的一个极具象征性或象征意味的人生写意印象：暖香坞中悟虚花。

另据脂评，贾府四千金元、迎、探、惜，合之即"原应叹息"的隐语谐音。"叹息"一词有三解：一曰叹气；二曰叹惜，叹惋；三曰为人或事之不可逆转的命运和结局而喟叹。这第三重叹息的"息"字，即陶渊明诗句"开岁倏五十，吾生行归休"（《游斜川》）中的"归休"之意。细揣曹公写惜春人生命运结局本意，若解为叹息的第三重意思则极为妥当吻合。《红楼梦》

所写贾府四千金人生命运的情节，尤其是曹公为惜春设置的"判词"即是最具说服力的明证。"叹息"一词在这里是一个典型的动宾结构，其重心落在作为宾语的"息"字上。所谓"原应叹息"，又岂不是作者为包括惜春在内的贾府四千金，乃至大观园众女儿，乃至红楼四大家族不可逆转的悲剧结局而慨然喟叹！这即是曹公的真实命意，而读者对此往往浑然不察。由此可见，惜春在作品中绝非一个无关大旨的黯淡人物，曹公写惜春出家的寓意或象征毋庸置疑，读者对此不可不察。

最后，比较宝玉和惜春。一是两人出家都与他们置身的客观环境有关，这是同；但同中又有异，概言之，宝玉出家主要是出于"情"和"宝玉通灵"，而惜春则主要是出于"信心"和"佛性慧根"（这一方面前文已有阐述，不再赘述）。二是两人的出家都直接关乎作家的"色空"观——世间万物不过梦幻，种种色相只是空花泡影，即佛家绝尘出世的人生观、世界观。而惜春的出家无疑演绎了这一观念，并且发挥了丰富和深化作品主旨的功用。

综而观之，作品写贾府的一男一女，一公子一千金的出家，是与作家所要表现的"色空"主题密切相关的，这是作家别具匠心的艺术构思。认识不到这一点，就很难解透惜春这一形象真正的价值和寓意，也就与曹公在开篇偈诗中所云"谁解其中味"的期望相去甚远。正所谓：细谙惜春出家事，方解曹公意匠心。

有对文本的误读，就会有对文本的重读，这是再自然不过的事情。笔者撰写此文，其中就含有重新解读曹公寄寓在惜春这一人物身上的"其中味"之意。所以，尽管惜春被红学家冷落了两个多世纪，但是曹公设置这一人物的用意是毋庸置疑的。作为读者，对此不可不细谙深究。事实上，惜春这一形象犹如作家手中的一柄魔杖，照亮了贾府上下的诸般色相和各样情态，并极大地开拓了作品的生活容量和思维空间；而惜春形象本身亦由此获得了独有的风采和魅力。她"冷"，是因为她遗世孤介、冰雪聪明；她不仅是曹公精心塑造的一个艺术形象，而且更是曹公特意设置在作品中的一个"方外视角"；同时，她的出家情节，丰富、深化了作品的主题，并与宝玉的出家形成别有意趣的互衬互补关系，共同担负着支撑和表现作品主题思想的功用。总之,惜春在《红楼梦》中不是一个所谓的"否定性形象"和"多余人",而是一个担负着昭示作品主题、彰显作家艺术匠心特殊使命的关键性角色;她不只是"独卧青灯古佛旁"的女尼,而且还是红楼大观园"千红""万艳"中一朵令人刮目相看的奇葩。以上就是笔者刮目看惜春所获得的一点管窥之见,以此见教于方家。

‖作品来源‖

发表于《兰州文理学院学报（社会科学版）》2012年第5期。

"都知爱慕此生才"①——王熙凤论

李希凡　李　萌

　　　导　读

　　王熙凤，是曹雪芹天才创造、艺术升华了的活灵活现的文学精灵，是《红楼梦》中精彩绝伦、活力四射的女"曹操"：精明中含着狡诈；泼辣中带有阴险；追求独立的个性又包藏着权欲和贪心。她是一个"假恶丑"与"真善美"兼而有之的"真的人物"。"聪明反被聪明误"，就是对她跌宕起伏、悲喜交迭的人生的最真切的点评。作者并未因"都知爱慕此生才"的主体感情，而放弃对王熙凤醋、泼、辣、毒性格本质的揭露和鞭笞，也并未模糊王熙凤作为道德谴责对象的社会典型的真正意义。曹雪芹以"如实描写，并无讳饰"的精细之笔，画虎画皮亦画骨，充分表现了王熙凤性格的丰富性、真实性、生动性和复杂性，使这一典型性格具有了无限的魅力和艺术张力。

　　读过《红楼梦》的人，或许都会在不知不觉中或多或少地染上"凤姐情结"——"恨凤姐，骂凤姐，不见凤姐想凤姐"，此乃王昆仑先生在20世纪40年代所著的《〈红楼梦〉人物论》中的经典名言。它概括了我们对王熙凤这个人物的爱恨交织的复杂情感；也概括了我们对这位贾府"女强人"的五味杂陈的审美感受；更概括了"凤姐"这一典型形象的永恒的艺术魅力。

　　王熙凤是曹雪芹在《红楼梦》中塑造得最精彩、最成功的文学典型之一。她的美貌泼辣，她的精明强干，她的善解人意，她的巧舌如簧，她的随机应变，她的乖巧机智，她的杀伐决断，她的争强霸道，她的贪赃枉法，她的机关算尽，她的狠毒阴险……真可谓变幻莫测，一人千面！试想，大观

---

　　① 本文《红楼梦》原文均引自《红楼梦》人民文学出版社1982年版。

园中那些温馨、热闹的家族聚会，如果缺少了"凤辣子"的插科打诨，谈笑风生，贾府的女眷们特别是老祖宗的寻欢作乐，将会变得多么无趣落寞！而荣国府的大事小情，如果没有管理天才"凤辣子"的运筹帷幄，将会变得多么难于料理！

"少说些有一万个心眼子"

王熙凤，绰号"凤辣子"，出身于金陵四大贵族的王氏家族。自幼假充男儿教养，小名凤哥。她是贾赦之子贾琏的妻子，王夫人的内侄女，是荣国府真正当家的少奶奶。在"金陵十二钗正册"中虽排名第九，但在贾氏贵族大家庭中的地位却十分显赫。其实，她是仅次于宝黛钗的另类主人公。在"刘姥姥一进荣国府"（第六回）中，王夫人的陪房周瑞家的曾这样介绍年轻的琏二奶奶："这位凤姑娘年纪虽小，行事却比世人都大呢。如今出挑的美人一样的模样儿，少说些有一万个心眼子。再要赌口齿，十个会说话的男人也说他不过。回来你见了就信了。就只一件，待下人未免太严些个。"虽是爪牙的颂词，却也在褒贬中见真章，为活跃在小说整体架构中的王熙凤的形象，点出了重要的龙睛之笔。

鲁迅曾说：高尔基很惊服巴尔扎克小说里写对话的巧妙，"能使读者看了对话，便好像目睹了说话的那些人"。还说："中国还没有那样好手段的小说家，但《水浒》和《红楼梦》的有些地方是能使读者由说话看出人来的。"在《红楼梦》中这样的"对话的巧妙"——是能使读者"由说话看出人来"的，王熙凤当是最突出的范例。在"林黛玉抛父进京都"（第三回）的回目里，王凤姐以她特有的张扬方式粉墨登场了：

> 一语未了，只听后院中有人笑声，说："我来迟了，不曾迎接远客！"
>
> 黛玉纳罕道："这些人个个皆敛声屏气，恭肃严整如此，这来者系谁，这样放诞无礼？"

贾府乃贵族之家，封建礼法等级森严。贾母是荣宁贵族辈分最高的一家之长，按说所有的晚辈在她面前理应"敛声屏气"，何况今天还有远客到此！居然冒出这样一个高声大嗓、说笑喧哗的年轻媳妇，怎不使林黛玉"纳罕"惊诧！

"甲戌本"记载着脂砚斋读到此处，情不自禁地拍案叫绝，有侧批赞曰："第一笔，阿凤三魂六魄已被作者拘定了，后文焉得不活跳纸上。"接着，作者通过黛玉的眼睛，对王凤姐的服饰做了细致的描绘："彩绣辉煌，恍若神仙妃子：头上戴着金丝八宝攒珠髻，绾着朝阳五凤挂珠钗；项上戴着赤金盘螭璎珞圈；裙边系着豆绿宫绦，双衡比目玫瑰佩；身上穿着缕金百蝶穿花大红洋缎窄褃袄，外罩五彩刻丝石青银鼠褂；下着翡翠撒花洋绉裙。"很传神地刻画了她的容貌："一双丹凤三角眼，两弯柳叶吊梢眉。身量苗条，体格风骚。粉面含春威不露，丹唇未启笑先闻。"（第三回）前两句是说凤姐的眉眼，就是我们常说的"吊眼儿"，而长着"三角眼""吊梢眉"的女人，很容易让人联想到厉害、泼辣的女性，再加上"粉面含春威不露"，泼辣大器而又精明厉害、"心眼子"多多的大美人儿——王熙凤便活灵活现地"闪"到我们眼前。作者后来又通过尤二姐的眼睛，再次对王熙凤的容貌作过描述："眉挽柳叶，高吊两梢，目横丹凤，神凝三角。俏丽若三春之桃，清素若九秋之菊。"（第六十八回）

我国明清章回小说源于平话传统，口头艺术是不大注重人物肖像的细致刻画的。曹雪芹对王熙凤的这次出场的如此细致入微的描写，即使在《红楼梦》中也并不多见。作者通过林黛玉的眼睛，牢牢聚光在王熙凤的形象和性格上，还在强化环境、情景、物象方面做了精心的安排，特别是对她出场后一颦一笑、一言一行的设计，都是在全方位地表现她灵动的性格和心计。作者用画家的手法，先画出这个人物的大致轮廓和主要的特征，使读者心里隐然有一凤姐；然后再通过一次次的具体描写，使凤姐这一形象更加丰富饱满，栩栩如生。出现在我们面前的是一个神形兼备的活生生的凤姐儿！她的形象，她的神态，她的地位，她的气势，她的性格乃至灵魂，一刹那间全显露出来了。而且是未见其形，先闻其声，先领其神。她那一番精彩的表演更是八面玲珑，有声有色，令人绝倒。

出场后的王凤姐，一看黛玉立刻夸赞道，"这通身的气派竟不像老祖宗的外孙女儿，竟是个嫡亲的孙女儿，怨不得老祖宗天天口头心头一时不忘。"短短几句，既称赞了黛玉的美貌，重点又落在了阿谀贾母的根本上，凤姐这玲珑、老到的用心，恐怕傻子都能体悟到。而提到黛玉母亲的去世，她马上掩帕拭泪。可一听贾母的责备，立即收住泪水，"忙转悲为喜道：'正是呢！我一见了妹妹，一心都在他身上了，又是喜欢，又是伤心，竟忘记了老祖宗。该打，该打！'"这"忙"字很重要，突出了她善于逢迎作戏、见风使舵的超级本领，也说明凤姐基本上是依据老祖宗的情绪和情感趋向来接纳林黛玉的。接着，这琏二嫂子又拉着黛玉的手嘘寒问暖，询问婆子们黛玉和随从的安置情况，通过热情待客，表白着她对黛玉周全的关照，以取悦于贾母和林妹妹，同时，也炫耀着她管家奶奶的才干。再看，她敷衍王夫人，显摆自己的周到，说已给黛玉选好了裁衣服的料子，其实是扯谎，正如"甲戌眉批"所说："余知此缎，阿凤并未拿出，此借王夫人之语，机变欺人处耳。"凤姐的随机应变，由此可见一斑。

　　这一通让人目不暇接的表演，如同一阵旋风，极具视觉冲击力。曹雪芹就是通过直接或间接的描写，多侧面多层次地塑造了凤姐泼辣机敏的鲜明形象与性格。她的第一次出场亮相，凸显了她深得贾母宠爱即在府中的特殊地位——那种在老祖宗面前收放自如的无拘无束。宠爱她又懂得她的贾母说得好："我喜欢他这样，况且他又不是那不知高低的孩子。家里没人，娘儿们原该这样。横竖礼体不错就罢，没的倒叫他从神儿似的作什么。"（第三十八回）原来"老祖宗"并非容忍晚辈的"放诞无礼"，而是从王凤姐那儿体会着一种独特的天伦之乐，即在"礼体不错"之下的机智风趣的奉承中消闲释闷，而日常生活中王熙凤在贾母面前貌似随性随意的说笑，确实从未离过正谱儿。

　　贾母在向林黛玉介绍凤姐时，称她为"我们这里有名的一个泼皮破落户儿，南省俗谓作'辣子'，你只叫他'凤辣子'就是了"。读过《水浒》的人都知道，青面兽杨志落魄东京，在天汉桥卖祖传宝刀，被当地无赖毛大虫牛二纠缠，不得已而杀之。这个牛二，就称为"京师有名的破落户泼皮"。有意思的是，贾母竟称王熙凤为"泼皮破落户"，可见这凤姐确有"无赖"

可疼之处。当然,这"泼皮"非那"泼皮","凤辣子"在溺爱她的"老祖宗"这里早已是充满亲情的"昵称"了。也可以说,她适应了贾老太君"承欢膝下"的情感需求,是她从子孙后辈百里挑一选出的可以消愁释闷的宝贝"女泼皮"。自然,这"宠爱"又大不同于贾母对贾宝玉的溺爱,王熙凤得贾母的"意儿",靠的是她后天的"才智"——"心眼子"。

"王熙凤效戏彩斑衣"(第五十四回),是一出王熙凤唱得最热闹的独角戏,既表现了她对老祖母的一片孝心,又表现了她千方百计讨老祖宗欢心的心计。"效戏彩斑衣"取自"二十四孝"中的老莱子娱亲的故事。鲁迅在《朝花夕拾》中,曾谈到这个故事给他幼时印象:"简直是'装佯',侮辱了孩子,我没有再看第二回,一到这一叶,便急速地翻过去了";特别是那诈跌的动作,更使他产生了极度的憎恶。他认为,这"正如将肉麻当有趣,以不情为伦纪,污蔑了古人,教坏了后人"。显然,鲁迅是因老莱子的戏彩斑衣太做作,使他生厌。而《红楼梦》的艺术美,讲求的是传真不传伪。王熙凤在演这出戏时所凝聚和传达的感情,使人信服,倍感亲切。王熙凤的见景生情,妙语如珠,诙谐灵动,天衣无缝地融合在她的性格魅力里,呼之欲出。虽是明显的凑趣儿,却使读者和书中观戏的人一样满心欢喜。

对于"老祖宗"贾母来说,及时行乐,颐养天年,尽享天伦之福,是她晚年生活所追求的目标。她很善于自娱享乐,围绕着她的生活,作者在《红楼梦》中展开了色彩斑斓的贵族生活画卷,在其中起着轴心作用的是王熙凤,宝黛钗众姊妹不过是烘衬的色彩而已。荣府内闱的每次家庭聚会,当"轴心"的都是凤姐。像被称为荣府女眷最欢乐"节日"的刘姥姥进大观园,发生的所有热闹都是凤姐一手导演的,不只逗得老祖宗、王夫人等乐不可支,也笑翻了众姐妹和丫头们。这些描写给我们留下的审美意趣,更有着只可意会不可言传之妙。以下略引几节,以为例证。

即使在老祖宗盛怒之下,王熙凤也能使她一笑解颐。贾赦想跟贾母要鸳鸯为妾,用了很专横、卑劣的手段,鸳鸯拒婚,向贾母哭诉实情。"老祖宗"被贾赦、邢夫人气得浑身乱战,动了真怒,遂把王夫人也牵连在内,后经探春提醒,知是错怪了人,自己找台阶下,就怪宝玉、凤姐不提醒。幽默的王熙凤一开口，原本尴尬的局面立马"柳暗花明"：

> ……贾母又笑道："凤姐儿也不提我。"凤姐儿笑道："我倒不派老太太的不是，老太太倒寻上我了。"贾母听了与众人都笑道："这可奇了！倒要听听这不是。"凤姐儿道："谁教老太太会调理人，调理的水葱似的。我幸亏是孙子媳妇，若是孙子，我早要了，还等到这会子呢。"贾母笑道："这倒是我的不是了？"凤姐儿笑道："自然是老太太的不是了。"贾母笑道："这样，我也不要了，你带了去罢！"凤姐儿道："等着修了这辈子，来生托生男人，我再要罢。"贾母笑道："你带了去，给琏儿放在屋里，看你那没脸的公公还要不要了。"凤姐儿道："琏儿不配，就只配我和平儿这一对烧糊了的卷子和他混罢。"说的众人都笑起来了。（第四十六回）

很多时候我们可以不必留意某段情节的全景描写，只看王熙凤的对话，就被她的聪慧机敏的话语激荡起会心的欢畅。下面，仅举凤姐与薛姨妈之间两次关于"钱"的调侃，看看王熙凤的"心眼子"和"话匣子"是怎么发挥娱亲作用的。

鸳鸯事件的风暴刚过，贾母气犹未平，请薛姨妈等打牌，王熙凤在牌桌上继续哄劝"老祖宗"，故意输牌不给钱，营造出一段妙趣横生的对话：

> ……薛姨妈笑道："果然凤丫头小器，不过是顽儿罢了。"凤姐听说便站起来，拉着薛姨妈，回头指着贾母素日放钱的一个木箱子笑道："姨妈瞧瞧，那个里头不知顽了我多少去了。这一吊钱顽不了半个时辰，那里头的钱就招手叫他了。只等把这一吊也叫进去了，牌也不用斗了，老祖宗的气也平了，又有正经事差我办去了。"话未说完，引的贾母众人笑个不住。偏有平儿怕钱不够，又送了一吊来。凤姐儿道："不用放在我跟前，也放老太太那一处罢，一齐叫进去倒省事，不用做两次，叫箱子里的钱费事。"贾母笑的手里的牌撒了一桌子，推着鸳鸯叫："快撕他的嘴。"（第四十七回）

在冬日的一个下雪天，众人到贾母屋里问安，闲谈中薛姨妈表示，想摆两桌粗酒，请贾母赏雪。王熙凤又生出一篇饶有情致的凑趣：

> ……贾母道："这才是十月里头场雪，往后下雪的日子多呢，再破费不

迟。"薛姨妈笑道："果然如此，算我的孝心虚了。"凤姐儿笑道："姨妈仔细忘了，如今先称五十两银子来，交给我收着，一下雪，我就预备下酒，姨妈也不用操心，也不得忘了。"贾母笑道："既这么说，姨太太给他五十两银子收着，我和他每人分二十五两，到下雪的日子，我装心里不快，混过去了，姨太太更不用操心，我和凤丫头倒得了实惠。"凤姐将手一拍，笑道："妙极了，这和我的主意一样。"众人都笑了。贾母笑道："呸，没脸的，就顺着竿爬上来了。你不该说姨太太是客，在咱们家里受屈，我们该请才是。不这样说呢，还有脸先要五十两银子，真不害臊。"凤姐儿笑道："我们老祖宗最是有眼色的，试一试，姨妈若松呢，拿出五十两来，就和我分。这会子估量着不中用了，翻过来拿我做法子，说出这些大方话来。如今我也不和姨妈要银子，竟替姨妈出银子治了酒，请老祖宗吃了，我另外再封五十两银子孝敬老祖宗，算是罚我个包揽闲事，这可好不好？"话未说完，众人已笑倒在炕上。（第五十回）

看过上述情节，定会对凤姐莲花之舌印象深刻：凤姐那一个个如同相声中"逗哏"般的精彩纷呈的"段子"，和"老祖宗"总是喜笑颜开地被她裹挟着当着那"捧哏"的"角儿"，真是相映成趣。有她，就有欢声笑语；有她，就会妙趣横生；有她，就能皆大欢喜。她的"巧嘴"，生生就是贾老太君的"开心果"，咋会不疼不爱呢！无论是谁，都不会由此产生恶感，当会报以由衷赞赏的会心一笑。毋庸置疑，围绕贾母生活所展开的谐趣横生、欢乐活跃的艺术情节，几乎都是王熙凤"戏彩斑衣"的"效应"。这些场景和对话，尽管形式不同，氛围各异，但是出自一个贵族大家的孙辈媳妇的言行举止，在封建贵族的生活圈里确有点出格的"放诞无礼"的味道。王凤姐在贾母面前的这种承欢取乐，是贾府的其他小辈所不敢为也不能为的，这不只是王凤姐的特权，更是她独有的"才干"——"心眼子"和"巧嘴儿"结合产生的绝妙风景。

毫无疑问，王熙凤那绘声绘色、潇洒自如的极富个性化的语言，是和她的机智、泼辣的性格融合相连的，形成了一种王熙凤独到的精粹的语言艺术境界，别人望尘莫及。那周瑞家的对王凤姐的评价——"再要赌口齿，十个会说话的男人也说他不过"，"少说些有一万个心眼子"，并非虚言！

"竟是个男人万不及一的"

笔者之一李希凡曾说："读过《红楼梦》，又有一点生活经验的人，一定会感受到，写这样一个大家族，如果它的神经中枢没有王凤姐这样一个人物，那层层阶阶的贵族生活的体制，会无法转动。凤姐是这个封建大家庭中各种关系的一个集中点，从她身上集中反映了各种矛盾。"通常，人们总是认为宝黛钗才是《红楼梦》的主人公，其实，遗漏了这位重量级的主人公——王熙凤。在这部大书中，曹雪芹描写王熙凤的笔墨是最多的，前八十回中有一半以上的回次都写到她，远胜于宝黛钗。更重要的是，她是荣国府贵族生活的"神经中枢"。

荣宁二府，是当朝功勋卓著赫赫百年的豪门望族，但"如今这宁荣两门，也都萧疏了，不比先时的光景"，已进入了"百足之虫，死而不僵"的末世。虽是平添了贾元春晋封贵妃的"非常喜事"，外面的架子和内里的排场，依然故我，骄奢淫逸，醉生梦死，纵欲作乐，肆意地享受着末世的繁华。在三四百丁的荣府，从辈分来讲，已是祖孙四世同堂，虽只有二十多个主子，但这老少主子身边，层层阶阶役使着大批男奴、仆妇、小子、丫头。这荣府名义上是贾政、王夫人管事，事实上则是贾琏和王熙凤大权在握，支应着府内外的家务。这特殊的境遇，赋予了王熙凤以特殊的权位——她成了实际上荣府一宅的管家奶奶。

在"冷子兴演说荣国府"中，作者借冷子兴之口称赞凤姐"模样又极标致，言谈又爽利，心机又极深细，竟是个男人万不及一的"（第二回）。秦可卿托梦时曾说："婶婶，你是脂粉队里的英雄，连那些束带顶冠的男子也不能过你。"凤姐的美貌、精明、口才和心机，特别是她日理万机的管理才能，被作者借多人之口"称颂"得风生水起。

"王熙凤协理宁国府"（第十三、十四回），是曹雪芹对王熙凤行使"管家人"权力的全方位描写的"重头戏"。读过《红楼梦》的人都知道，秦可卿之死是小说中很重要的情节。按照曹雪芹的构思，它应是导致荣宁贵族败家的一个重大事件。这从《红楼梦》第五回，太虚幻境薄命司中关于秦可卿的"判词"和"曲词"中可以看出来。"协理宁国府"是以"秦氏之丧"为中心情节的。《红楼梦》第十四回"脂评""回末总评"说："此回将大家丧事详细剔尽，如见其气概，如闻其声音，丝毫不错"；"写秦死之盛，贾珍之奢，实是都写得一个凤姐。"也就是说，作者写这偌大的丧事场景，其重点还是为王熙凤铺陈一个适合她大展管家才能的机遇与平台。我们不能不佩服曹雪芹那巧妙的构思和生花的妙笔。这王熙凤本是荣国府的管家人，作者却避开荣府日常家务的环境，而是把她放在这"协理宁国府"秦氏之丧的煊赫的大场景，来表现她理家的才能。曹雪芹凭借其慧眼独具的构思发掘着凤姐的理家才干，写活了王熙凤"女强人"的形象和性格，穿透题材的表层，显示其内在的底蕴。所以，尽管是"协理"宁国府，却是直接描写了王熙凤作为管家人，在这特殊机缘——难逢的"大阵仗"里，所表现出的"男人万不及一"的杀伐决断的作为。

艺术形象的生命和魅力本就在于它的独创性。作者突出地表现了凤姐的才干魄力、威重令行，还有她骨子里的要强逞能。当贾珍求她协理秦可卿的丧事时，书中写道："那凤姐素日最喜揽事办，好卖弄才干，虽然当家妥当，也因未办过婚丧大事，恐人不伏，巴不得遇见这事。今见贾珍如此一来，他心中早已欢喜。"（第十三回）待王夫人应允之后，王熙凤便在心内盘算，因平时与宁府常来常往，她对那里的种种"风俗"了如指掌："头一件是人口混杂，遗失东西；第二件，事无专执，临期推诿；第三件，需用过费，滥支冒领；第四件，任无大小，苦乐不均；第五件，家人豪纵，有脸者不服钤束，无脸者不能上进。"（第十三回）

王熙凤上任伊始，即点了"三把火"。她令出如山，先把摊牌的丑话挑明白："既托了我，我就说不得要讨你们嫌了。我可比不得你们奶奶好性儿，由着你们去。再不要说，这府里原是这样的话，如今可要依着我行，错我半点儿，管不得谁是有脸的，谁是没脸的，一例现清白处治。"接着，她订造簿册，分班执事，职责分明，说到做到，威重令行。凤姐很明晰要想在宁府管理，首要之事就是要服众。她首先运用的是杀一儆百的法子。她向众人规定了详细的"工作计划"，把每项任务都具体落实到人头，还严格地规定了时间和奖惩方式。但她第二天点卯，就遇到了一个不知死的正撞在她的枪口上——有个"睡迷了"的迟到，凤姐便说道："明儿他也睡迷了，后儿我也睡迷了，将来都没了人了。本来要饶你，只是我头一次宽了，下次人就难管，不如现开发的好。"登时放下脸来，喝命："带出去，打二十板子！"一面又掷下宁国府对牌："出去说与来升，革他一月银米！"那个挨过打的进来谢恩，凤姐不依不饶地说："明日再有误的，打四十，后日的六十，有不怕挨打的只管误！"她抓住这件事，在最短的时间内建立起自己临时最高管理者的威信，虽是超出了宁府一般的奖惩方式，却建立了自己令行禁止的威严。于是，成效立现：宁国府中人这回真知道了王熙凤的厉害，"众人不敢偷闲，自此兢兢业业，执事保全"。凤姐针对宁府的弊端，采取了"承包责任制"，使事有人办，物有人管，活有人干，各司其职，忙而不乱。加上她"杀"一儆百，软硬兼施，宁府的各色人等均小心谨慎，不敢怠慢，把原本乱糟糟的宁国府，短短几日就治理得十分齐整。王熙凤确实是荣宁二府里出类拔萃的难得的理家人才。不仅王夫人、邢夫人、尤氏、李纨等不能望其项背，就是贾政、贾珍、贾琏这些"须眉男子"也是望尘莫及。熟读《红楼梦》的毛泽东主席也很欣赏王熙凤的才能，曾幽默地说，王熙凤是当内务部长的材料。

争强好胜的王熙凤在宁国府大出风头，干得遂心称愿，热火朝天。她在荣宁二府间忙得不可开交，"茶饭也没工夫吃得，坐卧不能清净。刚刚到了宁府，荣府的人又跟到宁府，既回到荣府，宁府的人又找到荣府"。可这却使得王熙凤"十分欢喜"，"并不偷安推托，恐落人褒贬，因此，日夜不暇，筹划得十分整肃"。（第十四回）王熙凤的这场客串"协理"，不仅威慑了宁国府，也震动了全族——"合族上下无不称叹"，甚至连礼仪性的哭丧，作者对王熙凤都做了一番声势夺人的渲染。到了丧事的紧要日——"伴宿之夕"，更显露出王熙凤的才干："一应张罗款待，独是凤姐一人周全承应。

全族中虽有许多妯娌，但或有羞口的，或有羞脚的，或有不惯见人的，或有惧贵怯官的，种种之类，俱不及凤姐举止舒徐，言语慷慨，珍贵宽大；因此，也不把众人放在眼里，挥霍指示，任其所为，目中无人。"

若说凤姐协理宁国府是旁观者清，也不尽然。精明的王熙凤肯定在心中权衡过利弊，因为宁府的这些弊端，也正是她在荣府的管理中所遭遇的问题，她其实是很熟悉的。但对宁府而言，她毕竟只是临时被贾珍请去主事的"外人"，拿宁府"做筏子"，相对容易且较少牵绊，还能彰显自己的本领。冷子兴在"演说荣国府"中对"宁荣两宅"有过同样的评价："如今生齿日繁，事物日盛，主仆上下，安富尊荣者尽多，运筹谋画者无一；其日用排场费用，又不能将就省俭，如今外面的架子虽未甚倒，内囊却也尽上来了。"（第二回）凤姐自己也向平儿说过："出去的多，进来的少"，"咱们一日难似一日！"更何况，她自己还一直在做着对荣府的"内里蛀空"、加速家族败落的见不得人的勾当呢！

协理宁国府让凤姐出尽了风头。请看她是带着怎样的得意跟她的夫君贾琏显摆自己的这场大功德的：贾琏陪林黛玉从苏州回来后，王熙凤为他设宴接风，贾琏对她的操持劳碌表示感谢，王熙凤趁机卖弄了一番："我那里照管得这些事！见识又浅，口角又笨，心肠又直率，人家给个棒槌，我就认作'针'。脸又软，搁不住人给两句好话，心里就慈悲了。况且又没经历过大事，胆子又小，太太略有些不自在，就吓的我连觉也睡不着了……况且我年纪轻，头等不压众，怨不得不放我在眼里。更可笑，那府里忽然蓉儿媳妇死了，珍大哥又再三再四的在太太跟前跪着讨情，只要请我帮他几日；我是再四推辞，太太断不依，只得从命。"（第十六回）载誉而归的凤姐说得很有意思："依旧被我闹了个马仰人翻，更不成个体统，至今珍大哥哥还抱怨后悔呢。你这一来了，明儿你见了他，好歹描补描补，就说我年纪小原没见过世面，谁叫大爷错委他的。"实际上是在炫耀卖弄自己。言外之意就是，不信你去问问太太和珍大哥哥，我办得漂亮不漂亮！

对于凤姐这位荣府管家奶奶的描写，几乎遍及全书、随处可见。但若论对凤姐管理才能的细腻的展现和周全的评判，仅举此例足矣。"协理宁国府"、办"秦氏出丧"是全书最出彩的章节，其中显赫的声势和场景，也向我们展示出一幅贵族社会丧葬习俗的工笔画卷。而曹雪芹又是通过这多彩的画卷，充分展现了王熙凤管家理事的实力，突出地、生动地塑造了其管家人的日理万机的丰满形象，尽显了凤姐"男人万不及一的"女中豪杰的干练风采，以及她在贾氏家族中的举足轻重的地位。正如"脂评"在第十四回"回前总批"中所称道的那样：这一回写出了"凤姐之珍贵""凤姐之英气""凤姐之声势""凤姐之心机""凤姐之骄大"！

机关算尽太聪明

鲁迅对《红楼梦》的不同凡响，有一段精辟的评价："其要点在敢于如实描写，并无讳饰，和从前的小说叙好人完全是好，坏人完全是坏的，大不相同，所以其中所叙的人物，都是真的人物。"王熙凤就是这样一个复杂组合的"真的人物"的文学典型。疼爱她的贾母说她是"霸王似的一个人"；她的夫君贾琏叫她"夜叉婆"；李纨曾讽刺她，说"天下人都被你算计去了"；了解她的仆人兴儿说她"心里歹毒，口里尖快"。可以说，在王熙凤的典型性格里既装着天使又藏着魔鬼。下面，我们主要分析王熙凤复杂性格中魔鬼的一面，即她那精强、残忍和狠毒的个性。

王熙凤是荣国府日常生活的轴心，为了谋得她一己之私的权益，她不择手段，将对手玩弄于股掌之中。她心性歹毒，极度贪婪，除了索取贿赂外，还靠迟发公费月例放高利贷，光这一项就翻出几百甚至上千两银子的体己利钱来。她接受巨额贿赂，为此杀人不眨眼。在小说中，曹雪芹通过三件事把她机警阴险、凶狠毒辣、敢想敢干的性格刻画得淋漓尽致："毒设相思局"戏弄、害死贾瑞的冷酷；"弄权铁槛寺"谋财害命的漫不经心的毒辣；"计赚尤二姐"借刀杀人害死尤二姐及她腹中胎儿的阴险。这凤姐之"毒"，真是巾帼不让须眉，使人不寒而栗！

其一，"王熙凤毒设相思局"（第十二回）。仅仅因为贾瑞对她动了邪念，就"设局"耍手段，愚弄迷恋她的贾瑞致死。贾瑞是贾府家塾中授业老师贾代儒的长孙，父母早亡，在祖父膝下成长。贾代儒如果有事，即命贾瑞管理学中之事。在参加宁府庆贾敬寿宴时，王熙凤在园子里偶遇贾瑞，已敏感地意识到他对自己的邪恶企图，作者对她有一段心理描写："这才是知人知面不知心呢。那里有这样禽兽的人呢。他果真如此，几时叫他死在我的手里，他才知道我的手段。"（第十一回）贾瑞果然淫心不死，竟到凤姐住处来打探，"要来请安说话"，惹得王熙凤心烦动气，玩儿起了"毒设相思局"，让贾瑞一步一步入彀，累受愚弄，直至相思自戕。

王熙凤为什么要下这样的狠手呢？平儿的一席话或可作为注解："癞蛤蟆想吃天鹅肉，没人伦的混帐东西，起这个念头，叫他不得好死。"（同上回）这"癞蛤蟆想吃天鹅肉"一语，十分贴切地道出了王熙凤对贾瑞的憎恶之心。她本是个抓尖要强的人，居然冒出贾瑞这只癞蛤蟆想占她这雌凤的便宜，未免大大伤害了她的自尊，这念头本身就是对她的亵渎，她是无法容忍的，所以，必欲置之死地而后快。没有这样的心理活动和情感定位，就不会有那样曲折的"毒设"。这"毒"恰恰是王熙凤典型性格的最富有个性的本质特征。曹雪芹笔下的王熙凤的"毒"，所以写得这样"活跳"，不是毒在她的行为的表层，而是毒在她的心里的"设"——她"机关算尽"地置贾瑞于死地，心思周密，了无痕迹，冷酷得让人心惊肉跳！

对"毒设相思局"，人们历来存有不同看法。有种意见认为，对于贾瑞的邪心歹意，王熙凤已屡次示警，并给以薄惩，但贾瑞终不觉悟，以至自戕自害，这是他罪有应得，怪不得凤姐。这种说法未免偏颇，贾瑞确实是邪恶愚钝之人，但他罪不至死。而王熙凤是明眼人，自始至终都是在玩猫捉老鼠的游戏，要惩罚、戏弄这个对她存有非分之想的傻瓜。她分明憎恶鄙视贾瑞的为人，可每次见面却还要假以辞色，引诱贾瑞，使这愚人产生错觉，落入王熙凤设计的陷阱，其用心是何其冷酷狠毒，自然这不过是小试锋芒。

其二，"王凤姐弄权铁槛寺"（第十五回）。她仅仅为了三千两的贿银，就漫不经心地断送了两个年轻的生命。而她对自己谋财害命的恶行却全无一丝愧疚。

在为秦可卿送殡的路上，王凤姐带着宝玉等下榻在离铁槛寺不远的水月庵，庵里的净虚老尼请求她运用贾家权势打通关节，帮长安府太爷的小舅子李衙内强娶张财主家的女儿张金哥。她本未在意，可禁不住净虚一激，她便"发了兴头"说："你是素日知道我的，从来不信什么是阴司地狱报应的，凭是什么事，我说要行便行。你叫他拿三千两银子来，我就替他出这口气。"于是，她"假借贾琏所嘱，修书一封"，在长安节度使云光那里果然奏效。最后，硬逼张家退了原任长安守备的公子的聘定，使一对有情人被活活拆散，双双自尽身亡，谋算悔婚的张财主家人财两空，王熙凤却坐享三千金。而她对自己的倒行逆施却并无一点良心谴责，丝毫不觉得问心有愧，反而是，"自此胆识愈壮，以后有了这样的事，便恣意作为起来，也不消多记"。（第十五回）如此看来，王熙凤日后做惯了这种伤天害理的事，大发不义之财。她的所作所为，无疑是使贾家的败落雪上加霜。这些罪恶都为其在贾氏家族倾覆时，她自己被清算的悲剧结局埋下了伏笔。

其三，"弄小巧用借剑杀人"（第六十九回）。王熙凤以狡诈、狠毒的心计，一步步逼尤二姐就范，最终借刀杀人，将她及腹中的孩子迫害致死，王熙凤的歹毒令人触目惊心！

在中国的传统观念里，"不孝有三，无后为大"，封建贵族之家自然更重视所谓家族香火的延续。王熙凤在贾府独领风骚，样样抓尖要强，但没有儿子却一直是她的心病。她深知，"母以子贵"的道理，儿子对于她未来家庭中的地位极为重要，只有生了儿子，才能活得踏实、硬气。小说中至少有两次提到凤姐"小产"：第五十五回中，有"刚将年事忙过，凤姐儿便小月了，在家一月，不能理事"。第六十一回，平儿对王熙凤的一段劝诫中提到："何苦来操这心！得放手时须放手……没的结些小人仇恨，使人含怨。况且自己又三灾八难的，好容易怀了一个哥儿，到了六七个月还掉了，焉知不是素日操劳太过，气恼伤着的。"自此，凤姐得了"血山崩"，即我们现在所说的月经不调妇女病。对于王熙凤的求子心切的焦灼，我们是可以从小说情节的字里行间感受得到的。

正因为这样，没有儿子始终是作为贵族主妇的王熙凤的心病，或说是她心中"永在的痛"。所以，当"尤二姐"以既成事实的姨娘身份突然闯入她的生活时，她意识到不容忽视的挑战，如临大敌。可以说，由贾琏"偷娶尤二姐"事件所引发的是一场王熙凤全力以赴的"机关算尽"的"战争"。曹雪芹用了近三回的篇幅来表现——第六十七回"闻秘事凤姐讯家童"、第六十八回"苦尤娘赚入大观园，酸凤姐大闹宁国府"、第六十九回"弄小巧用借剑杀人，觉大限吞生金自逝"，这些篇章都在更深的个性化层次上雕塑了王熙凤的狠毒、阴险的性格。

从"讯家童"开始，她虽怒不可遏，心中倒海翻江，面上却平静如常，行事章法纹丝不乱。她在兴儿的"供状"中不断插话，辱骂旺儿和兴儿，一会儿责备平儿，一会儿嘲笑尤氏，一会儿鄙薄尤二姐、尤三姐，一会儿鼓励兴儿讲实话……直至多方封死兴儿的嘴，谁也琢磨不透她将要怎样对付和处理这场风波。那王熙凤只是"把眼直瞪瞪地对着旺儿"，"瞅了两三句话的工夫"；向平儿平淡地说了一句："你都听见了，这才好呢。"她"越想越气"，"歪在枕上只是出神"，却没有形之于色的大发作。接着，作者用平话传统的套语，"忽然眉头一皱，计上心来"；"我想这件事该这么着才好，不必等你二爷回来再商量了"，作为"伏脉"给读者留下悬念。而其后在小说情节里展开的是席卷荣宁二府的风暴，"苦尤娘赚入大观园""大闹宁国府""弄小巧用借剑杀人"，环环相扣，那份阴晴不定、风波诡秘，让人惊心动魄！作者具现了王熙凤掀起一个又一个波澜的复杂的心理活动，血肉丰满地表现了她的周密设计、老谋深算。

精明老到的王熙凤很清楚，在封建伦理强加给女性的操守观念里，"忌妒"是属于"七出之条"之一。"鲍二家的事件"使她悟出了许多道理。本来"攒金庆寿"是她大出风头的好日子，贾琏却偏偏在这时与鲍二家的通奸，被她撞破。她乘醉"泼醋"，大打出手，跑到贾母那里诉委屈，但得到的不过是几句不咸不淡的安慰话："你放心，等明儿我叫他来替你赔不是。你今儿别要过去臊着他。"（第四十四回）宠爱她的老祖母对贾琏干的丑事，却不以为意地说："什么要紧的事，小孩子们年轻，馋嘴猫似的那里保得住不这么着，从小儿世人都打这么过的。都是我的不是，他多吃了两口酒，又吃起醋来。"（第四十四回）男人可以胡作非为，女人却必须恪守妇道，这就是封建伦理道德的规范。作者淡淡写来，却揭露得非常深刻！这回她不再寄望于老祖宗为自己做主，她要靠自己的手段，把"贾琏偷娶尤二姨"这棘手的问题解决得干净、彻底，就还得从封建礼教中找到充分的伦理依据入手，做到表面上冠冕堂皇、合乎贵族之家的情理规范。

王熙凤从兴儿的"供状"，以及素日耳闻和贾琏当前遇到的贵族禁忌中，至少寻得三条违礼的根据：

（一）尤二姐从幼许配过张华，而张华现已穷得要饭，贾珍许了张华银子，才得退亲做贾琏二房，这可算得上有夫之妇贪图富贵再嫁。

（二）王熙凤在听兴儿"供状"时，就指桑骂槐地说过，柳湘莲不娶尤三姐，是"这个人还算造化高，省得当那出名的王八"，这是明言尤氏姊妹的"不贞"。

（三）尤二姐是贾琏在"国孝""家孝"两重违礼中偷娶的。名不正，言不顺，正好被王熙凤抓住"违旨背亲"的把柄。

尤氏姐妹在同贾琏的小厮兴儿闲聊套问荣府情况时，兴儿是这样评论其主子王熙凤的："嘴甜心苦，两面三刀，上头一脸笑，脚下使绊子，明是一盆火，暗是一把刀，都占全了。""估着有好事，他就不等别人去说，他先抓尖儿，或有了不好事或他自己错了，他便一缩头推到别人身上来，他还在旁边拨火儿。"谈到王熙凤的妒忌时说，她"是醋缸醋瓮，凡丫头们二爷多看一眼，他有本事当着爷打个烂羊头"。（第六十五回）这些"看法"，虽出自小厮兴儿之口，却也反映着荣国府知情的奴仆们对这位当家主子的共识，也理所当然地寄寓着作家曹雪芹对自己创造的凤姐这一不朽的文学典型的鲜明个性的形象概括。

君不见，足智多谋的凤姐在赚取尤二姐入园时，是何等的彬彬有礼，巧言说项。穿的是一身淡装："头上都是素白银器，身上月白缎袄，素缎披风"，表明她在"国孝""家孝"中的守礼；见了尤二姐，一口一个"姐姐"，满嘴三从四德，真不愧是贵族之家的"贤德"媳妇。可是，当善良、轻信的尤二姐被骗入大观园后，她立即"使旺儿在外打听细事"，"尽知原委"。于是，暗中作法，一场干掉尤二姐的阴谋在紧锣密鼓中开场了。在内，她妥帖地安排尤二姐，凭她随意摆弄。对外，她叫旺儿"悄悄将张华勾来养活"，并唆使张华状告贾琏"国孝家孝之中，背旨瞒亲，倚财仗势，恃强退亲，停妻再娶"。且把贾蓉也牵连在内，玩弄官府，大行贿赂。在荣国府大造舆论，终于搞得阴云密布，令人心悸。

接着，便是"酸凤姐大闹宁国府"，直闹得宁国府鸡飞狗跳，"众姬妾丫鬟媳妇已是乌压压跪了一地"，这是何等的声势！贾珍抱头鼠窜而去，贾蓉只能叩头自己掌嘴；她对着尤氏的脸啐道："你尤家的丫头没人要了，偷着只往贾家送！难道贾家的人都是好的，普天下死绝了男人了……你痰迷了心，脂油蒙了窍，国孝家孝两重在身，就把个人送来了……或是老太太、太太有了话在你心里，使你们做这圈套，要挤我出去。如今咱们两个一同去见官，分证明白。回来咱们公同请了合族中人，大家觌面说个明白。给我休书，我就走路。"（六十八回）闹得尤氏只有听其哭骂任其揉搓，而毫无招架之功、还手之"理"。她一会儿泼妇骂街，一会儿"嚎天动地"，一会儿敲诈勒索，一会儿巧言笼络……那醋、那泼、那骂、那辣，融合着村俗的语言、生动的"说理"，真是闹得波澜壮阔，有声有色！通过这些充满复杂心理活动而又形象逼真、多姿多彩的景象，使所有人对王熙凤内蕴丰富的"机关算尽"，有了深刻的认知。在尤二姐事件这一特殊矛盾构成的情节里，她的醋、泼、辣、毒都占全了，可在明面上她是占尽了"理"。凤姐的这一闹，更搞得尤二姐再无容身之地。

赚入大观园的尤二姐，已悲惨地成为任由凤姐摆弄的"瓮中鳖、板上肉"。那"凤姐虽恨秋桐（贾赦赏给贾琏的丫头），且喜借他先可发脱二姐，自己且抽头，用'借剑杀人'之法，'坐山观虎斗'，等秋桐杀了尤二姐，自己再杀秋桐"（第六十九回）。她"杀掉对手"的大主意已定，就开始"机关算尽"地施用花样翻新的"小巧"，可以说，一切均在她的周密掌控之中：在"老祖宗"面前装作"贤良"，背地里却挑唆"众丫头媳妇""言三语四，指桑骂槐，暗相讥刺"，又纵着秋桐和丫头善姐，与尤二姐作对。私下对尤二姐假装体恤实为羞辱地说："妹妹的声名很不好听，连老太太、太太们都知道了，说你在家做女孩儿时就不干净，又和姐夫有些首尾"，"弄得这尤二姐要死不能，要生不得"。凤姐利用秋桐、善姐等，"坐山观虎斗"，再用"借剑杀人"之法，置尤二姐于绝境。最后，请来的胡太医乱用虎狼药，打掉了尤二姐腹中已经成形的男胎，终致万念俱灰的尤二姐"吞金自逝"。前八十回并未说破这胡太医是谁请来的，是谁指使他用堕胎药的。但依凤姐的心狠手辣和无孔不入，大家对此会有一个基本的判断。按理说，一个可以在贵族之家行走的医生，尽管诊病时有些心慌意乱，也不至于连"胎气"和"淤血凝结"都搞不清，弄不好是要吃官司的，而且，他在贾府追究他之前就逃之夭夭了。真乃悬案一桩！

有评论说，王熙凤整治尤二姐的"思想根源"，仅仅是不愿意在自己夫妻生活中掺进第三者，"卧榻之侧岂容他人酣睡"，这是人之常情。王熙凤虽生长于妻妾成群的封建贵族之家，但作为个性强悍、情事排他、唯我独尊的"女强人"，她难于忍受这种现象是必然的。精明如王熙凤者尽管很不情愿，却清楚自己没有理由阻拦贾琏纳妾，更何况自己又没生儿子。于是，她让贾琏将平儿收为"通房大丫头"，即便于自己控制，又堵住贾琏的嘴巴和人们的口舌。可尤二姐的出现，在她苦心经营的防线上撕开了一道口子，这是她无论如何不能容忍的。尤二姐的悲剧，固然是封建礼教的罪恶渊薮造成的，但却不能说，王熙凤所采用的种种毒辣的手段，只是什么"自卫行为"或"防卫过当"，因为王熙凤在整个事件中所表现出的非人性的"毒"，是无可掩饰的！离开典型环境中的典型性格的本质特征，孤立地从伦理是非观念上评价人物的善恶美丑，也是不可能作出正确判断的。

确如"脂评"所揭示的那样，即所谓"女曹操"是曹雪芹创造王熙凤这一多样组合复杂性格的基本态度，即"治世之能臣，乱世之奸雄"。作为荣府贵族的"内管家"，王熙凤毫不含糊地代表着贵族阶级的利益，赤裸裸地维护着贵族主子的尊荣，对奴隶实行着严酷的统治。仅从她平时虐待奴婢、奴仆的作为上，就能知道她对下人的刻毒！如对一个被贾琏指令在外"把风"的小丫头，她可以一巴掌把这小丫头打得"两腮紫胀起来"，威吓着要"拿绳子、鞭子，把那眼睛没有主子的小蹄子打烂了"，"撕烂他的嘴"，"烧了红烙铁来烙嘴"，"若不细说，立刻拿刀子来割你的肉"并真的"向头上拔下一根簪子来，向那丫头嘴上乱戳"。（第四十四回）她生病在床，不能理事，王夫人房里丢了茯苓霜，她就要平儿"把太太房里的丫头都拿来，虽不便擅加拷打，只叫他们垫着磁瓦子跪在太阳底下……"（第六十一回）这虽只是说说，人们却能体会到，她作为贵族主子的霸道、冷酷和狠毒。在下人的眼里，像那些小丫头、小厮、小道士的眼里，王熙凤就是凶神恶煞，他们总是被吓得心惊胆颤。所以，不少奴仆在背后诅咒她，骂她是"阎王婆""夜叉星"。应当说，即使是对她的花样翻新的"机关算尽"，也全部浸透着封建统治者典型特性的熟悉的残酷与狰狞。

尽管曹雪芹极其赞赏王熙凤这位有着"男人万不及一"聪明才智的裙钗，尽管他在塑造王熙凤形象时，确实怀有深沉的"都知爱慕此生才"的"主体感情"，但作者又并未因这"爱慕"，而放弃对王熙凤泼、辣、毒性格本质的揭露和鞭笞，并未模糊王熙凤作为道德遣责对象的社会典型的真正意义。曹雪芹以"如实描写，并无讳饰"的精细之笔，画虎画皮亦画骨，充分表现了王熙凤性格的丰富性、真实性、生动性和复杂性，使这一典型性格具有了无限的魅力和艺术张力。

哭向金陵事更哀

《红楼梦》第十三回写到，秦可卿死前曾托梦于凤姐警示说："你如何连两句俗语也不晓得？常言'月满则亏，水满则溢'，又道是'登高必跌重'。如今我们家赫赫扬扬，已将百载，一日倘或乐极悲生，若应了那句'树倒猢狲散'的俗语，岂不虚称了一世的诗书旧族了！"这两句"常言"引用得极好，表面上仿佛说的是赫赫扬扬的宁荣二府，实际上是要说给凤姐听。可惜，以凤姐的秉性为人，是永远不可能品出这劝诫的含义的。

在第五回太虚幻境薄命司里的"金陵十二钗正册"中，关于王熙凤命运的判词曰：

凡鸟偏从末世来，都知爱慕此生才。

一从二令三人木，哭向金陵事更哀。

那册页上画着"一片冰山，上面有一只雌凤"。其意暗喻贾家的权势不过是太阳一出就会消融的冰山，那时雌凤将会无所归依。还有一层含义，冰山即雪山，冰山消融产生雪山崩，谐音是"血山崩"。小说第七十二回，曾写到凤姐得了"血山崩"的病，可能是寓意遭逢重重劫难的凤姐，最后就是死于"血山崩"的病症。"凡鸟"是繁体字里的"凤"字，自然是指王熙凤。"凡鸟"二字原比喻庸才，借用吕安对嵇喜的典故，点出"凤"，似是一种讥讽。按照我们的理解，"一从二令三人木"，应当是指丈夫贾琏对凤姐态度的变化，自婚后的"从"，对她百依百顺，言听计从；到"二令"解为"冷"或令都无不可，指贾琏对她渐渐冷淡，并开始对她发号施令；"三人木"用"拆字法"是"休"，指她最后被休弃的命运。"哭向金陵事更哀"，则是她被休弃后哭着回娘家的凄凉的写照，并预示着等着她的是比被休弃更悲惨的事，即病重身亡，万事皆休。

《红楼梦》曲子中的《聪明累》，是一曲浸透着"回首惨痛"的凤姐的辛酸和血泪的凄哀的咏叹："机关算尽太聪明，反算了卿卿性命。生前心已碎，死后性空灵。家富人宁，终有个家亡人散各奔腾。枉费了意悬悬半世心；好一似，荡悠悠三更梦。忽喇喇似大厦倾，昏惨惨似灯将尽，一场欢喜忽悲辛。叹人世，终难定。"曲子中的"枉费了意悬悬半世心"，"生前心已碎"，"一场欢喜忽悲辛"，都是凤姐痛彻心扉、凄绝哀怨的诉说，抒发着她对"家亡人散各奔腾"、自己悲惨结局及世事难料的悲切心声，自然也积淀着曹雪芹借凤姐之口所作的世态炎凉的人生感悟。

脂批中有几处写到曹雪芹残稿中关于凤姐未来命运描写的线索：

（一）凤姐获罪离家，与宝玉等一起拘押于狱神庙（待罪候命处，并不是监狱），原因应是她图财害命等枉法之事的败露。脂批指出："如何消缴，造业者不知，自有知者。""后文不必细写其事，则知其平生之作为，回首时无怪乎其惨痛之态。"（第十六回）刘姥姥前去看望，在"狱庙相逢"（靖藏本第四十二回批）。被押期间，关照凤姐、宝玉的还有小红、茜雪等人。

（二）在大观园执帚扫雪。这当是凤姐获罪开释后重返贾府后的事。脂批说：怡红院的穿堂门前，"便是凤姐扫雪拾玉之处"（第二十三回）。

（三）夫妻感情破裂，被贾琏休弃，"哭向金陵"娘家。这是长期积怨的结果。从第二十一回脂批看，她发现贾琏所私藏的多姑娘头发之事（批："妙。设使平儿收了，再不致泄漏，故仍用贾琏抢回，后文遗失，方能穿插过脉也。"），这可能是夫妻反目的一条"过脉"，贾琏借事为由与凤姐闹翻，将其休弃。凤姐"身微运蹇"，只能忍辱负重。

（四）凤姐"生前心已碎"，回首惨痛，生重病短命而死。尤氏对凤姐说："明儿带了棺材里使去。"（第四十三回）脂批："此言不假，伏下后文短命。"

后四十回续书所叙凤姐的结局——"王熙凤历幻返金陵"，凤姐病死于贾琏及荣国府亲人们的关顾之中，还有平儿等在身边照料，未写出凤姐被贾琏休弃"哭向金陵事更哀"的惨烈薄命的结局，根本不符合曹雪芹在第五回中已经披露的创作意图。我们认为，曹雪芹笔下的"哭向金陵事更哀"的"哀"，似应包括凤姐自己的"黄泉路近"和她唯一的至亲骨肉巧姐的命运多舛！巧姐的"流落烟花巷"，应当也是令她最受煎熬且死不瞑目的惨痛之事吧。

"金陵十二钗正册"中关于巧姐的判词曰："势败休云贵，家亡莫论亲。偶因济刘氏，巧得遇恩人。"

曲子《留余庆》是可怜的巧姐劫后余生的感怀："留余庆，留余庆，忽遇恩人；幸娘亲，幸娘亲，积得阴功。劝人生，济困扶穷，休似俺那爱银钱忘骨肉的狠舅奸兄！正是乘除加减，上有苍穹。"（第五回）

在这记载巧姐命运的册页上，画着"一座荒村野店，有一美人在那里纺绩"。这就是巧姐"留余庆"的结局——从养尊处优的公侯千金变成"纺绩"的村妇。贾府势败后，王熙凤获罪，自身难保，贾琏夫妻、父女"家亡人散各奔腾"，女儿贾巧姐被"狠舅奸兄"欺骗出卖到烟花巷，后来"忽遇恩人"才得以脱离苦海。脂批中曾写凤姐与刘姥姥"狱庙相逢"，嘱托她救回巧姐。刘姥姥千里寻觅，为巧姐赎身，救助其脱离火坑。此时，凤姐应已经病逝。

刘姥姥将巧姐带回自己家中供养，后来成为板儿的媳妇，即"纺绩"的村妇。这些都是佚稿中的情节，脂批中有"老妪有忍耻之心，故后有招大姐（刘姥姥为巧姐改名之前的称呼）之事"。这就是"机关算尽"的王凤姐唯一的骨肉——巧姐令人唏嘘感叹的人生。

按曹雪芹的原意，巧姐的经历应是"择膏粱，谁承望流落在烟花巷"。在贾府一干人包括凤姐、贾琏都被关押，巧姐投奔王家后被"狠舅奸兄"卖掉。"狠舅"是指王熙凤的哥哥王仁，是没有异议的。至于"奸兄"是指谁？就有很多说法了，可以列为巧姐兄长的是贾蓉、贾蔷、贾兰、贾芸、贾芹等。首先应排除贾芸，脂批中有小红和贾芸到狱神庙探望凤姐，很讲义气。后四十回续书中，写王仁和贾环起意合谋卖巧姐，是不符合作者本意的。因为，贾环既不是"舅"也不是"兄"，而是巧姐的堂叔。后四十回续书，写巧姐最后嫁到"家资巨万"的大地主家，也显然是有悖于曹雪芹原意。

王熙凤大不同于大观园那些单纯的贵族少女，作者对她的多样组合的典型性格进行了洞察入微的概括和刻画。曹雪芹对王熙凤才能与性格的歌赞和描绘，几乎是贯穿全书的。对于贾氏家族而言，王熙凤确实是"人才难得"：她是兢兢业业、多谋善断的理家高手；她是深受贾母疼爱和王夫人倚仗的家族管理者；她是贾府下人们最不好糊弄的主子。她还是对贾母等长辈们孝顺、周到的晚辈，对宝玉和众姐妹悉心呵护的好嫂子（后四十回续书，写凤姐献"掉包计"害黛玉，性格上似乎没多少脉络的衔接，写得并不成功）。她更是一个愿与花心丈夫长相厮守、感情专一的媳妇，是女儿巧姐慈爱的母亲……凤姐确实也有重情重义的一面，她对老祖宗的那份孝心和对众姐妹的关爱姑且不论，就是对那总是出轨的丈夫也有贤惠恩爱的一面，如在贾琏送黛玉回家的那段，凤姐儿很关心贾琏的身体，亲自为其收拾衣物，并向来人详细地询问贾琏的身体状况。至于对她的女儿巧姐儿，更是一个慈爱有加的母亲，巧姐略感风寒，把凤姐儿急得求神拜佛，还静斋了七天……尽管凤姐优点多多，但作者也并未因此而削弱对王熙凤冷酷本质的揭露与批判。从"毒设相思局""弄权铁槛寺""变生不测凤姐泼醋""苦尤娘赚入大观园，酸凤姐大闹宁国府"，直至"弄小巧用借剑杀人"，多少所谓泼悍、残暴、阴险、狠毒……由表及里、由形入神，曹雪芹对其"恶行"与"恶德"，都进行了从思想、行为到灵魂的解剖，这表明作者是用他的人性观中的积极的审美理想去烛照、揭露、鞭挞以至否定世间极端利己主义的邪恶。曹雪芹告诉我们，凤姐惨痛的结局，除了有无可逃遁的家族败落的背景因素外，还有着她自己作恶多端、自食其果的因素，即"机关算尽太聪明，反算了卿卿性命"，并非只是"人世祸福终难定"的无常的宿命。

我们认为，"《红楼梦》是封建社会没落时期的社会生活的百科全书"，而不赞成把《红楼梦》只说成是爱情小说。这也是笔者之一在五十年前的《关于〈红楼梦〉简论及其他》一文中所论述的主要观点。虽然贾宝玉、林黛玉的爱情悲剧，占据着《红楼梦》艺术情节的中心，但整部书其实依然是沿着两条线索——封建贵族荣宁二府衰败和宝黛钗婚恋悲剧，相互交错、相互融合地在发展着。如果我们要用一句话来正确表述它，也只能说，《红楼梦》描述了封建末世贵族青年叛逆者的爱情悲剧，而它是在封建贵族荣宁二府的衰败史中展开的叛逆者的悲剧冲突。王熙凤这一不朽的文学典型在《红楼梦》中存在的意义与价值，恰是对"《红楼梦》只是爱情小说"的否定。王熙凤与宝黛爱情悲剧并无多少关联，但却是在荣宁二府的衰败史中的最主要的角色。据我们统计，曹雪芹的前八十回，写到王熙凤的就有五十二个回目，远比写宝黛钗的笔墨多。由此可见，王熙凤在《红楼梦》中无人能及的位置。

鲁迅先生曾说：《红楼梦》所写的人物，"和从前的小说叙好人完全是好，坏人完全是坏的，大不相同，所以其中所叙的人物，都是真的人物"。那么，王熙凤就是作者写得最成功的"真的人物"。聪明绝顶的王熙凤，是被曹雪芹天才创造、艺术升华了的活灵活现的文学精灵，是《红楼梦》中最精彩绝伦、活力四射的女"曹操"：精明中含着狡诈，泼辣中带有阴险，追求独立的个性又包藏着权欲和贪心。她是一个"真善美"有之、"假恶丑"更有之的"真的人物"。"聪明反被聪明误"，就是对她跌宕起伏、悲喜交迸的人生的最真切的点评。总之，在《红楼梦》所展现的生气贯注、头绪纷繁的艺术境界里，王熙凤是连接荣国府和大观园生活的中枢"衔接点"，缺了她，荣国府内闱的生活就失去了管理的活力，女眷们的聚会也失去了欢天喜地的灵气……所以，在阅读《红楼梦》这部精彩纷呈的大书时，我们才会有"恨凤姐，骂凤姐，不见凤姐想凤姐"的丰富而复杂的艺术享受。

‖作品来源‖

　　发表于《红楼梦学刊》2011 年第 4 辑。

论李纨的生存智慧

张　云

导　读

　　李纨在十二钗中居第十一位，与秦可卿相对，是个"贞"的形象，一般读者根据小说中关于她的小传，以为她就是个"槁木死灰""无见无闻"的标准寡妇。通过细读、分析文本提供的与李纨形象有关的信息资料，我们发现她并非槁木死灰，而是一个有才能、有心计、极富智慧的寡妇。本文从生存智慧的角度探讨李纨形象内涵的丰富性和文化意蕴的深刻性。

　　李纨在《红楼梦》中贯穿始终，却没有重大情节与之相关，除在大观园开诗社时有所表现外，大自家族事务小至日常家务，均无大作为。作者给她的笔墨也远远不及宝、钗、黛、凤。但是，就《红楼梦》的主题思想、反映的社会内容和艺术含蕴来看，把这位荣府的长孙媳，青春丧偶，抚养弱息的年轻女性，简单地看成一个带着孩子的寡妇，认为有她不多、无她不少①，却不公平。小说在第四回的小传中对她的定位是"虽青春丧偶居家处膏粱锦绣之中，竟如槁木死灰一般，一概无见无闻，惟知侍亲养子"。然而细读小说，却发现曹氏并没有把李纨写成一个典型的寡妇，若真是那样，她只能是个符号性的"扁形人物"了。文本展现给我们的李纨，实际上是一个多侧面、多内涵的立体人物。她有着丰富的生存智慧，这种智慧是由她的身份地位所决定的，也是由她的个性教养来调节的，并带有中国历史文化的深刻烙印。

---

① 俞平伯："如谈论《红楼梦》，我们尽可撇开李纨、巧姐等。"见《俞平伯学术论著自选集》中《红楼梦中关于"十二钗"的描写》一文，北京师范学院出版社，1992年5月第1版，第178页。

对生存基点的坚守：孝以侍亲　严以教子

　　李纨是荣府的长孙媳妇，丈夫贾珠十四岁进学但二十岁就一病死了，儿子贾兰在小说开始刚五岁已入学读书。在"诗礼簪缨之族"的贾府，物质生活优越，她无需操心生计，只要安分守己就可衣食无忧地生活下去。身为媳妇，她要替先夫尽孝，侍候公婆、太婆婆；她既是慈母，有责任将儿子抚养成人以延续丈夫的血脉，又是严父，接替丈夫教导儿子，督其读书求仕以光宗耀祖。这是几千年来，中国妇女被宗法社会规范的传统美德，国子监祭酒家的千金小姐自觉地认同了这一价值评判，并且将这种责任视为其生存的基点来坚守。

　　在荣禧堂抱厦住着的李纨，"惟知侍亲养子，外则陪侍小姑等针黹诵读而已"。公众场合，长辈在哪里她就出现在哪里，都是在静静地侍候着，没有话语。我们看不到她陪侍姑娘们"针黹诵读"的具体描写，但见她们从王夫人房里出来"至寡嫂李氏房中来了"，一切都是那样的自然。隔房的妯娌王熙凤被这屋的婆婆借了来理家，有宠有权，光彩照人，李纨对她一点恶紫夺朱之心也没有。或许这就是那个时代贵族之家的寡妇常态之下古井一般的生活吧。这种生活可用来明示李纨安分守己的秉性和修养，或者说"侍亲养子"是她的生存基点，对这个基点的坚守是其身份、地位、声誉、待遇、价值的保证。

　　在深受儒家道德规范影响的贾府，李纨凭着她自觉的清心寡欲、遵礼守节、侍亲养子的典范妇德，占据了道德制高点，也因此赢得了某些生活上的特殊关照。如第四十五回，凤姐为她算道："你一个月十两银子的月钱，比我们多两倍银子，老太太、太太还说你寡妇失业的，可怜，不够用，又有个小子，足又添了十两，和老太太、太太平等。又给你园子地，各人取租子。年终分例，你又是上上分的。你娘儿们，主子奴才共总没十个人，吃的穿的仍旧是官中的。一年通共算起来，也有四五百两银子。"[1]从这番

---

　　[1]　本文所引《红楼梦》原文，均引自中国艺术研究院红楼梦研究所校注本，人民文学出版社，1996年12月第2版。

不无妒忌的话语中可知，李纨的年进项还是很可观的。这种物质层面的优待也是长辈对她安分守己的嘉奖。在精神层面上，儿子带给寡母的寄托和希望更有价值。

李纨明白"恭近于礼，远耻辱也"（《论语·学而》篇）的道理，以守礼尽责为自己获得了安全，赢得了尊严。人们可以同情她，如贾母常把"寡妇失业的，可怜"挂在嘴上，甚至"闲取乐偶攒金庆寿"的份子钱也要替她出。读完小说我们可以清楚地看到：上自贾母下至族人，没人敢轻视她。在"上头有几层婆婆"、姑娌小姑子一大群的大家庭里，李纨为自己争得了相对尊贵的生存环境。

在诗书官宦大家的荣府，富贵双全，一个深宅大院里的寡妇，随分从时、老实安分就是其安身立命的根本。不比贫寒之家的寡妇为生计，也不比那些不愿守或夫家不让守的寡妇求生活再嫁。李纨的守节牌坊其实是更坚固地立在她本人的心坎上的。

贾府举家上下追求着"安富尊荣"。李纨是少数的几个清醒者之一，她从不焦躁，自始至终坚守着她的生存基点。无论家里发生什么变故，她都一如既往地孝敬长辈，严格训导儿子。一个"寡妇失业的"，没有谁可以商量，连个可靠臂膀也没有，除了好好当儿媳做大嫂之外，就是为儿子的将来出息早做筹划。在续书的后四十回，我们看到她依然不悲观、不抱怨，不声不响地适应着贾府一日不如一日的变化，依然安分守己地侍亲养子，遇事不惊地处理凤姐缺席时的家务。在吱吱哑哑大厦倾倒的时候，她在加紧督促儿子攻书。第九十七回和一百一十七回都写到贾兰在用功，为老太太守灵的时候他还想着能回家温书。续书里又有贾兰与甄宝玉的经济之论，应该都还是符合人物性格发展规律的吧。贾兰在母亲的督导下，成长为与叔叔宝玉完全不同的"有志少年"。这少年一入考场就金榜题名，之后又有机缘"气昂昂头戴簪缨，光灿灿胸悬金印，威赫赫爵禄高登"，为他的寡妇母亲挣来了凤冠霞帔。在这种意义上讲，李纨通过儿子实现了自己的人生目标。

对生存张力的调控：形异槁木　心非死灰

小说开始给李纨的定位是"如槁木死灰一般，一概无见无闻"。槁木死灰很容易让我们联想到《庄子·齐物》篇中的"形固可使如槁木，而心固可使如死灰乎？"曹雪芹对李纨的塑造恰好与之对应了。李纨是寡妇，但并不属行尸走肉活死人之类，而是一个有才能、有思想、有气度、会权变的女人。她张弛有度，表现才华时绝不违背妇道，处事为人平和但不懦弱，她可以没有色彩但绝对不失温度。

父权制给女性的定位必定造成对妇女言行的限制，尤其在宗法社会，寡妇更要循规蹈矩。但是，即便在规矩大的官宦人家，有儿子的节妇也并不必然被全面压制着，只要她不越礼。李纨在公众场合，温顺娴淑，可谓妇德典范，所以家长对她是认可的。在府里所有欢庆的时刻即便是元妃省亲这样家国一体的场合，可以和尤氏、凤姐一道"捧羹把盏"，并且和众姊妹一同受命题匾赋诗。元妃娘娘向家人赐礼物，她与尤氏、凤姐同一等。第二十九回清虚观打醮车分三等，也与凤姐、薛姨妈同为四人大轿。第五十三回"除夕祭宗祠"，族中女眷聚在尤氏上房，贾母、邢夫人等分坐炕上，"凤姐李纨等只在地下伺候"，也是少不了她的。宴会、庆寿、猜谜，李纨是在所应在。第四十九回，李婶带着李纹、李绮会着宝琴、岫烟同来贾府探亲，一并被留着久住。正是这种现实的繁琐的居家生活充实了她的寡居日子；正是家长能一视同仁地善待她，才使她在精神上保持住了健康的态势。很难想象，在家族中处处受排挤的寡妇能保有阳光健康的心理。心态正常，她才能理智地张弛有度，把握生活。可以说，李纨以安分守己为自己营造了良性循环的和谐环境。

李纨平时的生活是按部就班的，她只要尽职尽责即可，一如古井无波。然而，当环境允许，她也会光彩照人起来。大观园就为李纨提供了表现自我的场所。在那里她可以随心所欲地张扬自己的热情，可以暂时不用顾"女子无才便是德"的训条，适时展示自己的才华。

"贤者避世，其次避地，其次避色，其次避言。"（《论语·宪问》篇）

大观园无异于女儿们的避世胜地。李纨俨然主持人入住大观园。在这里她可以既不是孙媳妇儿、媳妇也不是寡妇甚至不是母亲，她只是李纨，一个读过一些书，有灵心慧性，充满青春朝气的青年女性。试看，第三十七回，探春刚有结社之意，她进门笑道："雅的紧！要起诗社，我自荐我掌坛……既是三妹妹高兴，我就帮你作兴起来。"黛玉一提"先把这些姐妹叔嫂的字样改了才不俗"，她马上自号"稻香老农"，热情地给宝钗宝玉封号，又是立罚约又是提议"在我那里作社"，表现出空前的热情和勃勃兴致。她为拉赞助请凤姐做监社御使，凤姐说她吝啬并当众算她的收入，李纨立马反唇相讥，伶牙俐齿收缩有度，偶尔一露峥嵘，显示着她的不容侵犯。[①]其后，她评诗内行，监社认真，裁决公正，征服了"诗翁"更征服了读者。第六十三回，"寿怡红群芳开夜宴"，心思缜密的探春因怕"不请李纨，倘或被他知道了倒不好"，勉强一请，没想到守礼的李纨不仅凑趣，还一反常态地勇于担当。黛玉说："你们日日说人夜聚饮博，今儿我们自己也如此，往后怎么说人。"李纨笑道："这有何妨。一年之中不过生日节间如此，并无夜夜如此，这倒也不怕。"她谈笑风生，甚至和湘云、香菱强死强活灌"必得贵婿"的探春饮酒。在大观园里，李纨活回了少女时代，在诗社活动中，她的艺术鉴赏力和组织活动能力因无须收敛而得以充分展现，而且这种展示既有特定场合又是适度有节的，曹雪芹对这个暂时摆脱家庭角色回归其生命个体所彰显出的生命价值给予了大张旗鼓地歌颂。

家族的大事，李纨没有资格过问，府里的日常家务，也不必操心，但她绝不是糊涂人，其灵心慧性已然渗透在人事关系和对家庭事务的关注之中了。

李纨的细致、有心，可用精明能干的管家奶奶王熙凤作比较。如第二十七回，凤姐偶然发现红玉能干，将四五门子的话回得"齐全"又"简短"，就要抬举她认做女儿，红玉笑说错了辈分，原来凤姐不认识红玉，李纨告诉说这是林之孝之女，王熙凤吃惊之后埋怨道："他饶不挑，倒把这女孩子

---

① 庚辰本此处批道："心直口拙之人急了，恨不得将万句话来并成一句，说死那人。毕肖。"《新编石头记脂砚斋评语辑校》增订本，中国友谊出版公司，1987 年 8 月第 1 版，第 591 页。

送了别处去。难道跟我必定不好？"李氏笑道："你可是又多心了。他进来在先，你说话在后，怎么怨的他妈！"从这个小细节可知，李纨比凤姐对家下人口更留心更关注。红玉在宝玉房里连二等丫头也靠不上，好容易得机会给宝玉倒了一回茶还让秋纹兜脸唪骂。恐怕她也并不受其他主子待见。但李纨对她却了如指掌，其心思缜密可见一斑。再如第三十九回，李纨与众姐妹吃螃蟹闲聊，说到老太太屋里亏了有鸳鸯："要不是他经管着，不知叫人诓骗了多少去呢。"我们联系贾琏、王熙凤偷着典当老太太金银器物的情节，可知李纨绝不是"一概无见无闻"的，只是她不肯多管闲事，常常不见不闻罢了。这也是她世故权谋的表现。

李纨很善于体察事体情理，知不可为而不为。第七十一回，鸳鸯说到王熙凤"可怜见的""暗地也不知得罪了多少人"，李纨对此虽未置一言，但我们只要看看"霸王似的"琏二奶奶，因为治大家顾小家使力太过，机关算尽，弄得一身病了，尚且不济，就可以得出李纨善于"不为"、处世精明的结论来。她不像凤姐那样有违妇德去显才逞能，她善于守拙，有能力也只在闺阁之中露上一手，绝不卖弄；与凤姐的那场舌战，虽言语犀利，也只是为了维护自己的尊严和体面。

在与自己无甚关联的一般情况下，她是多一事不如少一事，甚至有点得过且过。第五十五回，探春、李纨在议事厅上理家，在给赵国基的赏银上，探春敏感地发现"刁奴"的"险心"避免了违例，李纨没有反应，是她警惕性不够高吗？在处理"愚妾争闲气"时，探春因说话不合"礼"指责李纨糊涂。是李纨看不到赵姨娘越礼吗？我们完全可以说李纨此处是无意较真，有意做好好先生。她的"多恩无罚"不是尤氏那样的平庸，而是处世的中庸。在她的意识里应有暂时理家本无可为的想法在。实际上，李纨对大家族没有多少信心也没有多大责任心，不妒忌王熙凤有权有威同样也不具备贾探春的主人翁意识。站在她的立场考察，在人事关系那样复杂的荣府，寡妇中庸实在是精明自保之举。她也绝不让人小瞧，如"兴利除宿弊"时，李纨虽然没有出什么主意，但却不失时机地展露了她的慧心和见识。在探春、宝钗安排好改革事宜后，李纨笑道："好主意。这果一行，太太必喜欢。省钱事小，第一有人打扫，专司其职，又许他们去卖钱。使之以权，动之以利，再无不尽职的了。"这识见很有近代的管理理念吧，说明她是有理家的心智和能力的。她不肯管事，实在不是无能。

　　同是在五十六回，探春可惜蘅芜苑和怡红院两处大地方竟没有出利息之物，李纨忙笑道："蘅芜苑更利害。如今香料铺并大市大庙卖的各处香料香草儿，都不是这些东西？算起来比别的利息更大。怡红院别说别的，单只说春夏天一季玫瑰花，共下多少花？还有一带篱笆上蔷薇、月季、宝相、金银藤，单这没要紧的草花干了，卖到茶叶铺药铺去，也值几个钱。"王熙凤对香料的用处应该更清楚，第二十四回贾芸走门子谋事就送过冰片、麝香给她，当时她正要采买香料药饵办端阳的节礼。对捞钱那样上心的当家奶奶，克扣、贪污、受贿、放债都干，甚至为了钱弄权拆散他人婚姻以至害死人命，对家下出产她却看不见。蘅芜苑里的香料虽没有冰片、麝香珍贵，但草花香料生活中肯定是用得极多的。李纨在不经意的言语中透露出了她的经意。可以想见，既然能留心到蘅芜苑和怡红院的出产，稻香村的地界里是再不会有被糟蹋浪费的东西了。勤俭是治家的可行之法。

　　总此，李纨是个有智慧有能力的女人，她在具体家务中表现出来的精明和精细足以立身。她也是个有热力的人，由她主持的大观园生活就是温暖的。可以断言，对生活的方方面面都尽心经意又有能力经营生活的人，绝非真正的"槁木死灰"。

　　当家理财，有杀伐决断的凤姐；做赋吟诗，有双峰对峙的钗黛；李纨的"小才微善"就在她表面"槁木"实非"死灰"的状态下施展着了。实际上，这是她有意识地对自己生存状态的调控。

对生存态度的选择：不见不闻　藏愚守拙

　　如果贾珠健在，荣府的当家奶奶应该是李纨，她的确也有治家的能力和心机，但现实是，按府里规矩，寡妇"不管事，只宜清净守节"。一般说来，守节的寡妇可能采取哀兵之术，一味装可怜，有的甚至整天哭诉哀怜至于让人生厌，不得不躲避她，如《祝福》中的祥林嫂；再有《金锁记》里的七巧一类，破罐破摔，撒泼打横，即使有其可怜处，也因她的不自重而招人厌烦；更多的寡妇是甘心认命的，顺逆自受。李纨虽也甘心认命，但她懂得自尊自强，令人肃然起敬。她知道，生存的方式和方法，可张可弛，但基点应坚守，调控要有度，所以她采取守势，柔中带刚，心思细密，耳聪目明。故而，小说中的定评"无见无闻"应该解作"不见不闻"才准确，这种旁观乃至回避的处世态度，保证了李纨远离是非的安宁生活。李纨采取守势最明智之举体现在选择稻香村居住。"稻香村"和"稻香老农"①是一种文化符号，也是李纨性格和智慧的符号。稻香村赋予李纨的文化含义，可以做以下解读：

（1）避世。大观园是相对于外边世界的理想居处了，而稻香村又深幽一层。它是惜土如金的园林建筑中唯一一处"山野"之地，是大观园里的农村。安宁、宁静又是李纨的心态取向和写照。寡妇李纨要避开纷争，积极地退出，但又不能脱离她安身立命的大家庭，所以住在这里最为合适。

（2）退隐。若贾珠健在，李纨理应当家，她"多恩少罚"的管理方式，或许高过凤姐的严酷，但那只是设想，而今必须退避三舍。聪明的寡妇应该万事不问，心如古井，李纨为了儿子和自己的将来，只能采取守势，就如罢官归隐一般。稻香村相对幽避，可远离喧嚣，走出家门又不离繁华，若即若离，进退由己。

（3）无争。李纨深知自己的优势，也深明盈缩消长之理。"夫唯不争，故无尤"。（《老子》八章）"夫唯不争，故天下莫能与之争"，"曲则全"。（《老子》二十二章）

（4）自然。稻香村是人力所为，但其象征着的农村却是自然的。中国人主张天人合一，人来于自然归于自然。李纨追求淡泊，正符合这一哲学

---

① 给我们启发的，有太平闲人在李纨自号"稻香老农"文下批曰："社，土也，诗社，思何以为完人而入土也。稻香老农自应独得。"见《〈红楼梦〉三家评本》，上海古籍出版社，1988 年 2 月第 1 版，第 581 页。

理念。

（5）经济。农村是自然经济，这是封建社会的主要经济形式，秦可卿临死托梦念念不忘的是庄园地亩，贾府所依托的也是田庄，李纨似乎更看重家里的出产。选住这里应有身后之想吧。

（6）农为本。农为本，工商为末，无农不稳。本就是根本就是稳固，有本，方可立于不败之地。

（7）耕读传家。秦可卿提醒王熙凤的就是这个"常保永全"的法子，在封建社会，这是一种优良传统，可出而仕，亦可耕读终身。李纨在稻香村里对景课子，意义显然。

忌讳矛盾纷争，但又不可能脱离大家庭，选择稻香村表明了李纨的志向。稻香村传达给我们的信息量实在是太大了。雪芹在"大观园试才题对额"一回中意味深长地对它细加描绘，还特特地让贾政父子围绕它进行了观点对立的大辩论。这差不多是宝玉唯一的一次"顶嘴"。贾政肯定"此处有些道理"，还说它勾起他的归农之意，宝玉却因为它是"人力穿凿扭捏而成"，极为表示反感。太平闲人已经关注到宝玉的高论，[①]后世的研究者借"人力穿凿扭捏而成"来揭露封建礼教对寡妇的扭曲和摧残[②]。几乎没有论者关注贾政的"归农之意"，读者若接受贾政乃"假正"的解释，以假正经目之，就更不肯相信他有归农之意了。但我以为，曹雪芹写稻香村绝不只是为讽刺它的有违自然，应该还有表明他向往农村自然生活的意思在。让李纨选择稻香村应该也有深刻寓意。

小说对李纨居家生活的描写极其简略、平淡，但那平实的留白恰好给了读者无限的想象空间，令人低回不已。我们知道，生活经验的传承更重要的渠道靠阅读典籍，读者完全可以借曹雪芹简洁的叙述，勾勒出线条清

---

① 太平闲人评道："此段问答，最为紧要。人生缺陷，天实为之。而顺受其正者为天然。然能顺受全在逆折，理欲交攻，人力极苦，是由绝不天然处，而还其天然也。看此处远无邻村，近不负郭，峭然孤出，何等扭捏，虽极精巧，终不相宜，乃为守节人写黄柏滋味也。而孝子忠臣视此矣。"见《〈红楼梦〉三家评本》，上海古籍出版社，1988年2月第1版，第256页。

② 此类文章很多，如冯子礼：《"自甘心"与"作笑谈"——论李纨的形象兼及历史评价与道德评价的一些问题》，见《青海社会科学》1988年第2期。

晰的李纨生活图。那由我们再创作的母子性命相依的生活景况也并不失其真实质感。李纨点着灯做着针线看着儿子读书的日子是踏实而平静的，充满希望。良好的心态保证其感情、性情、才情不失，寡妇也能活出个性生命的风采。因此我们在小说中没有看到李纨抱怨什么，她除了在婆婆哭"珠儿"的时候，在感叹凤姐有平儿这样知心得意的帮手的时候，联想起自己的苦命，平时是安静的。她是世俗中的清心寡欲者，曹雪芹没有理由让这个"钟鸣鼎食之家，翰墨诗书之族"的清雅寡妇有物质生活的艰难，甚至他也没有特意写她精神生活的悲苦。

精神生活方面，与其可以形成对比的倒是出家的妙玉，小说特意强调她"辜负了红粉朱楼春色阑"。槛外人妙玉的槛内情，不属本文讨论范围，此不置论。值得指出的是，一向为人平和、言行谨慎的李纨，唯一表示讨厌的人恰是妙玉。第五十回，李纨罚宝玉去栊翠庵折梅花时，当众说"可厌妙玉为人，我不理他"。为什么呢？这是我悬置很久的问题了。是守礼的李纨看不惯妙玉的"僧不僧，俗不俗，女不女，男不男"的"放诞诡僻"？是随和的李纨看不惯高标孤傲的妙玉？是清雅的李纨知觉到妙玉表面清高实则庸俗的品性？因为小说一次也没有写到她俩的接触，没有任何文本依据，所以我们只能凭自己的理解去体会。答案或许不尽相同，但可以肯定的一点是，寡妇李纨和尼姑妙玉都没有追求满足欲望的资格。红尘中的李纨自觉做到了"古井无波"，而身在空门的妙玉却"云空未必空"，我以为这种反差使她们意识相左，境界天壤。守节的李纨定然无法认可妙玉。

以妙玉为比，无非要凸显李纨清雅的境界。心静了才能真正地安身立命。李纨无夫可相，免去了"爱夫以正"的责任，她把对丈夫的那份爱化做智慧的力量用于选择"对得起丈夫"的安静生活了。

李纨甘心情愿地不去争做当家奶奶，一是无意违背王夫人的安排；二是本性恬淡；三则可能也是为避凤姐的锋芒。"知其雄，守其雌"（《老子》二十八章），她只要清心守节，孝敬公婆，外加陪伴几位知书达礼的小姑子针黹诵读就是柔静、谦下了，对李纨来说，安分守己最为重要。

认命，小说曾用具有谶语作用的花名签给予过暗示。第六十三回"寿怡红群芳开夜宴"是这样写的：

> 李氏摇了一摇，掣出一根来一看，笑道："好极。你们瞧瞧，这劳什子竟有些意思。"众人瞧那签上，画着一枝老梅，是写着"霜晓寒姿"四字，那一面旧诗是：竹篱茅舍自甘心。注云："自饮一杯，下家掷骰。"李纨笑道："真有趣，你们掷去罢。我只自吃一杯，不问你们的废与兴。"

"有点意思"说明李纨认可签上的内容，"竹篱茅舍自甘心"可说是认命的甘心吧。签上的注是："自饮一杯。"生活中孤独的寡妇在姊妹们的欢宴上也被游戏规则定为独饮，清冷、孤寂算是跟定了她，她也心甘情愿地认了。那句"不问你们的废与兴"应是李纨无可奈何的真实心声！

日常生活中李纨常常是"问事不知，说事不管"，以慎言回避矛盾，远离是非，连随声附和也不愿表露心迹。且看第七十一回，尤氏、李纨说到老太太"太想的到"，顺口夸凤丫头鬼聪明时，鸳鸯关于凤丫头虎丫头的那段议论，写出了几个人的为事为人：鸳鸯体谅凤姐当家的难，探春哀叹家中人事的复杂、烦难，宝玉压根就以家事为俗认为不值得费神，尤氏责备宝玉不虑后事混日子，而李纨只不疼不痒地打趣宝玉说没人陪他混。对家庭兴衰的关切与否，读者一目了然。李纨其实也挂心家族的荣辱兴衰，她也说过"只怕到他（贾兰）大了，咱们家还不知道怎么样的呢"。这种对未来不确定性的担忧，是她的寡妇身份所致，是她的质朴个性使然。但她从不去抱怨，像这种七嘴八舌的场合，她依然不参与实质性的论说。在诗社掌坛时，李纨表现得颇有担当，甚至很有杀伐决断的魄力，说明她并非"不足于才"，但在现实生活中，她处处怕"担不是"。态度前后向背，不是谁影响的，是李纨审时度势的自由选择。

第四十九回，因误听宝玉和湘云要吃生鹿肉特走去责他们"替我作祸"。第七十五回写宝钗因知道抄检了大观园，第二天搬回家住，来稻香村辞行，李纨听说，只看着尤氏笑，之后要求宝钗伺候姨妈病好了还回来"别叫我落不是"。

如果说前一个例子还带有长嫂的爱护，后面的例子则确是怕事了。因为她和在场的尤氏都猜到了宝钗搬家的真正原因是避嫌，起因又是王夫人下令抄检了大观园。

抄检大观园，是小说的重头戏。邢夫人的阴暗、王善保妇的奸谗、王夫人的刚愎、凤姐的无奈、宝玉的无用、晴雯的刚烈、探春的悲愤、惜春的孤介、迎春的懦弱、司棋的无畏……都表现得很精彩。浓墨重彩的大场面里，潇湘馆着笔略淡，但尚有紫鹃说了话也有凤姐替她们说了话，恰在稻香村处，只是一笔带过，悄无声息。"彼时李纨犹病在床上"，"刚吃了药睡着，不好惊动"。李纨病的是时候，成全了她的"无见无闻"。这是明智的李纨的处事策略。她既不能像熙凤那样跟着抄检队伍充当执法者，也不能像被抄的探春那样表示强烈的反抗。病在床上任由抄检是最好的以静制动，决无一害。她不仅当时不见不闻，过后也不说什么。宁府的尤氏尚且表示不满："我们家下大小的人只会讲外面假礼假体面，究竟作出来的事都够使的了。"

某种意义上讲，稻香村已在李纨的意识里被升华为娘儿俩的"退步"了。我这"退步"一词恰是借用秦可卿的说法。

熟悉《红楼梦》的读者没有人会忘记秦可卿给王熙凤托的梦。第十三回，秦氏要王熙凤"趁今日富贵，将祖茔附近多置田庄房舍地亩，以备祭祀供给之费皆出自此处，将家塾亦设于此。……便败落下来，子孙回家读书务农，也有个退步"，然而，秦氏对家族后世的周全考虑，凤姐醒后再没想起，说明她从来就没有为家族的以后做过打算。尽管当家的她最清楚"寅吃卯粮""出多入少"的经济状况。秦氏以为"别人未必中用"，基于熙凤是"脂粉队里的英雄"，有理由相信她，但王熙凤并没有这个远大志向，她只求维持眼前：哄得老太太、太太高兴，对上死撑着架子不倒，显得能干会当家，哪怕需要背地里典当老太太的东西应急；对下"穷追苦克"不惜惹奴仆嫉恨。这样勉为其难，熙凤依然没能清醒虑及"退步"。凤姐没读过书，其见识心智韬略远远达不到放眼未来的层面。何止于她，志存高远的"敏探春"一样没有想到，设若在"兴利除宿弊"的时候能悟到这里，也不是个深闺里未出阁的娇小姐了。那见过大世面、在这府里生活了六十年的诰命夫人贾母，一生富贵双全，若将"君子之泽，五世而斩"当作警钟铭记在心了，这位众人仰止的老封君也应对百年望族有个交代吧。

李纨是否考虑到这一层，文本中没有信息，但在天上人间诸景备的大观园，她选择了拥有"房舍地亩"具有"读书务农"意义的稻香村，说明她心中自有打算。

结　语

在儒家文化系统里，士大夫是通过一种内心的自觉压抑来刻意完善人格的。李纨的行为带有这种文化刻意的成分，尽管作家可能只是如实地反映现实生活。

我们知道，"存天理，灭人欲"要灭的就是非分和过分的欲求。寡妇最是该被限制的，因此她的悲苦也最能打动人。曹雪芹刻画李纨，极少着墨描写悲苦，用力描绘的却是她在重围之中的和谐生活。窃以为，这正是曹氏过人之处。他险处用笔写李纨的"小才微善"，而这不仅是李纨的生存智慧，实在又是那个时代士大夫文人的生存法则的理想再现。曹雪芹在李纨身上与他在宝玉、黛玉等人物身上一样，寄托着美好的人生理想。

护花主人给李纨的赞是："李纨幽闲贞静，和雍肃穆，德有余矣，而不足于才。然正唯无才，故能暗淡以终。虽无奇功，亦无厚祸，渊渊宰相风度也，可与共太平矣。"[1]可见，他也被作者"如槁木死灰一般，一概无见无闻"的评定瞒过了。

曹雪芹在小说中常常直接点出宝钗的洞明世事、练达人情。所以读者拿着这个专用的显微镜处处找宝钗的"做人"事迹，以至在不少读者的眼里，宝钗就是个虚伪的人。而对李纨，曹雪芹在叙述中很少着力于她的练达；在一些读者看来，宝钗"混然不觉"是假的，李纨的"无见无闻"却是真的，粗心的读者甚为忽视，以为她就是个"尚德不尚才"的标准寡妇。通过以上分析可知，李纨绝不迂愚，也并非"无见无闻"。借探春在第四十六回的说法，就是"便知道，也推不知道"。这里不是说李纨更会伪装，而是

① 《〈红楼梦〉三家评本》，上海古籍出版社，1988年2月第1版，第36页。

要说明她与宝钗的藏愚守拙表现方式不同，性质却无二。

李纨在十二钗中是唯一的一位寡妇，她的身份地位是独特的。在世俗的大家庭里，她的行事为人，很符合典型寡妇的形象特征，符合小说的定位。进入大观园住进稻香村，李纨俨然回归了自然，灵心慧性压抑不住地迸发了出来。场景变化，李纨的形象得以丰满，以至"形象大于思维"，远远超出了小说开始给她的设定。用发展的眼光看，可以说李纨随着年龄和阅历的增长在趋向成熟；用创作的理论分析，可以说曹雪芹布局奇特手法高妙。无论原因何在，事实是，先前设定和文本呈现的李纨形象，因为有变化而引人入胜了，人物形象更加丰满鲜活了。李纨具有一般寡妇的共性，又是不可取代的"这一个"独特寡妇。

‖**作品来源**‖

　　发表于《红楼梦学刊》2007 年第 2 辑。

兼美女子空余恨——解读《红楼梦》中的秦可卿

刘保忠

导　读

　　"金陵十二钗"正册之一的秦可卿，是曹雪芹在《红楼梦》中用笔较少而又意义非比寻常的人物。她的美丽，她的智慧，以及她的乱伦情事都是复杂而又矛盾的。解读秦可卿，解读她的悲情人生，也就读懂了她在整个《红楼梦》中所体现的深刻的人物内涵，同时对理解《红楼梦》的思想价值、美学价值，也有重要意义。

　　秦可卿是曹雪芹在"壬午除夕，书未成，泪尽而逝"之前亲手写下的唯一一个"有始有终"的"金陵十二钗"中的悲情人物，也是十二钗中描写较少，"谢幕"最早的一个人物。虽然秦可卿在《红楼梦》中来去匆匆，但她所要表达的人物深层内涵却又是非比寻常的。她是曹雪芹在整个《红楼梦》作品中众多可悲可叹女子中最具代表意义的女性。但与此同时，就是这样一个"美貌""智慧""品行"兼备叫作"兼美"的女子，带着对封建家庭无尽的控诉与愤恨，遗恨于生命悲惨命运的尽头。她是红楼世界"万艳同悲"的肇始人物，赏悦她的美丽，品读她的智慧，探索她一生的复杂悲情，从而更能诠释秦可卿在整个《红楼梦》中的深层内涵。

一、秦可卿其人

　　其一，出身贫贱。《红楼梦》中对秦可卿的家庭身世背景在第八回中作了描述：秦可卿原是一个被父母遗弃的婴儿，养父秦邦业因"年至五旬时尚无儿女"，便把她从"养生堂"抱来抚养。秦邦业虽然官居"营缮司郎中"，但却并非豪门望族，而是出身于"寒儒"的"宦囊羞涩"的清贫之人，且秦邦业年纪老了，残疾在身，夫人早亡，养子夭折，身后萧条，家无积蓄，为秦钟入学筹办二十四两贽见礼还得"东拼西凑"。由此可见，秦可卿的境遇与连亲生父母尚不得知的丫鬟晴雯相似，其出身之贱不言而喻。①

其二，容貌姣美。《红楼梦》第五回对秦可卿的外貌描写是："鲜艳妩媚，似乎宝钗，风流袅娜，则又如黛玉。"曹雪芹用"比较法"形容秦可卿竟兼得《红楼梦》中两位主要人物薛宝钗、林黛玉之美，可谓是"金陵十二钗"中真正的"兼美"钗。且在贾府掌门人贾母眼中也是"生的袅娜纤巧"，可见她在美女如云的贾府中也是独树一帜的。她能够结亲于贾府，显然与她长大时生得"形容袅娜，性格风流"，有着重要关系。的确，秦可卿的美丽是大家公认的。

其三，性情贤淑。小说中的秦可卿，不仅形貌美丽，而且性格贤淑，无论在宁府、荣府，也不管主子、奴仆，她都相处得极其融洽。小说中虽未详述秦氏是怎样大得人心，性格温柔，但从秦氏死讯传来，宁荣二府人们的反应便可见一斑："那长一辈的，想她素日孝顺；平辈的，想她素日和睦亲密；下一辈的，想她素日慈爱；以及家中仆从老小，想她素日怜贫惜贱，爱老慈幼之思，莫不悲嚎痛哭。"就连一向目空一切，做事心狠手辣，动不动就给人脸色看的凤辣子，竟也一反常态，与秦可卿素来是"最好的""常在一处密诉衷肠"。由此可见，兼美女子性情温柔，为人善良，尊老爱幼，并非一般人所能比拟，这在贾府上上下下是有目共睹的。

其四，处事妥帖。秦可卿这一人物初次亮相时，曹雪芹就让读者看到她是一位通达精干、善解人意的贵族少妇。因为宁府会芳园内梅花盛开，尤氏便领着秦氏二人亲自去荣府请贾母、王夫人、邢夫人、宝玉等来园赏花。宝玉一时倦怠，要睡午觉，贾母便命人哄宝玉睡中觉。这时秦可卿便笑着主动出面安排道："我们这里有给宝叔收拾下的屋子，老祖宗放心，只管交与我就是了。"秦可卿便把宝玉领到一个上等房间，当宝玉看到那里贴着"世事洞明皆学问，人情练达即文章"的对联时，顿时表现出对那个充斥着劝

---

① 曹雪芹，高鹗：《红楼梦》，岳麓书社，2001年版。

学苦读和封建处世哲学内容的屋子不满时，她便灵机一动，让宝玉到自己的卧室去休息，还亲自为宝玉拉开被子，放好枕头，又特别盼咐下人仆从看好猫和狗，以免把宝玉吵醒。事情办得极为妥帖，无怪乎，贾母对其评价为"重孙媳中第一得意之人"。

其五，说话得体。当秦氏生病时，凤姐来看她，从她与凤姐的对话中，也不难看出，秦可卿在接人待物方面也是极具有智慧的。凤姐前来探视她，她直说自己没福分，碰到了好人家，逢上了好公公好婆婆，"拿她当亲生女儿似的待"，其夫君也是"你敬我，我敬他，从没红过脸"，相敬如宾，又夸凤姐及其他贾府长辈"无从不疼她的"，"如今得了这样的病，把那份要强的心一份也没了，公婆面前未得孝顺一天儿，就是婶娘这样疼我，我就有十分孝顺的心，如今也不能够了"；当凤姐告辞时，她再三表示"恕我不能跟过去了，闲时常过来瞧瞧，咱们娘儿们坐坐，多说几遭话"。这些极朴素的说话，进一步表现了秦氏明知自己不久人世的复杂心态：既有进入"这样人家"，得到公公婆婆的疼爱、丈夫的敬爱、众人的和睦相处产生的幸福感，也有没机会孝顺公婆、敬爱丈夫、回报众人的悲伤；既有"不过是挨日子"的清醒，又有期望凤姐常过来看望安慰的请求。即便是重病在身，也不忘迎送的礼节。这些都无不显示秦氏说话得体、处事妥帖，字里行间无不透露她对世事的洞明、人情练达的智慧。

其六，虑事长远。《红楼梦》第十三回秦可卿死前托梦于王熙凤的最后嘱托，更让人看到了她极有远见的眼光，她所提出的"保家"之策更是将她的智慧发挥到了极致。秦可卿在贾府中辈分最低，年纪尚轻，却见识高远，非他人所能及。小说写到贾府尚在"烈火烹油"的盛世时，"安富尊荣者尽多，运筹谋画者竟无一人"。且不说那些男主子们大多只知一味享乐，不计其后，即使是阅历最深、见多识广的老祖宗贾母，也是满足于儿孙承欢，沉溺于繁华富足的生活，就连"男子万不及一"的"脂粉堆里的英雄"王熙凤也是只知道盘剥和算计，而秦可卿却能在托梦于王熙凤中预示贾府将"乐极生悲""树倒猢狲散"①，并且提出了两条建议，一是目前贾府没有固定的祭

---

① 周书文：《论〈红楼梦〉过场人物秦可卿的塑造》，《固原师专学报》1997（1）。

祀祖宗的钱粮；二是没有固定的开办家塾的钱粮，这两项支出没有列入财政开支计划，是堪称"管家能手"王熙凤的管理失误。因为祭祀上的费用可置办地产房舍，这是可以永保的，将来即便遭到罪贬，被抄家，凡是实物都要充公，而这些祭祀产业却是不充公的，那时候，子孙回家也可以务农读书。而办家塾这一条则强调重在抓教育，确保书香门第的根基，以图日后还有复兴之时。秦可卿的这些告诫，比起第七十四回探春对抄检大观园所作的警示来，也是高出一筹，极具眼光的，即交了盛极则衰的底，又指出急流勇退的后路，不能不令人佩服！

综上，无论是贾母"素知秦氏是个极妥当的人"，还是尤氏对贾璜老婆说的"她这为人行事，那个亲戚，那家长辈不喜欢她？"以至对贾蓉嘱咐道："你不许累她，不许招她生气，倘若她有个好和歹，你再要娶这么一个媳妇，这么个模样儿，这么个性情的人，打着灯笼也难找"，到贾珍哭得泪人儿一般，对贾代儒说道："合家大小，远近亲友，谁不知我这个媳妇比儿子还强十倍。"以至秦氏撒手人寰时举家上下悲嚎痛哭。所有的这些，都不难看出秦可卿无论是在贾府的最高统治者贾母心中，还是在贾府上上下下老老少少的心中，她都是一个很理想的"兼美""可人儿"。

二、秦可卿与贾珍

谈到秦可卿就不得不说贾珍，正是因为她与贾珍有着不正当的关系这不光彩的一笔，所以才使她的美丽和智慧被掩盖，有些《红楼梦》读者在解读秦氏时也认为她是一个不知廉耻、伤风败俗的女人，相比其他那些冰清玉洁、美丽聪颖的"金陵十二钗"，秦可卿总是一个不易被人接受和同情的人物。应该承认秦可卿与贾珍的确存在着不正当的乱伦关系，这是不被伦理道德所接受的，而且也是不应该的。但要探究的是：在这一场不正当的关系中，秦可卿究竟扮演着怎样一个角色？究竟谁应该承担主要责任？难道秦可卿真的是一个不知廉耻的女人吗？

探究一：谁是罪魁祸首？在《红楼梦》第五回中，秦可卿的判词为："情天情海幻情身，情既相逢必主淫。漫言不肖皆荣出，造衅开端实在宁"；《红楼梦曲》之"好事终"则云："画梁春尽落香尘，擅风情，秉月貌，便是败家的根本。箕裘颓堕皆从敬，家事消亡首罪宁，宿孽总因情。"从以上两曲中可以了解到：其一，宁国府的"造衅开端"是贾府之衰的罪魁祸首；其二，擅风情、秉月貌的秦可卿乃是败家之根本。要说的是贾府之衰在宁国府这一点是不容置疑的，正因为宁国府贾珍、贾蓉这些人的荒淫奢侈，只知玩乐享受，而尤氏胆小怕事，得过且过，才使宁国府日渐消亡的。但对于秦可卿要承受"败家"之根本却是值得推敲的。秦可卿既生得花容月貌，性格温柔，自然引起贾珍的垂涎，就如同他和贾蓉及贾琏见尤二姐、尤三姐颇有姿色，便产生淫邪之心一样。可以想象，贾珍完全能够利用自己在宁府的身份和地位，威逼秦可卿就范。脂砚斋在评论秦可卿时题有回前标题诗"一步行来错，回头已百年，古今风月鉴，多少泣黄泉"，也是认为秦氏因貌美被威逼从而"一失足成千古恨"的。很难想象被贾母认为品行"极妥当"的"乃重孙媳中第一得意之人"的秦可卿会主动勾引自己的公公，她是那么的聪慧，那么人情练达，怎会做出这种令人不齿的事情呢？而应该理解的是她被迫与公公做出这种令人发指的事情之后的无奈和痛苦。曹雪芹的"情天情海幻情身，情既相逢必主淫"，"宿孽总因情"，在他看来，秦可卿与贾珍通奸乱伦之事，罪责也在贾珍而并非秦可卿。

　　探究二：贾珍品质如何？暂且不论贾珍在宁府不务正业，不兴家业，只看书中一些对于他个人品德的描写，就可知他是怎样一个荒淫无耻人面兽心的败类。在《红楼梦》第二回"冷子兴演说荣国府"时，就说道："这珍爷那里干正事？只一味高乐不了，把那宁国府竟翻过来了"；秦可卿死后，贾珍想请王熙凤帮助料理丧事。当时，邢夫人、王夫人、凤姐并和族中的内眷陪坐，闻人报"大爷进来了"，唬得众婆娘"嗯"的一声，往后藏之不迭，足以说明贾珍荒淫无耻到了女人见了他人人自危的地步；当贾珍的父亲贾敬"飞升"之际，贾珍不但没在灵前尽儿孙应尽的孝道，竟然在热孝期间寻机玩弄起他的两个小姨子来，这些都足以说明贾珍是一个朝秦暮楚、依翠偎红的荡子，是一个玩弄女性的禽兽败类。那么作为他的儿媳，聪明美丽的秦可卿自然逃不出他的魔掌。

探究三：秦可卿真的不知廉耻吗？非也。秦氏性情温柔，品德贤淑，这是贾府上下所共知的。就从她的死因来看，秦可卿的死在《红楼梦》中写的是病疾而终。其实她的病除了"心细忧虑"外，还有一个就是她与贾珍乱伦关系的败露。她与贾珍在天香楼上苟和被两个丫鬟撞见，从而羞愤难当，急火攻心，最终加速了她生命完结。试想，如果她是一个不知廉耻的女人，那么，她大可以主子的身份堵住丫鬟的嘴，以免事情被曝光即可，那么死的人可能就是丫鬟，又何必"日渐消瘦"，让自己命丧黄泉呢？这从侧面正好反映出秦可卿是一个懂得自爱、在乎廉耻的女子。她的"失足"缘于她出身贫贱，没有地位，她要想在贾府中站稳脚跟，就必须不错一步。而那个身为族长的公公贾珍对她的地位看得很清楚，抓住她的弱点，不顾伦理天伦把她作为发泄兽欲的目标。当事情败露时，她不能承受乱伦罪名加身，恐遭世人唾骂，身心备受煎熬，使得年轻美丽的生命走到了尽头。

因此，在整个秦可卿与贾珍乱伦一事中，秦可卿才是真真正正的受害者，她的悲惨结局是值得同情的，她是真正的以贾珍为首的淫恶势力残害女性的牺牲品。

三、秦可卿之死

秦可卿是"金陵十二钗"中的一个悲情死亡者，一个美貌、温顺、智慧同俱的"兼美"女子，又何以匆匆而逝呢？这不能不给读者留下诸多的思考。

死因一：《红楼梦》第十回张太医用"忧虑伤脾，肝木忒旺"来为秦可卿的病作医理，就其原因"大奶奶是个心性高强，聪明不过的人；但聪明太过，则不如意事常有；不如意事常有，则思虑太过"。那么可知"思虑太过"是秦氏的病因。那么是什么事情让这一位处在荣华富贵之乡、衣食不愁之家的贾府嫡孙长房大奶奶寝食难安呢？

其一，秦氏出身悲苦，娘家没有权势和家底为她撑腰，她虽因"与贾家有些瓜葛，才得以与贾蓉结亲"进了贾府，但始终底气不足。林黛玉的丫鬟紫鹃曾说过："王孙公子虽多，哪一个不是三房五妾……若娘家有人有势的还好，若娘家无人无势的，就只凭人去欺负罢了。"秦氏娘家无人也无势，那么在那个讲究门当户对，在门第、家财与身份划等号的封建社会，这个"寒儒薄宦"的抱养女子，就处于自卑和软弱的地位。如果说她像婆婆尤氏那样平庸一些还好，但她偏偏美丽聪慧，而且生性要强，要凭着自己的品貌才干在这个钟鸣鼎食之家做一个出色的少奶奶。[①]为了维护自己的地位，不被贾蓉所遗弃，能终身有靠山，她必须要"心细"，因此就常常不拘听见个什么话、遇见什么事，都要思量个三五夜。这就形成了她"当面见了人有说有笑的"的开朗和背后"思虑太过"的忧虑双重性格。寒门女子要周旋荣宁二府的老爷、太太、小姐、公子们谈何容易，而这些当家主子们个个举止行为颐使气指，又怎能不让这个心细的蓉大奶奶"思虑太过"呢？试想，要将这些人服侍得个个满意、人人称赞，可怜的秦可卿要费尽多少心血，承受多少悲辛，陪上多少小心，强忍多少委屈啊！正如尤氏所说"她这病就打这用'心太过'上得的"，可见，秦可卿所有的强颜欢笑正是她苦苦挣扎的必然结果。

其二，虽然秦可卿在贾府千小心万注意，获得贾府上上下下的一致好评，但豪门宅院深深，"不如意事常有"。像秦可卿之弟秦钟告诉她在学房吵架受欺之事，她又是恼，又是气：恼的是那些狐朋狗友，搬弄是非，调三离四；气的是兄弟不学好，不上心念书，才弄得学房里吵闹。为这件事，气得连早饭都没吃，而贾璜之妻金氏听了学房吵架之事后，便要找秦氏评理。试想，要是王熙凤的弟弟，贾璜之妻又岂敢如此放肆？这是因为在贾府"人人都是一双富贵的眼睛"，所以金氏才能看出秦氏与其他主子奶奶不同，而这种公然的"挑衅"对于秦氏而言，无疑又添心病。

其三，虽然秦氏对外而言，她与贾蓉互敬互爱，但实质又如何呢？从书中第六回贾蓉与王熙凤之间的眉来眼去，就可知他们之间的关系暧昧，而贾蓉对秦氏又有多少夫妻感情可言呢？正值秦氏病重期间，贾蓉不但没

---

① 朱斌如：《从秦可卿之死看秦可卿其人》，《红楼梦学刊》1992（2）。

有在秦氏病床前递药安慰，反而乐得逍遥自在，并与凤姐串谋和贾蔷联手去干捉弄贾瑞的下流勾当。可见"他敬我，我敬他，从没红过脸"只不过是秦氏在别人面前的伪装之词。在那个以夫为纲的封建社会，女子的命运都系在丈夫身上，而作为秦可卿丈夫的贾蓉正是紫鹃所说的那种王孙公子，"今儿朝东，明儿朝西，要有一个天仙来，也不过三夜五夕，也丢在脖子后头了"。这在后文中，贾蓉调戏他的两个姨娘尤二姐、尤三姐之中都有细述。那么试想，处在这种境况下的秦可卿又怎能不心烦、不心焦呢？

死因二：秦可卿与贾珍通奸乱伦的关系败露，更是一剂"催命剂"，加速了秦氏的灭亡。秦可卿由于贾珍对她的威逼胁迫，终于造成了焦大所说的"爬灰"的事实。这种"千古恨"的奇耻大辱，时时侵蚀着她的灵魂。然而她的高傲要强的性格及她蓉大奶奶的身份，又使她不敢声张，为保住自己的地位和面子，维护整个封建家庭"繁荣祥和"的表面现象，她只有忍辱偷生，但内心却焦虑忧积。当然"纸是包不住火"的，当这一丑行最终败露时，已背负着沉重的"十字架"的秦氏，再也无力苦苦挣扎了，她的忍辱负重，终于使她不堪心理的重负而彻底崩溃了，她仅有的"那份要强的心也没了"，她生理和心理都难以承受这种苦难和煎熬，最终使她所有的生命力消失殆尽，身心备受折磨至郁结成病而死。

秦可卿是带着无限的愤恨离开人世的，她虽是封建贵族家庭的一员，却没有名副其实的地位；虽忠心维护这个家庭的利益，却受着封建贵族的压迫；虽自觉的遵从封建礼教，却受着封建礼教的迫害；虽心情高强，却性格软弱；虽遭受凌辱，却要保全面子；虽不敢反抗，却也不甘堕落；虽苦苦挣扎，却又挣扎不上去，最后终于被封建社会吞噬。她的死正好控诉了贾府这个黑暗封建家庭对女性的摧残和迫害，她的人生悲剧只能是对封建地主阶级丑恶、腐朽、堕落的最好诠释。

四、秦可卿的美学意义

秦可卿是曹雪芹笔下美貌、温顺、智慧并存的"兼美"女子，也是曹雪芹心中最完美的女性。正确解读和评价秦可卿这个人物形象，对于深刻领悟曹雪芹为何要写这一悲情人物，以至这一人物与整个《红楼梦》作品之间的主旨关系是有着巨大的认知作用的。她在书中笔墨虽少，却连接着小说中的两大主干人物（贾宝玉、王熙凤），丰富了他们的人物形象；她的悲剧不仅仅是个人悲剧，更昭示着贾府的败落，这对于整部小说的最后基调都有铺垫作用；而她独特的个人形象所表达的深层内涵，更是与小说中众多可歌可泣的悲情女子的最终命运，有着密不可分的关联。

意义一，《红楼梦》中的秦可卿虽是宁府的嫡孙长媳，但她与荣府，即《红楼梦》中两个主要人物王熙凤、贾宝玉有着密切的关系，而王熙凤、贾宝玉是整部小说人物群体中的主体，但他们的许多"事"和"情"却是由写秦可卿这个人物来表现的。小说第十一回写秦氏病重，凤姐前去探望，与秦氏亲密无间的对话，不但展示了她们之间的深厚情谊，而且向读者反映了一向骄横泼辣的凤姐也有着蕙质柔肠的一面；在第十三回写秦氏死后，王熙凤协理宁国府，凤姐那统帅威势和精明能干，也是通过描写秦氏的丧礼来表现的，"脂粉堆里的英雄"这一美称也是通过秦氏作出的评价，从而使凤姐这个人物形象更加多元化。而对贾宝玉来说，秦可卿给他上了人生最重要一课。她一出场就成了宝玉太虚幻境的引路人，因为秦可卿就是现实中的警幻仙子（包括其妹），可卿、警幻及其妹其实是三位一体的。她带宝玉领略了"薄命司""金陵十二钗"之簿册，聆听了《红楼梦十二曲》，又让其妹与宝玉"成亲"并密授云雨之事，可以说秦可卿完成了对宝玉一生都很重要的启蒙教育，并且在这一回的形象塑造中，秦可卿是作为一个以神幻为主，又兼有现实性的全面丰富的形象来塑造的，既有虚幻的寄托，又有现实的描述。由此以见，曹雪芹精密的艺术构思和虚实相生的表现手法。

意义二，《红楼梦》的主要内容，在于描写以贾府为代表的封建贵族家庭是怎样由繁荣富贵走向衰败没落的。秦可卿只是贾府的一个嫡孙长媳，但她出殡时各王公贵族莫不在路旁设棚祭奠，"连前面各色执事，陈设百耍，浩浩荡荡，一对对摆出三四里远"。可见贾府在当时社会上的地位和繁华景象。秦氏死于贾府正蒸蒸日上之时，而后贾府为迎接元春省亲所修大观园更是富丽堂皇，这些都与她死前托梦于王熙凤，并告诫"登高必跌重""乐极生悲"，要凤姐这个管家婆早作安排。她对凤姐的临别赠言是"三春过后诸芳尽，各自须寻各自门"。而整部《红楼梦》最终也如秦氏所言，贾府被抄，"树倒猢狲散"。她的丧事在小说中尽现奢侈和浮华，这场丧事是具有特定的时代氛围和家族气息的。秦可卿身为贾府正宗的嫡孙长媳，她的死亡无异预示着贾府的长房将会后继无人，这一场大丧事拉开了《红楼梦》悲剧的序幕，而且使这种悲剧气氛笼罩全书，弥漫篇终。作者以写秦可卿之丧，向读者昭示了虽然贾府此时富贵荣华，显赫一时，但最终必将走向衰亡的结局。可见，秦可卿在全书中的地位和作用。

意义三，从《红楼梦》的主旨和立意来看，是写人生的悲剧和悲剧的人生。秦可卿作为"金陵十二钗"是最先走尽自己美丽一生的，而她的美貌与智慧是让人刻骨铭心的，可以说她是《红楼梦》这本以写"女性为主，并且把女人当人，对女性尊重"的众多可赞可叹女性中的代表，她的个人悲剧旨在反映许多像秦可卿这样美丽聪慧的女性，是怎样被残酷的现实和封建社会所迫害的，揭露封建社会的罪恶腐败，以及贵族家庭生活的无耻和糜烂。关于秦可卿"好事终"的曲子，实质是一种皮里阳秋兼春秋的写法，它与尾曲"飞鸟各投林"的用意是一样的，旨在揭示秦可卿和"金陵十二钗"的悲惨结局。"玉带林中挂，金簪雪里埋"，这一个又一个的悲情人生，都充分控诉了封建社会对女子身心的残害，体现了作者在《红楼梦》中所表现的思想意义、认识意义和审美意义。这大概也就是作者创造秦可卿这一艺术形象的用意所在。

‖作品来源‖

发表于《咸阳师范学院学报》2006年第3期。

佛门槛外的一株傲雪红梅
——《红楼梦》第四十、四十一回艺术新探之四

阮温凌

导　读

　　曹雪芹精心塑造"三玉"形象，在《红楼梦》中熠熠生辉，交相辉映，还反射出作家世界观中人性理想的光芒，见出艺术巨著的美学造诣和审美价值。

　　曹雪芹为《红楼梦》构筑的这两个章回，关键在于写出了刘姥姥的"二进"和妙玉的"一出"。妙玉的第一次露面亮相，有她的表演专场，有最详尽的描绘。在这里，曹雪芹让"金陵十二钗"中唯一的幽尼和"局外人"，对贵族之家的老祖宗和乡村老寡妇刘姥姥两位老寿星做了仅有的一次反客为主的"品茶"接待，又与贾宝玉、林黛玉、薛宝钗等做了仅有的一次"品茶"聚会，让大观园仅有的"三玉"做了仅有的一次"玉展"，在人物关系的相互撞击中闪耀出性格的火花，让我们观照其内心世界的秘密及其感情屏幕的复杂图像。

　　虽然刘姥姥和妙玉在《红楼梦》中的活动所占篇幅极少，包括后四十回，刘姥姥实际上只有三次进荣国府的表演，妙玉也只有六次闪电式的出场，但不管是"三次"还是"六次"，却都以"二进"和"一出"最引人瞩目。"二进"是为刘姥姥"立传"，"一出"则是为妙玉"树碑"，都是描写这一老一少"局外人"的重头戏，其中所涵纳的思想价值和艺术价值，则是贾府的"局内人"所无法替代的。而一老一少两台戏，则又相互对比而存在。其出身，一个是来自底层社会的农村老妇，一个是来自上流社会的贵族小

姐。其性格的外在特征，一个"疯魔"，一个"怪诞"；内在本质，一个慈爱，一个高洁。其反客为主的变奏，一个在大观园，一个在栊翠庵。其主演的时间，一个较长，一个较短。其变奏的基调，一个热闹，一个冷峭。这里处处都在对比。就是刘姥姥的戏，也有人物与环境之间的对比；而妙玉的戏，更有人物自身与人物关系之间的对比。对比，成了曹雪芹这两个章回艺术构思的基本手段。

妙玉"品茶栊翠庵"的主演，是穿插于刘姥姥大变奏曲中的小变奏曲，就有"场外戏"和"场内戏"的强烈对比，又与刘姥姥的"明场戏"和"暗场戏"的对比彼此呼应，两相对照，互为交响，共同加入《红楼梦》主题歌的大合唱。曹雪芹就是在这种对比中为妙玉"树碑"的——碑文写的是一个大字："怪"。而"怪"的表现，就是"傲"，就是"洁"，"傲""洁"成"癖"——这就是妙玉的"怪癖"。因为有了妙玉的"怪癖"，才有了妙玉"品茶"中的变奏。这种"怪癖"，在"金陵十二钗"中是绝无仅有的，在大观园的青春世界也是独一无二的：即使是"孤""怪""癖"的林黛玉，在她面前也都要大为逊色。太虚幻境的《红楼梦曲》中就有一支为她唱出的歌《世难容》：

> 气质美如兰，才华馥比仙，天生成孤癖人皆罕。你道是啖肉食腥膻，视绮罗俗厌；却不知，好高人愈妒，过洁世同嫌。可叹这，青灯古殿人将老，辜负了，红粉朱楼春色阑！到头来，依旧是风尘肮脏违心愿。好一似，无瑕白玉遭泥陷；又何须，王孙公子叹无缘！

这一支曲子，对妙玉的身世、才情、气质、天性以及命运的前因后果，都有明显的题咏和暗示，还显示了其性格与爱情的悲剧。妙玉名列"金陵十二钗正册"第六，但既不是四大家族的成员，又不是四大家族的亲戚，身份特殊得很，经历也怪异得很。她"本是苏州人氏，祖上也是读书仕宦之家"，"文墨也极通，经文也不用学了，模样儿又极好"，是天生丽质，又是博学奇才。其家世，当比京都八公之一的贾府还要高贵。何以见得？——她栊翠庵珍藏有从家里带来的古玩茶具，都是稀世之珍，贾府所没有的；从饮茶等日常生活上看，她比最讲究享受的锦衣玉食的贾母还要讲究；"栊"

入栊翠庵前夕，即使其家族在统治阶级内部倾轧中败落和"父母俱已亡故"的困境中，也仍有"两个老嬷嬷、一个小丫头伏侍"，而且是先下"请帖请"，再"遣人备车轿去接"，派头十足，而同样是出家，贾府的惜春却是"独卧青灯古佛旁"，还要去"缁衣乞食"；《金陵十二钗图册判词》中，唯独妙玉享有"金玉质"之誉，这是封建社会一种极为尊贵的称谓，多批皇族子孙或宗室后裔，即使贾府的元、迎、探、惜也是冠不上如此美誉，迎春用的是"金闺花柳质"，惜春用的是"绣户侯门女"。出身高贵，却因"自幼多病"，"买了许多替身"皆不见效而被莫名其妙地送入空门，"带发修行"，青灯、古佛、经卷、蒲团、寺庵，成了她的世界，从此被幽禁了青春，封锁了爱情，忍受着少女固有的人欲和本能的诱惑和折磨，断送了少女无价之宝的欢乐与幸福。由于她的遁入空门皆为消除"命中的灾难"而受父母支配，并非自觉自愿，必然六根未除，而且还可以还俗，因而就与正统的尼姑僧道有别。但家庭败落又使她逃避现实社会的残酷斗争而固守佛地净土的避难所，增强禅悦之思却"尘缘未断"，深受禁欲主义的影响又未能看破红尘，只能在"禅关"和"礼教"铸成的千年"铁门槛"的禁锢中挣扎。因为她是佛门幽尼，又是贵族小姐，这种矛盾而又复杂的处境造成了妙玉的"矫情"，把自己强制于"槛外"的"四大皆空"，却又把眼睛紧紧盯住"槛内"的"红粉朱楼春色"，自命为"槛外人"却做着"槛内情"的美梦。根据介绍，妙玉出家地点是名山宝刹玄墓山蟠香寺，所拜名师，弟子极多，却只带她一人到长安朝拜"观音遗迹并贝叶遗文"，可见她在蟠香寺又是深得器重并享有较高地位的，似乎颇有前程。书中又说："他师父极精演先天神数，于去年圆寂了。妙玉本欲扶灵回乡的，他师父临寂遗言，说他'衣食起居不宜回乡，在此静居，后来自然有你的结果'。所以他竟未回乡……"但在虚伪和欺骗的社会环境中，这一"金玉质"毕竟没有"在此静居"。她浮沉苦海，却找不到超渡慈航。由于她出身不凡，心性高洁，"不合时宜，权势不容"——"好高人愈妒，过洁世同嫌"，便从原来的空山古庙投入现今的大观园栊翠庵。就这样，带着她蔑视世俗权贵的高洁和窥探红楼春色的情怀，在"红楼孤岛"的"槛外"，长出她这一株傲世独立的白雪红梅，散发出她诱人的冷艳寒香的无穷诗韵,凝聚为她栊翠庵"品茶"会友的"雅趣"和"槛内"自遣的"芳情"。

"品茶"的"场外戏",开演的地点是在东禅堂。那天贾母宴饮大观园,乘着酒兴带了刘姥姥和贾宝玉、林黛玉、薛宝钗等一群人来到栊翠庵,一面欣赏院中繁盛的花木"比别处越发好看",一面要品尝妙玉的好茶,做了妙玉的茶客。因而妙玉有了反客为主的变奏。"相迎进去"后,妙玉亲自捧了一个海棠花式雕漆填金云龙献寿小茶盘,里面放了一个成窑五彩小盖盅,捧与贾母。贾母道:"我不吃六安茶。"妙玉笑说:"知道。这是'老君眉'。"贾母接了,又问:"是什么水?"妙玉笑答:"是旧年蠲的雨水。"贾母便吃了半盏,笑着递与刘姥姥说:"你尝尝这个茶。"贾母对这种茶,还十分赞赏呢。殊不知,妙玉敬献给贾母的是次等茶,原来她把最好的茶留给"场内戏"——留在心中的秘密!趁这个时候,妙玉忙里偷闲,悄悄把宝钗、黛玉的衣襟一拉,她们便随她进入耳房内,宝玉也就悄悄随后跟了进来,留神看她"是怎么行事",开始了在耳房内表演的"场内戏"。宝玉笑道:"你们吃体己茶呢。"黛玉和宝钗笑答:"你又赶了来飺茶吃?这里并没你吃的。"戏即由此开场。妙玉竟把一个贾府的老祖宗丢忘在外头,使贾母受到冷落,而将满腔热情,都集中在内头的表演——让宝玉、黛玉和宝钗品尝用五年前"收集的梅花上的雪水"沏的上等茶,那是她在玄墓山蟠香寺时总共才收集的"一鬼脸青的花瓮一瓮","总舍不得吃",一直"埋在地下"的。而品用的茶具呢?则是贾府所没有的珍奇古玩:瓟斝、点犀盉、绿玉斗,还有一只九曲十环一百二十节蟠虬整雕竹根的一个大盏。这些茶具,作为道具,不同茶客的不同品用,也都带有妙玉眼睛的透视,心理的因素,感情的色彩。贾母"吃了半盏"后递给刘姥姥"一口吃尽"的那个成窑五彩小盖盅,道婆收来后,妙玉忙令:"将那成窑的茶杯别收了,搁在外头去罢。"对妙玉相当了解的宝玉马上"会意",知道这是刘姥姥吃过的,她嫌肮脏,不要了。宝玉又见妙玉另拿出瓟斝和点犀盉分别斟茶给宝钗、黛玉品饮,最后才用那只绿玉斗来斟与自己饮用,却不知道这绿玉斗是妙玉"前番自己常日吃茶"专用的茶具,极其高洁,也是稀世之宝,其中早已斟满了她少女的纯情、专情、深情、热情。但宝玉却漠然不觉，所以笑着说："她两个就用那样古玩奇珍，我就是个俗器了。"妙玉则说："这是俗器？不是我说狂话，只怕你家里未必找的出这么一个俗器来呢。"在这里，表演的道具绿玉斗，贮满了妙玉复杂而又微妙的感情信息，又映照了妙玉整个心灵太多的奥妙。但稀世之宝的绿玉斗，其感情信息，对尘世"俗器"却一时无法通达传递；妙玉心灵的奥秘，又如此难以叫正在"留神"的宝玉一眼看透。但唯其如此，"场内戏"才演得扑朔迷离，神秘兮兮；栊翠庵反客为主的变奏曲，才由此奏起了最强音——旋律在此高昂，主题在此孕育。在这里，茶具被人化了，灵化了，情化了。而围绕茶具的人化、灵化、情化，妙玉和宝玉又有如下异乎寻常的对话：

> 妙玉听如此说，十分欢喜，遂又寻出一只九曲十环一百二十节蟠虬整雕竹根的一个大盏出来，笑道："就剩了这一个，你可吃的了这一海？"宝玉喜的忙道："吃的了。"妙玉笑道："你虽吃的了，也没这些茶你糟蹋！岂不闻'一杯为品，二杯即是解渴的蠢物，三杯便是饮驴'了？你吃这一海，更成什么？"说的宝钗、黛玉、宝玉都笑了。妙玉执壶，只向海内斟了约有一杯。宝玉细细吃了，果觉轻淳无比，赏赞不绝。妙玉正色道："你这遭吃茶是托他两个的福，独你来了，我是不能给你吃的。"宝玉笑道："我深知道。我也不领你的情，只谢他二人便了。"妙玉听了，方说："这话明白。"

这一对话，自然、融洽、亲切而又含蓄、幽默、诙谐，不是知音，是说不出这种谈心式的少男少女情意绵绵的独特的个性化语言的，不仅有弦外之音，而且是话中有话。特别是其中那"你这遭吃茶是托他两个的福，独你来了，我是不能给你吃的"之托词，把一个"道是啖肉食腥膻，视绮罗俗厌的"的妙玉却乐与三餐不离腥荤的"浊玉"共饮同杯的隐衷，掩饰得多么巧妙，又暴露得多么彻底！这种"欲盖弥彰"的私情，在后来宝玉"独"来"独"往于栊翠庵向妙玉"独"乞红梅——也正是"独你来了"的，不也再次得到印证了吗？在妙玉有案可查的与宝玉的五次接触中，这是他俩第一次也是仅有的一次语言最真切、感情最丰富的交谈。从中我们又可以看出一向被邢岫烟视为"僧不僧，俗不俗，女不女，男不男"而"放诞诡僻"，为李纨所"可厌"而"不理"的妙玉，这时对宝玉是多么的随和、柔顺、亲热和"体己"！因而围绕茶具，宝玉最后又向妙玉赔笑要求把那刘姥姥喝过的"肮脏了"的茶杯送给刘姥姥卖钱"度日"，妙玉听了，想了一想，竟爽快利落点头答应："这也罢了。幸而那杯子是我没吃过的；若是我吃过的，我就砸碎了也不能给他。你要给他，我也不管。你只交给他，快拿了去罢。"宝玉则高兴答道："自然如此。你那里和他说话去？越发连你都肮脏了。只交给我就是了。"这种互相了解与体贴，似乎可以看出两人的心心相印。而作为回报，宝玉随即又叫人"河里打几桶水来"让妙玉"洗地"而称了妙玉的心意。这一对知心人的第一次接触，就是如此的相互理解，相互敬重，相互体贴，是多么的情投意合啊！

"品茶栊翠庵"反客为主的变奏曲，也是一篇"品茶赋"——一首散文诗。这里所描绘的佛门"临潼斗宝"的画面，叹为观止的茶道文化，和妙玉的心灵手巧，高雅颖慧，孤芳自赏，无不经由轻灵笔触的白描勾勒而为品茶场景创造一种飘逸超脱的意境，呈现一派空灵清澈的氛围。"品茶赋"，有心灵的感应，有人格的物化；"散文诗"，有"红粉春色"与"红楼佛影"的交错的景，有"违世矫情"和"自遣芳情"交织的情——情景交融，诗意盎然。因而整个"品茶"的变奏，余音袅袅，悠悠无尽，耐人回味。

尤其耐人回味的，是它"冷""热"变奏的情调。"品茶"有"冷"有"热"，先"冷"后"热"。"冷"，是冷对贾母。贾母是贾府的太上皇，连"现掌道录司印，又是当今封为'终了真人'"的张道士之流巴结讨好都唯恐不及，更是"威重令行"的王熙凤之辈阿谀奉承所巴不得的。贾府上上下下，谁不对贾母敬若神明、噤若寒蝉？但实际上是依附于贾府的妙玉，不仅从来就没有讨好过贾母，而且对这位至高无上的老祖宗却敢于怠慢。那贾母一来的"相迎进去""笑往里让"，表面上"热"，骨子里却"冷"：难得光临的贾母是要来品一杯"你的好茶"，但妙玉孝敬的却是一般的以"旧年蠲的雨水"沏的次等茶；用的茶具也是极平常的"成窑五彩小盖盅"；作为大观园的"客卿"和栊翠庵的主人，不陪贾母谈话，却丢下不管，而与宝黛等在里面品饮"只吃过一回"的五年前梅花雪水沏的上等茶，用的茶具又是首次动用的古玩奇珍;贾母走时,"亦不甚留",刚"送出山门",就"回身将门闭了"。如此对贾母不敬,冷漠、傲慢,在大观园,可以说是唯独妙玉,绝无他人了。这实际上是尊贵的家世和天生的"金玉质"养成她的"高傲"与"任性",以及坎坷的生活经历使她有了"石奇神鬼搏,木怪虎狼蹲"的认识,看透了丑恶腐朽的封建贵族的狰狞面目,是一种傲视权贵的表现。就如以前的红学家评说的:"妙玉壁立万仞,有天子不臣,诸侯不友之概。"①正因如此,妙玉才在品茶栊翠庵的"场外戏"演出了孤高傲世的主题。而"热",是热衷于宝玉。但这种"热",却是以"冷"的面目出现的。一开始,妙玉是"把宝钗黛玉的衣襟一拉",暗邀耳房内"吃体己茶",好像对宝玉一点都不理睬,但"拉"宝钗黛玉,正是为了拉宝玉——绝顶聪明的妙玉深知黛玉宝钗是捆绑宝玉的两条绳索,这一"拉",最灵!吃"体己茶"时,妙玉斟与宝钗黛玉的是古玩奇珍"瓟瓟斝"和"点犀盉",斟与宝玉的则是另一种"俗器",好像很冷漠很随便,殊不知,这却是妙玉自己日常吃茶专用的神圣不容染指的绿玉斗,是妙玉高洁形象的象征,是妙玉自身的暗许明示,是别有情意的——这种冷,内心却是够热的!但为了在黛玉宝钗面前掩饰,又硬压住了内心燃烧的热情,冷调处理,冷言冷语,一本正经——对宝玉正色道:"你这遭吃茶是托他两个的福,独你来了,我是不能给你吃的。"这种冷到冰点的热,以及热到沸点的冷,正反映了妙玉和宝玉的一种"情不情"的关系,是如此的隐晦、曲折、微妙、复杂、隐蔽,但又是如此的突出——为了突出,连贾母、刘姥姥一些人,甚至黛玉宝钗等,都成了一种铺垫和陪衬了。

这种"情不情",以品茶栊翠庵"场内戏"的主演为发端,所表现的反客为主的变奏,则一直延续到后来另外几次的宝妙关系——对妙玉性格刻画的整条主线之中:第五十回的"芦雪庭联诗",宝玉被罚到栊翠庵"乞红梅",这原是大观园少女王国都望而却步的难题,妙玉却唯独对宝玉青眼有加,可以让他"独来独往"而"笑欣欣擎了一枝"回来,并有所透露说:"也不知费了我多少精神呢。"这不正暗写了宝妙关系的奥妙吗?这种

---

① 徐瀛:《红楼梦论赞》。

暗中关系，不仅留给读者太多丰富的想象和联想，就连邢岫烟也早已心中有数——她后来对宝玉说的"怪不的上半年竟给你那些梅花"，就有不少潜台词。第六十三回的"飞帖祝寿"，则更为主动：大观园里跟宝玉同生日的共有四人，其中就有与妙玉"有十年师友之谊"的邢岫烟，但她又唯独向宝玉投送"槛外人妙玉恭肃遥叩芳辰"的贺帖；万人不入他的眼的一个"槛外"缁衣红颜，竟如此挂念"槛内"的怡红公子，而由此换来了多情的"回帖"——大观园温柔富贵乡的一槛之隔，已经难以隔绝这种宝妙式的"赠帕"和"题诗"的私情了。到了第八十七回，则有更多的心理活动，是内心矛盾斗争的高潮——蓼风轩中对弈，宝玉施礼笑问："妙公轻易不出禅关，今日何缘下凡一走？"妙玉"忽然把脸一红，也不答言，低了头"，又"微微的把眼一抬，看了宝玉一眼，复又低下头去，那脸上的颜色渐渐的红晕起来"；潇湘馆外听琴，单独与宝玉在山子石上坐着，亲密交谈，论琴理，寄知音；回庵当夜，又想起"宝玉之言"，"不觉一阵心跳耳热"，"神不守舍"，把压抑的苦恋私情都化为万马奔腾而飞向爱情的魔幻世界，在走火入魔中任由打坐的禅床幻化，而"变成梦中的花轿"[1]……这一系列引发于第四十一回"品茶栊翠庵"的"情不情"，就这样沿着妙玉的性格轨迹和宝妙关系的主线发展深化，终于构成妙玉没完没了的"不了情"。这种"情不情"与"不了情"，按照贾府外面强人的说法，即"不是前年外头说他与他们家的什么宝二爷有缘故，后来不知怎么又害起相思病来"——一句话，就是："那儿忍的住！"也正如清代蒙文译者哈斯宝所言："槛外人妙玉其实仍在爱海情网中。她见宝玉屡次面红耳赤，此非含情而何？"[2]也正如《妙玉判词》所云："欲洁何曾洁，云空未必空。"妙玉虽身在槛外，却心在槛内，她并没有看破红尘，更说不上超脱红尘，她那"芳情只自遣，雅趣向谁言"的内心独白，正倾吐了她对青春的雅趣和少女的芳情的无限怀恋和强烈痛苦的情怀，因为她感受到闺范与禅规桎梏人性的残酷，却无法得到摆脱。无法摆脱，就只好以"情不情"与"不了情"为寄托，更何况她

---

① 蒋和森语。见《红楼梦论稿》，人民文学出版社，1981年第2版，第153页。
② 《〈新译红楼梦〉回批》，内蒙古人民出版社。

与宝玉又有着共同的思想性格基础。宝玉对妙玉是十分了解和尊重的，他得到妙玉"遥叩芳辰"的贺帖，就曾对岫烟说"因取我是个有些微知识的，才给我这帖子"。所谓"些微知识"，即指造成与妙玉的"好高人愈妒，过洁世同嫌"相照应的"行为偏僻性乖张，那管世人诽谤"的所谓"歪门邪道"。这说明宝妙心灵是相通的。

而在大观园中，能像宝玉那样与妙玉心灵相通的，也就只有黛玉了。这位被视为"小心眼儿"的林妹妹，在大观园不知说过多少刻薄话，讥刺过多少人，但她对妙玉就从来没有刻薄过，讥刺过。大观园的这两"玉"姐妹，美德相当，性格相投，超凡脱俗，出类拔萃。可贵的又是彼此的相互理解。因而"孤高自许，目无下尘"的潇湘绿竹，对栊翠庵"天生成孤癖人皆罕"的傲雪红梅，才如此敬重。"场内戏"吃体己茶，黛玉品不出妙玉的梅花雪水，以为是"旧年蠲的雨水"，妙玉即不客气冷笑她为"大俗人，连水也尝不出来"，还借题反问道："你怎么尝不出来？隔年蠲的雨水，那有这样清淳？如何吃得？"黛玉也任其发挥，并没有任何"小心眼儿"的表现。后来"争联即景诗"，宝玉独乞红梅，李纨命人好好跟着，还是深知妙玉为人和理解宝妙关系的黛玉"忙拦"住说："不必，有了人，反不得了。"又有一次"中秋夜大观园即景联句"，黛玉在看了妙玉所续的十三韵之后，"赞赏不已"，尊她为"诗仙"。同是蔑视权贵，不愿随俗浮沉的贵族少女，大观园的这一对知己——一个是封建礼教的叛逆，一个是佛门教规的叛逆，也正是宝玉在大观园的两个知己：她俩同是"姑苏人氏"，同是"读书仕宦之家"出身，又同是"自幼多病"，身世、遭际、气质、才情等都有相同之处，而分别从现实世界和宗教世界会集于大观园，与宝玉同心共契，在封建贵族的营垒中结成"红楼三玉"反叛的联盟。而当黛玉为其情死，妙玉遭其厄运，失掉了两个世界的知己的时候，宝玉终于也跟着两位知己走了：像黛玉那样离开了现实世界——灵魂消亡，虽生犹死；像妙玉那样遁入了宗教世界——"撒手悬崖"，出家为僧。"红楼三玉"的这种悲剧命运，很明显，是由他们的叛逆性格和理想追求铸成的。因有这种青春纠葛、爱情交缠的共同命运和必然结局，第四十一回"红楼三玉"唯有的一次品茶聚会，栊翠庵唯有的一次"玉展"，才显得如此难得，如此重要，如此值得探赏，如此值得研究。蒙文译者哈斯宝说得好："写出一个性格怪僻的宝玉，又写出了一个性情怪僻的黛玉，已经是奇，却又慢慢研墨蘸笔，还写出了一个性情绝怪的妙玉……因为那两玉，一个是'宝'，一个是'带'……又写出了一个'妙玉'，使那条'玉带'生辉。"①曹雪芹精心塑造这同一类型的"三怪"性格和"三玉"形象，在《红楼梦》中熠熠生辉，交相辉映，正反射出作家世界观中人性理想的光芒，见出艺术巨著的美学造诣和审美价值。

第四十一回"品茶栊翠庵"反客为主的变奏，在人物关系的对比中，"场外戏"突出的是与两位老寿星的关系，"场内戏"突出的是与两位小知音的关系——从两组关系人物的对比中，显示了妙玉的傲性、洁癖、私情、友爱的性格侧面，展现了妙玉个性鲜明的立体形象。这是曹雪芹精心雕琢的一块"纤尘不染"的绝妙的白玉，是继贾宝玉、林黛玉之后的又一个离经叛道、惊世骇俗的光辉形象。而从这里开始，品茶"三玉"，相互辉映，相映成趣，由此即结成"三玉"一体，可以说是《红楼梦》中一个统一的艺术典型。虽然描写妙玉篇幅最少，但曹雪芹却能在这里的"品茶"中为妙玉"树碑"，让我们闻出傲雪红梅扑鼻的"寒香"，看到傲雪红梅"冷艳"的动人形象。

作品来源

发表于《名作欣赏》1997年第4期。

---

① 《〈新译红楼梦〉回批》，内蒙古人民出版社。

试论巧姐形象的文化意蕴

李娟霞

> ## 导　读
>
> 　　巧姐是"金陵十二钗"之一，也是"十二钗"中年龄最小的一位，作品中她的戏份很少。但曹雪芹塑造这一人物却寄托了他对友爱平等的家庭伦理观的呼唤和对恬淡怡然的田园生活梦的向往与追求。

　　贾巧姐，小名大姐儿，是贾琏与王熙凤的女儿，荣国府草字辈的千金小姐，"金陵十二钗"正册人物之一。在"金陵十二钗"中，她排在第十位，居于李纨和秦可卿之前。从身份来看，她是"十二钗"中五位小姐之一，但年龄最小、辈分最低，另外四位是她的姑姑元春、迎春、探春、惜春；从作者的描写分量来看，她所费笔墨最少。在前八十回中，写到她的地方只有三处：第一次是第六回巧姐（大姐儿）首次出场："于是来至东边这间屋内，乃是贾琏的女儿大姐儿睡觉之所"；第二次是第四十一回写大姐儿用大柚子换板儿的佛手来玩；第三次是第四十二回写刘姥姥为大姐儿取名巧姐。相比较而言，高鹗所续写的后四十回对巧姐的描写文字要多一些，主要是：贾府败落，巧姐被其"狠舅"——凤姐之兄王仁、"奸兄"——贾蓉等串通出卖给"外藩"（即封在外地的王侯），而被刘姥姥所救——坐上大车跑到刘姥姥家躲了几天。后来又由刘姥姥做媒嫁给了"家财巨万，良田千顷"的周姓大地主。这里高鹗笔下的巧姐形象似乎与第五回《巧姐判词》及《留余庆》相应接，但实际上在审美意蕴及艺术构思方面却貌似神离。

　　巧姐的命运，曹雪芹在小说第五回为她所作的画册和判词就作出了安排和暗示。其画面为："后面又是一座荒村野店，有一美人在那里纺绩。"判词云："势败休云贵，家亡莫论亲。偶因济刘氏，巧得遇恩人。"画册中的"荒村野店"和"美人纺绩"暗示了巧姐的归宿。判词中巧姐虽为豪门千金，过着奢靡的生活，但在贾府败落、王熙凤死后，巧姐所有的亲人和亲戚都冷漠相待，只有当初王熙凤偶施小惠接济过的刘姥姥，才设法救出了落难的贾巧姐。曹雪芹的原意是贾府后来"一败涂地""子孙流散"，"落了片白茫茫大地真干净"，所以说"势败""家亡"。脂砚斋曾批曰："非经历过者，此二句则云纸上谈兵，过来人那得不哭！"这里蕴含了批阅者对世态炎凉的深刻感受和切肤之痛。

《红楼梦曲》中关于巧姐的曲子则是："留余庆，留余庆，忽遇恩人；幸娘亲，幸娘亲，积得阴功。劝人生，济困扶穷。休似俺那爱银钱、忘骨肉的狠舅奸兄！正是乘除加减，上有苍穹。"这支曲子同巧姐的画册与判词一样，也是暗寓其身世结局的。

曹氏的原意是巧姐在贾府败落之后，被"狠舅"王仁、"奸兄"贾蓉等卖出，以至于流落到烟花巷中，后来幸与刘姥姥相逢，被刘姥姥救出。刘姥姥为了报答王熙凤旧日接济之恩，又"忍耻"将巧姐配于板儿为妻，成了自己的外孙媳妇。与前半部十二钗所过的那种吟风弄月的寄生生活不同，巧姐后来走上了一条全新的自食其力的生活道路。

诚如邹自振所说："巧姐的遭遇让我们看到了封建贵族赖以维持正常秩序的伦理道德，已沦丧到贩卖自己的至亲骨肉的地步，诗礼揖让的薄纱已被揭去，赤裸裸地露出了互相吞噬的真面目。巧姐悲剧的深刻性正在这里！"

那么，曹雪芹设置巧姐这一人物，仅仅是为了揭露封建伦理道德的残酷吗！在我看来，巧姐这一人物形象背后有着更深厚的文化意蕴。

第一，"狠舅奸兄"——友爱平等的家庭伦理观的呼唤与重塑

"儒家的目标，是建立一个和谐有序的理想社会，而家庭作为构成社会的原初基本单位，是整个社会和谐稳定的基础。"因此，良好的社会秩序

的形成，必须依赖于家庭的和睦稳定。

通过对中国古代家庭伦理观的梳理和考察，我们发现，先秦时期的社会规范较为宽松，道德的要求往往带有诸如"父慈子孝""兄友弟共"等明显的双向性色彩。儒家从"仁"出发，把"亲亲""爱有差等"作为"仁"的基本内涵。如"未有仁而遗其亲者也"（《孟子·梁惠王上》），"仁者人也，亲亲为大"（《礼记·中庸》），"人则孝，出则悌，谨而信，泛爱众，而亲仁"（《论语·学而》）等。由此论述可以推知，儒家所倡导的"仁"，是始于"人人敬其亲，长其长"，终于"不独亲其亲，不独子其子"的。这种双向性的家庭伦理观在维护家庭秩序、促进家庭和谐方面无疑是具有积极意义的。后来，随着"三纲"以及程朱理学的融入，原本双向的家庭义务关系蜕变成了单方面的对臣、子、妻的道德要求，其合理性因素逐渐减少，并最终成了封建社会统治阶层进行专制统治的政治工具。

曹雪芹所处的时代，各种社会矛盾错综交织、异常尖锐，正是封建社会的末世。如《清史稿》（卷四九九）记载："康熙四十三年，饥，民鬻子女。"《清稗类钞》记载："但计搏节，而子女年龄之相当与否，均置不问。"这些道德沦丧之事，不仅出现在史书中，曹雪芹所处同时代的文学作品也比比皆是。如李渔的《风筝误》以一只风筝为线索，紧扣一个"误"字，以一个官僚家庭为主要窗口，将笔触从家政写到朝政，从家风写及世风，从一个侧面反映了当时人心不古、世风日下、道德沦丧的社会现实。而作为一曲行将没落的封建社会挽歌的《红楼梦》，艺术地再现了当时腐朽、黑暗的社会现实情景。

作品中，"狠舅奸兄"的描写实是当时世风日下、伦理道德沦丧的真实写照。在第五回《留余庆》曲子中有"休似俺那爱银钱、忘骨肉的狠舅奸兄"，这里"狠舅"指的是王仁，"奸兄"应为贾蓉、贾芸之流。很多红学"探佚"者认为，贾府被抄没后，王仁侵吞了王熙凤转移到娘家的钱财，并与贾蓉、贾芸等沆瀣一气将巧姐卖给了瓜洲渡妓院，甚至连护送人也卖与了人贩子。小说第一百一十八回：贾环想起凤姐往日待他刻薄，遂串通贾芸、王仁、邢大舅和邢夫人等人合谋要将巧姐卖与外藩王爷做妃子。王仁竟恬不知耻地拍手道："这倒是一种好事，又有银子。只怕你们不能，若是你们敢办，我是亲舅舅，做得主的。"这样看来，腐朽的封建大家族到了败落的时候，真是骨肉相残，六亲不认，竟以出卖自己的亲骨肉来满足自己的贪欲。

曹雪芹对巧姐遭际的描述，对"狠舅奸兄"的揭露，实则是对当时家庭伦理道德沦丧现象的悲叹，其深层的文化意蕴则是曹氏对友爱平等的家庭伦理观的呼唤以及对重塑这种伦理观的渴望。

🎵 第二，"美人纺绩"——恬淡怡然的田园生活梦的向往与追求

对田园生活的描述，最早可追溯到《诗经》，但真正在中国文化中种下了"田园情结"的则是陶渊明。盛唐时期，田园生活一度成为了一种时尚的选择。此后，对田园生活的向往几乎成了文人、士大夫永恒的追求。

而每每到了文人失意之时，社会动荡之际，他们都会梦想着能逃离黑暗、悲惨的现实社会，到飘荡着牧歌的田园去生活。在《红楼梦》中，曹雪芹对巧姐最后归宿的安排——"美人纺绩"，正体现了他对田园生活的向往，而曹雪芹的这种"田园情结"在作品里也有体现。如第十七回设置"杏帘在望——稻香村"中联句为："新涨绿添浣葛处，好云香护采芹人。"《红楼梦诗词曲语正解》解释时说："'浣葛'象征劳动人民过着纯朴而勤劳的生活，此处暗指宝玉代表的老庄思想追求恬淡寡欲的田园生活之象征。"元春省亲时曾感叹道："田舍之家，虽齑盐布帛，终能聚天伦之乐；今虽富贵已极，骨肉各方，然终无意趣。"探春也曾有同样的感触："我说倒不如小人家人少，虽然寒微些，倒是欢天喜地，大家快乐。我们这样人家人多，外头看着我们不知千金万金小姐，何等快乐，殊不知我们这里说不出来的烦难更利害。"追溯起来这些都是"田园情结"对曹雪芹思想的影响，而这种影响在曹雪芹友朋的诗作中亦有表现。如张宜泉诗作《题芹溪居士》："爱将笔墨逞风流，庐结西郊别样幽。门外山川供绘画，堂前花鸟入吟讴。羹调未羡青莲宠，苑召难忘立本羞。借问古来谁得似？野心应被白云留！"

诗中所写只有山中的白云可以与他作伴的情怀，不正是他对无拘无束的田园生活的向往吗？曹雪芹安排巧姐（纺绩美人）走上了元春与探春内心所渴望的道路，在巧姐身上真正暗含了曹氏对贾家衰落以后下一代生存道路的探索，可以说，相对于福祸莫测的贵族生活，曹雪芹对更为平实的田园生活是赞许的。

而《红楼梦》里，贾政见到稻香村很是喜欢，并说："未免勾引起我归农之意"。这里，不能简单地看作这是他在自诩高雅，标榜清廉。事实上，这种思想也相当程度地代表了曹雪芹那个时代文人官宦的文化心理和审美观。所以，高淮生说："可以这样认为，《红楼梦》的艺术精神含蕴着魏晋风神更高更新意义上的形象展现。他（曹雪芹）像阮籍、嵇康、陶渊明一样，不仅以自己出色的创作为后世提供了不同寻常的优秀范本，标示着生命个体所独有的审美风范，并且也为后世提供了独具鲜明特色的人格范型。曹雪芹赋予《红楼梦》这部小说的昭示意义极其丰富深刻，揭示这些意义可以借助各种理论与方法，但却必须置于传统文化的大背景下展开解读与体悟，并能深潜到中国传统文士的心路历程探幽洞微，才可以真正寻求到令人信服的合情合理的答案。"

综上所述，曹雪芹塑造巧姐这一形象，就是要让她远离道德沦丧的贵族府第，远离贵族的寄生生活，回归乡下，回归田园。而在曹雪芹看来，田园不仅是巧姐的福地，也是他自己心灵的最后归宿地。正是在这个意义上，我们才说，巧姐身上寄托了曹雪芹对友爱平等的家庭伦理观的呼唤与重塑，也表现了他对恬淡怡然的田园生活梦的向往与追求。

‖作品来源‖

发表于《宜春学院学报》2011 年第 6 期。

封建末世正统文人的艺术写照——贾政形象试论

吕立汉

导 读

　　贾政是《红楼梦》中一个重要的男性形象，但红学家多对其持负面的批评。本文旨在结合贾政所处的特殊时代文化背景，揭示封建末世正统文人贾政的道德尴尬，强调这种逻辑建构对应于贾政的社会背景。最后，揭示这种哲学内涵给封建知识分子人格上的负面影响。

　　在绚丽多姿的《红楼梦》人物画廊当中，贾政算不上是曹雪芹用浓墨重彩描绘的主要人物，然而又必须承认是作者塑造得相当成功的艺术形象之一。翻阅历来的红学论著，论及贾政似多贬斥。或曰："贾政者，假正也。"[1]或曰：贾政是"典型的伪君子"[2]"不学无术的欺世盗名的假道学"。如此评价，有失公允。贾政诚然是以封建叛逆思想的对立面出现于《红楼梦》之中，但他有别于贾赦、王熙凤之流，品行还是端正的。他恪守封建道德教条，尽力做到为臣忠、事亲孝、教子严，其言行举止都不失为是封建末世的一位正统文人。

一

　　俞平伯先生认为，在《红楼梦》中，贾政这一名字作者是用了谐音法，即贾政是"假正""假正经"的意思。作者对他虽然是"有贬无褒的，退

---

① 俞平伯：《读〈红楼梦〉随笔》，见《〈红楼梦〉研究参考资料选辑》，人民文学出版社，1973 年版，第 6 页。
② 《评政治历史小说〈红楼梦〉》，上海人民出版社，1976 年版，第 84 页。

多少步说，亦贬多于褒。"①的确，《红楼梦》中的人名作者常用谐音法以暗示对人物的褒贬爱憎。如：甄英莲为"真应怜"，冯渊意即"逢冤"，而贾化、卜世仁又分别是"假话""不是人"之意。至于贾政，作者是否也用此法予以贬斥呢？恐非如此。我们去看《红楼梦》的早期抄本，就会发现凡是小说中用了谐音法的人名，批书人脂砚斋等都一一注明。如写到贾政门下清客相公詹光、单聘仁时，脂砚斋先后下注云："妙，盖沾光意。""更妙，盖善于骗人之意。"却独不于贾政名下注明贾政"盖假正经之意"。假如贾政真的是作者所贬斥、嘲讽的人物，脂砚斋又何以不道破在此处也用了谐音法呢？脂砚斋究系何人，目前尚无定论。可有一点，专家的意见还是相当一致的，即他（她？）与曹雪芹的关系非同一般。他不仅评书，还参与改书，且看过后三十回手稿，因此其批语的可靠性是不容否定的，我们不能等闲视之。其实，我们大可不必在人名上多做文章，评判作者对某一人物是褒是贬，主要地要看所塑造的这一人物的言行举止。大凡名著，作者的爱憎感情总是能"从场面和情节中自然而然地流露出来"。《红楼梦》当然不会例外。

《评政治历史小说〈红楼梦〉》一书认为：贾政是一个"典型的伪君子"，"杀害奴隶的罪魁祸首"。依此说法，贾政与贾赦、王熙凤之流就毫无区别了。这种观点难以让人接受。在贾府中，贾政与贾赦等人虽同属荣国府的上层人物，但在为人、思想情趣等方面都是有很大差异的。谁都知道，贾赦是一个依仗财势，为非作歹之徒。他贪婪成性，以"拖欠官银"之莫须有罪名强加于人，硬是把石呆子的二千把古扇占为己有；他色胆包天，吃在碗里，看在锅里，妻妾整天与他饮酒作乐尚不满足，还要威逼利诱，软硬兼施叫鸳鸯就范，结果在老祖宗面前讨了个没趣。对于这些，作者是毫不留情地加以鞭挞的。王熙凤呢？用兴儿的话说，她是"嘴甜心苦，两面三刀"，"上头笑着，脚下就使绊子"，"明是一盆火，暗是一把刀"（第六十五回）的奸诈人物。包揽诉讼、借刀杀人、扣发月钱、放高利贷等伤天害理之事，她

① 俞平伯：《读〈红楼梦〉随笔》，见《〈红楼梦〉研究参考资料选辑》，人民文学出版社，1973年版，第6页。

都可昧着良心去干。贾政却是另一种人。他是荣国公的次子，"自幼酷喜读书，祖父最疼"（第二回）；为人"谦恭厚道，大有祖父遗风，非膏粱轻薄仕宦之流"（第三回）。在作品的具体描写中，我们也确实看不到他有贾赦、贾琏父子偷鸡摸狗、眠花宿柳的败行，也绝无王熙凤等人虚伪、贪婪、残暴的恶德。平心而论，在这个贵族大家庭的上层人物当中，贾政真算得上是一个正人君子了。

贾府发生的诸如金钏儿、林黛玉之死也很难归罪于贾政。从作品可知，置金钏儿于死地的是王夫人。贾政只是在事后听说，并十分惊诧："好端端的，谁去跳井？我家从无这样事情。自祖宗以来，皆是宽柔以待下人。……大约我近年于家务疏懒，自然执事人操克夺之权，致使生出这暴殄轻生的祸患。"（第三十三回）显然，贾政作为一个封建正统派人物，是绝对不允许，也根本没想到自己家族中会发生如此有损于家风的丑闻的，于是在言谈中便自然地流露出一种既惊讶又反感的情绪来。他压根儿就没想到这一人命案是自己儿子与夫人所导致，因此便归罪于"执事者"了。但是，我们切不能由此就武断地认为是贾政有意"抹去贾府主子们手上的鲜血"。

至于拆散"木石前盟"，缔结"金玉良缘"，也由这个"老爷作主"，从而葬送了林黛玉的生命，这种观点也是站不住脚的。我们姑且不论后四十回续书在林黛玉命运归宿的安排上是否符合原作精神，即便依据续书的描写，也不能将林黛玉之死归罪于贾政。续书写贾府真正把宝玉婚事摆上议事日程当在宝玉失玉之后。当时贾宝玉因失却通灵宝玉而迷失本性，变得痴呆疯癫，为了"冲喜"，贾母又将"金玉良缘"再次摆到桌面上来，"请老爷"过来"商量商量"。贾母说明意图后就问贾政，你们夫妇"还是要宝玉好呢？还是随他去呢？"（第九十六回）说"商量"那是老祖宗给儿子一点面子，其实这话哪有商量的余地？连征求意见都谈不上。谁都清楚，贾政虽说是一家之长，其实一切都由老祖宗说了算。宝玉婚事，也不例外。贾政纵然不愿，又将奈何？在这一点上，续书还是写得很分明的。贾政听了贾母的话便站起来说："老太太这么大年纪，想法儿疼孙子，做儿子的还敢违拗？老太太主意该怎么便怎么就是了。"（第九十六回）为宝玉

"冲喜"的主意是老祖宗拿的,"掉包计"的"奇谋"是王熙凤设的,却硬要贾政充当替罪羊,这总不合理吧!

有人认为贾政是个"不学无术的欺世盗名的假道学",此论也欠公允。贾政作为一个封建政治思想的代表人物,他具有封建时代文人士大夫迂腐保守、名利观念严重的共性。我们知道,自明代以八股取士的科举制度实行之日始,一般的封建文人都只重文章而不屑诗赋。正如章学诚所云:明清两代儒林士子皆以"四书之义相为矜尚",而视"通今服古谓之杂学,诗古文辞谓之杂作,士不工四书文,不得为通",贾政正是这一时代风尚的产物。尽管自己不是由科举这一正途步入官场,但在他看来,读书的目的只是为了科举,为了做官。所以他认为读诗经古文都是"虚应故事",唯有读"四书"才算是真正的读书。由这样的思想支配着言行,就自然不能使他成为一个博学多识的通儒了。不过,作为他那个时代、那样的家庭出身和社会地位的一般文人所应有的文学修养,贾政还是具备的。

我们先看贾政的一段自白。在大观园落成题匾额、对联时,他对众清客说:"你们不知,我自幼于花鸟山水题咏上就平平,如今上了年纪,且案牍劳烦,于这怡情悦性文章上更生疏了。纵拟了出来,不免迂腐古板,反不能使花柳园亭生色,似不妥协,反没意思。"(第十七至十八回)这说明他对自己的文学才能还是很有自知之明的。借用舒芜先生的话来说,"这个自知之明并不容易,眼高,才看得出自己手低。"[①]另外,也不得不承认贾政的鉴赏能力。题咏时,尽管他始终拿不出任何佳句来,但对于众清客拟题的优劣却能作出中肯的评判,不仅看得出,而且还道得明优劣的所以然来,这也很不简单。沁芳亭,众清客原取欧阳修《醉翁亭记》"有亭翼然"句意,题为"翼然"。贾政批评道:"'翼然'虽佳,但此亭压水而成,还须偏于水题方称。"(第十七回)这样的议论恐非不学无术者所能发出。至蘅芜苑,宝玉应景题了一联:"吟成豆蔻才犹艳,睡足酴醾梦也香。"(第十七回)贾政马上指出,此乃套用了"书成蕉叶文犹绿"句式,可见他对前人诗赋也并非一无所知。总之,我们不能因其"文不能提笔作赋"就简单地斥之

---

① 舒芜:《说梦录》,上海古籍出版社,1982年版,第232页。

为"不学无术"。

二

中国封建道德观念体系的最高标准是"忠孝"二字。历代帝王正是以此来维系等级森严的封建社会秩序的。纵观贾政的一生，他所信奉的正是儒家经典。"忠孝节义"这一传统的纲常伦理是他为人处世的准则。从作品的具体描写可见，贾政思想性格的突出之点，就是对皇上的忠，对祖辈的孝。

《红楼梦》直接描写君臣关系的地方不多，但"贾妃省亲"一回文字，却能充分体现出贾政对最高统治者的愚忠思想。元春是贾政的长女，"因贤孝才德，选入宫中作女史"（第二回），后"晋封为凤藻宫尚书，加封贤德妃"（第十六回）。这对贾府来说真可谓是天大的喜事。而元春本人并不如此看，她觉得那皇宫是个"不得见人的去处"，行动不得自由，一年四季难得与家人见上一面，归省之时不免"满眼垂泪"。她含泪对父亲说："田舍之家，虽齑盐布帛，终能聚天伦之乐；今虽富贵已极，骨肉各方，然终无意趣！"（第十八回）此乃父母儿女的骨肉之情。贾政闻此肺腑之言也不免双眼含泪。但他毕竟是一个讲究纲常伦理的正人君子，深明"君臣父子"的主次关系，故含泪启道：

> 臣，草莽寒门，鸡群鸭属之中，岂意得征凤鸾之瑞。今贵人上锡天恩，下昭祖德，此皆山川日月之精奇，祖宗之远德钟于一人，幸及政夫妇。且今上启天地生生之大德，垂古今未有之旷恩，虽肝脑涂地，臣子岂能得报于万一！惟朝乾夕惕，忠于厥职。伏愿我君万寿千秋，乃天下苍生之同幸也。
>
> （第十八回）

并劝贵妃"切勿以政夫妇残年为念，懑愤金怀，更祈自加珍爱。惟业业兢兢，勤慎恭肃以侍上，庶不负上体贴眷爱之隆恩也。"（第十八回）这种舍骨肉之情从"启臣大义"的言行，是完全符合"为人臣，止于敬"的封建道德标准的。

"老学士闲征姽婳词"一回叙贾政与众幕宾讲"姽婳将军"这一历史故事，言谈当中明确表示了对林四娘为国捐躯之义举的无比崇敬，这也从一个侧面反映了贾政的忠君思想。

当然，要做到"为臣而忠"就必须先"为子而孝"，所谓"以孝治天下"便是这个意思。《孝经》云："夫孝，德之本也，教之所由生也"，"君子之事亲孝，故忠可移于君"，换言之，即孝是根本。在家对父母能够行孝，在朝对君主便能尽忠。贾政之于读者的印象正是如此。他不仅是那个时代忠臣的典范，同时也是孝子的代表。最突出的一例是第三十三回贾政笞挞宝玉，贾母闻讯赶到，埋怨贾政不该下死手打宝玉。虽然贾政心里对贾母这种无原则的溺爱是不满的，但她毕竟是一家之中的绝对权威，尽管其斥责有些强词夺理，也只好忍气吞声了。书中写道：

> 贾政见他母亲来了，又急又痛，连忙迎接出来，……上前躬身陪笑道："大暑热天，母亲有何生气亲自走来？有话只该叫了儿子进去吩咐。"贾母听说便止住喘息一回，厉声说道："你原来是和我说话！我倒有话吩咐，只是可怜我一生没养个好儿子，却教我和谁说去！"贾政听这话不象，忙跪下含泪说道："为儿的教训儿子，也为的是光宗耀祖。母亲这话，我做儿的如何禁得起？"贾母听说，便啐了一口，说道："我说一句话，你就禁不起，你那样下死手的板子，难道宝玉就禁得起了？……"说着，不觉就滚下泪来。贾政又陪笑道："母亲也不必伤感，皆是做儿的一时性起，从此以后再不打他了……"……贾母又叫王夫人道："你也不必哭了。……你如今倒不要疼他，只怕将来还少生一口气呢。"贾政听说，忙叩头哭道："母亲如此说，贾政无立足之地。"贾母冷笑道："你分明使我无立足之地，你反说起你来，只是我们回去了，你心里干净，看有谁来许你打。"……贾政苦苦叩求认罪。

（第三十三回）

可见贾政当时是满心受了委屈的，但他并没多少怨言，相反只是"苦苦叩求认罪"。若是现在，贾政的言行似不好理解，你既认为教训儿子在理，那就应该据理力争，岂可无原则让步？可在那个时代，就只能如此，以言语冒犯长辈就是不孝，"天下无不是的父母"，这似乎成了不是真理的真理。

推究起来，贾政之所以能做到逆来顺受，其害也只是"孝思"在起作用，在那种场合，他精神上的唯一支柱恐怕也只有一个"孝"字了。

在今天，愚忠自然不值得提倡，"事亲而孝"这一传统的伦理道德也只能批判地继承。而在封建社会，忠孝两全就是一种美德了。古往今来，多少青史留名、众品皆碑的文臣武将，又何尝不是忠臣孝子呢？杜甫、陆游如此，岳飞、文天祥如此，周顺昌、史可法等都是如此。当然，贾政是不能与他们相提并论，但对他那种忠孝思想似也不必苛责，至少得承认他在贾府中尚不失为一个正人君子吧。

三

前面我们说过，贾政不同于贾赦一类"败家子"，但他又丝毫不允许他的周围有离经叛道的思想言行存在。

他站在封建正统思想的立场上，要求儿子能依照他的理想成为像他祖先一样正规而又出色的人物。谁曾料宝玉偏偏是个"潦倒不通世务，愚顽怕读文章，行为偏僻性乖张"（第三回）的"不肖子孙"！宝玉周岁时，贾政"要试他将来的志向，便将那世上所有之物摆了无数，与他抓取。谁知他一概不取，伸手只把些脂粉钗环抓来。那政老爹便大怒了，说：'将来酒色之徒耳！'因此便大不喜悦。（第二回）自此便埋下了上下两代人思想性格分歧的种子。简言之，贾政之所以对宝玉不满、反感，甚至于斥骂，根本原因在于宝玉不愿读书，厌恶仕途经济，鄙视功名利禄和追求个性解放。他每次与宝玉会面，总是以严厉的口吻教诲宝玉要留心学业，而宝玉却在祖母的保护伞下三番五次地逃学，终日与众姐妹在大观园里厮混，见此做父亲的心里怎能不急？因此当宝玉忽然提起要上学读书时，贾政冷笑道："你如果再提'上学'两个字，连我也羞死了。依我的话，你竟玩你的去是正理。仔细站脏我这地，靠脏我的门！"（第九回）"戚序本"于此有双行夹批云："这一句才补出已往许多文字是严父之声。"脂批给了我们这样一个启示：贾政在《红楼梦》中除以宝玉思想性格之对立面存在之外，还以一个封建贵族家庭的严父形象出现。在作品中，我们所看到的似乎宝玉每见贾政一面，都要遭到严厉的斥骂，好像这个做父亲的很不通情达理。其实是"恨铁不成钢"，恨他不能遵循自己所指定的读书——科举——做官这一"三部曲"式的人生道路前进。因此，这恨其实是一种爱，是封建家庭的严父之爱。

有两桩事使贾政尤为恼火，这就是私匿优伶琪官，调戏母婢金钏儿，因为前者得罪了王公贵胄，后者致使丫鬟跳井伤害了祖宗颜面。这样的离经叛道行为与贾政的正统思想自然是格格不入的，从而导致了"不肖种种大承笞挞"一回中父子之间一场正统观念与叛逆思想的激烈的矛盾冲突。当宝玉挨打，众门客前往劝阻时，贾政道："素日皆是你们这些人把他酿坏了，……明日酿到弑父弑君你们才劝不成！"（第三十四回）因此贾政的"板子越发下去的又狠又快"，还说要用绳子勒死他，"以绝将来之患"。从这一冲突中，我们看到的是两种力量的抗衡，即代表终将灭亡却力求巩固的封建社会旧统治力量与萌动于封建躯壳，要求个性解放的具有初步民主主义思想意识的新生力量之间的抗衡。这样写，无疑使贾政这个封建末世统治阶级正统文人的典型性格进一步完整化了。

但是就事件本身而言，我们又必须看到贾政教子的用心良苦。大家知道，贾政的长子贾珠本可按他的意愿去习"仕途经济"，他十四岁进了学，所不幸的是年纪轻轻的便抛妻别子病故了。贾环庶出，而且人物猥琐，举止庸俗，一看就知成不了大器。贾兰呢，虽在母亲李纨的悉心教诲之下，大有成材之望，然毕竟年纪太小，且又属再下一代，暂时还谈不上让他去光宗耀祖。眼前唯有宝玉，是王夫人所生，属于嫡子，若论天赋、仪态举止，较之贾环均要高出不少。在这样的情况之下，贾政自然要把继承祖业、振兴门庭的希望寄托在宝玉身上了。他多么希望宝玉能按照他所指定的人生道路前进，通过举业而获得一官半职，成为一个有出息的、能为祖宗增添一线光彩的正人君子！然而，事实好像有意跟他作对，宝玉偏偏跟他背道而驰，做出了无数在他看来是有损于门庭家风的恶德败行。这就难怪他要火冒三丈，怒发冲冠，把宝玉这个"不肖之子"狠揍一顿了。故此考其实际，他打宝玉，虽然嘴上说得很硬，要勒死他，事实上他不是要把这个儿子打死，而是要把他打活，活得像他自己一样，多学点仕途经济以维持并发展家业。这一层意思，小说表达得是相当明确的。

应该承认，贾政对于宝玉有浓词艳诗这份"歪才"还是欣赏的。贾政命宝玉同游省亲别墅，目的就是为了试试他"情思之清浊"。（第十七至十八回）事实证明，宝玉的天赋不低，至少要比众清客高出许多，对此贾政是首肯的。贾妃省亲时，他欣喜地告诉元春："园中所有亭台轩馆，皆系宝玉所题，如果有一二稍可寓目者，请即赐名为幸。"（第十八回）有人要问，题咏时又何以"一父一子走一处、问一处、答一处、骂一处"①呢？其实这不难理解，这是父亲对儿子的严厉教育，同在众人面前这是"礼"，是知书识礼家庭的为父之道。做父亲的若一味夸奖儿子，那宝玉岂不飘飘然了？正因为此，当众清客称赞宝玉"天分高，才情远"时，贾政便道："不可谬奖，他年少，不过以一知充十用，取笑罢了。"（第十八回）这是严父风范，岂可认为是父亲嫉妒其子之才！

四

鲁迅先生曾经说过，《红楼梦》"其要点在敢于如实描写，并无讳饰，和从前的小说叙好人完全是好，坏人完全是坏的，大不相同，所以其中所叙的人物，都是真的人物"，贾政就是这样一个"真的人物"。他有当时一般文人思想正统、为人正直的一面，也有迂腐、昏庸、无能的一面。迂腐，前面已有说明。至于昏庸，从他所荐举、信赖的人物贾雨村，以及其手下所用的一批专事趋炎附势、阿谀奉承的帮闲清客就可略见一斑。无能则自不待言了。在日益败落的处境面前，他一筹莫展，只得眼看着这个煊赫一时的贵族世家一步步地走向衰亡，因而不时流露出一种对前途无可奈何甚而绝望的心境来。所谓"治家无方，有忝祖德"，正说明了贾政才干的低下，是为公正之论。

---

① 王昆仑:《〈红楼梦〉人物论》，三联书店，1983年版，第152页。

扩而大之，整个封建社会又何尝不是如此？一方面，类似贾赦、贾珍之流的统治阶级上层人物，不以国事为重，终日鱼肉百姓、草菅人命，过着花天酒地、荒淫无耻的腐朽生活，他们犹如一条条寄生于封建大厦中的蛀虫，在日复一日年复一年地挖自己所赖以生存的封建社会墙脚；另一方面，贾宝玉、林黛玉式的在统治阶级中具有初步民主主义思想的激进人物，又不断地、强烈地冲击和动摇着历经数千年的封建社会根基。而为数不多的贾政一类封建正统人物，虽企图维持原状，但终究力不从心，回天乏术，支撑不住这行将倾覆的封建大厦。作者本人未必能用意如此之深，然而作品的客观意蕴正是如此。毋庸置疑，贾政正是当时封建社会正统文人的一个缩影。

‖作品来源‖

发表于《明清小说研究》1997年第1期。

敬　启

　　《中外文化文学经典系列》是由常汝吉、李小燕主编，众多一线教师参与选编的一套大型的中学生阅读指导丛书，旨在提高中学生文学素养，使他们能从多角度了解这些文学经典著作，引导他们建立发散性的阅读思维，让他们了解中外文化文学经典著作的深刻精髓，终身受益。

　　本丛书在选编过程中，得到许多著作权人的理解和支持，欣然允诺我们选编，在此表示衷心的感谢。由于本丛书选编工作量浩大，涉及著译者甚广，我们实难一一查实。恳请本书中我们未能及时取得联系的著译者理解我们的求全之心，以免本书遗珠之憾。为保护著作权人的合法权益，我们将稿酬专账暂留我社，敬请相关作者与我们接洽并给予我们谅解。

联系人：王老师

电　话：010-64251036

现代教育出版社

2017 年 2 月